高等院校互联网+新形态教材·经管系列(二维码版)

客户关系管理(第3版)
(微课版)

李仉辉　康海燕　主　编

U0360531

清华大学出版社
北京

内 容 简 介

本书是作者在学习和借鉴国内外客户关系管理最新研究成果以及长期的客户关系管理教学实践的基础上，按照客户关系管理的理论基础、管理理念和具体运作的思路来构建的。本书共分十一章，主要内容包括客户关系管理概述、客户关系管理的理论基础、客户价值管理、客户关系价值管理、客户关系开发管理、客户关系分级管理、客户关系保持管理、客户互动管理、客户数据管理、客户服务管理和 CRM 系统。

本书既适合高等院校经济与管理类专业的学生作为教材，也适合企业的管理人员和营销人员阅读和参考。

图书在版编目(CIP)数据

客户关系管理：微课版/李仍辉，康海燕主编. 一3 版. 一北京：清华大学出版社，2022.6(2024.8重印)
高等院校互联网+新形态教材. 经管系列：二维码版
ISBN 978-7-302-60803-5

Ⅰ. ①客… Ⅱ. ①李… ②康… Ⅲ. ①企业管理—供销管理—高等学校—教材 Ⅳ. ①F274

中国版本图书馆 CIP 数据核字(2022)第 075805 号

责任编辑：梁媛媛
装帧设计：李 坤
责任校对：么丽娟
责任印制：宋 林
出版发行：清华大学出版社
　　　　网　　址：https://www.tup.com.cn，https://www.wqxuetang.com
　　　　地　　址：北京清华大学学研大厦 A 座　　　　邮　　编：100084
　　　　社 总 机：010-83470000　　　　邮　　购：010-62786544
　　　　投稿与读者服务：010-62776969, c-service@tup.tsinghua.edu.cn
　　　　质量反馈：010-62772015, zhiliang@tup.tsinghua.edu.cn
　　　　课件下载：https://www.tup.com.cn, 010-62791865
印 装 者：三河市铭诚印务有限公司
经　　销：全国新华书店
开　　本：185mm×260mm　　　　印　　张：19　　　　字　　数：463 千字
版　　次：2013 年 12 月第 1 版　　2022 年 6 月第 3 版　　印　　次：2024 年 8 月第 3 次印刷
定　　价：59.00 元

产品编号：095024-01

前　言

在市场经济背景下，企业之间的竞争归根结底还是对客户的争夺，而企业管理的一切工作都是在满足客户需求方面构筑企业的优势、突出企业的特色，让客户满意、使客户忠诚，进而实现企业价值最大化。我们常说"客户是企业的衣食父母"，说明了企业的生存和发展依赖于客户，拥有大批忠诚的客户才是企业核心竞争力的本质所在。面对激烈的市场竞争，企业越来越清楚地认识到客户的重要性，并逐步从过去以企业为中心向以客户为中心转变。客户关系管理正是为了满足企业提高核心竞争力的需要而发展起来的一门新学科。客户关系管理是现代企业的一种经营哲学和总体竞争战略，它采用先进的信息与通信技术来获取客户数据，运用现代数据分析工具来分析客户数据，挖掘客户的需求特征、偏好趋势和行为模式，积累、运用和共享客户知识，进而通过有针对性地为不同客户提供具有优异价值的定制化产品或服务来管理不同生命周期的客户关系及其组合，通过有效的客户互动来强化客户忠诚度，并最终实现客户价值最大化和客户关系价值最大化。客户关系管理在企业中具有重要的地位和作用，它已成为市场营销专业和电子商务专业的核心(主干)专业必修课，也是经济与管理类等专业的重要专业课。

客户关系管理课程在我国高校已开课近 20 年，翻译的国外教科书以及国内高校教师编写的客户关系管理教材也不少。但是，客户关系管理作为一门新的课程，还处于理论体系的探索阶段。目前，已经出版的众多客户关系管理教材在结构、内容、侧重点，甚至一些概念等方面众说纷纭，没有完全统一起来。特别是教材的编写者或者来自市场营销专业，或者来自信息管理专业，因编者的专业背景不同，其编写的教材要么侧重客户关系管理的理念，要么侧重客户关系管理技术的应用。而我们知道，客户关系管理是理念与技术的统一，通过客户关系管理课程的学习，经济与管理类专业的学生可以理清客户关系管理的技术问题，同样，电子商务专业的学生也需要树立正确的客户关系理念。有鉴于此，本书编者希望有一本综合性强、内容更加规范、理念与技术并重的教材以供应用型本科院校的经济与管理类等专业的教学使用。这既是编者编写本书的初衷，也是编者尽力追求的目标，更希望其成为本书的特色。

本书共分为十一章，第一章～第六章由李仉辉编写，第七章～第十一章由康海燕编写。本书在编写过程中，参考和引用了大量的中外专著、教材和论文，也在百度、客户世界等网站收集了大量的资料，并按照编写体例的要求，将其收录在参考文献中。在此，对上述作者、单位和网站表示感谢。由于编者水平有限，书中难免有疏漏和不足之处，恳请专家和读者批评指正。

本书的第 1 版为上海市高校"十二五"内涵重点专业建设项目成果，同时也是 2012 年上海商学院本科重点建设课程项目的成果之一。第 2 版是在 2015 年上海市重点建设课程、2017 年上海商学院本科精品建设课程、2017 年"上海市属高校应用型本科试点专业建设"

的重点建设课程的研究成果的基础上编著的。第 3 版为 2020 年上海商学院一流本科专业建设课程，2021 年上海市工商管理高原学科建设项目和工商管理国家级一流本科专业建设点项目的研究成果。本书在第 2 版的基础上进行了全面的修订，增加了"互联网+"的教学内容，便于教师授课和学生学习使用。

编　者

 微课资源

扫一扫，获取相关微课视频。

客户价值	客户满意	客户忠诚	客户关系价值	客户识别
客户开发	客户分级	客户保持	客户互动	客户服务

目　　录

第一章　客户关系管理概述

学习目标

- 了解客户关系管理产生的背景，理解客户关系管理产生的驱动因素。
- 了解客户、客户关系和客户关系管理等相关概念的含义，理解客户关系的五种类型。
- 了解客户关系管理概念的形成过程，深刻理解客户关系管理的本质。
- 理解企业开展客户关系管理的作用。

引例：泰国东方饭店的客户关系管理

泰国东方饭店几乎天天客满，不提前一个月预订，是很难有入住机会的，而且客人大都来自西方发达国家。泰国在亚洲算不上发达国家，但为什么会有如此火爆的饭店呢？众所周知，泰国不仅是一个旅游国家，而且有世界上独有的"红艺人"表演，是不是他们在这方面下了功夫？错了，他们靠的是"真功夫"，是非同寻常的客户服务，也就是现在经常提到的客户关系管理。

一位朋友因公务经常去泰国出差，并下榻泰国东方饭店，第一次入住时，饭店优美的环境和优良的服务就给他留下了深刻的印象，他第二次入住时，几个细节更使他对饭店的好感迅速升级。

一天早上，当他走出房间准备去餐厅的时候，楼层服务生恭敬地问道："于先生是要去用早餐吗？"于先生很奇怪，反问："你怎么知道我姓于？"服务生说："我们饭店规定，晚上要背熟所有客人的姓名。"这令于先生甚为吃惊，因为他频繁往返于世界各地，入住过无数个高级酒店，但这种礼遇还是第一次体验到。

于先生高兴地乘电梯到餐厅所在的楼层，刚刚走出电梯门，餐厅的服务生就说道："于先生，里面请。"于先生更加疑惑，因为服务生并没有看到他的房卡，就问："你知道我姓于？"服务生回答："上面的电话刚刚打过来，说您已经下楼了。"如此高的效率让于先生再次大吃一惊。

于先生刚走进餐厅，服务生微笑着问："于先生还是要老位置吗？"于先生非常迷惑与惊讶，心想："尽管我不是第一次在这里吃饭，但最近的一次也有一年多了，难道这里的服务小姐记忆力那么好？"看到于先生疑惑的目光，服务小姐主动解释说："我刚刚查过电脑记录，您在去年的6月8日在靠近餐厅第二个窗口的位置上用过早餐。"于先生听后兴奋地说："老位置！老位置！"服务生接着问："老菜单？一个三明治，一杯咖啡，一个鸡蛋？"此时先生已经不再惊讶，说道："老菜单，就要老菜单！"于先生已经兴奋到了极点。

上餐时，餐厅赠送了于先生一碟小菜，这种小菜于先生是第一次看到，于是就问："这是什么？"服务生后退两步说："这是我们特有的××小菜。"服务生为什么要先后退两步呢，他是怕自己说话时口水不小心落在客人的食物上，这种细致的服务不要说在一般的酒店，就是在美国最好的酒店于先生都没有见过。这一次早餐经历给于先生留下了终生难忘的印象。

后来，由于业务调整，于先生有3年没有再去泰国，于先生生日的时候，突然收到了一封东方饭店发来的生日贺卡，里面还附了一封短信，内容是："亲爱的于先生，您已经有3年没有来过我们这里了，我们全体人员都非常想念您，希望能再次见到您。今天是您的生日，祝您生日愉快。"于先生当时激动得热泪盈眶，发誓如果再去泰国，绝对不会到其他的饭店，一定要住东方饭店，而且要说服所有的朋友也选择东方饭店。于先生看了一下信封，上面贴着一枚6元的邮票。6块钱就这样买到了一颗心，这就是客户关系管理的魔力。

东方饭店非常重视忠实客户的培养，并且建立了一套完善的客户关系管理体系，使客户入住后可以得到无微不至的人性化的服务，迄今为止，世界各国约20万人曾经入住过那里，用他们的话说，只要每年有1/10的老客户光顾，饭店就会永远客满。客户服务就是东方饭店成功的秘诀。

(资料来源：王保新. 顶级服务是啥样——泰国东方饭店成功宝典[J]，人力资源，2003(12)：45.)

引例启示：

在市场竞争越来越激烈的今天，企业之间的竞争其实就是市场的竞争，即争夺客户。只有拥有大量忠诚的客户才是企业制胜的王道。东方饭店成功的秘诀在于重视客户，注重客户关系，做好客户服务，着力培养客户忠诚度，使企业在激烈的市场竞争中立于不败之地。

社会经济的高度发达、企业对客户的高度依赖和现代市场营销观念的形成催生了客户关系管理，而企业对客户关系管理的需求，以及计算机、通信技术、网络应用的飞速发展又促进了客户关系管理应用的普及和理论的发展。

第一节　客户关系管理的产生与发展

一、客户关系管理产生的背景

(一)社会经济的高度发达

经济发展阶段理论认为，人类社会的发展经历了传统的农业社会、工业社会以及后工业社会三个发展阶段。

传统的农业社会，由于生产方式的落后和生产力水平的低下，劳动产出主要是满足劳动者的基本生存需要，仅有少量剩余用于商品交换，商品经济极不发达，市场发育也不成熟。

进入工业社会后，以蒸汽机为代表的科学技术迅速发展，机器生产代替了手工生产，现代大工业代替了传统的工场手工业，生产效率大幅提高，社会生产力实现了质的提升，商品经济高度发达，市场发育逐渐成熟，生产者之间的竞争关系也逐步形成，而且这种竞争关系随着市场的日益成熟和新技术的不断涌现日趋激烈，使市场格局发生了重大改变，由卖方市场转变为买方市场，消费者在交易中掌握了越来越多的主动权。

按照经济学家福克斯(V. Fuchs)和贝尔(D. Bell)提出的后工业社会理论，从 20 世纪 60 年代起，以美国为首的发达国家已逐步进入后工业社会，又称为服务经济社会。这个时代以服务经济的迅猛发展和经济的信息化为主要特征。经济的信息化使各个生产领域的生产效率都得到极大的提高，同时也为消费者提供了更多的选择权，加剧了市场竞争，企业更难以长久保持竞争优势。在这种形势下，如何维系客户并与之建立一种持久的合作关系显得尤为重要，也引起了人们的高度重视。围绕企业关心的客户问题，服务营销、客户满意、客户忠诚以及客户关系管理等问题接踵而至，并成为新形势下指导企业经营管理的指南。

因此，从以上分析可以看出，客户关系管理是随着社会经济的发展而发展起来的一门学科，它是社会经济发展到一定阶段的产物。也正因为如此，客户关系管理产生于经济发达的国家或地区，并且比在发展中国家或地区得到更加广泛的应用。

(二)企业对客户的高度依赖

随着市场经济的不断发展和全球经济一体化进程的加速，企业面临越来越激烈的市场竞争。如何赢得竞争优势、如何保持竞争优势以及如何发挥竞争优势成为所有企业追求的战略目标。从某种意义上讲，企业的经营过程就是不断寻求、建立和发挥其竞争优势的过程。

从市场竞争的手段来看，企业最初着重于新产品的开发与研究，试图通过为客户提供质优价廉的新产品在市场竞争中确立优势地位；而后企业又试图通过完善而周到的售后服务在市场竞争中胜出。但严酷的现实使企业很快认识到，新技术的发展使新产品的生命周期越来越短，而售后服务因缺乏技术含量易于被模仿，仅仅依靠售后服务的优势在市场竞争中胜出几乎是不可能的。研究成功企业的成长历程会发现，它们之所以能够在市场竞争中长盛不衰，最根本的原因在于它们拥有一批自始至终信任并支持它们的忠诚客户，这样的客户资源是其他任何企业无法轻易模仿的独有优势。

因此，客户已经不是传统意义上的企业服务对象，而是影响企业生存和发展的战略资源。根据研究资料，开发一位新客户的成本是留住一位老客户的4～6倍；客户流失率每减少 2 个百分点就相当于降低 10%的成本；一位不满意的客户会将他的不满告诉 8～10 人；忠诚于企业的客户每增加 5%就可提升其利润的 25%～95%；向新客户推销的成交概率只有 15%，而向老客户推销的成交概率却有 50%；等等。可见，忠诚的客户在企业生存和发展过程中是至关重要的。为客户提供高质量的服务，不断提高客户的满意度和忠诚度，已成为新形势下企业营销的一项重要工作。

(三)现代市场营销观念的形成

在现代市场经济条件下，客户的需求具有极大的差异性，以市场为中心的营销理念不再适应新形势的发展，如何满足客户个性化的需求成为企业营销工作的重中之重。在强大的网络技术和计算机技术的支撑下，形成了企业营销观念，即从以企业为中心向以客户为中心转变的营销整体解决方案。所以，客户关系管理的产生和发展与现代市场营销观念的形成密不可分。

1960年，美国著名的营销学家杰罗姆·麦卡锡(McCarthy J.)提出了产品(Product)、价格(Price)、渠道(Place)和促销(Promotion)的4P营销组合理论，这一理论在以市场为中心的时代为企业提供了可操作性很强的市场运营方法。但是，4P营销组合理论适用的先决条件是巨大的市场、无差别的客户和某种程度上的标准化产品，如果没有这些先决条件，4P营销组合理论的运用将不会收到应有的效果。20世纪90年代以来，社会经济的快速发展和消费者收入水平的大幅度提高，使人们的消费观念和购买行为也发生了极大的变化，消费者变得越来越理性和成熟，对产品的要求也日趋个性化，标准化的产品慢慢失去了市场，而科学技术的发展，特别是工业生产中柔性生产系统的出现也为满足客户的个性化需求提供了一定的技术保障。因此，再以4P营销组合理论来指导企业的营销实践显然有些不合时宜，4P营销组合理论在现代营销理论中的主导地位越来越受到挑战。

在这种新的形势下，美国整合营销传播理论的奠基人罗伯特·劳特朋(Robert Lauterborn)教授于1990年提出了4C营销理论，即客户(Customer)、成本(Cost)、便利(Convenience)和沟通(Communication)。它强调企业首先应该把追求客户满意放在第一位，其次是努力降低客户的购买成本，再次要充分注重客户购买的便利性，而不是从企业的角度来决定销售渠道策略，最后还应以消费者为中心实施有效的营销沟通。与产品导向的4P营销组合理论相比，4C营销理论有了很大的进步和发展，它重视客户导向，以追求客户满意为目标，这实际上是当今消费者在营销中越来越居主动地位的市场对企业的必然要求。在4C营销理论的指导下，越来越多的企业更加关注市场和消费者，与客户建立一种更为密切和动态的关系。同时也应当看到，4C营销理论与4P营销组合理论相比虽然有了很大的进步和发展，但其缺陷依然十分明显，从总体上讲，4C营销理论并没有体现企业主动满足客户需求，而更多的是对客户需求的被动适应。还有，4C营销理论仍然没有体现既赢得客户又长期地拥有客户关系的营销思想。最后，4C营销理论虽然提出以客户需求为导向，但企业毕竟是营利性组织，在满足客户需求方面必然要考虑成本问题，而且4C营销理论对客户需求的合理性问题并未给出答案。

20世纪90年代末，信息技术和知识经济迅猛发展，客户的生活节奏越来越快，市场竞争空前激烈，客户对产品的忠诚度和信任度不断下降，在这样的背景下，美国学者唐·舒尔茨(Don Schultz)提出了4R营销理论，即关联(relevance)、反应(reaction)、关系(relationship)、回报(reward)的4R营销理论。与4C营销理论相比，4R营销理论的最大特点是变被动适应客户需求为主动与客户建立一种双赢关系，把企业与客户联系在一起，形成竞争优势。

从以上营销理论发展变化的轨迹中可以发现，营销理论发展的过程就是客户地位不断加强的过程，也就是客户导向不断增强的过程。正是为了适应这一变化，企业才产生了更好地满足客户需要以期与其保持一种长期的战略合作伙伴关系的需求。通过为客户提供更高的价值以提高客户忠诚度进而实现企业长远发展的客户关系管理(Customer Relationship Management，CRM)的产生也就成为一种历史发展的必然。

二、客户关系管理产生的驱动因素

现代客户关系管理产生的驱动因素可以归纳为管理理念的更新、企业需求的拉动和信息技术的发展三个方面，如图 1-1 所示。

图 1-1　CRM 的驱动因素

(一)管理理念的更新

获得和维持竞争优势是企业生存与发展的基础，企业的竞争优势从内容来看，包括低成本优势、差别化优势等。资源能力学派认为，今天形成企业竞争优势的再也不是那些有形的机器设备、厂房、资本、产品等物质资源，因为这些资源很容易从市场中得到；而客户、品牌形象、管理、人才、技术等无形资源在竞争中则起着非常关键的作用。这些资源不易流动，不易被复制，交易频率低，其他企业不容易从市场中得到，具有相对的垄断性，拥有一定的垄断优势。特别是客户资源，它是企业的重要市场资源，是企业核心竞争力的关键，是企业竞争优势的具体体现。

(二)企业需求的拉动

企业是经济实体，追求的目标是利润的最大化。然而，在市场竞争环境下，只有客户满意才能实现企业的目标。因此，企业就需要了解客户的需求，并且不断满足客户的需求，使客户获得最大的价值，这样一来，企业就把客户留住了，企业自身的利益也就实现了最大化。这是客户关系管理应运而生的需求基础。

在现实生活中，来自销售、客户服务、市场、制造、库存等部门的信息分散在企业内部的各个部门，这些零散的信息使各部门无法对客户有全面的了解，难以在统一信息的基础上面对客户。这就需要各部门集成客户的各项信息和活动，组建一个以客户为中心的企业，实现对面向客户的活动的全面管理，这也正是客户关系管理的内容。

(三)信息技术的发展

计算机、通信技术、网络应用的飞速发展使上述需求不再停留在梦想阶段。信息技术的发展使信息在以下七个方面的应用成为可能。

(1) 企业的客户可通过电话、传真、网络方式访问企业，进行业务往来。

(2) 任何与客户打交道的员工都能全面了解客户信息，根据客户需求进行交易，了解如何对客户进行纵向销售和横向销售，记录自己获得的客户信息。

(3) 能够对市场活动进行规划、评估，对整个活动进行全方位的透视。

(4)　能够对各种销售活动进行追踪。

    (5)　系统用户可不受地域限制，随时访问企业的业务处理系统，获得客户信息。

    (6)　拥有分析市场活动、销售活动的能力。

    (7)　能够从不同角度提供成本、利润、生产率、风险率等信息，并对客户、产品、职能部门、地理区域等进行多维分析。

    以上所有功能都是围绕客户展开的，与"客户是上帝"这种可操作性不强的口号相比，这些功能把对客户的尊重落到了实处。办公自动化程度、员工计算机应用能力、企业信息化水平、企业管理水平的提高都有利于客户关系管理的实现。客户信息是客户关系管理的基础。数据仓库、商业智能、知识发现等技术的发展，使收集、整理、加工和利用客户信息的质量大大提高。在可以预期的将来，我国企业的通信成本将会降低。这将推动互联网和电话的发展，进而推动呼叫中心的发展。网络和电话的结合，使企业能以统一的平台面对客户。

三、客户关系管理的发展简史

    客户关系管理最早产生于美国，1980 年年初出现了所谓的"接触管理"(Contact Management)，用于专门收集客户与企业联系的所有信息。1990 年，"接触管理"演变成电话服务中心支持数据分析的"客户关怀"(Customer Care)。

    从 20 世纪 80 年代中期开始，为了更好地面对客户，降低成本，提高效率，增强企业竞争力，许多公司进行了业务流程优化。为了对业务流程的重组提供技术支持，企业采用了企业资源计划(Enterprise Resource Planning，ERP)，这一方面提高了企业内部业务流程的自动化程度，使员工从日常事务中解放出来；另一方面也对原有的流程进行了优化。由此，企业完成了提高内部运作效率和质量的任务，可以有更多的精力关注企业与外部相关利益者的互动，以便抓住更多商机。在企业的诸多相关利益者中，客户的重要性日益突出，他们在服务、时效性和质量等方面都提出了更高的要求。企业在处理与外部客户的关系时，越来越感觉到没有信息技术支持的客户关系管理力不从心，客户关系管理系统也就应运而生。

    最初的客户关系管理解决方案在 20 世纪 90 年代初投入使用，主要是基于企业职能部门的解决方案，如销售队伍自动化和客户服务支持，虽然增强了特定的商务功能，但未能为企业提供完整的用于加强与个体客户之间关系的手段。于是，20 世纪 90 年代中期推出了具有整合交叉功能的客户关系管理解决方案，把内部数据处理、销售跟踪、国外市场和客户服务需求融为一体，不仅包括软件，还包括硬件、专业服务和培训，为公司雇员提供全面、及时的数据，让他们清晰地了解每位客户的需求和购买历史，从而提供相应的服务。"客户关系管理"这一概念直到 20 世纪 90 年代末才深入一些企业。20 世纪 90 年代后期，互联网技术的迅猛发展促进了客户关系管理的应用和发展。Web 站点、在线客户自助服务和基于销售自动化的电子邮件让每一个客户关系管理解决方案的采纳者进一步拓展了服务能力，客户关系管理真正进入了推广时期。

四、客户关系管理的发展前景

    客户关系管理满足了企业在客户导向时代的经营要求，因此客户关系管理在企业经营管理中的重要性日益凸显，未来的市场潜力巨大，人们对客户关系管理的研究和应用更加重视。但是也应该看到，虽然 CRM 与传统营销理念相比在客户保护、客户关系价值最大化等方面有很大进步，但企业在具体实施过程中对客户关系的维系则更多的是以企业利益为考虑的重点和解决问题的出发点。因此，要切实开展客户关系管理，企业还需真正将客户利益放在首要地位，必须建立在与企业新的管理思想充分整合的基础上。近年来，不断提出供应链管理(Supply Chain Management，SCM)、ERP 等新的管理理念和思想，许多企业都将 SCM 的能力视为一种重要的竞争资源，而 ERP 所反映的系统化管理思想也得到了越来越多的企业的肯定。在这种形势下，企业只有将 CRM 与 SCM、ERP 充分整合，才能增强核心竞争力，从而为有效利用自身资源在市场竞争中取胜奠定良好的基础。

商业模式的发展与新技术的出现，对 CRM 的设计和应用都具有重大的影响，甚至能够改变现有的市场格局和未来方向。影响 CRM 发展的关键技术包括电子商务、计算机电信集成技术和商业智能技术。

(一)电子商务

信息技术(Information Technology，IT)的发展和互联网的普及，使电子商务(Electronic Business，EB)得到长足发展。电子商务的发展使市场竞争更趋于全球化，而全球化的竞争对企业的客户资源管理提出了更高的要求，要求企业深入了解客户的需要，并对有关数据进行挖掘和分析，从而为客户提供更好的产品和服务。在电子商务中，网络取代了传统的店面、电话等成为企业与客户最重要的联系方式，形成了一个大型的数据挖掘和分析综合体。这些数据如能得到有效利用，将使企业市场细分和目标定位的能力得到极大的提高，从而为企业创造新的营销能力。由此可以看出，电子商务的发展不断使企业对客户关系管理提出新的要求，而满足这些新要求的过程也就是客户关系管理日趋完善的过程。从这一意义上说，电子商务的发展对客户关系管理思想的形成和解决方案的日益完善都起到了一定的促进作用。没有企业电子商务活动的发展，客户关系管理将失去发展的关键动力。

(二)计算机电信集成技术

计算机电信集成技术(Computer Telecommunication Integration，CTI)较好地满足了企业与客户联系方式的多样化需求，解决了面谈、电话和 Web 访问等交流的协调问题，使客户既能以自己喜好的形式与企业交流，又能保障整个系统信息的完整性、准确性和一致性。目前建成的各种呼叫中心、互动中心以及服务中心就是应用 CTI 的结果。

(三)商业智能技术

随着商业智能(Business Intelligence，BI)技术的发展及其在客户关系管理软件中的应用，将来的客户关系管理软件不仅能用于商业流程自动化的设计，还将成为管理者决策分析的工具。经过近几年的企业实践，数据仓库、数据挖掘及知识发现等技术在客户关系管理中发挥了重要作用。客户关系管理软件所搜集的数据是最能帮助企业了解客户的，所谓的一对一营销也是从了解客户的需要开始。数据是死的，但如果能运用一些数学或统计模式，发现数据存在的关系和规则，根据现有的数据预测未来的发展趋势，那么它就可以更好地为管理者制定决策服务。基于数据仓库与数据挖掘的商业智能技术可以改善产品定价方式，提高企业市场占有率，提高客户忠诚度和发现新的市场机会等。

第二节　客户、关系与客户关系

一、客户

(一)客户的内涵

在日常的商务活动中，"客户"几乎存在于商业社会的各种活动中。例如，商场购物时，我们是商场的客户；看电视时，我们是电视台的客户；国际市场订购铁矿石时，我们又成了铁矿石供应商的客户。总之，只要细心观察，就可以发现客户几乎存在于社会的一切商务活动中。

客户(Customer)是指购买企业产品或服务的个人或组织，同时也泛指企业的内部员工、代理商和分销商等合作伙伴，以及企业价值链中的上、下游伙伴，甚至竞争对手等。

(二)客户的划分

客户划分的标准多种多样，因划分标准的不同，客户类型也有所不同。客户与企业的关系经历了一个不断发展、变化的过程，那么，可以按照客户与企业关系的不同，将客户划分为如下五类。

(1) 非客户。此类客户与企业并没有直接的交易关系，是与企业的产品或服务无关或对企业有敌意、不可能购买企业的产品或者服务的群体。

(2) 潜在客户。这类客户也与企业没有直接的联系，他们对企业的产品或服务有需求或欲望，并有购买动机和购买能力，但是还没有发生购买行为。例如，许多年轻白领都希望购买汽车作为代步工具，在没有购买汽车之前，他们都属于汽车厂商的潜在客户。

(3) 目标客户。此类客户是指经过企业筛选以后确定的力图开发为现实客户的人群。例如，劳斯莱斯就把社会名流作为自己的目标客户。

潜在客户与目标客户之间的区别在于：潜在客户是购买者主动瞄上企业，而目标客户则是企业盯上尚未有购买行为的客户，但有时目标客户和潜在客户是有交集的。

(4) 现实客户。根据客户购买次数与频率的不同，可以把现实客户细分为初次购买者、重复购买者和忠实客户三类。其中，初次购买者是指第一次购买产品或者服务的客户群体；重复购买者是指有多次购买经历的客户；忠实客户则是指在较长的时间内多次重复购买产品或者服务的客户。这种划分方法在客户关系管理中有重要的意义。忠实客户与企业保持关系的时间最长，此类客户用于企业产品或服务的预算较多，同时对企业有好感，愿意向其他人推荐企业的产品或服务。重复购买客户在行为上表现为多次购买，支出金额也较大，但是在情感上并没有形成足够的依赖和认同。初次购买客户是刚开始接触企业产品或服务的客户，不论在购买次数、数量，还是在对待企业的情感方面，都不及重复购买客户和忠实客户。

另外，对企业来讲，现实客户还可分为消费客户、中间客户和公利客户三类。消费客户由于是企业的产品或服务的直接消费者，故又称终端客户；中间客户购买企业的产品或服务，但他们并不是直接的消费者，销售商是典型的中间客户；公利客户代表公众利益，向企业提供资源，然后直接或者间接从企业获利中收取一定比例的费用，如政府、行业协会或媒体等。在客户关系管理中，客户一般是指消费客户，也称为终端客户，包括个人客户和商用客户。

(5) 流失客户。此类客户是指曾经是企业的客户，但由于种种原因不再购买企业产品或者服务的客户。

上述五类客户是可以相互转化的，不同类型客户之间的相互关系，如图1-2所示。

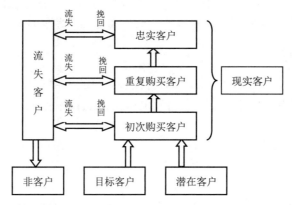

图 1-2　不同类型客户之间的相互关系

二、关系

客户关系管理是对客户的管理，也是对关系(Relationship)的管理，关系是客户关系管理的主要内容。

从通常意义上讲，"关系"一词的含义是指两个人或两组人之间相互的行为以及相互的感觉。关系发生在人以及由人构成的组织之间，包括行为和感觉两个方面，两者缺一不可，并且可以相互转化。

三、客户关系

(一)客户关系的内涵

客户关系管理中的客户关系(Customer Relationship)指的是客户与企业之间发生的各种关系，企业组织本身由人组成，因此，客户与企业的关系根本上还是人与人之间的关系。对照上面"关系"一词的解释，可以分析出客户关系所包含的如下五层意思。

(1) 客户关系可以是企业和客户之间相互作用、相互影响的一种状态，可以是一种价值链中的上、下游之间的伙伴关系，也可以是一种需求与供给之间的关系或一种非直接利益上的合作关系。

(2) 客户关系既可以是人与物的关系，也可以是人与人或物与物的关系。例如，一个商店的商品可能物美价廉，但是服务态度极其恶劣，那么人们宁可到那些物价比较昂贵但服务态度好的商店购买商品。

(3) 客户关系是企业影响和重要性的表现。客户关系的形成和存在能够反映企业的生产和销售对市场的影响程度。如果一个企业的产品在相关市场中赢得了 20%以上的客户，那么就可以断定这家企业在该市场中是一家比较重要的企业。

(4) 客户关系是企业战略制定的原因和条件。客户关系的形成源于客户对企业的某种需求，同时，客户关系的产生也是很多企业发展和战略制定的条件。只有把握足够多的客户，并了解足够多的客户信息，企业才能对市场做出合理的预测，以便满足市场的需要。

(5) 客户关系也是一种事务之间的联系。在交易过程中通过各种事务使人和人发生联系，事务和事务发生联系。客户关系管理研究的就是这种联系。

总之，客户关系是一种在企业的日常商务运作中每时每刻都存在的一种市场行为和联系状态，它贯穿于商务活动的始终，对企业的运作和市场的发展有着巨大的影响。

(二)客户关系的类型

企业在经营过程中，因为对自己商品的特色和客户的定位不同，会形成不同的客户关系。美国著名的市场营销学家菲利普·科特勒(Philip Kotler)将企业建立的不同程度的客户关系概括为五种类型。

(1) 基本型，即销售人员把产品销售出去以后就不再与客户接触。

(2) 被动型，即销售人员把产品销售出去以后，同意或鼓励客户在遇到问题或有意见时联系企业。

(3) 责任型，即销售完成后，企业及时联系客户，询问产品是否符合客户的要求、有何缺陷或不足、客户有何意见或建议，以帮助企业不断改进产品，使之更加符合客户的要求。

(4) 能动型，即销售完成后，企业不断联系客户，让客户提供有关改进产品的建议并告知客户新产品的信息。

(5) 伙伴型，即企业不断努力协同客户，帮助客户解决问题，支持客户的成功，实现共同发展。

这五种不同类型的客户关系之间并没有优劣顺序，因为企业所采用的客户关系类型只取决于企业生产的产品特色和对客户的定位。不同的企业，甚至是同一家企业，对不同的客户可能会选择不同的客户关系。例如，生产日用化妆品的企业与个人客户常会建立一种被动型的客户关系，企业设立的客户服务机构或联络中心将听取客户的意见，处理客户投诉以改进产品；但是与大型超市和连锁的美容店之间则可能建立一种伙伴型的客户关系，实现产销的互惠互利。企业同客户关系的类型也不是一成不变的，可以根据产品不同的生命周期以及客户满意度等对客户关系类型进行调整，以使企业获得最大利润。

(三)客户关系的选择

在实际的经营管理活动中，企业应该建立何种类型的客户关系往往取决于它的产品和客户特征。菲利普·科特勒认为，企业可以根据其客户规模和产品的边际利润水平来选择适当的客户关系，如表1-1所示。

表 1-1　客户关系的选择

	高边际利润	中边际利润	低边际利润
大量客户	责任型	被动型	基本型
适量客户	能动型	责任型	被动型
少量客户	伙伴型	能动型	责任型

　　企业客户关系多种多样，企业该如何选择适当的客户关系呢？企业在面对少量客户时，提供的产品或服务的边际利润水平相当高，应当选择伙伴型的客户关系，力争在实现客户满意的同时自己也获得丰厚的回报；但如果产品或服务的边际利润水平很低，客户数量又极其庞大，企业应倾向于选择基本型的客户关系，否则企业可能因为售后服务的高成本而出现亏损；其余的类型则可由企业自行选择或组合。因此，一般来说，企业对客户关系进行管理或改进的趋势应当是朝着为每个客户提供满意服务并提高产品的边际利润水平的方向转变。

　　企业将全部客户按照一定的标准来进行区别，并根据具体的情况建立不同类型的客户关系，因此，企业用以区别不同客户的标准在某种程度上体现了企业经营管理的指导思想，也是进行客户关系选择的关键。根据实践，这一标准主要应当考虑客户忠诚度和销售额两个方面。

第三节　客户关系管理的内涵和作用

一、客户关系管理的内涵

　　由于强大的信息技术的支撑以及强烈的企业内部需求的驱动，客户关系管理从无到有，从少数企业使用到广泛推广，已经取得了长足的发展。但是，从不同时期和不同视角来看，人们对客户关系管理的理解、期望和把握存在着很大差异。不论是理论界还是实业界，都出现了各种各样的关于客户关系管理的定义。

　　1982 年，贝瑞(Berry)率先提出了关系营销(Relationship Marketing)的概念，把关系营销定义为"培养、维持和强化客户关系"，正式拉开了理论界研究客户关系问题的序幕。迄今为止，有关客户关系管理的相关研究可谓数不胜数，但令人遗憾的是，相关研究仍然十分零散，往往立足于不同背景，从不同视角或不同层面来探讨客户关系管理及其相关问题，在客户关系管理的界定、目标、核心特征、关键构成与影响因素、战略与实现技术等方面得出了相互联系却又存在明显差异的结论。

　　罗伯特·肖(Robert Shaw)于 1998 年指出，关系管理是一个互动过程，用于实现企业投入与客户需求满足的最佳平衡，从而实现企业利润的最大化。格拉哈姆(Graham)于 2001 年把客户关系管理视作企业处理经营业务与客户关系的一种态度、倾向与价值观念。

　　SAS 公司是一家著名的统计软件及客户关系管理方案平台供应商，它把客户关系管理界定为"是企业最大限度地掌握与运用客户信息来强化客户忠诚和实现客户挽留的技术过程"。由此不难看出，SAS 公司强调的是客户关系管理的技术和客户信息的有效运用；强调的是能够充分运用客户信息并将其转化为客户知识的先进的数据库和决策支持工具。通过对客户知识的有效运用，可以更好地理解和监控客户行为，从而提升客户忠诚度和实现合理的客户挽留率。类似地，其他客户关系管理解决方案的厂商也多认为客户关系管理是一种以客户为中心的经营策略，它以信息技术为手段，对相关业务功能重新设计，并对相关工作流程重组，以达到挽留老客户、吸引新客户、提高客户利润贡献度的目的。IBM 公司所理解的客户关系管理包括企业识别、挑选、获取、发展和保持客户的整个商业过程。IBM 公司把客户关系管理分为关系管理、流程管理和接入管理三类。

如果在因特网(Internet)上搜索，可以发现一些在实业界流传的定义与描述。例如，客户关系管理就是为企业提供全方位的管理工具，赋予企业更完善的客户交流能力，使客户收益率最大化的管理工具；客户关系管理就是企业用来识别、挑选、获取、发展和保持客户的整个商业过程；客户关系管理就是在正确的时间、使用正确的方法、为正确的客户提供正确的服务等。

实际上，有关客户关系管理的研究，既有共同点，又有不同点。综合目前众多的有关客户关系管理的经典文献，大致可将其分成两大阵营。第一阵营是学术界和实业界对有效客户关系管理及其运用的探索，大致包括四种主要流派：①客户关系管理是一种经营观念，是企业处理其经营业务及客户关系的一种态度、倾向和价值观，要求企业全面地认识客户，最大限度地发展客户与企业的关系，实现客户关系价值的最大化；②客户关系管理是一套综合的战略方法，用以有效地使用客户信息，培养与现实的和潜在的客户之间的关系，为企业创造大量价值；③客户关系管理是一套基本的商业战略，企业利用完整、稳固的客户关系，而不是用某个特定产品或业务单位来传递产品和服务；④客户关系管理是通过一系列过程和系统来支持企业总体战略，以建立与特定客户的长期、有利可图的关系，其主要目标是通过更好地理解客户需求和偏好来增大客户关系价值。第二阵营则是以 SAS、IBM 等为代表的 CRM 方案平台开发商，侧重从技术的角度来定义客户关系管理，认为客户关系管理是一个过程，企业通过这个过程最大限度地掌握和利用客户信息，以增加客户的忠诚度，实现对客户的终生挽留，并通过 CRM 应用软件的形式加以实现。

基于目前有关客户关系管理的界定与内涵的探讨，结合我们对客户关系管理的一般理解，可以把客户关系管理定义为：客户关系管理是企业的一种经营哲学和总体战略，它采用先进的信息与通信技术来获取客户数据，运用发达的数据分析工具来分析客户数据，挖掘客户的需求特征、偏好变化趋势和行为模式，积累、运用和共享客户知识，并进而通过有针对性地为不同客户提供具有优异价值的定制化产品或服务来管理处于不同生命周期的客户关系及其组合，通过有效的客户互动来强化客户忠诚度，并最终实现客户价值最大化和客户关系价值最大化。

这个定义包括以下五个层面的含义。

(1) 战略观念。客户关系管理不是一种简单的概念或方案，而是企业的一种战略，贯穿于企业的每个经营环节和经营部门，其目的是以有利可图的方式管理企业现有的和潜在的客户。为了使企业围绕客户有效地开展经营活动，客户关系管理涉及战略远景、战略制定与实施以及过程、组织、人员和技术等各方面的变革。

(2) 双赢思路。客户关系管理的目的是实现客户价值最大化与客户关系价值最大化的合理平衡，即客户与企业之间的双赢。一方面，坚持以客户为中心，为客户创造优异价值是任何客户关系管理的宗旨，这是实现客户挽留和客户获取的关键；另一方面，企业是以盈利为中心的组织，实现利润最大化是企业生存和发展的宗旨。两者之间不可避免地存在一定的冲突：不惜代价地为客户创造价值，势必增加企业的成本和损害企业的盈利能力，势必无法保障企业长期为客户创造最优异的客户价值的能力。不过，两者之间又存在一定的统一关系：为客户创造的价值越优异，越能提高客户的满意度和忠诚度，越能实现客户挽留与客户获取的目的，从而有利于实现客户关系价值的最大化。

(3) 互动管理。对客户互动的有效管理是切实保障客户关系管理有效性的关键。无论是创造优异的客户价值，还是实现客户关系价值的最大化，一个至关重要的前提就是企业必须有效地管理与客户接触的每个界面，在与客户的互动中实现双方利益的最优化，创造一种完美的客户体验和最大限度地捕捉有关客户需求与偏好及其变动的信息，以及客户特征及其建议的信息。

(4) 技术支持。以因特网和数据挖掘工具等为代表的信息技术是客户关系管理的技术支撑。无论是要创造最优异的客户价值和实现有效的客户互动，还是要制定和实施切实可行的客户关系管理战略及其相关措施，都需要强大的信息技术的支持，以便企业能够以整合的方式收集、传播、运用、共享和更新有关客户的信息，最大限度地挖掘、运用和共享客户知识。同时，这些信息技术也是进行客户细分的重要工具。

(5) 分级管理。在不同客户表现出差异性偏好与需求的同时，他们也往往具有不同的客户关系价值。企业必须把主要精力集中在最有价值的客户身上。一般而言，那些低价值的客户在数量上往往占有很大比重，但对企业的贡献却很小。客户关系管理并不主张放弃那些低价值的客户，而是主张在客户细分和深入剖析的基础上区别对待。不过，需要特别强调的是，这里所说的价值，虽然都是指相对于企业而言客户所具有的价值，但人们需要从多个层面来理解其内涵，其中既包括潜在的客户关系价值，也包括现实的客户关系价值；既包括客户带来的经济货币价值，也包括客户产生的非货币的社会价值。

实际上，客户关系管理的营销管理思想与传统营销思想是一致的，只不过相应的营销方法发生了一定的变化。它是信息技术与传统的营销、销售、质量管理、知识管理和服务管理整合的产物，是营销理论的进一步拓展和升华。正如前文定义所描述的，客户关系管理已经超越了营销管理的狭隘范畴，是企业的一种经营哲学和总体战略，是多个学科交叉发展的产物。

二、客户关系管理的本质

(一)客户关系管理是提高企业竞争力的经营战略

客户关系管理是企业为提高核心竞争力，达到竞争制胜和快速成长的目的，树立以客户为中心的经营战略，并在此基础上开展包括判断、选择、争取、发展和保持客户所需的全部商业过程。这是基于企业管理的基本理念和指导思想的层面对客户关系管理进行的定义。

在客户关系管理的理念和思想指导下，企业将顺利建成或实现新的以客户为中心的商业模式，通过集前台资源和后台资源以及办公系统的整套应用支持于一体，确保实现直接关系到企业利润的客户满意。企业高层和经营管理人员为此必须贯彻这一思想，实践这一理念，树立并领导这一商业战略。在此层面上，客户关系管理对企业的成长、发展都具有关键的影响和决定性作用，而如果仅靠业务流程改进和技术应用来体现显然是不够的。

以前，企业只注重运营效率的提高，但随着网络经济和电子商务的发展，人们在大量的探索和实践中逐渐认识到，建立并维持良好的客户关系已成为获取企业竞争优势唯一的也是最重要的基础。客户关系管理作为企业的经营理念、指导思想和发展战略，其重要性无论是在客户与市场方面，还是在技术与业务方面，都能得到具体体现。

(1) 客户方面，客户关系管理首先是选择和管理客户的经营思想和业务战略，目的是实现客户关系价值的最大化。客户关系管理的实践促使企业树立新的客户观念，重新认识客户关系和客户的价值。也就是说，客户关系管理重新定义了企业的职能，并对其业务流程进行重组，要求企业真正运用以客户为中心的理念来支持有效的营销、销售和服务过程。企业关注的焦点必须从内部运作转移到客户关系上来，并通过加强与客户的深入交流，全面了解客户的需要，不断对产品或服务进行改进，以更好地满足客户需求，实现向专注于客户的商业模式的转变。

(2) 市场方面，客户关系管理要求企业的经营以客户为中心。在企业的市场定位、细分和价值实现中，企业必须坚持贯彻这一理念，因为能否准确把握客户的需要决定了企业在市场上的地位以及最终收益的好坏。客户满意度的高低直接关系到企业能否获得更多的利润，因而对现有客户的管理和对潜在客户的培养与发掘是企业在市场中获得成功的关键。

(3) 业务方面，客户关系管理要求企业从"以产品为中心"的模式向"以客户为中心"的模式转变。也就是说，为改进企业与客户的关系，客户关系管理要在企业的市场营销、销售、服务与技术支持等与客户有关的业务领域进行，其目标一方面是通过提供更快速和周到的优质服务吸引和保持更多的客户，拓展新的市场，并通过提供个性化服务来提高客户的满意度、忠诚度以增强企业的营利性；另一方面则是通过对企业业务流程的全面管理来降低企业成本，缩短销售周期，增加销售收入。在具体业务活动中，客户关系管理的理念指导企业搜集、整理和分析每一个客户的信息，力争把客户想要的产品或服务送到他们手中，观察和分析客户行为对企业收益的影响，从而使企业与客户的关系及企业盈利都得到优化。

(4) 技术方面，客户关系管理指导思想的重要内容之一就是如何使以客户为中心的商业运作实现自动化及通过先进的技术平台支持改进业务流程。因此，客户关系管理的理念对企业在管理应用中的技术思路也有巨大影响。首先，客户关系管理理念的实践要想在全公司范围内实现协调、信息传达和责任承担，就需要一个经过统筹的技术方案来实现企业新的商业策略；其次，考虑到业务流程的整合和较高的客户服务期待，完全不顾及企业中信息技术支持和应用的状况而单方面考虑业务流程重组是不可行的；最后，当前信息技术领域的多种先进技术最终都会汇集到一点上，使客户关系管理的全面性和实效性不断得到增强。

(二)客户关系管理是一种全新的商务模式

客户关系管理是企业以客户关系为重点，通过开展系统化的客户研究，优化企业组织体系和业务流程，提高客户满意度和忠诚度，提高企业效率和利润水平的工作实践。这是基于企业的管理模式或经营机制的角度对客户关系管理进行的定义。客户关系管理作为一种旨在改善企业与客户关系的新型管理机制，它运用于企业市场营销、服务、技术支持等与客户有关的业务领域，与传统的生产、销售的静态商业模式存在着根本区别。企业要想识别在动态运营中企业产品、服务与客户间的所有的直接或间接关系，洞悉这种关系并且进行全过程的交互操作，就要建立客户关系管理系统，使企业在市场竞争、销售运作、客户服务等方面形成彼此协调的、全新的关系实体，进一步形成持久的竞争优势。客户关系管理的内容集中于具体的企业经营管理模式上，主要体现在市场营销、销售实现、客户服务和决策分析四大业务领域，这些都是客户与企业关系的重要方面。

(1) 市场营销方面，客户关系管理的市场营销既包括对传统市场营销行为和流程的优化及自动化，也包括商机预测、获取和管理，还包括营销活动管理及实时营销等。个性化和一对一成为营销的基本思路和可行性做法，企业在最初接触客户中需要识别客户的需要，针对具体目标开展个性化的营销活动。实时营销的方式转变为电话、传真、Web 网站、E-mail 等的集成，旨在使客户以自己的方式、在方便的时间获得所需要的信息。及时与销售部门合作或与相关职能人员共享信息；企业积极改进产品或服务，从速从优满足客户的需要，以激活客户潜在的消费行为。

(2) 销售实现方面，客户关系管理扩展了销售的概念。销售人员及其他员工与潜在客户的互动行为，将潜在客户发展为现实客户并促使其保持忠诚度是企业盈利的核心工作，因此，客户关系管理对销售实现是十分重要的。在具体流程中，销售运作被扩展为预测、过程管理、客户信息管理、建议产生及反馈、业务经验分析等一系列工作。

(3) 客户服务方面，客户关系管理模式相比于传统商务模式的最明显的改进就是把客户服务视为关键的业务内容，视为企业的盈利来源。企业提供的客户服务已经超出传统的帮助平台，它已成为能否保留并拓展市场的关键。客户服务必须积极、主动地处理客户各种类型的询问、信息咨询、订单请求和订单执行情况反馈，并提供高质量的现场服务。同时，客户关系管理的客户服务中心已经超出传统的电话呼叫中心的范围，可接受并使用如 E-mail、传真、网络及客户喜欢使用的其他任何方式。越来越多的客户通过互联网查询产品、提出订单，对企业提供自助服务的要求也越来越高。

(4) 决策分析方面，客户关系管理模式创造并具备了对客户资产价值最大化的决策和分析能力。首先，可以通过对客户数据的全面分析来规范客户信息，消除交流和共享的障碍，并测量客户的需求和潜在消费的优先级定位，衡量客户满意度，评估客户带给企业的价值，提供管理报告、建议和完成各种业务的分析；其次，在统一的客户数据基础上，将所有业务应用系统融入分析环境开展智能化分析，在提供标准报告的同时提供定量和定性的即时分析，分析结果反馈给管理层和企业各职能部门，以增加信息分析的价值，使企业领导者更能权衡信息，做出全面且准确的商业决策。

(三)客户关系管理是应用系统、方法和手段

客户关系管理也是企业在不断改进与客户关系相关的全部业务流程、整合企业资源、实时响应客户、最终实现电子化、自动化运营目标的过程中创造并使用先进的信息技术、软硬件以及优化的管理方法和解决方案的总和。这主要是从企业管理中信息技术、软件及应用解决方案的层面对客户关系管理进行的定义。"客户关系管理"作为一个信息产业术语，在不同场合下，可以是一个应用软件系统，如通常 IT 行业所称的运用信息技术对企业业务分析流程自动化的软件系统，其中涉及销售、市场营销、客户服务以及支持应用等软件；也可以是它所体现的方法论的统称，代表可用于帮助企业组织管理客户关系的一系列

信息技术或手段。例如，建立能够精确描绘客户关系的数据库，综合各类客户关系的数据库，实现客户信息的集成，综合各类客户接触点的电话中心或联络中心等。但是，一个整合的客户接触点的管理同时应当整合销售、营销、客户服务、技术支持、数据库、电话中心和客户智能分析等功能模块。此外，客户关系管理必须与企业电子商务在企业资源运用和价值实现中进行协调直至完全融合。尽管大多数企业会在开展客户关系管理时提出电子商务这一独立战略，但协调基于客户关系管理和电子商务的业务流程越来越重要。事实上，企业必须把客户关系管理看作实现电子商务整体战略的首要部分。

从方法论上讲，客户关系管理的解决方案对大多数行业和企业而言，在以客户为中心的业务流程分析思路中，其主要内容具有一定的共性。CRM 解决方案主要供应商之一的 Sybase 公司将其界定为以下七个方面：①客户概况分析，包括客户的层次、风险、爱好、习惯等；②客户忠诚度分析，指客户对某个产品或商业机构的忠诚度、持久性、变动情况等；③客户利润分析，指不同客户所消费产品的边际利润、总利润、净利润等；④客户性能分析，指不同客户所消费的产品按种类、渠道、销售地点等指标划分的销售额；⑤客户未来分析，包括客户数量、类别等情况的未来发展趋势和争取客户的手段等；⑥客户产品分析，包括产品设计、关联性、供应链等；⑦客户促销分析，包括广告、宣传等促销活动的管理。

在 CRM 的应用系统中，解决方案主要集中在业务操作管理(涉及的基本商业流程是营销自动化、销售自动化、客户服务)、客户合作管理(对客户接触点的管理，如联络中心、电话中心、网站、渠道等的管理)和数据分析管理(主要涉及为实现决策分析智能化而进行的客户数据库建设、数据挖掘、知识库建设等工作)。客户关系管理的应用方案中，将客户作为公司业务流程的中心，通过与企业管理信息系统的有机结合，日益丰富客户信息，并使用所获得的客户信息来满足客户个性化需求，努力实现企业前台资源和后台资源的优化配置。CRM 应用系统在管理企业前台方面，提供了收集、分析客户信息的系统，帮助企业充分利用其客户的满意度来增强企业盈利能力；在与后台资源的结合方面，CRM 要求同企业资源规划等传统企业管理方案有机结合，率先实现内部商业流程的自动化，提高生产效率。客户关系管理使企业内部、企业与客户和业务伙伴具有了无缝协作的能力，随着网络技术的发展展示出更为巨大的价值。

通过以上三个方面的分析可以看出，客户关系管理具有以下三个层次的含义。①客户关系管理首先是一种管理思想。客户关系管理将各种客户资源作为企业最重要的资源之一，因为只有客户的忠诚才能够促进企业销售的增加，创造企业的利润。客户关系管理的核心是客户价值管理(Customer Value Management，CVM)，通过增加提供给客户的价值，使客户感到自己的所得超过了他们的预期，优于他们在别处可以得到的价值，从而提高客户的满意度。企业付出精力去为客户创造价值，客户对企业的产品或服务感到满意，企业就会和客户建立良好的关系，成功地拓展市场，获得客户的支持，最终创造企业的价值。企业的价值最终等于客户关系价值的总和。只有把客户的需要作为企业制定战略的出发点和归宿，企业才能生存和发展。②客户关系管理是一种旨在改善企业与客户关系的新兴管理机制，主要集中在市场营销、销售实现、客户服务和决策分析等企业与客户发生关系的业务领域。一方面，它通过企业对业务流程的全面管理来优化资源配置，降低企业成本，缩短销售周期；另一方面，通过提供更快捷、周到和优质的服务来吸引和保持更多的客户，增加市场份额。③客户关系管理系统是一套人机交互系统，需要一个有效的 CRM 解决方案的支撑。一个整合的客户关系管理应用系统或产品，必须包含 Web 在内的所有客户接触点的管理，同时应当集营销、销售、服务、技术支持、数据库、电话中心和客户智能分析等智能模块于一体。

三、开展客户关系管理的作用

随着市场竞争越来越激烈，传统的企业管理系统越来越难以进行动态的客户渠道和关系的管理，互联网背景下的客户关系管理给企业带来了经营管理方式的重大变革，对企业的发展具有非常重要的作用。

(一)全面提高企业的运营效率

CRM 系统通过整合企业的全部业务环节和资源体系，使企业的运营效率大大提高。一套完整的 CRM 系统在企业的资源配置体系中起着承上启下的作用。向上，它可以向企业渠道的各方向伸展，既可以综合传统的电话中心和客服部门，又可以结合企业门户网站、网络销售、网上客户服务等电子商务内容，构架动态的企业前端；向下，它能逐步渗透至生产、设计、物流配送和人力资源等部门，整合 ERP、SCM 等系统。资源体系的整合实现了企业范围的信息共享，使业务处理流程的自动化程度和员工的工作能力大大提高，使企业的运作能够更加顺畅，资源配置更加有效。

(二)优化企业的市场增值链

CRM 的应用使原本"各自为战"的销售人员、市场推广人员、服务人员、售后维修人员等开始真正围绕市场需求协调合作，为满足客户需求这一中心要旨组成强大的团队；对企业的财务、生产、采购和储运等部门而言，CRM 也成为反映客户需求、市场分布及产品销售情况等信息的重要来源。

(三)保留老客户并吸引新客户

开展客户关系管理，一方面，通过对客户信息资源的整合，帮助企业捕捉、跟踪、利用所有的客户信息，在全企业内部实现资源共享，从而使企业更好地管理销售、服务和客户资源，为客户提供快速、周到、优质的服务；另一方面，客户可以选择自己喜欢的方式同企业进行交流，方便地获取信息，得到更好的服务。客户的满意度得到提高，从而帮助企业留住更多的老客户，并更好地吸引新客户。

(四)不断拓展市场空间

通过新的业务模式(电话、网络)扩展销售和服务体系，扩大企业经营活动范围，及时把握新的市场机会，获得更多的市场份额。

总之，客户关系管理给企业带来了互联网时代生存和发展的经营理念、管理机制和技术手段，成为企业成功实现电子商务的基础，使企业顺利实现由传统企业模式到以电子商务为基础的现代企业模式的转化。

本 章 小 结

(1) 客户关系管理产生的背景可以归纳为社会经济的高度发达、企业对客户的高度依赖和现代市场营销观念的形成；客户关系管理产生的驱动因素可以归纳为管理理念的更新、企业需求的拉动和信息技术的发展。

(2) 客户是指购买企业产品或服务的个人或组织，同时也泛指企业的内部员工、代理商和分销商等合作伙伴，以及企业价值链中的上、下游伙伴，甚至竞争对手。客户关系是指客户与企业发生的各种关系，企业组织由人构成，因此，客户与企业的关系根本上还是人与人之间的关系。菲利普·科特勒把客户关系分为五种类型。

(3) 客户关系管理是企业的一种经营哲学和总体战略，它采用先进的信息与通信技术来获取客户数据，运用发达的数据分析工具来分析客户数据，挖掘客户的需求特征、偏好变化趋势和行为模式，积累、运用和共享客户知识，并进而通过有针对性地为不同客户提供具有优异价值的定制化产品或服务来管理处于不同生命周期的客户关系及其组合，通过有效的客户互动来强化客户忠诚度，并最终实现客户价值最大化和客户关系价值最大化。

(4) 客户关系管理的本质是提高企业竞争力的战略，是一种全新的商业模式，是应用系统、方法和手段。开展客户关系管理能够全面提高企业的运营效率，优化企业的市场增值链，留住老客户并吸引新客户，不断拓展市场。

课 后 练 习

一、判断题

1. 人类社会进入工业社会后，市场格局发生了重大改变，即由买方市场转变为卖方市场。　　　　　　　　　　　　　　　　　　　　　　　　　　　　　　　　（　）

2. 进入工业社会后，消费者在交易中掌握了越来越多的主动权。　　　　　　（　）

3. 客户已经不是传统意义上的企业服务对象，而是企业生存和发展的战略资源。（　）

4. 获得和维持竞争优势是企业生存与发展的基础。　　　　　　　　　　　　（　）

5. 开发新客户的成本低，挽留老客户的成本高。　　　　　　　　　　　　　（　）

6. 在客户关系管理中，客户一般指的是消费客户，也称为终端客户，包括个人客户和商用客户。　　　　　　　　　　　　　　　　　　　　　　　　　　　　　　（　）

7. 客户关系管理的本质是一种管理观念、一种管理战略和管理过程，是一种以客户为导向的系统管理工程。　　　　　　　　　　　　　　　　　　　　　　　　　（　）

8. 客户关系管理仅仅是企业的一种经营哲学和总体战略。　　　　　　　　　（　）

9. 客户关系管理就是主张放弃那些低价值的客户。　　　　　　　　　　　　（　）

10. 客户关系管理要求企业由"以客户为中心"向"以产品为中心"转变。　　（　）

二、单项选择题

1. 下列叙述中，错误的是(　　)。

A. 吸引一位新客户的成本是留住一位老客户的 4～6 倍

B. 一位不满意的客户会将他的不满告诉 8～10 人

C. 向新客户推销的成交机会达 50%，而向老客户推销的成交机会却只有 15%

D. 忠诚于企业的客户每增加 5% 就可提升其利润的 25%～95%

2. 客户已经不是传统意义上的企业服务对象，而是企业生存和发展的战略(   )。

    A. 对象   B. 要素   C. 基础   D. 资源

3. 客户关系管理最早产生于美国，它的雏形为(   )。

    A. 接触管理   B. 客户关怀   C. 企业资源计划 D. 在线客户自助服务

4. 企业筛选以后确定的力图开发为现实客户的人群称为(   )。

    A. 非客户   B. 潜在客户   C. 目标客户   D. 流失客户

5. 企业销售完成后不断联系客户，让客户提供有关改进产品的建议并告知客户新产品的信息。这种客户关系类型为(   )。

    A. 基本型   B. 责任型   C. 能动型   D. 伙伴型

6. 一家生产日用化妆品的企业，它与个人客户常会建立一种(   )的客户关系。

    A. 基本型   B. 责任型   C. 能动型   D. 被动型

7. 企业在面对少量客户时，提供的产品或服务的边际利润水平相当高，那么它应当采用(   )的客户关系，力争实现客户满意的同时自己也获得丰厚的回报。

    A. 基本型   B. 责任型   C. 伙伴型   D. 能动型

8. 关于客户关系管理的概念，下列错误的是(   )。

    A. 是一个过程，企业通过这个过程最大限度地掌握和利用客户信息，实现企业价值的短期最大化

    B. 是一种经营观念，要求企业全面地认识客户，最大限度地发展客户与企业的关系，实现客户关系价值的最大化

    C. 是一套综合的战略方法，用以有效地使用客户信息，培养与客户之间的关系，为企业创造大量价值

    D. 是一套基本的商业战略，企业利用完整、稳固的客户关系，而不是某个特定产品或业务单位来传递产品和服务

9. 客户关系管理首先是选择和管理客户的经营思想和业务战略，目的是实现(   )的最大化。

    A. 交易额   B. 客户价值   C. 客户关系价值 D. 成交价格

10. 对客户互动的有效管理是切实保障客户关系管理(   )的关键。

    A. 及时性   B. 系统性   C. 科学性   D. 有效性

三、多项选择题

1. 客户关系管理产生的背景主要可以概括为(   )。

    A. 社会经济的高度发达   B. 企业对客户的高度依赖

    C. 现代市场营销观念的形成   D. 人类由农业社会进入工业社会

    E. 各国贸易保护主义的盛行

2. 现代客户关系管理产生的动因可以归纳为(   )。

    A. 管理理念的更新   B. 电脑的广泛应用

C. 企业需求的拉动   D. 世界经济的一体化

  E. 信息技术的推动

3. 影响 CRM 发展的关键技术包括( )。

  A. 商业智能   B. 数据仓库

  C. 企业资源计划   D. 计算机电信集成技术

  E. 电子商务

4. 菲利普·科特勒认为，企业可以根据其( )来选择适当的客户关系类型。

  A. 客户规模   B. 客户类型

  C. 企业的财务状况   D. 产品的边际利润水平

  E. 产品寿命周期

5. 客户关系管理的本质可以概括为( )。

  A. 是提高企业竞争力的战略   B. 是一个软件平台

  C. 是一种全新的商务模式   D. 是企业营销口号

  E. 是应用系统、方法和手段

四、问答题

1. 什么是客户？什么是客户关系？什么是客户关系管理？

2. 如何看待客户关系管理产生的背景？

3. 开展客户关系管理对企业有什么作用？

五、案例分析题

联邦快递的 CRM

  竞争者很容易采用降价策略参与竞争，联邦快递认为提高服务水平才是长久维持客户关系的关键。

  1. 联邦快递的全球运送服务

  电子商务的兴起为快递企业提供了良好的机遇。电子商务体系中，企业可通过网络连接快速传递必要信息，但对一些企业而言，运送实体的东西是一个难以解决的问题。举例来讲，对于产品周期短、跌价风险高的计算机硬件产品，企业在接到客户的订单后，迅速取得物料、组装、配送以降低库存风险及掌握市场先机是非常重要的课题。因此，对那些通过大量网络直销的戴尔计算机来讲，如果借助联邦快递的及时配送服务来提升整体的物流效率，可为规避经营风险做出贡献。有一些小企业，由于经费及人力不足，往往不能建立自己的配送体系，这时就可以借助联邦快递。

  要成为企业运送货物的管家，联邦快递需要与客户建立良好的互动与信息流通模式，使企业能掌握自己的货物配送流程与状态。联邦快递的所有客户不仅可以借助其网址同步追踪货物状况，还可以免费下载应用软件，进入联邦快递协助建立的亚太经济合作组织关税资料库。它的线上交易软件 Business Link 可协助客户整合线上交易的所有环节，从订货到收款、开发票、库存管理一直到将货物交到收货人手中。这个软件能使无店铺零售企业以较低的成本迅速地在网络上进行销售。另外，联邦快递特别强调要与客户相配合，针对客户的特定需求，如公司大小、生产线地点、业务办公室地点、客户群科技化程度、公司未来目标等制订配送方案。

联邦快递还有一些高附加值的服务，主要包括以下三个方面。

(1) 提供整合式维修运送服务。如将已损坏的计算机或电子产品送修或归还所有者。

(2) 扮演客户的"零件"或"备料银行"，扮演零售商的角色，提供诸如接受订单与客户服务处理、仓储服务等功能。

(3) 协助客户简化并合并行销业务，帮助客户协调数个地点的产品组件运送流程。在过去，制造商需要自己设法将零件送到终端客户手中，现在的快递业则可完全代劳。

综上所述，联邦快递的服务的关键在于协助客户节省仓储费用，而且在交由联邦快递运送后，客户仍然能准确地掌握货物的行踪，并可利用联邦快递的系统来管理货物订单。

2. 联邦快递的客户服务信息系统

联邦快递的客户服务信息系统主要有两个：一是一系列的自动运送软件，二是客户服务线上作业系统。

为了协助客户上网，联邦快递向客户提供了自动运送软件，有 DOS 版的 Power Ship、视窗版的 FedEx Ship 和网络版的 FedEx internet Ship 三个版本。利用这些系统，客户可以方便地安排取货日程、追踪和确认运送路线、建立并维护寄送清单和追踪寄送记录。而联邦快递则通过这套系统了解客户打算寄送的货物，预先得到的信息有助于运送流程的整合、货舱机位、航班的调派等。

客户服务线下作业系统——COSMOS 系统可追溯到 20 世纪 60 年代，当时航空业所用的电脑定位系统备受瞩目，联邦快递受到启发，从 IBM、安飞士(Avis)租车公司和美国航空等处组织了专家，成立了自动化研发小组，建立了 COSMOS 系统。1980 年，系统增加了主动跟踪、状态信息显示等重要功能。1997 年，推出了网络业务系统——Virtual Order。

联邦快递通过这些信息系统的运作，建立起全球的电子化服务网络，目前有 2/3 的货物量是通过 Power Ship、FedEx Ship 和 FedEx internet Ship 进行，主要利用它们的订单处理、包裹追踪、信息储存和账单寄送等功能。

3. 员工理念在客户关系中扮演的角色

我们都知道，良好的客户关系绝对不是单靠技术就能实现的，员工主观能动性的重要性怎么强调也不过分。在对员工进行管理以提高客户满意度方面，具体有以下三个方案。

(1) 建立呼叫中心，倾听客户声音。联邦快递台湾分公司有 700 名员工，其中 80 人在呼叫中心工作，主要任务除了接听成千上万的电话外，还要主动打电话与客户联系，收集客户信息。呼叫中心是绝大多数客户接触联邦快递的第一个媒介，因此，员工的服务质量很重要。呼叫中心的员工要先经过一个月的课堂培训，然后接受两个月的操作训练，学习与客户打交道的技巧，考核合格后，才能正式接听客户来电。

另外，联邦快递台湾分公司为了了解客户需求和有效控制呼叫中心服务质量，每月都会从接听电话员工负责的客户中抽取 5 人，打电话询问他们对服务品质的评价，了解其潜在需求和建议。

(2) 提高第一线员工的素质。为了使与客户密切接触的运务员符合企业形象和服务要求，在招收新员工时，联邦快递是台湾少数进行心理和性格测验的公司。对新进员工进行入门培训并强调企业文化，新员工需先接受两周的课堂训练，接下来是服务站的训练，然后让正式的运务员带半个月，最后才能独立工作。

(3) 运用奖励制度。联邦快递最主要的管理理念是"只有善待员工，才能让员工热爱工作，不仅做好自己的工作，而且主动提供服务"。

另外，在联邦快递公司，当公司利润达到预定指标，会加发红利，这笔钱甚至可达到年薪的 10%。值得注意的是，为避免各区域主管有本位主义，各区域主管不参加这种分红。各层主管的分红以整个集团是否达到预定目标为根据，以增强他们的全局观念。

（资料来源：http: //www.chinapostnews.com.cn/cpost/magazine/0407/zz040730.htm.)

请回答：

1. 请分析联邦快递客户关系管理的成功之处。

2. 你从该案例中得到哪些启示？

第二章 客户关系管理的理论基础

学习目标

● 了解关系营销产生的背景，理解关系营销的含义、特点，深刻理解关系营销对传统营销理论的变革。

● 了解数据库营销的概念、特点，了解数据库营销的运作模式。

● 了解一对一营销的产生背景，理解一对一营销的价值，深刻理解一对一营销的核心理念。

● 了解营销自动化与销售自动化的概念。

引例：王永庆卖大米的故事

已故"经营之神"、台塑集团创始人王永庆在创办台塑之前，曾经卖过大米。而在别人只是卖大米挣差价时，他却做了几件在别人看来离奇且又与挣钱无关的事。

① 他和弟弟王永在一起动手，将夹杂在大米里的糠谷、沙粒统统清理干净。那时候，稻谷加工非常粗糙，大米里有不少糠谷、沙粒、老鼠屎等。这样，他店里的米的质量就比其他米店要高一个档次。

② 提供送货上门，无论晴天雨天，无论路程远近，只要客户叫一声，他立马送到。当时尚无送货服务，卖米的利润极其微薄，但他坚持免费送货服务。

③ 给客户送大米，他都帮人家将米倒进米缸里，减少客户的麻烦。

④ 倒大米时他总是先把米缸内的旧米倒出来，把米缸擦干净后，再倒进新米，最后把旧米放在上层，这样，米就不至于因存放过久而变质。

⑤ 每次给客户送米，他还默默地记下客户家中的人数，大人几个、小孩几个等，以此来估计大米日消耗量，并详细记录在小本子上，这样就能在客户家里的大米即将吃完的前几天，专程到客户家去询问要不要送米，不等客户上门，他就主动将大米送过去了。

⑥ 每次送米，王永庆并不急于收钱，他把全体客户按发薪日期分门别类，登记在册，等客户领了薪水，再去一拨儿一拨儿地收米款。嘉义大多数家庭都靠做工谋生，收入微薄，少有闲钱，如果马上收钱，碰上客户手头紧，会让双方都很尴尬。

（资料来源：http://delfei.diandian.com/post/20090312/16600849.)

引例启示: 王永庆显然是一个极早悟道的企业家,他认识到卖大米不纯粹是经营产品,也是经营客户关系。他从细微之处为客户着想,真正体现了以客户为中心的理念。他细心地经营客户关系,了解每一个客户的具体情况,有针对性地解决每一个客户生活中存在的实际问题。他的关心客户、服务客户的做法赢得了客户,占领了市场,获得了发展。

客户关系管理是理念与技术的统一体,它的形成和发展是建立在一定的理论基础之上的,这些理论主要涉及关系营销、数据库营销、一对一营销、营销与销售自动化等。

第一节 关 系 营 销

一、关系营销产生的背景

关系营销是由"大市场营销"(Mega Marketing)概念衍生、发展而来的。1984年,菲利普·科特勒提出了所谓的"大市场营销"概念,目的在于打破国际市场的进入壁垒。在传统的市场营销理论中,企业外部环境是被当作"不可知因素"来对待的,企业面临国际市场营销中的各种贸易壁垒和舆论障碍时,只能听天由命,无所作为。于是,菲利普·科特勒认为企业要突破贸易保护主义壁垒进入封闭的市场,除了需要运用产品、价格、渠道及促销四大营销策略,还必须有效运用政治权力和公共关系,这就是"大市场营销"思想。公共关系作为市场营销的一个策略,重视"关系"的营销由此而生。

关系营销的产生具有较为深刻的时代背景,是市场形态转变、消费者需求提高以及信息技术发展的必然结果。

(一)市场形态转变

随着社会经济的发展,物质产品日益丰富,市场形态已经明显转为买方市场,企业之间的竞争更加激烈,竞争手段也更加多样。同时,先进的科学技术使产品之间的差异减少,企业很难通过产品、渠道和促销等传统营销手段取得竞争优势,而且企业之间营销活动使传统营销活动的效果越来越不明显,促使企业与客户保持良好的关系以形成稳定的市场,确保企业在市场竞争中的地位。

(二)消费需求提高

人们的消费观念向外在化、个性化、自然化的方向发展,因此其精神消费和心理消费的需求程度越来越高,这就迫切需要企业与客户要以更多的交流来实现各自的需求与利益,这就促使了营销方式变革。企业要更加深入地进行市场细分,向品种多、批量少的小规模生产模式转变,更加注重消费者的实际要求,更好地满足消费者个性化的需求。

(三)信息技术发展

计算机、互联网、通信等信息技术的发展使人与人之间的时空距离相对缩短,企业之间,企业与客户之间的依赖性、相关性也越来越强,彼此之间的交流和协作更加便利。企业对这种时代特征不可漠然视之,尤其是在营销策略方面,要处理好这种互动关系,形成持续发展的基础和动力,达到企业发展的战略目标。

二、关系营销的内涵

(一)关系营销的定义

尽管理论界对关系营销的理解不一，也给出了很多不同的定义，但对关系营销的认识有一点是共同的，即企业对现有客户营销比对新客户营销更有利。在众多的定义中，其中较有代表性的观点有以下五种。

(1) 贝瑞(Berry)从保持老客户比吸引新客户的营销效率更高的现象出发，认为关系营销的实质是"保持和改善现有客户"。

贝瑞是首先提出"关系营销"概念的学者，他对关系营销有相当的认同。尽管贝瑞并没有否认吸引新客户的必要，但他把现有客户作为关系营销的核心。我们认为，对关系营销的这种理解忽视了客户发展的动态过程。很明显，任何老客户都是从新客户发展而来的，一味固守老客户很难适应市场环境的变化。

(2) 摩根和汉特(Morgan & Hunt)从经济交换与社会交换的差异来认识关系营销，认为从经济交换转为社会交换后，企业营销的本质也变为承诺与信任，关系营销是"旨在建立、发展和维持成功关系交换的所有营销活动"。

理解关系营销的核心是关系交换是否具有生产性与有效性，即是什么导致关系营销的成功与失败。关系承诺与信任正是关系营销成功的核心。这个定义停留在静态营销阶段，而关系营销更重要的特征是关系的发展存在着建立、稳定和终结的过程。

(3) 顾木森(Gummesson)则从企业竞争网络化的角度来定义关系营销，他认为"关系营销就是把营销看作关系、网络和互动"。

这个定义把关系营销看作"网络范式"的一部分，认为全球竞争日益趋向企业在网络之间进行，而不再是单个企业现实中的竞争。然而，全球经济的变化导致了关系营销某种程度的矛盾性质：要成为全球经济有效的竞争者，要求企业在网络里成为值得信任的合作者。于是，竞争与合作就不再是对立的两个方面，为了竞争必须合作，有效的合作又可以增强竞争力。

(4) 塞斯和帕维提亚(Sheth & Parvatiyar)强调合作的重要性，提出关系营销是"为了创造价值而通过合作及合作努力来与选定的客户、供应商、竞争者建立密切的互动关系的导向"。

在这个定义中，合作是关系营销的手段，而价值创造是关系营销的目的。他们的观点有两方面值得商榷：一是在关系发展过程中，常常存在非价值创造因素，如人际满意；二是关系营销的对象局限在客户、供应商和竞争者三方，忽视了其他因素，如企业员工、政府等。

(5) 格鲁如斯(Gronroos)对关系营销作了很宽广的定义："关系营销就是管理企业的市场关系。"

近年来，我国也有许多学者对关系营销进行研究，如中国人民大学的郭国庆教授将关系营销定义为"企业与顾客、分销商、经销商、供应商乃至竞争者等相互组织或个人建立、保持并加强关系，通过互利交换及共同履行诺言，使有关各方实现各自目的"。这一定义较为全面地概括了与企业发生关系的各方，并强调了交换的核心作用，突出了关系营销的特点——相互信任，履行诺言。

总结以上观点，可将关系营销定义如下：关系营销是企业为实现自身目标和增加社会福利而与相关市场建立和维持互利合作关系的过程。首先，这个定义提出关系营销的目的是双重的，包括社会宏观目标与企业微观目标。企业作为社会的一部分，除了其自身的目标外，还应该关注社会总体利益与目标。其次，关系营销的对象是相关市场。相关市场可以包括企业所有利益相关者，如客户、供应者、员工、媒体和政府部门等。再次，关系营销的手段是互利合作，互利是合作的前提，没有互利很难有进一步的合作，缺乏合作的营销也不能称为关系营销。最后，关系营销是动态的过程，而不是静止的状态。

(二)关系营销的特征

关系营销是以系统论为基本思想，将企业置身于社会经济大环境中来考察企业的市场营销活动，认为企业营销乃是一个与消费者、竞争者、供应商、分销商、政府机构和社会组织发生互动作用的过程。关系营销将建立与发展同所有与企业利益相关者之间的关系作为企业营销的关键变量，把正确处理这些关系作为企业营销的核心，它的本质特征就是营销活动的互利性、信息沟通的双向性、信息反馈的及时性和战略过程的协同性。

1. 营销活动的互利性

关系营销的基础在于交易双方之间有利益上的互补。如果没有各自利益的实现和满足，双方就不会建立良好的关系。关系建立在互利的基础上，要求互相了解对方的利益要求，寻求双方利益的共同点，并努力使双方的共同利益达到最大化。真正的关系营销是达到关系双方互利互惠的境界。

2. 信息沟通的双向性

社会学认为关系是信息和情感交流的有机渠道，良好的关系则是渠道畅通，恶化的关系则是渠道阻滞，中断的关系就是渠道堵塞。交流应该是双向的，既可以由企业开始，也可以由营销对象开始。广泛的信息交流和信息共享可以帮助企业赢得支持与合作。

3. 信息反馈的及时性

关系营销要求企业建立专门的部门，用以收集各利益相关者的态度。关系营销应有一个反馈的循环，连接关系双方，企业由此了解到环境的动态变化，根据合作方提供的信息，以改进产品和技术。信息的及时反馈使关系营销具有动态的应变性，有利于挖掘新的市场机会。

4. 战略过程的协同性

在竞争性的市场上，明智的营销管理者应强调与利益相关者建立长期的、彼此信任的、互利的关系。这可以是关系一方自愿或主动地调整自己的行为，即对方要求的行为；也可以是关系双方都调整自己的行为，以实现相互适应。各具优势的关系双方互相取长补短、联合行动、协同运作以实现对各方都有益的共同目的，可以说是协调关系的最高形态。

三、关系营销对传统营销理论的变革

(一)营销观念的变革

传统营销学的营销观念经历了长时间的实践检验，共产生了五种营销观念，即生产观念、产品观念、推销观念、营销观念和社会营销观念，它们都是从企业的立场出发，实现单个企业的经营目标，其核心是达成交易，只是到了社会营销观念时才对原有的营销思想有了一点突破，达成交易的同时兼顾社会利益。而关系营销完全突破了传统的营销观念，其核心是与相关利益者建立良好的关系，所以，关系营销思想既是企业经营管理新的指导思想，也是一种新的营销观念。

(二)营销实质的变革

传统的营销实际上是以生产者为导向，企业进行营销的目的是达成交易、提高企业销售额和实现企业的经营目标。营销本身并不创造价值，且消费者在营销中处于被动地位。采用关系营销策略使营销目标从达成交易转化为与客户建立良好关系，在营销中始终以消费者为中心。通过营销为企业赢得宝贵的资产(稳定的客户群)，与相关利益者建立稳定关系，大大增加企业的可支配资源，增强企业对市场的反应能力，这也在一定程度上增加了企业资产。

(三)组织结构的变革

以传统营销理论为导向的企业，大都设立营销部门，明确规定其职责，关系营销的出现使传统营销部门的职责发生了根本性的变化。传统营销部门的职责就是完成企业的营销任务，各部门各司其职，很少直接参与企业营销活动。现在推行关系营销的企业，其营销任务不仅由营销部门完成，企业的其他部门也要积极参与，营销部门成了各个部门的协调中心。

(四)市场范围的变革

传统的营销把视野局限在目标市场上，也就是通过市场细分确定客户群。而关系营销的市场范围比传统的市场广泛很多，它不仅包括客户市场，还包括供应商市场、中间商市场、劳动力市场和企业内部市场。

客户是企业生存和发展的基础，建立并维持与客户的良好关系是企业营销成功的保障。因此，关系营销仍然把客户关系作为关注的焦点，并把它放在建立各种关系的首要位置。与此同时，也非常重视与市场的良好关系，企业与供应商市场、人力资源市场、金融市场和内部市场都要建立良好的关系。

(五)营销组合的变革

营销组合的变革也是关系营销对传统营销理论的又一突破。传统营销理论认为，企业营销的实质是利用内部因素(产品、价格、渠道和促销等)对外部市场产生作用，使外部市场做出积极的动态反应，实现销售目标的过程。这样的营销思想虽然充分发挥了资本和物资等生产要素的作用，但却忽视了人的作用。而关系营销思想认为，要提高营销组合的应用价值和效率，就必须增强人力资源的作用，所以扩大了营销组合的概念。

四、企业与客户关系的三个层次

贝瑞(Berry)和帕拉苏拉曼(Parasuraman)归纳了三种创造客户关系价值的关系营销层次，

即一级关系营销、二级关系营销和三级关系营销。

(一)一级关系营销

一级关系营销在客户市场中经常被称作"频繁市场营销"或"频率市场营销"。这是最低层次的关系营销，它维持客户关系的主要手段是利用价格刺激增加目标市场客户的财务利益。随着企业营销观念从交易导向转为以发展客户关系为中心，一些促使客户重复购买并保持客户忠诚度的战略计划应运而生，频繁市场营销计划即是其中一例。所谓频繁市场营销计划，是指对那些频繁购买以及按稳定数量进行购买的客户给予财务奖励的营销计划。如香港汇丰银行、花旗银行等通过它们的信用证设备与航空公司开发了"里程项目"计划，累积的飞行里程达到一定标准之后，共同奖励那些经常乘坐飞机的客户。一级关系营销的另一种常用形式是对不满意的客户承诺给予合理的财务补偿。例如，新加坡奥迪公司承诺，如果客户购买汽车一年后不满意，可以按原价退款。

(二)二级关系营销

二级关系营销是既增加目标客户的财务利益，也增加他们的社会利益。在这种情况下，营销在建立关系方面优于价格刺激，公司人员可以通过了解单个客户的需要和愿望，并使服务个性化和人格化，来增加公司与客户的社会联系。因而，二级关系营销把人与人之间的营销和企业与人之间的营销结合起来，公司把客户看作贵宾。多奈利、贝瑞和汤姆森是这样描述两者的区别的：对于一个机构来讲，客户也许是不知名的，而贵宾则不可能不知名；客户是针对个体而言的，客户是由任何可能的人来提供服务，而贵宾是被那些指派给他们的专职人员接待和服务的。二级关系营销的主要表现形式是建立客户组织，以某种方式将客户纳入企业的特定组织中，使企业与客户保持更为紧密的联系，实现对客户的有效控制。

(三)三级关系营销

三级关系营销是增加结构纽带，同时附加财务利益和社会利益。结构性联系要求提供对关系客户有价值但不能通过其他来源得到的服务。这些服务通常以技术为基础，并被设计成一个传送系统，而不是仅仅依靠个人建立关系的行为，从而为客户提高效率和增加产出。良好的结构性关系不仅将增加客户转向竞争者的机会成本，也将增加客户脱离竞争者而转向本企业的利益，特别是当面临激烈的价格竞争时，结构性联系能为扩大现在的社会联系提供一个非价格动力，因为无论是财务性联系还是社会性联系都只能支持价格变动的小额涨幅。当面对较大的价格差别时，交易双方难以维持低层次的销售关系，只有通过提供客户需要的技术服务和援助等深层次联系才能牢牢吸引客户。特别是在产业市场上，产业服务通常是技术性组合，成本高、困难大，很难由客户自己解决，这些特点有利于建立关系双方的结构性合作。

以上三个层次的关系营销对企业来说都是不可缺少的，有时可以选择一个为主，也可以几个兼而有之。关键是企业的营销人员要树立层次结构的思想，在使用某一层次时，尽可能优化层次结构。

第二节　数据库营销

数据库营销是基于互联网与数据库技术而逐渐发展和成熟起来的一种市场营销推广手段,在企业市场营销中具有广阔的发展前景。数据库营销不仅是一种营销方法、工具、技术和平台,而且是一种面向客户的企业管理理念与价值观。

一、数据库营销的概念

(一)数据库营销的产生

数据库营销(Database Marketing,DM)的产生有两个方面的原因:一方面,规模化大生产与客户个性化需求的矛盾对营销活动提出了新的要求。过去20年,世界经济发展速度与结构发生了巨大变化,由于经济迅速发展,需求的差异化程度越来越高,客户个性化需求日益突出,这对企业传统意义上通过规模经营谋求成本与质量上的优势产生了巨大的冲击。企业为了生存,急需新的营销理论与方法来解决这一困境。另一方面,互联网与数据库技术的发展使有关客户需求的信息收集、分析与整合过程变得更加准确。基于此,与之相适应的各种新的营销方式不断涌现和迅速普及,数据库营销就是在这样的背景下产生的。

(二)数据库营销的定义

目前还没有一个统一的数据库营销的定义,比较有影响的定义有如下两种。

1. 菲利普·科特勒的定义

菲利普·科特勒认为,数据库营销就是企业建立、维持和利用客户数据库和其他(产品、供应商、批发商和零售商)数据库进行接触和成交的过程。这个定义将数据库营销的作用或功能仅局限于狭义的促销范畴,不利于企业充分认识数据库营销在企业营销实践中的重大作用。

2. 美国全国数据库营销中心的定义

美国全国数据库营销中心给出的数据库营销的定义为:数据库营销是一套涵盖现有客户和潜在客户,可以随时扩充更新的动态数据库管理系统。其功能有:确认最易被打动的客户及潜在客户;与客户建立长期、高品质的良好关系;根据数据库建立先期模型,提高营销效率。

综合而言,数据库营销就是企业通过搜集和积累现有和潜在客户的大量信息,从而建立一个数据库,该数据库是动态的,可以随时增加和更新消费者的相关信息。基于该数据库,能帮助企业确认目标消费者,更迅速、准确地了解他们的需求。利用这些信息给产品以精确定位,有针对性地制作营销信息,然后用更有效的方式把产品和服务信息传达给消费者,在为消费者服务的同时,和他们建立互信共赢的良好关系,从而实现服务过程本身营销的目的。

二、数据库营销的特点

传统的以产品为中心的大众化营销对量化分析的要求有限，不会对所有的相关数据都进行归纳分析，也没有将数据化营销放到整个营销过程中的核心地位。数据库营销使企业从规模营销转向"一对一营销"，或者称"个性化营销"，使企业有能力面对广泛的客户，并给每一个客户提供独特的产品和服务。这也就意味着，数据库营销可以根据客户的需要提供产品，并继续保留大规模销售条件下的成本和质量优势。数据库营销与传统营销的主要区别如表 2-1 所示。通过对比分析，可以把数据库营销的特点归纳如下。

表 2-1　数据库营销与传统营销的对比

区分项目	传统营销	数据库营销
控制方	企业	客户
客户介入设计	无	有
提前获得的客户数据精准度	低	高
与生产系统的联系	低	高
与客户系统联系的紧密程度	低	高
照单定制系统	无	有

(一)目标客户的准确定位

传统营销观念指导下的营销活动，是根据人口统计及消费者共同的心理特点，对客户划分归类，各种类型的消费者接受的是相同的、大批量生产的产品和信息。而数据库营销是通过收集和积累大量的信息，经处理后预测消费者有多大可能去购买某种产品，以及利用这些信息给产品精确定位，有针对性地制作营销信息达到说服消费者去购买的目的。

(二)新商机的深度挖掘

首先，客户数据库的存在为企业开发一个可以控制的研究样本提供了可能。其次，企业可以调查和观察特定的客户，追踪个体层次上的客户需要和欲望，并从已有的有关客户数据中发现新的机会，获得新的效益。最后，数据库营销要求企业不断与特定的客户互动，从客户的反映中发掘出解决客户问题的新产品与新服务。

(三)客户关系的长久维持

根据建立起来的数据库，企业结合最新信息和结果制定出新策略，使消费者成为本企业产品的长期忠实用户。例如，某航空公司数据库中存有 80 万人的资料，这些人平均每人每年要搭乘该公司的航班达 13 次之多，占该公司总营业额的 65%。因此，该公司每次举行促销宣传活动时，总是以他们为主要对象，极力改进服务，满足他们的需要，使他们成为稳定的客户。

(四)营销活动的针对性强

根据数据库建立先期模型，这样就可以在适当时机以合适的方式将必要的信息传达给适当的客户，增强营销的针对性，并且有效地赢得客户的青睐，建立品牌忠诚度，增加企业利润。

三、数据库营销的运作模式

数据库营销在实际运作过程中，虽然具体内容有所不同，但其运作模式和信息处理过程基本相同。

(一)数据库营销的规划

企业在进行数据库营销之前，首先进行总体的规划，而营销分析和技术分析是数据库营销规划的第一步。

1. 营销分析

营销分析的目的在于了解企业内外部的营销环境、企业的业务状况及竞争的强势与弱势，进而确定公司现有业务中哪些适合进行数据库营销。通常考虑以下要点：现有业务是否存在与客户有关联的频繁或高额的购买行为；市场是否多样化，能否从足够的细分市场中获益；客户是否存在进行更大量购买的潜力；了解产品的类型、生命周期及竞争地位等。

2. 技术分析

进行数据库营销的技术基础是设计和建立数据库营销信息系统，包括一个计算机化的数据装置、数据库系统软件、大型数据库(数据仓库)、营销信息数据的统计与分析等处理软件包和专业信息处理员等。数据库技术作为专业性技术，依赖于公司的技术力量和技术投资，因此，必须对公司能够在多大程度上支持技术投资以及技术发展和应用状况进行分析和评价。

(二)收集有关数据

数据库营销基于客户的信息，因此，开展数据库营销的首要任务是运用多种方式收集客户的有关资料。对于经营保险、银行、邮购等业务的企业来说，获取客户的个人资料非常容易，因为这些业务要求人们提供个人资料；而对于其他经销商来说，获取个人资料就不那么简单了。目前，美国的经销商获取消费者个人信息的方式有很多，如各种形式的优惠券、拨免费电话和抽彩活动登记等。美国菲利普·莫里斯公司通过向接受免费产品的客户发放详细的问卷建立了一个拥有 2.6 亿烟民姓名和地址的数据库；卡夫食品公司通过客户邮寄回的附单及对其他促销的反馈，获取了一份有 3 000 万客户的名单。

(三)设计数据库结构

数据库中的数据能否被充分有效地利用，很大程度上取决于数据库结构设计得是否合理，因此，应根据信息的内容、特点以及用途设计合理的数据库结构，使数据得到科学的存取，充分体现"数据共享"这一特点。

(四)对数据进行统计分析

对数据进行大量统计分析的主要目的是根据企业业务、经营发展的需要，从数量庞杂的消费者个人信息中寻找与企业营销目标相吻合的客户，确定企业营销的客户模型，即营销工作目标，以开展有针对性的、直达客户个人的营销活动。

(五)更新、完善数据信息

数据库营销的数据收集与运用不是一劳永逸的，随着企业营销范围的调整、业务的拓展以及经营目标的变动，需要不断地收集新的营销信息，同时消费者个人的资料也在不断地变化。因此，更新并完善数据库信息是数据库营销的又一个不可忽视的问题。

第三节 一对一营销

一、一对一营销的产生

唐·佩柏斯(Don Peppers)和玛莎·罗杰斯(Martha Rodgers)于 1993 年在其合著的《一对一未来》一书中首次提出"一对一营销"(One to One Marketing)理念。

这一营销理念一经提出就引发了营销思想的革命，许多学者从理论上对"一对一营销"做了大量探索。菲利普·科特勒的研究是基于目标市场细分程度的变化，以此为前提，推导出一对一营销理论的必要性与可能性，并对这一营销理论的具体实施进行了探索。其他学者也从不同的角度对一对一营销理论进行了各自的研究。

一对一营销是一种客户关系的管理战略，它为公司和个人的互动沟通提供具有针对性的个性化方案。一对一营销的目标是提高短期商业推广活动及终生客户关系的投资回报率。最终目标就是提升整体的客户忠诚度，并使客户终生价值达到最大化。

二、一对一营销的价值

(一)促进了产品的交叉销售

在一对一营销中，客户对其所忠诚企业的商品和服务的消费会随时间的延长而增加，由此增加对企业的信任，其结果是他们有可能更多地购买企业商品。不但会继续购买原来的商品，还会尝试购买企业的其他商品。这样的重复购买和交叉销售会大大增加企业的利润。

(二)降低了客户的游离程度

在互联网上，客户可以获取各种信息，会相互比较以便为自己寻求更大的价值。而一对一营销的重要理念是："重要的不在于您对所有的客户了解多少，而在于您对每一位客户了解的程度。"也就是说，必须与客户进行一对一交流。通过这种双向沟通媒介以及信息回馈机制，企业能获得更多的信息，因而能更好地满足客户的各种特殊需要，提供给客户质量上乘和价格合理的产品，建立与客户的信任与忠诚关系。

(三)提高了营销的工作效率

老客户的重复购买可以缩短产品的购买周期，拓宽产品的销售渠道，控制销售费用，从而降低成本。同时，与老客户保持稳定的关系，使其重复购买，有利于企业制定长期规划，建立满足客户需要的工作方式，从而也降低了成本。此外，一对一营销能使客户更加便捷地获得产品或服务。每次交易中，客户需要重复陈述的信息或需求越少，这种交易的效率也就越高。

(四)赢得了客户的高度忠诚

采用一对一营销，能使客户满意度不断提高，使企业获得忠诚客户。这些忠诚的客户会成为企业的义务推销员，向其他人推荐这种产品或服务。通过这种客户口碑宣传，不仅使客户所属群体的其他成员成为企业的新客户，而且与那些冲着诱人广告或价格折扣而来的客户相比，这种新客户更容易产生价值共鸣，最终也成为忠诚客户。这对企业树立良好的品牌形象将起到不可估量的作用。

三、一对一营销的核心理念

一对一营销关注客户终生价值，推崇长期互动沟通，更加明确目标客户和现有客户的具体需求，通过实施一对一的互动沟通，更人性化地提高了客户忠诚度，更隐蔽地实施了企业营销战略。一对一营销的核心理念包括以下五个方面。

(一)客户份额

客户份额也称为"钱包份额"，是指一家企业在一个客户的同类消费中所占的比重，是与市场份额完全不同的一个量化指标。客户份额是企业应当关注的对象，企业既要关注市场占有率，也应当思考增加每一位客户的购买额，也就是在一对一的基础上提升企业在每一位客户的总购买额中所占有的百分比。一对一营销要求企业在区分不同的客户后去关注那些能为企业带来价值客户的"钱包"，而且是终生的"钱包"，并关注企业能从他们的"钱包"里获得多少份额。

(二)重复购买

一对一营销较好地满足了客户个性化的需要，提高了客户的满意度，使客户的重复购买率大大提升。一对一营销聚焦于客户的终生价值，即预估客户终生惠顾所带来的利润。客户的终生价值是指随着时间的延续，企业从客户(个人、家庭或中间商)那里获得的所有收益超过公司为吸引这个客户、向这个客户出售商品、提供服务等所有支出成本的一个可接受的现金量，并且要将这个现金量折算为现值。随着时间的推移，客户获利性增加的来源可以分为客户初次购买给企业带来的收益、重复购买带来的收益、交叉销售带来的收益、有效配合带来的收益、客户推荐收益和忠诚客户带来的收益六个方面。

(三)互动沟通

一对一营销强调企业对客户的个性、需求与偏好等方面的了解，这就要求企业必须与客户进行交互式沟通，以此建立与客户的信任和忠诚关系。互动沟通要求企业不仅要了解目标客户群的全貌，而且应当对每一个客户都要了解，这种了解是通过双向的交流与沟通获得的。就像交朋友一样，认识之后，持续的交往与交流才能让这种关系得以保持并加深。事实上，目前的技术手段可以让企业充分做到这一点。互联网、呼叫中心(Call Center)及其他信息技术平台都使企业很容易地做到与客户互动。与客户互动关键的一点是让客户参与企业的销售、生产及服务过程。

(四)定制化

定制化服务较好地满足了客户的个性化需要。定制化通常被看作一对一营销中最为困难的环节。在很多方面，定制化服务不仅涉及销售模式的调整，还涉及生产、库存、采购、财务结算等多个环节。如此来看，定制化是不是就很难实施呢？其实不然，一对一营销所说的定制化并不是彻底的定制化，而是规模定制化。

(五)客户等级

客户等级是"20/80"法则在客户关系管理中的应用，特指20%的客户为企业创造80%的利润，以此将客户分等级。为此，一对一营销商就要依据客户对企业的不同价值和重要程度，将客户区分为不同的层级，从而为企业资源分配提供一定的依据。企业只有对客户进行分级管理，才能更好地为优质客户服务，降低为低价值客户服务的成本，保持与优质客户的关系，实现客户资源质量的优化。

简而言之，一对一营销的核心是以客户份额为中心，通过与每个客户互动对话，与客户逐一建立持久、长远的双赢关系，为客户提供定制化的产品和服务，提升企业生存与发展的能力。

四、一对一营销的 IDIC 模型

一对一营销的执行和控制比较复杂，企业通过与客户的接触不断增加对客户的了解，企业在客户提出的要求以及对客户了解的基础上，生产和提供完全符合单个客户特定需要的定制化产品或服务。唐·佩柏斯与玛莎·罗杰斯认为实施一对一营销非常重要的四个环节是客户识别(Identify)、客户差异化(Differentiate)、双向沟通(Interactive)和行为定制(Customize)，即 IDIC 四步模型，如图 2-1 所示。

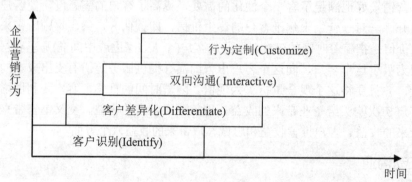

图 2-1　IDIC 四步模型

(一)客户识别

企业面对成千上万的客户，不可能与每位客户都实现一对一营销。因此，在目标客户群体中，可按照他们对企业的贡献度将他们划分为几个等级的群体。基于每个级别的客户群体对企业的贡献度，企业就此分别制定不同的营销策略，同时分别为其提供专门的服务。

1. 建立客户资料数据库

掌握客户资料是首先要做的工作，不能获得目标客户的个人资料就不可能实现一对一营销。这就意味着，营销者对客户资料要有深入、细致的调查和了解。对于准备进行一对一营销的企业来讲，关键的第一步就是直接挖掘出一定数量的企业客户，且至少大部分是具有较高价值的企业客户，建立自己的"客户库"，并与"客户库"中的每一位客户建立良好关系，以最大限度地提高每位客户的终身价值。

2. 建立企业内部信息交换系统

利用企业内部互联网等使企业的每一个部门都能够共享企业的"公共记忆"，以确保信息资源的有效利用。例如，丽思卡尔顿酒店(Ritz Carlton)就是通过获取客户偏好，从而为其提供个性化的服务。倾听是该酒店营销能力的核心要素。任何人得知客人的偏好，都可以通过前台服务人员记录到"客人偏好表"中，随后客人偏好就会进入所有分店的名为"客人历史"的计算机文件中。每天晚上，文件被录入到酒店数据库，以保证每一位客人下榻的每家利兹卡尔顿酒店都拥有其偏好信息。每天早上，根据酒店的预定名单查看客人偏好文件，工作人员从而能采取各种必要措施迎接客人的到来。这种倾听工作还包括由前台迎宾人员从行李标签上收集到客户的姓名，并迅速传递到服务前台，供酒店其他员工使用。

(二)客户差异化

一对一营销较之传统市场营销而言，已由注重产品差异化转向注重客户差异化。广义上讲，客户差异化主要体现在两个方面：一是不同的客户有不同的价值水平，二是不同的客户有不同的需要。因此，在充分掌握企业客户的信息资料的前提下，应该合理对待客户之间的差异。一方面，客户差异化可以使企业的一对一工作有的放矢，即集中有限的企业资源从最有价值的客户那里获得最大的收益；另一方面，客户差异化是企业重新设计生产行为，从而对客户的价值需求做出及时反应的前提条件。更重要的是，企业对客户实行分类对待有助于企业在特定的经营环境下制定合适的经营战略。

(三)双向沟通

在激烈的市场竞争中，企业应当根据不同客户有针对性地与客户建立有效的信息互动交流平台，以搜集最新、最有价值的信息，了解客户的需求、偏好和购买习惯等，改进产品或服务。在互动中，首要的是提高沟通效率，而沟通效率的提高取决于对相关信息做出反应的及时性和连续性。

企业与客户互动的平台和措施应视该成员的价值级别而定，既可以是数字化、网络化的，也可以是电信化的和人工化的。

与营销的渠道成员互动相比，企业与最终客户的沟通交流就显得范围更广，沟通的接触点更多。企业必须通过多种方式尽可能地挖掘企业的产品、服务以及广告宣传路径中与客户的接触点，在一些重要的接触点上设置与客户的反馈沟通装置。例如，沃尔玛零售连锁店在收银台设置客户购买资料录入器，对客户购买商品的数量、品种、购买频率、购买时间等都进行录入，而且在卖场里设置了客户意见和建议反馈记录，并派专人进行搜集整理和分析，以便及时了解客户的需要变化。

(四)行为定制

一对一营销的最后一步是定制服务，也是一对一营销中最为困难的一环。识别客户也好，与客户互动也好，最终目的是通过了解并满足客户需求，从而与客户建立长期的关系。在这一过程中，企业可以结合内部的流程构建以定制服务为目标的新流程，即将生产过程重新剖析，划分出相对独立的子过程，再进行重新组合，设计各种微型组件或微型程序，以较低的成本组装各种各样的产品，以满足客户的需要；采用各种设计工具，根据客户的具体要求，确定如何利用自己的生产能力满足客户的需要，从而为单个客户定制一件实体产品，或围绕这件产品提供某些方面的定制服务。

例如，上海通用汽车现在可以为每一位客户定制个性化的别克汽车。每一个注册过的准车主都可以尝试通过上海通用汽车公司的中文网页定制自己中意的别克——配置、颜色以及供货的地点都可以一一标明。不仅如此，如果车主是想了解生产及物流信息，还可以通过这套系统查看所订购车辆的状态是尚在生产线上，还是已经在喷漆，或是进入仓库，或者已经在运输途中，一直到这辆个性化汽车送到自己面前。这就是上海通用汽车公司实施CRM后为客户提供的定制服务。

以上这四个环节没有泾渭分明的阶段划分，但随着四个环节的依次进行，复杂程度逐渐提高，企业可以获得的收益也越来越大。前两个阶段对客户进行识别与差异分析，主要是"内部分析"；后两个阶段与客户接触并调整经营行为，则重在"外部行动"。从这个意义上讲，企业可以把这四个环节看作逐步开展一对一营销的进阶表，逐步落实与完善。

IDIC模型同样也存在不足，即企业在关注与客户的一对一关系时，忽视了企业外部环境的变化，包括竞争对手的变化、相关产品市场的变动等，因此，企业在进行营销活动过程中，不能仅仅依靠某一个模型或模式来进行，而应当全面考察，从而做出正确的决策。

第四节　营销与销售自动化

一、营销自动化

(一)营销自动化的概念

营销自动化(Marketing Automation，MA)也称技术辅助式营销(Technology Enabled Marketing，TEM)，其着眼点在于通过设计、执行和评估市场营销行动和相关活动的全面框架，赋予市场营销人员更多的工作权限，使其能够对直接市场营销活动的有效性进行计划、执行、监督和分析，并可以应用工作流技术优化营销流程，使一些共同的任务和过程自动化。其最终目标是企业可以在活动、渠道和媒体之间合理分配营销资源，以达到企业收入最大化和客户价值最大化。

(二)营销自动化的功能

现代市场环境下，营销自动化的组件要能够实现以下几种功能。

(1) 增强市场营销部门执行和管理能力及通过多种渠道进行的多个市场营销活动的能力，包括基于 Web 的和传统市场的营销宣传、策划和执行。

(2) 可对活动的有效性进行实时跟踪，并对活动效果做出分析和评估。

(3) 帮助市场营销机构管理，调度其市场营销材料等库存宣传品及其他物资。

(4) 实现对有需求客户的跟踪、分配和管理。

(5) 把市场营销整合到销售和服务项目中去，以实现个性化营销。

(三)营销自动化的功能组件

在客户关系管理中，营销自动化发挥了重要作用，并且成为一个重要的子系统。客户关系管理的营销自动化子系统应当包含以下三个功能模块。

1. 活动管理模块

活动管理模块可以设计并执行单渠道或多渠道的营销推广活动；可以追踪细分客户对这些活动的效果反应；活动管理模块的功能还可以扩展到销售部门使用，即用以规划和执行部分销售活动。

2. 营销内容管理模块

营销内容管理模块可以检查营销活动的执行情况，评估营销活动收益，协调多种营销渠道，防止渠道的营销策划发生交叉或冲突。

3. 营销分析模块

营销分析模块主要是分析营销活动，支持营销数据的调整、控制和筛选，就结果及特别问题及时做出报告和分析；确保产生的客户数据和相关的支持资料能够以各种有效的形式散发到各种销售渠道和决策部门，以便进一步改善营销策略。

(四)Web 营销

1. Web 营销的概念

Web 营销是指以互联网为主要传播手段和工具平台，实施网络调查、网上论坛、E-mail 营销等一系列针对目标客户和市场的营销活动，以期达到满足客户需求、实现企业业务目标的营销模式。客户关系管理系统中的 Web 营销是真正以客户为中心的营销模式，它具有以下四个典型的功能特征：①从针对的对象看，Web 营销既关注对现有客户的服务，也关注对潜在客户的开发和市场机遇的把握；②从系统的应用范围看，Web 营销是开放性的，希望吸引尽可能多的注意力和潜在需求的表达；③从功能和内容上看，Web 营销提供全面的个性化产品定制、问题解答、服务响应以及新产品介绍、相关信息发布等；④从最终的目的看，Web 营销将为客户关系管理系统扩大企业和产品的知名度，为销售和服务流程提供支持，并最终提高整个业务操作流程的效率和增加最终收益。

在客户关系管理应用系统中，对 Web 营销进行了完整的流程分析和功能整合，企业利用网络传递的信息，形成了部分交易成立的有效条件，或是构成了履行商务合同的部分义务，因此大大增强了 Web 营销的功能。同时，Web 营销作为客户关系管理系统的重要功能之一，它与业务操作流程中的销售和客户服务形成了一个互动的循环过程，彼此之间具有极强的依赖性；它作为企业前端业务的关键流程，与客户发生直接的接触和交互，因此，对企业整个业务的开展具有重要的意义。Web 营销的进一步发展，将会把 B2B 与 B2C 模式有机地结合起来，最大限度地实现企业内部办公自动化和外部交易电子化的连接。

2. Web 集成管理

Web 集成管理是指在客户关系管理系统中，对与客户接触的 Web 渠道、信息的处理和相关技术支持进行的管理活动。企业在客户关系管理应用中开展 Web 集成管理的主要工作是建立统一的企业信息门户(Enterprise Information Portal，EIP)以及在此基础上管理和建设 Web 营销网站，实现不同渠道信息的传递和交流。客户关系管理通过 Web 集成管理，使互联网的应用不再局限于围绕业务应用本身，而是延伸到使客户直接访问和为客户提供最快捷的信息服务上。为此，建立 EIP 将成为 Web 集成管理的重要任务。EIP 作为一种新的应用工具，正在为许多实施客户关系管理战略的企业所采用。EIP 本质上是一个超级主页，可以在上面附加许多服务内容。通过 EIP 站点，为客户、合作伙伴和员工建立一个个性化的与整个企业交互的门户，发挥 Web 营销的主要功能。

建立企业的 EIP 或营销网站需要注意以下四个方面的问题。

(1) 以客户需求为导向建立营销网站。网络营销的关键在于把握"客户需求"这一核心问题，使营销网站真正成为连接企业外部信息(客户需求)与内部信息(客户信息的分析、决策)的接口。

(2) 准确的客户和市场定位。营销网站虽然担负着吸引众多客户注意力的任务，但它必须首先最大限度地满足为企业创造大部分利润的客户和市场的需求。因此，企业要建立一个成功的营销网站，必须重点考虑企业的核心客户和细分市场。事实上，许多小型的企业之所以最终成为互联网的大赢家，关键就是它们做出了正确的市场定位。

(3) 从客户的角度设计网站的结构。客户浏览企业的网站时，可能很难找到自己需要的信息，这是因为这些企业更多的是从自己的角度去设计网站的架构，没有太多地考虑客户的需要。事实上，客户才是营销网站的最重要使用者。设计网站时，企业一定要像关注自己的产品和服务的质量去关注营销网站的建设质量，一定要充分考虑客户的浏览偏好，要让客户能方便、快捷地在网站上搜寻到所需要的信息，让他们感受到在网站上浏览信息和在线购物都是非常愉悦的经历。这样，客户的满意度和忠诚度才会进一步提升，客户才会向周边的朋友、同事等进行网站的口碑宣传。此时，网站不再仅仅是一个成本中心，也将成为企业的一个利润中心。

(4) 不断利用客户关系管理系统改进网站。一方面，利用客户关系管理系统中的数据分析管理子系统可以清楚地了解企业营销网站的点击率、访问量以及从接触转化为实质交互的可能，从而发现网站结构或设计的问题，并及时改进；另一方面，可以借助综合的业务操作流程和客户合作流程去推广自己的网站，真正实现 Web 营销的功能。

二、销售自动化

(一)销售自动化的概念

销售自动化(Sales Automation，SA)是指在所有的销售渠道中，运用相应的销售技术来达到增加销售额和实现过程自动化的目的，其目的是把技术和优化的流程整合起来，实现销售工作效率的不断提高，同时平衡和优化每一个销售渠道。客户关系管理系统中需要具有销售自动化的功能，因此，SA 成为客户关系管理系统中一个重要子系统。

在销售自动化方案中，主要有销售团队自动化(Sales Force Automation，SFA)和销售配置管理(Sales Configuration Management，SCM)两方面的内容。SFA 也被称作销售力量(机构)自动化，是目前 CRM 系统中最受企业认同的组件，也是 CRM 系统应用的重要基础之一。早期的 SFA 只是用于处理销售程序，但 CRM 系统中的 SFA 是以面向客户的需要为出发点，成为一个集成度更高的解决方案，包含了更为广泛的基本销售功能。SCM 主要是为 SFA 提供与之相应的其他应用子系统的接口管理。

(二)销售团队自动化

1. 销售团队自动化的功能

销售团队自动化的功能主要体现在联系人管理功能、销售预测功能和机会管理功能三个方面。

(1) 联系人管理功能。联系人管理功能是指 SFA 系统可以通过整合 Web 等多种渠道以及来自普通办公应用程序的客户资料，以期达到完善的客户接触资料的管理和使用。联系人管理具有稳定销售和市场自动化的功能，它能够将客户联系方式等相关资料存入一个可检索的联系人资料数据库，并把举办过的活动记录以及有关各种资料、文档也纳入同一个资料数据库，从而不但可以提供极易生成的联系人资料、日程表和工作计划，也可以提供支持互联网和电话主叫用户 ID 的功能，可以自动访问相关 Web 网址和向客户发送 E-mail，可按地址合并信件以加速大量信件的处理，从而与客户进行有效的沟通。

(2) 销售预测功能。销售预测功能可以帮助销售部门和相关人员跟踪产品、客户、销售定额及其前景，管理销售机会，在现有销售基础上分析销售工作情况和预测未来收入。利用销售预测功能，企业的决策者可以及时地了解销售部门的定额完成情况，制订并审核每个销售经理将来的工作计划，并制定下一步的市场策略。

(3) 机会管理功能。机会管理功能是指收集潜在客户需求和联络资料的数据，能够跟随计划的进展，为销售经理和其他销售人员及时提供反馈意见，从而制定出交易的策略从而实现销售过程有序化。CRM 系统的机会管理功能主要用于帮助策划复杂的销售活动。

2. 销售团队自动化的组件

销售团队自动化的组件包括以下四个部分。

(1) 现场/移动销售。这个现场销售或称作移动销售，组件的主要使用对象是经常在外工作、无法使用内部局域网或高速广域网的销售人员。为了完成其现场销售的工作，这些销售人员需要连接到企业的客户信息数据库分享信息资源并且能够自由地登录、漫游互联网络。它包含的功能有联系人和账户管理，对销售机会、区域、大客户的管理，对日程表以及产品配置、定价、合同订单、报价和促销等的管理。该组件还应当全面支持掌上型计算机设备的使用，并使用大量的同步技术。

(2) 内部/电话销售。内部销售或称作电话销售，组件的主要使用对象是经常在企业内部工作而且可以使用内部局域网或高速广域网的销售人员。这些销售人员将大部分工作时间用在电话和 Web/E-mail 的回应或联络上。因此，典型的应用要求包括机会管理、标准问答文本、报价生成、订货单创建与管理、联系与账户管理、潜在的客户管理以及与之相配合的 Web 销售。当然，还应包含一些专门针对电话销售的特性功能，如电话路由、呼入电话屏幕提示、自动回复或回应管理等。

(3) 销售伙伴。销售伙伴也可称作电子伙伴或扩展型销售企业，主要是指企业通过采用销售技术和应用系统，以支持第三方销售渠道伙伴，包括中间商、代理商、分销商和增值业务销售商等来达到销售的目标。CRM 的销售伙伴将与供应链管理的伙伴管理等功能紧密集成。

(4) 电子/Web 销售。电子/Web 销售也称作技术辅助式购买或自助式销售。电子/Web 销售的组件包括客户导向、经营或自助销售的应用，都是面向消费者。利用网络技术可以使消费者和产品实现"自我销售"，也可以在无销售人员帮助的前提下达成交易。电子/Web 销售应当是一个与传统渠道(如百货商店、专业商店和厂家直销店)或新渠道(如家庭销售、仓储式销售)进行整合的应用销售方案。电子/Web 销售被认为是 SFA 中发展最快、最具前景的部分。

(三)销售配置管理的主要功能

1. 客户响应与交易记录数据接口管理

在 CRM 系统中，企业将建成依托于现代通信技术和设施的客户接触前端，在处理各类客户信息的接收、发送与记录的基础上，销售配置管理还要着重支持客户的要求或对服务进行跟踪，成为 SFA 对前端客户响应和交易记录、查询的接口。技术上支持最广泛的客户前端，甚至包括移动电话、掌中电脑、电视等非 PC 类用户终端。一切都秉承着最便捷地联络客户、服务客户的原则，降低客户的响应成本，实现数据系统与 SFA 的一体化。

2. 市场接口管理

销售配置管理还充当了 SFA 与市场营销系统的全面接口，它能够及时接收来自 MA 及商业智能系统做出的行业竞争结构、竞争者和竞争战略选择等分析和决策，并由此帮助 SFA 建立目标市场的工作流程范本。与此同时，还能帮助 SFA 完成划分销售分区(分类)的工作，协助其在企业内部合理划分和明确销售组织的工作关系及合作协议，明确销售人员的责、权、利。

3. 产品配置和组合接口管理

销售配置管理提供了与企业资源计划等系统的生产制造功能的接口，使 SFA 系统能够将产品部件根据客户需要组装成最终产品；还可以开展产品组合分析，及时总结产品市场的实际情况，为下一步战略的制定提供依据。

本 章 小 结

(1) 关系营销的产生具有较为深刻的时代背景，是市场形态的转变发展、消费需求的提高以及信息技术发展的必然结果。关系营销是企业为实现其自身目标和增进社会福利而与相关市场建立和维持互利合作关系的过程。关系营销的本质特征是营销活动的互利性、信息沟通的双向性、信息反馈的及时性和战略过程的协同性。

(2) 关系营销对传统营销理论的变革反映在营销观念的变革、营销实质的变革、组织结构的变革、市场范围的变革和营销组合的变革五个方面。贝瑞和帕拉苏拉曼归纳了三种创造客户关系价值的关系营销层次，即一级关系营销、二级关系营销和三级关系营销。

(3) 数据库营销是一套涵盖现有客户和潜在客户并可以随时扩充更新的动态数据库管理系统。数据库营销与传统的营销方式相比，其特点是：目标客户的准确定位、新商机的深度挖掘、客户关系的长久维持、营销活动的针对性强。

(4) 一对一营销是一种客户关系管理战略，它为公司和个人的互动沟通提供具有针对性的个性化方案。一对一营销的目标是提高短期商业推广活动及终身客户关系的投资回报率。最终目标是提升整体的客户忠诚度，并使客户的终身价值达到最大化。一对一营销的核心理念为客户份额、重复购买、互动沟通、定制化和客户等级五个方面。唐·佩柏斯与玛莎·罗杰斯提出的 IDIC 四步模型包括客户识别、客户差异化、双向沟通和行为定制。

(5) 营销自动化也称技术辅助式营销，其着眼点在于通过设计、执行和评估市场营销行动和相关活动的全面框架，赋予市场营销人员更多的工作权限，使其能够对市场营销活动的有效性进行计划、执行、监督和分析，并可以应用工作流技术优化营销流程，使一些共同的任务和过程自动化。销售自动化是指在所有的销售渠道中，运用相应的销售技术来达到增加销售额和实现过程自动化的目的，其目标是把技术和优化的流程整合起来，实现销售工作效率的不断提高，同时平衡和优化每一个销售渠道。

课 后 练 习

一、判断题

1. 关系营销是由"大市场营销"(Mega Marketing)概念衍生、发展而来的。　　(　　)

2. 真正的关系营销是达到客户利益第一、企业利益第二的境界。　　(　　)

3. 三级关系营销的主要表现形式是建立客户组织。　　(　　)

4. 关系营销可以使企业能够集中精力于更少的人身上，最终目标集中在最小消费单位——个人身上，实现准确定位。　　(　　)

5. 数据库营销的优势之一就是提高企业寻找目标客户的准确度。　　(　　)

6. 一对一营销的核心是以客户份额为中心。　　(　　)

7. 营销自动化就是销售自动化。　　(　　)

8. 一对一营销的核心是建立和发展营销网络，培养客户忠诚度，提高客户挽留率。

　　(　　)

9. 一对一营销关注客户终身价值，推崇长期互动沟通。　　(　　)

10. 一对一营销不对客户划分等级。　　(　　)

二、单项选择题

1. 客户关系建立的基础是(　　)。

　　A. 营销活动的互利性　　　　　　B. 信息沟通的双向性

　　C. 信息反馈的及时性　　　　　　D. 战略过程的协同性

2. 关系营销在营销过程中始终以消费者为中心，其策略的营销目标是(　　)。

　　　A. 达成交易　　　　　　　　　　　B. 开发潜在客户

　　　C. 挖掘客户信息　　　　　　　　　D. 与客户建立良好关系

3. 现代市场营销的发展表明,关系营销的实质是(　　)。

　　　A. 最大限度地挖掘客户的购买潜力

　　　B. 对客户及其他利益群体关系的管理

　　　C. 从客户利益出发,努力维持和发展良好的客户关系

　　　D. 建立和发展营销网络,培养客户忠诚度,提高客户挽留率

4. 航空公司开发的"里程项目"计划,在累积的飞行里程达到一定标准之后,奖励那些经常乘坐飞机的客户。这属于(　　)。

　　　A. 一级关系营销　　　　　　　　　B. 二级关系营销

　　　C. 三级关系营销　　　　　　　　　D. 四级关系营销

5. 二级关系营销是既增加目标客户的财务利益,同时也增加他们的(　　)。

　　　A. 特色服务　　　　　　　　　　　B. 结构纽带

　　　C. 附加财务利益　　　　　　　　　D. 社会利益

6. 一对一营销的最终目标就是提升整体的客户忠诚度,并使(　　)达到最大化。

　　　A. 客户终身价值　　　　　　　　　B. 客户价值

　　　C. 客户关系价值　　　　　　　　　D. 企业利润

7. 2002年被各大媒体纷纷炒作的花旗银行向小储户收取服务费事件,正是花旗银行实施(　　)的结果。

　　　A. 关系营销　　　B. 数据库营销　　　C. 精准营销　　　D. 一对一营销

8. 唐·佩柏斯与玛莎·罗杰斯提出的一对一营销的IDIC四步模型中,最为困难的环节是(　　)。

　　　A. 客户识别(Identify)　　　　　　B. 客户差异化(Differentiate)

　　　C. 双向沟通(Interactive)　　　　　D. 行为定制(Customize)

9. 下列不属于一对一营销核心理念的是(　　)。

　　　A. 市场份额　　　B. 重复购买　　　C. 互动沟通　　　D. 定制化

10. 数据库营销最明显的特点就是(　　)。

　　　A. 新的商机的深度挖掘　　　　　　B. 客户关系的长久维持

　　　C. 目标客户的准确定位　　　　　　D. 营销活动的针对性强

三、多项选择题

1. 关系营销的本质特征是(　　)。

　　　A. 营销活动的互利性　　　　　　　B. 市场供求的均衡性

　　　C. 信息沟通的双向性　　　　　　　D. 信息反馈的及时性

　　　E. 战略过程的协同性

2. 关系营销对传统营销理论的变革,主要体现在(　　)。

　　　A. 营销观念的变革　　　　　　　　B. 营销实质的变革

　　　C. 组织结构的变革　　　　　　　　D. 市场范围的变革

　　　E. 营销组合的变革

3. 数据库营销产生的主要原因是(　　)。

A. 由卖方市场向买方市场的转变

B. 规模化大生产与客户个性化需求的差异对营销活动提出了新的要求

C. 计算机的普及以及家庭宽带的应用

D. 互联网与数据库技术的发展使得客户需求的信息收集、分析与整合过程变得更加准确

E. 顾客对产品和服务的要求越来越高

4. 一对一营销的价值体现在(   )。

A. 促进了产品的交叉销售

B. 降低了客户的游离程度

C. 更迅速、准确地抓住他们的需求

D. 提高了营销的工作效率

E. 赢得了客户的高度忠诚

5. 一对一营销的核心理念包括(   )。

A. 客户份额   B. 重复购买   C. 互动沟通

D. 定制化   E. 客户等级

四、问答题

1. 什么是关系营销？关系营销的本质什么？

2. 数据库营销有哪些特点？

3. 一对一营销的核心理念是什么？

五、案例分析题

海尔的一对一营销

2000 年年底，海尔集团冰箱事业部面对国内冰箱市场日益激烈的竞争，决定对国内冰箱市场实施战略转移，将目光转向具有良好销售前景的农村市场。

科特管理顾问公司根据海尔冰箱农村市场营销战略的需要，对农村冰箱市场的需求特征、竞争状态、消费者行为、网络渠道、促销方式、广告宣传、村镇消费习惯、区域消费文化等关系到制定营销策略的信息进行随机抽样问卷调查、整村整队分群问卷调查和电话跟踪调查等调查方式，在一年多的时间里共进行了四次市场调研。对全国不同省份采用入户调查方式，四次共发放问卷 88 105 份，共回收问卷 73 797 份，有效问卷共 65 845 份。他们还采用 SPSS 软件对调查数据进行处理和分析，建立了海尔农村冰箱市场营销数据库。

在充分调查的基础上，不断地对市场推广进行试验、总结，最后制定了海尔冰箱的一对一中国农村市场营销策略。一对一策略就是根据农村各地区不同的收入和消费行为特征，分别采取直接入户销售、直接对村队的销售和对乡镇的销售推广三个层次的营销手段。目标是在农村市场进行品牌推广，让农村消费者接受、认可海尔冰箱，寻找适合农村市场的促销方式及新的营销组合策略，以开发出适合农村需要的、经济适用的冰箱新产品，开拓农村冰箱市场。

调查结果显示，海尔的产品能否进入农村市场并占有一席之地，在很大程度上取决于以下五个因素：

(1) 产品质量是否过硬，能否经久耐用，是否有完善的服务措施，能否提供全方位的

服务;

    (2) 价格是否合理,能否满足农民的需求;

    (3) 企业是否运用了正确的促销策略,真正贴近农民;

    (4) 企业能否因时、因地制宜地搞好销售;

    (5) 企业是否与农民消费者打成一片,赢得真心。

实施针对农村市场的营销策略

1. 产品策略——实用、耐用

(1) 降低冰箱科技含量,生产价低耐用的冰箱产品。通过对全国 15 个省、市 10 362 户农民家庭的产品需求调查,海尔投放农村冰箱需做到:减少产品中不必要功能的设置,防止功能多余造成闲置;从大多数农民的消费能力出发,实施产品档次的多元化配置;合理提高冰箱产品的民俗文化品位。

根据调查了解的农村家庭使用和结婚需求的特点以及对冰箱一些指标的具体要求,海尔设计开发"喜"系列和"福"系列两大系列六个品种的冰箱。这些冰箱的容积从 160 升到 216 升,每个系列分三个档次。

(2) 健全售后服务网络,消除农民的后顾之忧。海尔的售后服务网络是强大的,但在农村的三级市场还不够完善。为了弥补农村市场服务落后的不足,海尔以巡回维修大篷车和小分队形式深入农村,进行宣传和实际维修服务。

2. 价格策略——中低价位

调查显示,74.6%的农村家庭只能接受中低价位的产品。同时,被调查农民希望和能接受的价位是 1 600～1 800 元和 2 000～2 200 元。因此,营销活动中将"喜"系列的 160 升、180 升和 200 升定价为 1 600～1 800 元;将"福"系列的 186 升、196 升和 216 升定价为 2 000～2 200 元。

3. 渠道策略——一对一上门销售

深入的调查分析表明,农民对冰箱的购买需求一般属于被动购买,光有渠道还不够,还要激发农民的购买欲望。科特公司决定采用定点、定区域,由冰箱市场部、当地海尔工贸和经销商联合进行一对一上门销售,事实证明,这是一种行之有效的方法,不但能迅速提高销售业绩,还能节省大量延伸销售网络成本费用。

4. 促销策略——贴近农民,做农民式促销

(1) 促销人员职能。对半年内有冰箱需求的消费者要直接上门入户推介海尔冰箱,确定消费者对冰箱购买的准确信息;对一年内有需求的要不断跟踪促销;对两年内有需求的要建档,并利用节假日等当地特有的风俗习惯以海尔文化和品牌为主题进行宣传,建立良好的品牌和产品形象。

(2) 广告宣传。通过调查了解到,广告在促使农村消费者注意、认知、了解、购买品牌的过程中起着重要作用。农村消费者的文化素质、生活范围、媒体接触习惯等都有自己的特点,因此海尔冰箱面向农村消费者的广告宣传力求因地制宜,有所创新。

(3) 注重口碑宣传。调查显示,有 20.4%的农村现有冰箱家庭购买冰箱时是接受了亲戚、朋友的介绍和推荐,即口碑宣传。所以,促销人员要抓住"消费领袖"和现有冰箱消费者,利用亲朋好友以及左邻右舍对他们评价的信任,提高海尔冰箱良好的口碑。

(4) 选择最有效的电视广告媒体。调查表明，有 17.3% 的农村现有冰箱家庭购买冰箱时会受电视广告宣传的影响，电视是他们最重要的信息来源渠道。农村消费者看电视的高峰时段集中在 19:00~22:00，电视频道侧重于中央一套和省级、县级电视台，电视节目则偏爱电影、电视剧和影视节目。因此，海尔冰箱选择有线电视作为广告宣传的媒体，目光放在最基层的电视台即县城新闻、乡镇新闻等当地农民最关注的节目。

(5) 营业推广。调查显示，农村家庭购买冰箱的时间都集中 5~6 月和 10~12 月。根据淡季、旺季的特点，海尔制定了不同的营业推广策略，充分发挥营业推广的促销作用，抓住时机，提高海尔的市场份额。

(6) 后续服务。运输是农村消费者购买家电的一个难题，一对一促销过程中重要的环节就是送货上门。冰箱送上门后安装调试好，消费者使用满意后付款的做法将更易赢得农村消费者的信任，有利于海尔冰箱的口碑和品牌形象建设。

5. 公共关系策略——"海尔，真诚到永远"

农村消费者是一个比较感性的群体，他们爱憎分明，如果有哪个企业给他们留下了好的印象，打动了他们的心，获得了他们的好感，他们将成为这个企业永远忠诚的支持者；反之，这个企业在农村将永远没有市场。因此，在开展一对一促销的同时，还须十分注重与农民建立起良好的公共关系，塑造良好的公众形象。

(资料来源：周洁如，庄晖. 现代客户关系管理[M]. 上海：上海交通大学出版社，2008.)

请回答：
海尔是如何针对农村市场实施一对一营销的？

第三章　客户价值管理

学习目标

● 了解客户价值理论的提出背景，深刻理解客户价值的内涵和特征，了解客户价值的分类。

● 理解客户价值的驱动因素，了解客户价值的测量方法，掌握客户价值管理的流程和方法。

● 理解客户满意的含义，了解客户满意的形成过程，理解客户满意的衡量指标，掌握提高客户满意度的具体方法。

引例：爱普生公司的客户价值创造

在爱普生公司的整体服务理念中，服务其实是一种能"创造客户价值"的产品，因此爱普生公司的每个员工都把客户放在心上，从客户的角度出发从事工作，不仅提供产品服务，而且还不断地为客户创造价值。

在业务范围不断扩大和客户的要求也变得多样化的今天，爱普生公司究竟是如何"创造客户价值"的呢？

简单来说，要想提供有价值的服务，首先就要善于了解客户的需求。而在这方面，爱普生公司的"客户呼叫中心"可谓功不可没。据了解，爱普生公司在世界各地的销售公司均设有呼叫中心，通过这种直接和用户沟通的方式，同时借助可以共享的企业内部网，客户的意见会以最快的速度反映到企业服务、生产甚至是最高领导者那里。同时，为了消除客户的"挂不通"等不满，呼叫中心在每个区域都会根据客户的咨询人次调整呼叫中心的人员配置，致力于向最佳状态的改善。尤其值得称道的是，2005年，爱普生公司的热线呼叫中心开通了网络呼叫中心，借助音频和视频为客户提供网上的互动服务。在这种服务模式下，呼叫中心把很多复杂的服务操作制作成Flash动画和视频影像，放在爱普生公司的网站上供用户查阅。而对于复杂服务，用户可以进入"爱普生用户俱乐部"，这里以互动形式为主，可为用户提供量身定制的服务。如果用户有摄像头，工程师可以看着用户操作，并给出正确的指导。从某种程度上而言，爱普生公司通过呼叫中心这条绿色通道，能够更为全面地了解客户需求，从而制定符合用户需求的服务措施。

　　了解客户需求之后，爱普生公司会更加积极地提供相关"行业主动服务"。例如，从2007年开始，爱普生公司针对银行、教育等大客户推出了一种保修期内免费预防性上门巡检服务。爱普生公司通过大客户专业系统，了解行业大客户的用户、机器以及维修信息，热线支持信息以及客户维系信息，针对大客户的特点和状况，向符合标准的大客户提供免费上门清洁、保养、维修和培训等一条龙服务，并不断完善大客户服务档案，充分了解大客户需求和使用状况，不断推出大客户期望的特色服务。

　　针对高端行业客户，爱普生公司在标准保修服务基础上提供了所谓的"心加心"升级服务。用户可根据需求选择超值维修服务，事先购买此服务，将保修期延长2～3年，这期间，用户无须再支付维修费用。同时，针对不同高端客户的个性需求，爱普生公司的"心加心"服务还会提供"一小时快修服务"，这种高响应速度满足了终端客户的服务需求。另外，"心加心"服务还允许用户把旧机器按照市场价以旧换新购买新机器，同时可以得到不同程度的免费服务或者礼品赠送。从某种程度上而言，爱普生公司用"心"为客户制定的特色服务，为爱普生公司赢得了更多新老用户的"心"，让爱普生的服务和品牌家喻户晓。

　　服务就是竞争力，从1992年开始着手服务体系建设到现在，爱普生公司不断增加服务的内容，增强服务的专业性和主动性，满足客户对服务品质无止境的需求。用爱普生公司自己的话来说："只有产品和服务才能形成真正意义上的商品价值。在爱普生公司，服务已经成为产品的核心内容，是客户价值创造的根本所在。"

（资料来源：http://www.enet.com.cn/enews/.）

　　引例启示：在市场经济条件下，客户作为市场的参与者，同企业一样，也在追求自身利益的最大化。爱普生公司的每个员工都把客户放在心上，从客户的角度出发从事工作，不仅提供产品服务，而且还不断地为客户创造价值。客户获得的价值大了，满意了，客户的货币选票自然而然就会投向企业，这就是成功的经验。当然，随着科技的发展和服务的不断升级，越来越多的特色服务被推出。请大家查阅并搜集相关信息，然后与本案中的客户服务进行对比，谈谈这些变化给你带来了哪些启示。

　　从客户的角度出发，企业为客户提供的价值越大，客户就越满意，客户对企业的忠诚度也就越高，最后客户为企业做出的贡献也就越大。因此，企业要转变思维方式，真正做到以客户为中心，不断提升客户价值，是企业获得竞争优势的前提，也是客户关系管理的核心理念之一。

第一节　客户价值概述

　　目前，对客户价值概念有两种完全不同的理解，一种理解为企业给客户提供的价值，另一种理解为客户为企业创造的价值。显然，这两种理解的概念内涵是截然相反的。因此，要理解客户价值的内涵，首先要搞清楚客户价值的方向定位。便于区别，本书将企业给客户提供的价值称为客户价值；而将客户为企业创造的价值称为客户关系价值。

一、客户价值理论的提出背景

　　20世纪70年代，哈佛大学商学院的迈克尔·波特(Michael Porter)教授在他的《竞争优势》一书中阐述了企业如何建立和维持竞争优势。他在书中指出，竞争优势归根结底源于企业为客户创造的超过其成本的价值。迈克尔·波特对价值理论进行了深入的研究，提出价值链理论。该理论把企业看作一系列价值创造活动的组合，这一组合包括五项基础活动和四项辅助业务。这些价值活动是企业创造对客户有价值的产品的基础，企业可以通过有效管理价值链的每一项活动来创造竞争优势。在迈克尔·波特思想的影响下，越来越多的学者着眼于研究企业的内部活动与结构，以寻求可持续的竞争优势。这一时期，很多管理思想得到了广泛普及，如质量管理、组织重组、核心竞争力等。

这些卓越的内部管理思想和方法给企业带来了竞争优势。然而，随着经济环境的变化，企业使用这些管理手段为客户提供产品或服务的竞争优势逐渐弱化。随着企业产品质量优势的逐渐减弱，为了争夺有限的客户资源，许多企业增加广告投入，急速扩张渠道网络，不断推出新的促销活动，导致企业运营成本增加，也没有使企业利润增长。为了解决这些问题，管理学者发现应当建立以客户为中心的经营观念，提高客户满意水平，促使客户的忠诚度提高，进而提高客户关系价值。

二、客户价值的内涵

自 20 世纪 70 年代以来，西方一些战略学家与营销学者从不同的角度和层面相继提出了客户价值的概念，并对其内涵进行了阐述。

(一)菲利普·科特勒的客户让渡价值

菲利普·科特勒提出客户让渡价值的概念，他认为客户让渡价值是指总客户价值与总客户成本之差。总客户价值是客户期望从某一特定产品或服务中获得的一组利益，而总客户成本是在评估、获得和使用该产品或服务时产生的客户的总费用。总客户价值包括产品价值、服务价值、人员价值和形象价值四个方面。总客户成本则包括货币成本、时间成本、体力成本和精力成本四个方面，如图 3-1 所示。

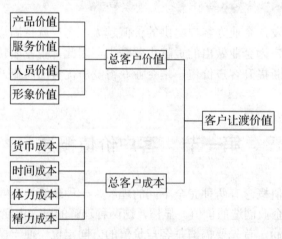

图 3-1　客户让渡价值的构成

(二)伍德鲁夫的感知价值

美国著名学者罗伯特·B. 伍德鲁夫(Robert B.Woodruff)归纳总结了众多学者的研究，从客户的角度提出了"感知价值"(Perceived Value)的观点，即客户在一定的使用情境中对产品属性、产品功效以及使用结果达成(或阻碍)其目的和意图的感知的偏好和评价。这种观点不仅综合考虑了客户的期望价值和实现价值，而且强调了价值源于客户的感知、偏好和评价，同时也将产品与服务的消费情境和相应的客户感知效果紧密地联系起来，因而比较全面地囊括关于客户价值的不同观点。这一定义强调三个重要的因素：一是产品或服务是实现客户目的的媒介，使用产品或消费服务的目的在广义上可以分为使用价值和拥有价值；二是产品或服务通过向客户提供某种结果(客户体会到的结果)来创造价值，价值并非产品或服务所固有的特性；三是消费情境影响客户对客户价值的评估，并会随着消费情境和时间的变化而变化。

1. 使用价值与拥有价值

对于客户来说，产品与服务仅仅是达到目的的手段，管理人员首先需要掌握的不是产品与服务本身的属性，而是客户所追求的最终利益。这些最终目的多种多样，广义上可以分为使用价值和拥有价值两大类。

(1) 使用价值。使用价值是指客户通过直接使用产品或消费服务所获得的功能性结果、目的或目标，包括时间效率、娱乐、安全和易于清理等。例如，自行车可以帮助使用者实现代步的目的，计算机可以提高使用者的工作效率，喝咖啡能帮助饮用者保持清醒等。产品或服务的类型不同，客户需求的使用价值也会不同。即使就同一特定的产品或服务而言，产品或服务所要满足的使用价值也有很多种。

(2) 拥有价值。拥有价值是客户可以仅仅通过拥有某一产品或享受某一服务而获得的。拥有价值说明该产品与服务本身具有重要的象征意义，如身份象征、审美观、自我表现等。不仅拥有某种产品(如拥有昂贵的金表)可以令客户"因所有权而自豪"，无形的服务也同样具有"因使用权而自豪"的成分。例如，进入高档饭店就餐的客户会感到相当自豪的。

很多产品与服务同时传递着使用价值与拥有价值。例如，拥有一辆豪华轿车，不仅是客户交通方便的需要，也是一种身份的象征。因此，企业对客户价值的理解需关注同产品的使用与服务的消费相关联的多种目的。

2. 正面的消费结果与负面的消费结果

与产品本身的属性不同，产品或服务的消费结果是客户使用产品或消费服务后对产品使用结果、服务消费经历的主观感受，决定了客户目的的达成情况。消费结果有正面和负面之分。

(1) 正面的消费结果。正面的消费结果是客户期望在拥有产品或消费产品服务后能够获得的结果或利益。就其本质而言，有些正面的结果是相对客观的，如良好的产品质量节约了消费者可能花在维修保养上的时间、精力；有些正面的结果却是非常主观的，包括消除压力、增加自信心、提高效率等方面。客户眼中的正面消费结果不仅是产品或服务带来的最终利益，也包含了产品或服务本身属性所带来的利益。它既可能来自产品或服务本身的某个单一属性，如某家餐厅的菜肴美味、服务质量好；也可能源于产品或服务的诸多属性，如这家餐厅的很多属性联合起来决定了它给客户留下的是"愉快的就餐经历"的印象，包括它的服务质量、上菜速度、内部装潢、菜肴味道等。

(2) 负面的消费结果。负面的消费结果是客户为获得产品或消费服务所需要付出的所有损失或成本。与正面的消费结果相似，负面的消费结果也有客观的(如时间、价格)和主观的(如难以使用)之分。人们对成本的理解，往往只考虑价格的因素，然而，负面消费结果的范围远远地超出了金钱的范围。它既包括经济成本，也包括心理成本、时间成本、精力成本、机会成本以及和产品或服务相关的其他各种损失。可以说，对每一个与使用产品或消费服务相关的正面消费结果来说，都存在一个对应的负面消费结果，因为客户总要承担未能获得利益的风险。例如，对某一产品，当客户没感知到"易于使用"时，便会产生使用产品的负面结果，那就是该产品"难以操作"，或至少是"需要花费更多的时间和精力"。

从这个角度来说，客户价值便是客户在权衡了正面的消费结果和负面的消费结果基础上对产品与服务整体效用的感知。客户使用产品或消费服务会产生很多结果，但是所有结果都是正面的或都是负面的可能性很小，通常，这些正面的结果会因为一些不利因素而被抵消。例如，一台新笔记本电脑可能会带给客户方便、易于操作、高档、自信的感觉，但同时也可能因为价格太高或保修期太短而给客户带来心理压力，抵消了这些正面的结果。因此，企业必须试着去理解客户对各种结果权衡的过程，进而理解权衡过程中客户对产品与服务价值的看法，以便在今后的产品设计中减少不利因素，为客户创造更大的价值。

3. 消费情境的多样性与客户价值的动态性

(1) 消费情境的多样性。消费情境的多样性指的是不同的人具有不同的消费情境，同一个人的消费情境也在不断变化。客户价值是客户在某一特定的消费情境中对使用产品或消费服务所感知到的，如果企业不清楚产品将要用于什么场合，就很难判断产品能否向客户提供价值，或能够提供多大的价值。不同的人在相同的情境或者相同的人在不同的情境中，面对同一产品或服务都有可能产生不同的价值感知。因此，消费情境对客户感知价值的形成有重要的作用，这正体现了价值对情境的依赖。

(2) 客户价值的动态性。客户价值的动态性指的是客户对产品与服务的感知价值可能会随着时间的推移和消费情境的变化而变化。一方面，客户的评判标准在不同的时间段呈现动态性，客户价值的含义可能会随着时间的推移而有所差异。在购买阶段，客户主要是通过比较不同的产品或服务属性来做出购买选择。而在产品的使用过程中或使用后，客户更关心的是所使用产品的效用和结果。可以说，客户在整个消费过程中经历了不同的客户价值。因此，随着时间的推移，客户价值呈现出一种动态性和累积性。研究表明，客户在购买产品过程中对价值的感知与其在使用过程中或使用后的感知截然不同。另一方面，客户需求变化而产生的消费情境的变化也对客户感知的价值有所影响。例如，一家中档餐厅的服务可以是客户与多年不见的老同学聚餐的好选择，但若在此餐厅举办客户所在公司的年度晚会则会显得不合适；拥有一辆小轿车作为代步工具对上下班的人来说绰绰有余，但当一家人外出旅行时，这辆车的价值便会大打折扣。

有趣的是，在不同的时间段和不同的场合，客户对价值的感知会出现价值衰减的过程，即客户在刚刚购买产品后通常有一段"蜜月期"，对产品的评价往往比较高，然而过了一段时间后，在不同的场合，客户对产品的评价逐渐降低，甚至对产品形成负面价值评判。这种过程可能来自产品故障的因素，也可能是购买产品后使用情境发生变化使客户的需求无法得到很好的满足。不管是哪种原因导致了这种价值的衰减，一旦客户头脑中产生这种意识，价值衰减就会反复发生，客户就会重新寻找其他产品或服务的供应商以满足自己的需求。

(三)客户价值的总结

除了菲利普·科特勒和伍德鲁夫的客户价值理论外，国内外还有许多学者从感知价值、期望价值和关系三个方面进行研究。尽管对客户价值的理解有所不同，但以下四点是大家公认的。

(1) 客户价值与客户对产品或服务的使用紧密相连。也就是说，产品或服务是客户价值的载体，客户只有在使用或消费产品或服务之后才能感受到客户价值的存在。这一特点也使客户价值不同于个人或组织的价值，后者主要是对与错、好与坏的信念或观念。

(2) 客户价值是客户对产品或服务的一种感知效用，这种效用由客户来判断，而不是由企业来决定。因此，客户价值的评估实质上是客户对产品或服务效用的主观评估，每个人会因为自身的偏好、价值观、需求、经历和性格特征等因素的不同而对价值形成不同的判断标准，即使同一客户，在不同的时间，其价值判断标准也会有所不同。

(3) 客户价值是客户感知利得与感知利失之间的权衡。这里的"得"可能是产品或服务的质量，也可能是客户在消费过程中获得的各种利益，还可能两者都有；而这里的"失"可能仅仅指产品或服务的价格，也可能指客户购买、消费产品或服务付出的时间、精力等，还可能两者都有。不管"得"与"失"的具体含义是什么，客户对客户价值的评估都是在"得失"比较的基础上做出的判断。

(4) 客户价值受企业竞争对手的影响。客户价值并不仅局限于客户对该产品或服务的感知，而是客户把对企业提供的价值感知与企业竞争对手提供的相关价值相比较，从而做出价值判断。从这个角度来说，客户价值具有相对性。

三、客户价值的特征

(一)主观性

伍德鲁夫提出的"感知价值"，其实就是强调客户价值的主观性，即客户价值不是产品或服务本身所固有的属性，也不是由企业卖方所能决定的，而是由客户主观感知的，是客户心中对产品、服务感知的偏好和评价。

(二)层次性

根据马斯洛(Maslow)需求层次理论，美国学者威甘德(Weingand D.E.)在对图书馆实证研究中将客户价值划分为四个层次，即基本的价值、期望的价值、需求的价值和未预期的价值，如图3-2所示。

图3-2 客户价值的层次性

(三)动态性

泽丝曼尔(Zeithaml V. A.)认为不同客户对某一产品的期望价值会存在不同,即使是同一客户在不同时间其期望价值也会有所不同。伍德鲁夫等人的研究也表明,客户在购买产品过程中对价值的感知与使用过程中或使用后截然不同。另外,客户价值有较强的情境依赖性,如果产品或服务的使用情境发生变化,产品属性、结果和目标也会发生相应的变化。

(四)相对性

客户价值的相对性不仅包括因个体和情境差异而形成的价值相对性,它主要强调的是竞争的存在导致相互比较的相对性。典型的价值是通过与竞争对手的比较而言的。竞争对手是影响客户对价值感知的一个很重要的因素。因此,提升客户价值可以通过增加客户相对于竞争对手的感知利得或减少相对的感知利失来实现。

四、客户价值的分类

(一)基于客户选择行为的划分

在客户价值类型的划分中,应用最为广泛的是美国著名学者塞斯(Sheth)等人基于消费者选择行为的划分。他们根据消费者的选择行为,将有形产品的客户价值分为功能性价值、社交性价值、情感性价值、认知性价值和条件性价值五类。

(1) 功能性价值。功能性价值是产品或服务的基本使用价值,是客户对产品或服务在功能性、实用性以及使用绩效等方面的感知。例如,电脑能够帮助客户提高工作效率,某种软件能帮助客户分析庞杂的调研数据。这类价值是产品与服务必须具备的价值。客户在选择产品或服务时,往往比较关注产品或服务的功能性价值。

(2) 社交性价值。社交性价值是指客户在使用产品或消费服务的过程中获得的社交方面的满足。例如,如果客户感觉购买、使用、消费某一产品或服务能够获得他人的尊重,得到他人的羡慕,受到别人的称赞,从而增强了客户的自尊心、自信心,帮助客户获得社会认同,提升自我形象,那么,客户就会觉得该产品或服务是有价值的。人们的品牌消费行为往往就是受到这种自我形象价值的驱动。这类价值并非产品或服务固有的内在价值,是客户在消费过程中获得的附加价值。

(3) 情感性价值。情感性价值是客户在使用产品或消费服务的过程中产生的高兴、放松、兴奋等情绪。这类价值也不是产品或服务本身固有的、内在的价值,而是客户在消费过程中获得的附加价值。

(4) 认知性价值。认知性价值是指客户在使用产品或消费服务的过程中产生的好奇心、新鲜感和获得的某些新知识。这类价值也是产品或服务的一种附加价值。

(5) 条件性价值。条件性价值是指产品或服务在某种特定情境下使用或消费所具有的价值。这类价值很不稳定,因人而异,并且随着外部条件的变化而变化。

任何产品或服务所提供的价值不外乎这几种价值的组合,不同的是,在不同的具体状态下哪种价值类型所占的比重更多一些,或是所包含的价值类型更全一些。例如,客户买一本百科全书所获得的价值就是以认知性价值为主,而买一辆名贵的轿车所获得的价值除了获得功能性价值外，更多的可能是获得社交性价值，也可能兼获情感性价值。客户往往会根据自己最重视的客户价值来选择某种产品或服务。在不同的消费情境下，各种价值对客户选择行为的影响各不相同，并且会对客户的选择产生叠加作用。

(二)基于客户体验过程的划分

对于无形的产品(即服务)，美国消费者行为学家霍尔布鲁克(Holbrook)提出一种基于体验的观点，将客户价值定义为一种互动、相对且具偏好性的体验。那么，基于体验的过程，客户价值就可以分为八大类。这也是一种影响比较大的分类方式，由于服务产品的无形性特点，服务领域更加需要强调客户价值概念的这种扩大属性。

(1) 效率价值。效率价值是指客户的投入与产出之比。

(2) 卓越价值。卓越价值是指客户对服务的质量与满意感的评价。

(3) 地位价值。地位价值是指客户通过自己的消费行为，表明自己的地位与成就，影响他人对自己的看法。

(4) 尊敬价值。尊敬价值是指客户因消费服务，提了了自己的声望。

(5) 娱乐价值。娱乐价值是指客户对娱乐、安逸、享乐需求的满足。

(6) 美感价值。美感价值是指服务设计带给客户悦目、时尚、美丽的享受。

(7) 伦理价值。伦理价值是指客户要求公正的消费行为，在道德上具有优良的品质和道义。

(8) 心灵价值。心灵价值是指客户因消费服务得到心灵上的满足，如信念、高尚、沉迷、神圣等感觉。

(三)基于客户价值层次的划分

根据伍德鲁夫的"手段—目的"(Means—End)模式的客户价值层次模型，产品或服务与其使用者之间的关系可以划分为属性层、结果层和最终目的层三个层次；同时结合客户价值的不同需要层次，可以把客户感知的客户价值划分为属性层价值、结果层价值和最终目的层价值。

(1) 属性层价值。产品或服务是由很多属性或属性集合构成的。在属性层这个最具体的层次上，客户习惯用属性来定义产品或服务：产品或服务就是它们的特征、它们的主要组成部分以及相关的活动。客户常常会考虑产品或服务的具体属性与属性的效能，从而得到对其价值的初步感知。对于一辆车的属性，客户不仅会提到车本身具有的物理要素，如开关的位置、工具的布局、空间的大小、内部装修的豪华程度、耗油率等，也会考虑到车的销售与保养等与服务有关的抽象特性，如销售人员的知识、维修人员的技能、服务部门的响应等。

(2) 结果层价值。结果层价值是指客户在购买和使用产品、消费服务过程中对消费结果与经历(包括正面的和负面的)的较为主观的判断。产品或服务为客户提供了什么利益以及有哪些客户期望的和非期望的结果，皆是客户在结果层对实际价值的感知。属性层的价值感知与结果层的价值感知不同，在属性层，客户常常通过描述产品或服务的属性来感知价值，但在结果层，客户拥有产品和消费服务的经历与结果便成为客户对价值感知的重要方面。因此，在属性层，企业可能只需要了解客户对产品或服务本身属性的描述，但在结果层，企业更关注客户本身的经历，会询问客户"你怎样使用这种产品？""你使用产品或消费服务时，出现过什么情况？""这类产品或服务给你带来了什么？"之类的问题。结果层价值在本质上比属性层价值更抽象，同时掺杂着客户的主观看法。例如，两位消费者可能对同一款笔记本电脑的键盘设计(属性)有相同的意见，但他们可能会对这种设计的用户友好性(结果)的看法完全不同。属性与结果可能存在一一对应的关系，但同样也会有一个结果对应多种属性的组合情况。

(3) 最终目的层价值。最终目的层价值是指客户使用产品和消费服务所希望获得的核心价值，是客户通过消费所希望达到的最终目的，也是客户购买产品和消费服务最基本的驱动力。相较于产品的属性和客户期望的结果来说，一个人的价值观念是一个人所拥有的最持久、最稳定的一些特征，它们会随着时间的推移而改变，但这个过程却十分缓慢。因此，最终目的层价值在价值层次结构中是最抽象、最稳定的一个层次。最终目的层价值不仅包括使用产品和消费服务所带来的直接利益——满足客户的生理需要与安全需要，还包括客户通过使用产品和消费服务可以获得的间接利益，如满足客户的社交需要、自尊需要和自我实现的需要。最终目的层价值是客户希望通过消费达到的最终目的，因此，最终目的层价值会有意识地影响客户的消费决策。

第二节 客户价值管理

一、客户价值的驱动因素

客户价值的驱动因素是指企业通过价值活动，对企业进行客户价值的创造和传递产生影响的因素。国外学者普遍认为，客户价值的驱动因素就是客户价值的来源或构成客户价值的要素。企业可以通过降低成本、改善品牌形象、提高质量等产品因素来驱动客户价值，此时成本因素、品牌因素和产品因素就成了客户价值的驱动因素。

帕拉苏拉曼(Parasuraman A.)于1997年提出，客户价值的驱动因素由产品质量、服务质量和价格因素构成。类似地，沃尔夫冈(Wolfgang U.)等人于2001年对帕拉苏拉曼的研究进行了发展和补充，通过实证研究把客户价值的驱动因素分为产品相关特性、服务相关特性和促销相关特性三类。一些学者随后对其又进行了补充，拉斯特(Rust R.T.)提出，品牌权益、系统地组织学习或知识集成也是增加客户价值的重要因素。另外，技术的改进也是创造价值、驱动客户价值的重要因素。国内学者张明立总结学者对客户价值理论的研究，将客户价值的驱动因素分为五种，即产品/服务因素、品牌因素、知识因素、技术因素和关系因素，如图3-3所示。

在这个客户价值驱动因素模型中，每一个客户价值驱动因素与其他驱动因素都不是孤立的，而是存在着一定的关联性，会相互影响。同时，每个驱动因素还可以分解为更具体的因素，如知识因素可能由组织学习、客户学习、知识集成等要素构成。

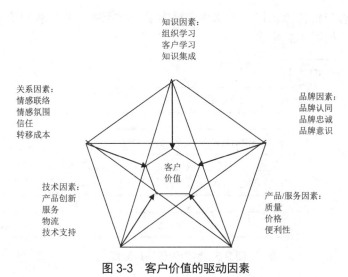

图 3-3　客户价值的驱动因素

二、客户价值的测量方法

客户价值相关的测量方法有很多，本部分将介绍三种典型的客户价值评测方法，即伍德鲁夫的价值层次模型、帕拉苏拉曼等提出的服务质量测量表和盖尔(Gale)的客户感知价值测量方法。

(一)价值层次模型

美国著名学者伍德鲁夫从客户的角度对客户价值进行了定义，并基于信息处理的认知逻辑提出了基于"手段—目的"模式的客户价值层次模型，如图 3-4 所示。

图 3-4 清晰地说明了客户价值的层次结构：从下往上看，客户结合以前的经验，将产品看作一系列特定属性和属性功效的集合，属性是达到功效(特定结果)的手段，功效则是达到目标价值的手段。从上往下看，客户会根据其目标和意图确定特定消费情境下产生的结果的重要性，再由消费结果的重要性指导客户确定属性和属性功效的重要性。该模型不仅描述了客户期望的价值，也很好地描述了客户实际得到的价值，客户满意则是连接两者的媒介。在整个相互影响的过程中，客户是通过客户满意这个媒介来感知价值的。

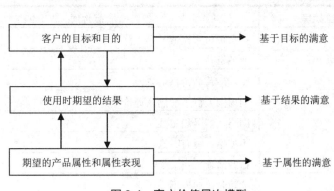

图 3-4　客户价值层次模型

基于以上对客户价值的认识，伍德鲁夫提出了一种探查和分析客户价值的方法，即客户价值确定流程，如图 3-5 所示。

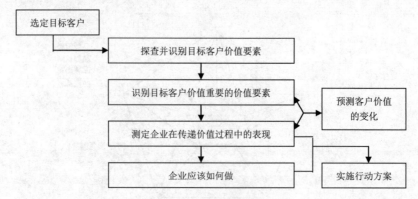

图 3-5　客户价值确定流程

该模型可以帮助企业确定客户关心哪些价值要素及关心的程度，从而指导企业确定哪些客户价值要素需要提高及如何提高以便帮助企业提高整体的客户价值。在该模型中，选定目标客户、实施行动方案是该模型的输入和输出，将客户价值探查和分析过程分为以下五个阶段。

(1) 探查并识别目标客户价值要素阶段在于明确客户价值各个层级结构中包括哪些价值要素，伍德鲁夫等提出了采用"剥洋葱"的方法，即由客户经常谈及的产品属性层开始，利用阶梯访谈法一层一层追问下去，最后便可得到客户关心的属性层、结果层和目标层中的各个价值要素。

(2) 识别目标客户价值的重要价值要素阶段主要就各个价值要素对客户的重要性进行测定，发现对本企业具有重要战略意义的客户价值要素。

(3) 测定企业在传递价值过程中的表现阶段侧重搜集关于客户在各个价值要素对本企业和竞争对手的产品或服务满意程度的数据。

(4) 预测客户价值的变化阶段则是对前面阶段所做的分析进行判断。

(5) 确定客户价值阶段则要对前面所获得的客户价值要素进一步分析，决定哪些客户价值要素需要改进以及如何改进，大学生手机用户的客户价值层次，如表 3-1 所示。

表 3-1　大学生手机用户的客户价值层次

目的层	结果层	属性层
经济实惠	打电话实惠	打折预付费充值卡
		业务资费
		比较运营商价格信息
	通信质量好	向周围人群了解满意评价
		网络及信号稳定性
		不掉话、没有时延
		语音清晰
随意沟通	沟通方便、快捷	能随时接通电话
		网络覆盖率高

目的层	结果层	属性层
随意沟通	话费查询方便	能随时查询话费
		能查询实时话费
		话费支出清晰
	投诉解决满意	投诉点的数量
		投诉方式种类
		投诉解决时限

(资料来源：李萍. 移动用户客户价值层次研究[D]. 硕士学位论文. 北京：北京邮电大学. 2005.)

(二)服务质量测量表

帕拉苏拉曼等提出的服务质量测量表(Servqual)被认为是适用于评估各类服务质量的一种典型方法。他们认为在服务方面，客户价值是客户对服务质量相关影响因素实际表现的感知与对服务的期望之间的比较结果。这个关系可以概括为如下公式：

$$Q=P-E$$

在上式中，P 代表客户对所获得的服务的评价，E 代表客户在接受服务前对服务质量的期望，Q 代表客户对这一服务的客户价值。

图 3-6 所示为服务质量概念模型，该服务质量概念模型给出了服务中可能存在的差距缺口。

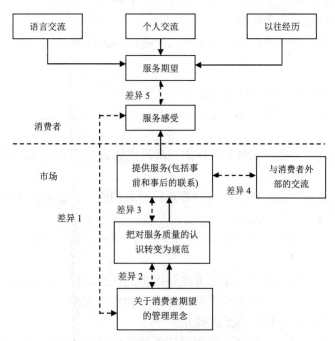

图 3-6　服务质量概念模型

差异 1：客户期望与企业管理理念之间的差异，此差异主要由市场调查研究不足、向上沟通不畅以及企业管理层级等原因造成。

差异 2：企业管理理念与服务质量规范的标准之间的差异。此差异主要由承担义务不足、不切实际的管理理念、作业标准不足以及缺乏目标等原因造成。

差异 3：服务质量规范与提供服务之间的差异。此差异主要由角色模糊、人员或技术配备不良、不合适的监管系统、缺乏团队作业等原因造成。

差异 4：提供服务与外部交流之间的差异。此差异主要由与消费者横向沟通不足、过度承诺等原因造成。

差异 5：客户对服务质量的感知与对服务质量期望之间的差异。此差异主要由市场方面的差异 1、差异 2、差异 3、差异 4 造成。

差异 5 是客户服务质量的真正衡量标准，当企业的测量结果显示 $P<E$ 时，服务质量会低于客户满意的服务质量，而且随着 P 与 E 之间不一致程度的增加，服务质量会趋于完全的不满意；当 $P=E$ 时，服务质量是满意的；当 $P>E$ 时，服务质量会超过客户满意的服务质量，且随着 P 与 E 之间不一致程度的增加，服务质量会趋于理想化的质量。

(三)客户感知价值测量方法

1. 方法概述

盖尔是 20 世纪 90 年代初最早提倡客户价值管理的学者之一，他在《管理客户价值》(1994)一书中，借助质量和成本来定义客户感知价值。他认为，市场感知质量是客户将企业的产品或服务与竞争者的产品或服务相比较得出的评价。而客户感知价值是相对于产品价格的市场感知质量。

盖尔的客户感知价值理论可以简单地总结为以下两点。

(1) 客户价值包括质量和价格。

(2) 客户通过对不同品牌产品的价值对比来进行购买决策。

2. 应用步骤

盖尔的客户感知价值测量方法主要有以下 7 个步骤。

(1) 细分质量与价格两个基本维度。通过焦点小组访谈等方法探查客户关心的质量和价格的属性。

(2) 用客户调查的方法得到每种属性的权重，把 100 分分配给那些客户认为重要的价值要素。

(3) 测量客户对各个品牌在各个价值要素的绩效的感知，请客户为各个品牌在各个价值要素上的绩效表现评分(10 分制)。

(4) 分别计算本企业产品相对于竞争性品牌产品在质量与价格两个方面各个价值要素的相对评分。

(5) 计算总的客户感知价值。主要方法是用得到的质量价值要素相对评分与价格价值要素相对评分分别与每一个价值要素重要性相乘，并将各项相加，就得到了本企业相对于竞争者的市场感知质量得分和价格满意得分。

(6) 在以上计算步骤的基础上，分别以质量比和价格比为横坐标、纵坐标，绘制客户感知价值图，如图 3-7 所示。

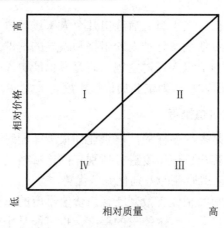

图 3-7 客户感知价值

盖尔的客户感知价值图将质量和价格的二维坐标分为四个部分，客户感知价值通过计算后落入图中Ⅰ、Ⅱ、Ⅲ和Ⅳ的其中一个象限中。图 3-7 中间的对角线是公平价值线，代表公允的市场价值，表示市场上客户的平均感知价值。盖尔将客户感知价值定义为相对于产品价格的市场感知质量，所以，价值高的产品会落入公平价值线之下的区域；反之，则落入公平价值线之上的区域。落入Ⅰ象限的品牌产品提供了较低的价值，客户会流失，所以该企业需要进行改善；落入Ⅲ象限的品牌产品提供了较高的价值，客户会忠诚，且会吸引新的客户；落入Ⅱ、Ⅳ象限的品牌产品提供了公平的价值，可以维持市场平均利润，并可以通过扩大市场份额实现利润的增长。

(7) 分别计算出所测量企业的最终客户价值，其公式为

$$CVA = p \cdot MVA + (1-p) \cdot CPA$$

上式中，CVA 表示 A 企业的客户价值；MVA 表示 A 企业的市场感知质量；p 表示 A 企业的客户对产品或服务的看重程度，取值为 $0 < p < 1$；CPA 表示 A 企业的相对价格。

三、客户价值的管理

研究客户价值的根本目的是更好地实现企业对客户价值的管理。企业竞争力取决于客户对产品或服务价值的认可。如果企业提供比竞争对手更大的客户价值，就能使客户满意度和客户忠诚度增加，使客户持续购买，从而达到增加关联销售、减少客户流失、增加企业收入、降低管理成本的目的。成功的客户价值管理无疑可以为企业创造新的竞争优势。

(一)客户价值的识别与选择

1. 识别客户价值维度

识别客户价值维度可以采用多种市场调研方法，如前文介绍的价值层次模型、服务质量测量表和客户感知价值测量方法，还有客户观察法、焦点小组访谈法和深度访谈法等。客户观察法是通过观察客户怎样使用产品、使用产品后的结果、具体的使用情况等信息来判断哪些是构成客户价值的重要维度。焦点小组访谈法则是将一小组客户召集起来，让他们自由讨论使用产品或消费服务的经历，在自由讨论和信息分享中，主持人将一些重要的观点、有益的想法或观察到的现象记录下来。这种方法无论是在内容上还是在时间上，都

比单个的访谈更有效率。在焦点小组之后选出几个人来进行进一步的深度访谈，正好弥补缺乏深度这一不足。访谈对象在没有别人的阻挠和误导的情况下，可能会更为自由地说出他们自己真实的想法，有利于深入探讨主题，研究者也能更深入、更有效地探索客户对价值认知的内心评判，识别出客户认为重要的价值维度。

2. 确定有战略意义的价值维度

客户关注的价值维度是多种多样的，但企业却很少能同时在很多维度上提升价值。因此，企业必须对所识别的客户价值维度进行甄别，确定哪些是具有战略意义的价值维度，围绕这些重要的价值维度创造企业的差别化竞争优势。

进行客户市场调查能帮助企业有效判断客户价值维度的重要性。对客户来说，重要性可能是产品或服务满足客户某一特定需求的程度，也可能是企业在某一价值维度上提供的价值高于其他竞争者提供的价值的程度。因此，在对客户价值维度的战略意义进行评估时，需同时调查竞争对手所提供的价值信息。采用矩阵分析图可以帮助企业对比本企业和竞争对手在客户重视的客户价值维度上的方向，如图3-8所示。

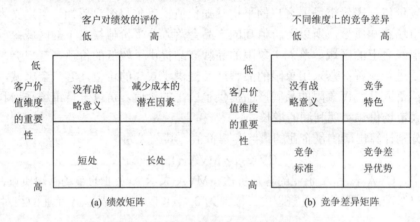

图 3-8 客户价值维度的战略意义分析

绩效矩阵的不同单元格具有不同的战略意义。如果在重要性较低的客户价值维度上，客户绩效的评价较高，对企业而言没有太大的意义，企业可以考虑放弃这一价值维度，将节省的成本或资源转向更为重要的价值维度。价值维度落于"长处"单元格的数量越多越好，"短处"反映企业在重要的价值维度上的不足，这是企业应重点改进的方向。竞争差异矩阵能激发企业管理者思考如何建立竞争优势。管理者既可以关注右下方单元格里的价值维度，也可以努力使某一特定的价值维度转移到右下方单元格来增强竞争优势。

(二)客户价值的创造

1. 建立客户价值创造支持体系

在识别与选择出重要的客户价值维度后，企业需要向客户有效地提供这些价值。这就需要企业具备有效的客户价值创造与提供的支持体系以及卓越的客户价值创造能力。强有力的支持体系包括一个分工合理、高效协作的组织结构和基于客户价值的优秀企业文化。分工合理、高效协作的组织结构能促进企业部门的有效沟通，实现部门的合理设置与有效分工协作，形成价值创造和价值传递的组织合力，从而有效地满足客户的需要。在企业内部形成一种以不断提升客户价值为核心内容的企业文化，将客户价值创造的理念根植于员工的心中，使员工对创造优秀的客户价值产生强烈的认同感，从而愿意承担一定的责任，在客户价值创造方面做出不懈的努力。

2. 创造客户价值

至于如何增加客户价值，不同的学者有不同的见解。按照学者对客户价值最基本的定义，用客户感知价值代替客户价值，认为是感知利得与感知利失之比，客户价值创造的途径就有提高客户的感知利得与降低客户的感知利失两种。

针对客户的需要设计产品或服务和在核心产品上增加新的成分等都是提高客户感知利得的方法。例如，企业原本提供的核心产品拥有良好的品质，但如果再赠送一些额外的服务(如送货服务、产品使用培训、售后服务等)，无疑可以增加客户的感知利得，进而对客户价值产生积极的影响。

降低客户的感知利失可以通过降低产品或服务的实际获得价格、提高购买的便利性等途径来实现。例如，有些能够提高客户感知利得的措施(如送货上门等)同样可以降低客户的感知利失；其他一些措施(如延长营业时间、增设营业网点等)可以提高产品的可获得性，使客户获得产品和消费服务的方式更简单、更便捷，同样可以降低客户的感知利失。

总之，企业在客户价值创造中最重要的一点就是合理安排和协调各种价值创造活动，最大化客户的感知价值。盖尔认为："具有较高感知质量和感知价值的企业，能够获得较高的市场份额，投资回报率比平均水平高 15 个百分点。"因此，为客户创造客户价值实际上就是为了实现企业利润增长的根本目标。

(三)客户价值的沟通与评估

在为客户创造客户价值的同时，企业还应该积极地同客户进行沟通。企业不能想当然地认为客户能够立刻充分理解企业所提供的价值，必须运用整合营销沟通手段，全方位地向客户传达在使用产品或消费服务过程中将体验到的价值。整合的沟通措施应包括诸多具有一致性的广告、公关宣传、促销等活动，以帮助客户了解企业提供的价值。

在为客户提供优异的客户价值后，作为客户价值管理的最后一步，企业还应对客户价值的感知结果进行有效监控，通过客户满意度调查、客户抱怨记录、客户跟踪访谈以及定期或不定期的客户随机调查，了解客户对其所获得的价值是否满意、客户是否认为企业所提供的价值比竞争对手提供的价值更高等信息。同时，调查客户价值创造对企业绩效的影响效果。企业只有在认真分析和评价客户价值绩效的基础上，了解企业的优势和不足，才能真正创造符合客户期望甚至超过客户期望的价值，形成客户价值优势和竞争优势。

第三节　客户满意

客户价值的大小直接影响客户满意程度的高低，进而影响客户忠诚度的高低。分析客户满意，就是为了使客户价值与客户忠诚度更好地衔接起来，最终达到客户价值与客户关系价值最大化的目的。

一、客户满意的内涵

(一)客户满意的概念

客户满意(Customer Satisfaction，CS)的思想和观念早在 20 世纪 50 年代就受到人们的认识和关注。

凯斯(Keith R. J.)在 1960 年就提出了客户满意的概念，认为客户满意就是客户需要和欲望的满足，将客户满意的观点引入营销领域，提出客户满意能使客户重复购买行为。

菲利普·科特勒认为，客户满意"是指一个人通过对一个产品的可感知效果与他的期望值相比较后，所形成的愉悦或失望的感觉状态"。学者对客户满意的认识大都围绕着"期望—差异"范式。这一范式的基本内涵是客户期望形成了一个可以对产品、服务进行比较、判断的参照点。客户满意作为一种主观的感觉被感知，描述了客户对某一特定购买的期望得到满足的程度。

福尔克斯(Valerie S.Folkes)认为，客户满意感是客户对服务结果进行评估与归因之后产生的情感。如果客户认为服务结果对自己有利且服务型企业可以控制这种服务结果，客户就会对该企业心存感激，并替该企业做有利的口头宣传；如果客户认为某种服务结果损害了自己的利益，且服务型企业本可以避免这种服务结果，客户就会非常生气；如果服务结果对客户有利且客户早就预料到这种服务结果，客户就会信赖该企业；而如果客户预期某种服务结果会损害自己的利益，客户就会回避该企业，改购其他企业的产品和服务。有时候，企业为客户提供了某种不可预期的、对客户有利的服务结果，客户会感到惊喜，对企业的满意程度提高；如果这种不可控的服务结果损害客户的利益，那么客户就会比较失望，但这种结果是企业无法控制的，因此，客户只能容忍企业的这种服务差错。客户预期企业可能会为自己提供某种有利的服务结果，但也可能不具备这种能力，这时有些客户出于一种尝试心理会购买企业的产品和服务，而如果客户预期这种服务结果可能会损害自己的利益，则他在购买时可能会迟疑不定。综上所述，客户满意的概念既包含认知成分，也包含情感成分。认知成分是指客户对服务实绩与某一标准进行比较之后对产品和服务好坏的评价，情感成分是指客户对服务实绩与某一标准比较之后产生的满足、高兴、喜欢等心理反应。

(二)客户满意的重要意义

1. 客户满意是企业战胜竞争对手的重要手段

在当今的买方市场上，客户对产品或服务能满足或超越他们期望的要求日趋强烈，客户不但需要优质的产品或服务，同时希望能以最低的价格获得最好的产品或服务。客户是企业生存和发展的保障，更好地满足客户的需要是企业成功的关键。如果企业不能满足客户的需要，而竞争对手能够满足他们的需要，那么客户很可能就会流向竞争对手。只有让客户满意的企业才能在激烈的竞争中获得长期的、起决定作用的优势。市场竞争的加剧使客户有了广阔的选择空间。在这场竞争中，谁能更有效地满足客户需要，让客户满意，谁就能够创造竞争优势，从而战胜竞争对手。

2. 客户满意是企业取得长期稳定发展的必要条件

客户满意是企业实现效益的基础。客户满意与企业盈利具有明显的正相关性。客户只有对自己以往的购买经历感到满意，才可能继续购买同一家企业的产品或服务。现实中经常发生这样的事情：客户因为一个心愿不能得到满足，就毅然离开一家长期合作的企业，为此企业损失很大。此外，客户满意还可以节省企业维系老客户的费用，同时，满意客户的口头宣传也有助于减少企业开发新客户的成本，并且有助于树立企业的良好形象。

3. 客户满意是形成客户忠诚的基础

从客户的角度讲，那些曾经带给客户满意经历的企业意味着可能继续使客户满意，而出现大量的回头客；那些曾经带给客户不满意经历的企业，客户出于对风险的回避，可能不会再次光顾这家企业。因此，企业如果能够让客户满意，就很可能再次得到客户的垂青。客户忠诚通常被定义为重复购买同一品牌的产品或服务，不为其他品牌所动摇，这对企业来说是非常需要的结果。但是，如果没有令客户满意的产品或服务，则无法形成忠诚客户，只有让客户满意，他们才可能成为企业的忠诚客户，也只有持续让客户满意，客户的忠诚度才能进一步得到提高。可见，客户满意是形成客户忠诚的基础。

二、客户满意的形成

企业要提高本企业客户的满意程度，首先要了解客户满意的形成过程，了解影响客户满意程度的影响因素，以便有针对性地采取措施，提高客户的整体满意度。

(一)奥立佛的客户满意模型

目前，学术界普遍认同的客户满意感定义是由美国著名学者奥立佛(Richard L. Oliver)于 1997 年提出的。奥立佛认为，客户满意感是客户需要得到满足后的一种心理反应，是客户对产品和服务的特征、产品和服务本身满足自己需要程度的一种判断。客户要判断自己需要的满足程度，就必须对产品和服务的实绩与某一标准进行比较，形成客户满意的过程，如图 3-9 所示。

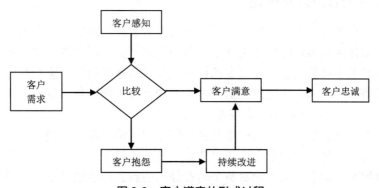

图 3-9 客户满意的形成过程

产品和服务的实绩是相对客观的，而比较的标准却多种多样，既因人而异，又随环境的不同而不同，于是得到的满意程度也不同。在现实生活中，客户的满意很少是拿产品和服务的实绩与某一个标准对比而形成的，往往是与多个标准对比而形成的一个综合结果，如图 3-10 所示。

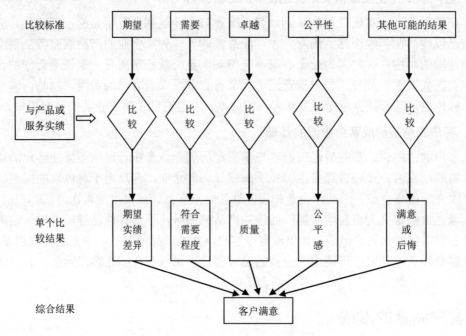

图 3-10　客户满意的综合形成过程

奥立佛认为，客户满意程度主要由客户的以下三类评估决定。

(1) 客户对自己的消费结果的整体印象，即客户对本次消费的利弊的评估以及客户由此而产生的情感反应，如高兴、失望等。

(2) 客户对产品和服务的比较结果，即客户对产品和服务的实绩与某一标准进行比较，判断实绩是否符合或超过自己的比较标准。

(3) 客户对自己的消费结果的归因，即客户认为谁应对自己的消费结果负责。同样的消费结果，是客户的责任，还是企业的责任，客户的满意程度不同。

(二)菲斯克的客户满意理论

奥立佛的客户满意感模型最初是针对产品消费而言的。随着服务业的发展，服务型企业管理人员越来越重视客户的服务消费。服务与产品不同，服务的生产和消费是同时发生的，客户很难甚至不可能根据一套既定的标准来衡量服务的质量，客户对服务的评估过程并不仅仅是消费后的判断，还包括他们在消费前和消费中的评估。据此，美国学者菲斯克(Fiske)提出了一个新的服务经历满意程度理论。

菲斯克把客户评估服务经历的过程划分为核心服务消费前、消费中和消费后三个时期的评估，认为客户在每一时期都会运用"期望—实绩"模型解释自己的满意程度，而这三个时期的满意程度又都会影响客户对整个消费经历的满意程度的评估。该模型考虑了"客户的期望在服务经历过程中可能会发生变化"这一许多学者忽视的问题，并解释核心服务和辅助服务如何影响客户满意程度。服务型企业管理人员理解服务经历满意感模型后，能够更好地管理客户在本企业消费经历的满意程度。

1. 核心服务消费前对辅助性服务的评估

在核心服务消费之前，客户往往会先接触到一些辅助服务，如服务人员的态度、客户等待服务区域的环境、办公室的温度等，并把这些辅助服务的实绩与自己的期望进行比较。客户对辅助服务的期望从本质上说是被动的。辅助服务的实绩可能超过期望、符合期望、低于期望等。虽然，从表面上看来，这些辅助服务并不是客户实际要购买的服务，但这些辅助服务的实绩也是服务型企业向客户提供的整体服务中的一个重要组成部分。服务是无形的，客户很难客观地评估服务质量，尤其是在消费服务前，客户更难客观地评估服务质量，因此，他们往往会根据自己看到的有形证据来估计服务质量的好坏。服务型企业的装饰、外观等既会影响客户购买企业的服务意愿，也会影响客户对服务的满意程度。许多学者发现，客户在消费核心服务前接触到的有形环境给客户的第一印象会影响他们与服务型企业以后的交往意向，因此，适当地管理客户消费前的评估是服务型企业为客户提供真正满意服务的一个重要基础。

在这一阶段，服务型企业尚未向客户提供核心服务，因此，客户在这一时期无法评估核心服务的好坏。然而，客户对辅助服务的评估既会影响他们对核心服务的期望，也会影响他们对整个服务经历的总体评估。

2. 核心服务消费中对辅助性服务的评估

在核心服务消费时，客户会把服务型企业提供的核心服务的实绩与自己的期望进行比较。客户对核心服务的期望是一种有意识的预期，是主动的期望。服务型企业提供的核心服务的实绩可能超过客户的期望、符合客户的期望或低于客户的期望，而客户对这一时期服务的评估结果会影响他们对消费后服务的态度，同时也会影响他们对整个服务的总体评价。

客户对辅助性服务的评估和对核心服务的评估是独立的，也就是说，从概念上可以把客户消费服务前、消费服务中完全区分开来。事实上，在实际的服务经历中很难把两者完全区分开来，在消费中，辅助性服务的实绩(如房间的温度)并没有消失，但客户的注意力已经转移到核心服务方面。从概念上把客户第二时期对核心服务的评估与第一时期和第三时期对辅助性服务的评估区分开来，一方面有助于服务型企业管理人员了解客户真正希望购买的核心服务，为客户提供满意的核心服务，进而为客户提供真正满意的消费；另一方面也强调了辅助性服务在整个服务中的重要作用。

3. 核心服务消费后对辅助性服务的评估

在经历核心服务消费之后，客户会把一些辅助性服务(如付款过程、提供核心服务后服务人员的态度)的实绩与自己的期望进行比较。这些辅助性服务的实绩可能超过客户的期望、符合客户的期望或低于客户的期望。这种评估结果会直接影响客户对整个消费的总体评估。此外，第一时期的大多数辅助性服务在第三时期仍然存在。

在实际服务过程中，往往很难清楚地界定第二时期和第三时期的分界点。一般来说，在核心服务结束之后，客户的注意力就会从核心服务转移到辅助性服务，而他们对消费后的辅助性服务的期望本质上来看也是被动的。此外，客户在第三时期的期望与第一时期的期望不同。客户会根据自己在消费服务过程中接收到的相关信息，根据自己与服务人员的接触，不断调整自己的期望。国外一些学者发现，客户在消费前和消费后的比较标准是不同的。

有些企业管理人员和学者发现，客户对服务型企业的不满，有时候并不是由于企业提供的核心服务有失误，而是由于服务人员对待服务失误的态度和处理服务失误的行为。有些情况，服务人员可以通过第三时期提供的辅助性服务弥补客户对第二时期核心服务的不满，从而使客户对整个服务满意。总之，服务是一个过程，因此，客户对服务型企业在提供核心服务后给出的辅助性服务的评估，也会影响他们对整个消费的总体评估。

4. 整个服务的评估

客户对整个服务的总体评估是由前文三个时期的评估整合而成的。这三个时期的评估既相互独立又有一定的联系。客户在核心服务消费前或核心服务消费后与服务人员或服务型企业的接触，都会影响他们对整个消费经历的总体评估，因此，服务型企业向客户提供核心服务前、后的辅助性服务是非常重要的，服务型企业只为客户提供满意的核心服务，并不能保证客户满意。客户在三个时期评估结果的综合最终决定客户的满意程度。

客户在购买服务时主要购买的是核心服务。如果服务型企业为客户提供了符合客户期望的核心服务，那么优质的辅助性服务往往会使客户记住这次满意的消费。许多服务型企业只强调本企业提供的核心服务，却忽视了核心服务消费的辅助性服务。随着市场的不断完善，各服务型企业提供的核心服务势必会雷同，服务型企业只有依靠本企业提供的独特的辅助性服务才可能获得持久的竞争优势。

三、客户满意的衡量指标

1. 对产品的美誉度

美誉度是客户对企业或品牌的褒扬程度。一般来说，持褒扬态度、愿意向他人推荐企业及其产品或服务的，肯定是对企业提供的产品或服务非常满意或者满意的客户。

2. 对品牌的依赖度

依赖度是客户只购买某品牌的产品或服务的程度。如果客户在消费或购买过程中放弃其他选择，只购买他认定的品牌，表明客户对这种品牌的产品或服务是非常满意的。

3. 消费后的回头率

回头率是客户消费了某企业或某品牌的产品或服务后，愿意再次消费的次数。客户是否继续购买产品或服务，是衡量客户满意度的主要指标。该数值越大，满意度越高。

4. 消费后的投诉率

投诉率是指客户在购买某企业产品或服务后所产生投诉的比例，投诉率越高，表明客户越不满意。这里的投诉率不仅指客户表现出的显性投诉，还包括未倾诉的隐性投诉。

5. 单笔交易的购买额

购买额是指客户购买某产品或服务的金额。一般而言，客户对某产品的购买额越大，表明客户对该产品的满意度越高；反之，则表明客户对该产品的满意度越低。

6. 对价格变化的敏感度

客户对产品或服务的价格敏感度也可以反映客户对某产品的满意。当产品或服务价格上涨时，客户如表现出很强的承受能力，则表明客户对该产品或服务的满意度很高。

7. 向其他人员的推荐率

客户愿不愿意主动推荐和介绍他人购买，或者消费也可以反映客户满意度的高低。一般来说，如果客户愿意主动推荐和介绍他人购买或者消费某产品，表明他对该产品的满意度是比较高的。

四、提高客户满意度的措施

(一)把握客户的期望

要提高客户满意度，企业必须采取措施正确引导客户，使客户在消费前对企业的产品和服务有合理的期望；这样既可吸引客户，又不至于让客户因期望落空而失望，产生不满。

(1) 不过度承诺。如果企业的承诺过度，客户的期望就会被抬高，从而会造成客户感知与客户期望的差距。可见，企业只能谈自己能够做得到的事，而不能夸大吹嘘。

(2) 宣传留有余地。企业在宣传时应恰到好处并且留有余地，使客户的预期保持在一个合理的状态，那么客户感知就很可能超过客户期望，客户就会感到"物超所值"。

(3) 适时超越客户期望。企业如果善于把握客户期望，然后根据具体情况适时地超越客户期望，就能够使客户产生惊喜，这对提高客户满意度有事半功倍的作用。

(二)提高客户感知价值

提高客户感知价值既要增加客户总价值，包括产品价值、服务价值、人员价值以及形象价值，还要设法降低客户总成本，包括货币成本、时间成本、精神成本以及体力成本。

1. 增加客户总价值

(1) 提升产品价值。在提升产品价值方面，企业需要做到如下四点。第一，要不断创新。要顺应客户的需求趋势，站在客户的立场去研究和设计产品，不断地开发出客户真正需要的产品。第二，要为客户提供定制产品或服务。通过提供特色的产品或超值的服务来满足客户的需要，提高客户的感知价值。第三，树立"质量是企业生命线"的意识。产品质量是提高客户感知价值的基础，高质量的产品是维系客户的有效手段。企业如果不能保障产品的质量，或是产品的质量随时间的推移而有所下降，那么，即使客户曾经满意，也会逐渐不满，最终降低客户的感知价值。第四，塑造品牌。品牌可以帮助客户节省时间成本、精神成本和体力成本，可以提高客户的感知价值，进而提高客户的满意水平。

(2) 提升服务价值。随着购买力水平的提高，客户对服务的要求也越来越高，服务的质量对客户购买决策的影响越来越大，给客户提供优质的服务已经成为提高客户感知价值和满意度的重要途径。这就要求企业要站在客户的角度，想客户之所想，在服务内容、服务质量、服务水平以及物流配送等方面提高档次，提供全过程、全方位的服务，从而提升客户的感知价值，进而提高客户的满意度。如果客户想到的，企业都能给予，客户没想到的企业也能提供，这必然使客户感到企业时时刻刻都对他关心，从而会对企业产生满意感。

(3) 提升人员价值。提升人员价值包括提高企业全体员工的经营思想、工作效率与作风、业务能力、应变能力以及服务态度等，从而提高客户的感知价值及客户的满意度。企业可通过培训和加强制度建设来丰富员工的业务知识和提高专业技术水平，提高员工为客户服务的娴熟程度和准确性，从而提高客户的感知水平，最终提高客户的满意度。提高员工满意度也是提升人员价值，进而提升客户感知价值和客户满意度的手段。20世纪70年代，日本企业崛起的重要原因是日本企业采用人性化管理，大大提升了员工的满意度，激励员工为客户提供优质的产品或服务，从而提高了客户感知价值和满意度。

(4) 提升形象价值。企业的良好形象不仅能为企业的经营发展创造良好的氛围，也可提升客户对企业的感知价值，从而提高对企业的满意度。企业形象的提升可通过公益广告、赞助活动、形象广告、新闻宣传、庆典活动以及展览活动等方式来进行，尤其是公益广告、赞助活动对提升企业形象具有重要的作用。

2. 降低客户总成本

(1) 降低货币成本。合理地制定产品价格是提高客户感知价值和满意度的重要手段。企业定价应以确保客户满意为出发点，依据市场形势、竞争程度和客户的接受能力，尽可能做到按客户的"预期价格"定价，并且千方百计地降低客户的货币成本，坚决摒弃追求暴利的短期行为，这样才能提升客户的感知价值，提高客户的满意度。

(2) 降低时间成本。就是在保障产品与服务质量的前提下，尽可能地减少客户的时间支出，从而降低客户购买的总成本，提高客户的感知价值和满意度。例如，你要是美国租车公司Avis的老客户，你乘飞机到达目的地后，可直接到Avis公司在机场的停车场，这时钥匙已经插在车里，你发动汽车就可把它开走，只要在门口时把你的证件给工作人员看一眼就可以了，没有任何多余手续，根本不用到柜台去排队。这样周到的服务既节省了客户的宝贵时间，降低了客户的时间成本，也提升了客户的感知价值，还提高了客户的满意度。

(3) 降低精神成本。降低客户精神成本最常见的做法是推出承诺与保证。另外，企业为客户买保险或者提供细致周到、温暖的服务也都可以降低客户的精神成本。

(4) 降低体力成本。如果企业能够通过多种销售渠道接近潜在客户，并且提供相关的服务，那么就可以减少客户为购买产品或服务所花费的体力成本，从而提高客户的感知价值和满意度。例如，对于装卸和搬运不太方便、安装比较复杂的产品，如果企业能为客户提供良好的售后服务，如送货上门、安装调试、定期维修以及供应零配件等，就会减少客户为此所耗费的体力成本，从而提高客户的感知价值和满意度。

(三)以客户为中心，实现客户满意

目前，"以客户为中心"的客户导向理念大多停留在口头上，很少落实在行动上。究其原因，不外乎有三个：第一个是很多企业根本就不知道什么是客户导向，或者是对客户导向一知半解，要做到客户导向更无从谈起；第二个是企业在制度建设上没有跟上，缺乏制度保障；第三个是没有将客户导向渗透到企业文化的建设中，没有使客户导向成为一种习惯和一种潜意识的行为，在这种情况下，要真正做到客户导向就很难。

要做到客户导向，首先，必须有强有力的制度作为保障，企业的所有活动必须围绕客户的需要展开，对非客户导向的行为进行约束。例如，有的医院推出了"病人选医生"的制度，将医生分成若干治疗小组，让病人自由选择，而且不满意还可以重选。此项举措明确了服务关系角色定位，病人成了医院的"主人"，而医生无论水平多高都是服务者。其次，要真正做到客户导向，还需要在强化制度保障的基础上，把客户导向融入企业文化，并使其成为企业文化的核心。最后，为强化"以客户为中心"的经营理念，实现客户满意，还必须做到以下四点：第一，充分掌握客户信息，实施有针对性的客户满意策略；第二，针对不同的客户实行不同的客户满意策略；第三，加强与客户进行充分的双向互动和沟通，让客户了解企业，也要使企业了解客户；第四，要重视对客户投诉和抱怨的及时处理，只有这样才能增进企业与客户的感情。

本 章 小 结

(1) 客户让渡价值是指总客户价值与总客户成本之差。总客户价值是客户期望从某一特定产品或服务中获得的一组利益；而总客户成本是在评估、获得和使用该产品或服务时引起的客户总费用。感知价值是指客户在一定的使用情境中对产品属性、产品功效以及使用结果达成(或阻碍)其目的和意图的感知偏好和评价。尽管对客户价值的理解有所不同，但以下四点是大家公认的：客户价值与客户对产品或服务的使用紧密联系；客户价值是客户对产品或服务的一种感知效用；客户价值是客户感知利得与感知利失之间的权衡；客户价值受企业竞争对手的影响。客户价值的特征包括主观性、层次性、动态性和相对性。

(2) 客户价值的驱动因素包括产品/服务因素、品牌因素、知识因素、技术因素和关系因素。有形产品的客户价值分为功能性价值、社交性价值、情感性价值、认知性价值和条件性价值五类。对于无形产品，客户价值可以分为八大类：效率价值、卓越价值、地位价值、尊敬价值、娱乐价值、美感价值、伦理价值和心灵价值。

(3) 客户价值测量方法主要有价值层次模型、服务质量测量表和客户感知价值测量方法。客户价值管理的内容包括客户价值的识别与选择、客户价值的创造和客户价值的沟通与评估。

(4) 客户满意感是客户需要得到满足后的一种心理反应，是客户对产品和服务的特征或产品和服务本身满足自己需要程度的一种判断。客户满意的衡量指标包括对产品的美誉度、对品牌的依赖度、消费后的回头率、消费后的投诉率、单笔交易的购买额、对价格变化的敏感度、向其他人员的推荐率。提高客户满意度的措施有：把握客户的期望；提高客户感知价值；以客户为中心，实现客户满意。

课 后 练 习

一、判断题

1. 客户价值就是客户关系价值。　　　　　　　　　　　　　　　　　　　（　　）
2. 客户为企业创造的价值称为客户价值。　　　　　　　　　　　　　　　（　　）
3. 在很多时候，客户对价值的感知会出现"价值衰减"的过程。　　　　　（　　）
4. 不同的人在相同的情境，或者相同的人在不同的情境下，对同一产品或服务的价值

感知是相同的。 （　　）

5. 具有较高感知质量和感知价值的企业，能够获得较高的市场份额，投资回报率可以达到平均水平。 （　　）

6. 客户价值创造的唯一途径就是提高客户的感知利得和感知利失。 （　　）

7. 在现实生活中，客户的满意感大多是拿产品和服务的实绩与某一个标准对比而形成的。 （　　）

8. 同样的消费结果，是客户的责任，还是企业的责任，客户的满意程度不同。 （　　）

9. 客户满意与企业盈利之间具有明显的正相关性。 （　　）

10. 客户满意是形成客户忠诚的基础。 （　　）

二、单项选择题

1. 菲利普·科特勒提出客户让渡价值的概念，他认为客户让渡价值是(　　)。
   A. 总客户价值
   B. 总客户价值与总客户成本之差
   C. 总客户成本
   D. 总客户价值与总客户成本之和

2. 从客户的角度提出了"感知价值"(Perceived Value)的观点的学者是(　　)。
   A. 贝瑞(Berry)
   B. 罗伯特·邵(Robert Shaw)
   C. 格拉哈姆(Graham)
   D. 伍德鲁夫(Robert B. Woodruff)

3. 当产品与服务本身具有重要的象征意义时，拥有该产品或享受该服务而获得(　　)。
   A. 使用价值　　B. 拥有价值　　C. 客户价值　　D. 客户关系价值

4. 不是产品或服务本身所固有的属性，也不是由企业卖方所能决定的，是客户心中对产品、服务感知的偏好和评价。这一属性是客户价值的(　　)。
   A. 主观性　　　B. 层次性　　　C. 动态性　　　D. 相对性

5. 客户购买一辆名贵的轿车除了获得功能性价值外，更多的可能还有(　　)。
   A. 条件性价值　　B. 社交性价值　　C. 情感性价值　　D. 认知性价值

6. 在客户价值层次中，(　　)在价值层次结构中是最抽象、最稳定的一个层次。
   A. 最终目的层价值
   B. 行为层价值
   C. 属性层价值
   D. 结果层价值

7. 帕拉苏拉曼等提出的(　　)被认为是适用于评估各类服务质量的一种典型方法。
   A. 矩阵法
   B. 价值层次模型
   C. 客户感知价值测量法
   D. 服务质量测量表

8. 美国学者福尔克斯认为，如果服务结果对客户有利且客户早就预料到这种服务结果，客户就会(　　)。
   A. 信赖该企业
   B. 非常生气
   C. 对该企业心存感激，并替该企业做有利的口头宣传
   D. 回避该企业，改购其他企业的产品和服务

9. 提高客户感知价值的策略为(　　)。
   A. 增加客户总价值，同时降低客户总成本
   B. 增加客户总价值，同时增加客户总成本
   C. 降低客户总价值，同时降低客户总成本

D. 降低客户总价值，同时增加客户总成本

10. 不能用作客户满意衡量指标的为(   )。

    A. 单笔交易的购买额　　　　　　　B. 消费后的回头率

    C. 前后交易的时间间隔　　　　　　D. 对价格变化的敏感度

三、多项选择题

1. 总客户价值包括(   )等方面。

    A. 知识价值　　　　　B. 产品价值　　　　　C. 服务价值

    D. 人员价值　　　　　E. 形象价值

2. 客户价值的特征包括(   )。

    A. 主观性　　　　　　B. 层次性　　　　　　C. 动态性

    D. 相对性　　　　　　E. 客观性

3. 伍德鲁夫的"手段—目的"(Means—End)模式的客户价值层次模型把客户感知的客户价值划分为(   )。

    A. 功能性价值　　　　B. 社交性价值　　　　C. 属性层价值

    D. 结果层价值　　　　E. 最终目的层价值

4. 奥立佛认为，决定客户满意程度的要素包括(   )。

    A. 客户对自己的消费结果的整体印象　　B. 客户对产品和服务的期望值

    C. 客户对产品和服务的比较结果　　　　D. 客户对产品和服务的使用成本

    E. 客户对自己的消费结果的归因

5. 客户满意的衡量指标包括(   )。

    A. 对产品的美誉度　　B. 对品牌的依赖度　　C. 消费后的回头率

    D. 消费后的投诉率　　E. 单笔交易的购买额

四、问答题

1. 举例说明客户价值的内涵。

2. 一个企业应该从哪些方面提高客户的感知利得？又应该从哪些方面减少客户的感知利失？

3. 零售业怎样才能提高客户的满意度？

五、案例分析题

联邦快递

随着国际经济活动的日益频繁与紧密，全球企业与个人对商品运输的需求与日俱增，如何更快、更准确地将物品快递到客户手中，也就成了所有快递公司对客户价值的最大追求。

1. 全球运筹专家的市场定位

在电子商务兴起的年代，联邦快递(Federal Express)适时地将自身定位为"全球运筹专家"，也就是通过有效率的配送团队与电子化工具，为全球各种不同规模的企业提供坚实的运筹管理支持。也就是说，不管你是位于哪个洲、哪个国度的公司，都可以将联邦快递视为企业运筹体系的一环，以此精确地控制委托运送货物的配送状况。

联邦快递的创始者佛莱德·史密斯有句名言："想称霸市场就得满足两项条件，首先要让客户的心跟着你走，其次让客户的腰包也跟着你走。"要满足这项条件并不是一件容易的事，价格竞争显然不是一个好的解决方案，因为竞争者很容易采用削价策略切入市场。因此，联邦快递认为提高服务水平、提供超凡的价值才是长久维系客户关系的必要条件。基于这样的理念，联邦快递为客户量身定做了网络运作的全球运筹方案，并自我定位为客户事业上不可或缺的伙伴。

随着电子商务在全球日益普及，电子商务体系虽然大幅度扩大了"信息流"的传播地域并加快速度，但是却没有办法搬运实体的东西。也就是说，电子商务的兴起非但没有减弱人们对物理配送的需求，反而更扩大了这样的需求。所以，企业为了解决"物流"方面的问题，以赶上越来越迅速的信息交换趋势，势必会越来越依赖快递从业者所提供的服务。

基于这样的思考，联邦快递认为快递业者应该增加自己对客户的附加价值，向客户的"全球运筹专家"角色迈进。特别是对企业用户来说，联邦快递的"全球运筹专家"角色可以为企业提供更多的增值服务，不管是何种规模的企业都是如此。举例来说，对于产品周期短、跌价损失风险极大的信息产业来说，如何在接到客户需求后，实时取得物料、组装、配送，以降低库存风险及掌握市场时机就成为非常重要的课题。例如，对通过大量网络直销的戴尔计算机来说，如果能借助联邦快递的及时配送服务提高整体的运筹效率，就可以规避经营风险，提高收益。小规模的企业也可以收到同样的效益，小企业由于经费与人力的不足，往往无法建立属于自己的运筹团队与系统，如果因此错失良机，将是小企业的巨大损失。而联邦快递所扮演的"全球运筹专家"角色，正好可以协助小企业摆脱这样的困境。

当然，要成为企业全球运筹管理的后盾，联邦快递势必要与客户建立良好的互动与信息流通模式，只有这样企业才能真正将联邦快递视为内部的运筹部门。

2. 全球运筹服务的市场策略

其实，"运筹管理"一开始只是联邦快递的内部服务而已，其任务是解决联邦快递系统的后勤作业问题，并协助改善各部门之间的协调。然后，联邦快递偶尔为客户免费提供全球运筹管理服务，进而演变为替客户解决产销的后勤问题。因为越来越多的客户要求这项服务，所以全球运筹服务渐渐发展成联邦快递企业一个具有独立咨询服务的部门和利润中心。

例如，在仓储部分，通过联邦快递的全球运筹服务，厂商可以不必在各地设置发货仓库，通过联邦快递的货物处理中心取而代之即可。这项设计的重点在于减少客户资本投资的支出，且客户只有使用分货中心才需付费，客户的固定成本也因此可转成变动成本。

时至今日，联邦快递的全球运筹管理部门已成为产出高附加值的转销单位。其业务包括：提供整合式维修运送服务，如将损坏的计算机或电子产品送修或送还使用者；扮演客户的零件或备料银行的角色，提供诸如接受订单、客户服务处理以及仓储服务功能等；协助客户简化且合并营销业务，协助客户协调数个地点之间的产品组件运送过程。过去，制造商自己设法将零件送到终端客户手上，现在的快递业者可全程代劳。

综上所述，联邦快递全球运筹业务的强力诉求在于利用其快递分货中心，协助客户节省仓储系统的大笔固定成本投资，同时客户还能享有变动成本的便利，更重要的是，客户并不会因为将货物交由联邦快递运送而无法准确掌握货物的行踪，仍然可以通过联邦快递提供的多种客户关系管理机制掌握所有货物的状况。

值得一提的是，客户的订单可以通过联邦快递的系统管理进行处理，这样一来，联邦快递可以帮客户规划最佳的运筹路线与方案，进而协助客户简化与缩短货物分销全球的流程。

为使客户对交易过程全程掌握，所有的客户都可以通过联邦快递的网站同步追踪货物状况，同时该网站还提供各种不同国家与语言版本的查询服务，客户可以选择最适合自己需求的查询模式。另外，该网站还可以让客户免费下载应用软件，利用该软件可以进入联邦快递协助建置的亚太经济合作组织关税数据库。

另外，联邦快递积极开发的在线交易软件 BusinessLink 可以用来协助整合在线交易全程的所有环节，从订货到收款、开立发票、库存管理，一直到最后将货物交到收货人手中。这个软件将使"无店铺"零售业者以较低的成本、更多样化的产品选择和更快速的客户服务进行在线销售。

更重要的是，联邦快递强调，这项服务是和客户携手合作的，针对个别客户的需求，如公司的大小、生产线地点、业务办公室地点、客户群、科技化程度以及公司未来的目标等，双方共同制定出合适的全球运筹方案。

请回答：

1. 联邦快递向客户提供了哪些客户价值？

2. 联邦快递是怎样进行客户价值管理的？对其他企业有什么启示？

第四章　客户关系价值管理

学习目标

- 了解客户关系生命周期的含义，理解客户关系生命周期各阶段的交易特征。
- 了解客户忠诚的含义，理解客户忠诚的度量和形成过程，深刻理解客户忠诚与客户满意之间的关系，掌握提高客户忠诚的方法。
- 理解客户关系价值的内涵和体现，深刻理解客户价值与客户关系价值的关系。
- 理解客户关系价值提升的思路，熟练掌握客户关系价值提升的方法。

引例：联想集团的大客户市场"VIP模式"

"20 000多个行业大客户，我们用300个客户经理和1 000多家渠道商一一锁定。"联想集团副总裁、大客户业务部总经理蓝烨在接受《成功营销》记者专访时表示，"联想大客户这一块，已经占到联想集团在中国个人计算机(Personal Computer，PC)销售额的1/3左右。"

从2005年新年开始，联想集团将大客户业务部设立为单独的业务部门，面向政府、金融、电信等重点行业提供全面的针对性服务。有数据表明，"集成分销"策略经过几个月的运作，已经在大客户市场中"发威"。联想集团正在从对手"嘴里"全面抢回失去的"蛋糕"。

1. 关注客户终身价值

"我们内部建立了自己的商机管理系统，我现在每天的工作除了打开计算机看报表和商机分析，就是去拜访客户。"在蓝烨看来，联想集团的大客户策略吸取了惠普和戴尔公司的优势，并结合了自身的特点，发展成一套独特的大客户市场运作体系。"我们针对大客户，不仅仅是销售渠道变了，而是企业各个环节都变了。产品、营销、销售、供应、售后服务，从企业资源这块看，我们对零散消费者和大客户打造的五个价值链完全不同。"从目前联想集团推行"大客户市场"策略的手法来看，可以认为其实质就是一种有针对性的"VIP模式"。这种模式既关注短期利润，又注重长期收益；既关注单笔交易，又注重长期关系。其核心是挖掘客户终身价值。

2. VIP模式的优势

"和竞争对手相比，联想集团在大客户市场方面有三大优势，"蓝烨强调，"第一是产品品质，第二是服务，第三是我们的销售队伍和合作伙伴的稳定性。"与针对中小客户市场和家用电脑市场不同，大客户对产品的稳定性、安全性等具有较高的要求，同时还要求较低的价格。大客户的个性化需求必须用定制服务来满足。在新客户模式下，联想集团专门为大客户设立了 400 开头的服务专线，提供 VIP 服务。对一些重要的大客户，联想集团甚至提供"驻厂工程师"服务。除此之外，巨大的服务网络也成为联想大客户的卖点。"我们在全国有 3 000 多个服务站点，在全国 30 多个城市，能够承诺 48 小时修好。"蓝烨底气十足，"即使是到县一级，也有 70%能够做到同城维修。"

3. 双重界面锁定大客户

联想集团夺回大客户市场重要的撒手锏之一就是捆绑式合作带来的稳定与透明。"戴尔公司的流程、价值链很优越，但人员流动性太大，导致短期行为比较多，"蓝烨这样评价联想与戴尔大客户市场模式的不同，"而我们通过客户经理与代理商的双重界面来锁定客户。"在联想大客户模式下，客户经理与代理商同时面对客户，但客户经理只管谈判不管签单，联想客户经理的主要任务是协助代理商获取大客户信任，以利于合同履行，并非与代理商争利。在与代理商的合作上，戴尔公司通常都采用"按单合作、下回再说"的方法。而联想集团通过签署合作协议的方式，从法律上保障了与代理商合作关系的稳定性，"我们跟渠道商都签了一年的法律协议，正常情况下还会续签。"蓝烨表示。无论是对大客户还是渠道商，联想大客户市场"VIP 模式"关注的都是"长期价值"和"深度开发"，强调一种共同利益的和谐构造，并在重整竞争力的过程中实现联想、渠道商与客户的三赢。

(资料来源：邓勇兵，齐馨. 联想发掘大客户终身价值[J]. 成功营销，2005(8).)

引例启示：一个客户为企业带来的价值往往不是一次性的，企业与客户之间的关系越好，交易的次数就越多，每次的交易额也就越大。联想集团认识到了客户终身价值，并通过多方面的努力，维系好与客户的关系，开发大客户，延长客户关系生命周期，增加客户关系价值。

客户关系是企业的战略资源，是企业的核心资产。客户关系价值的大小取决于客户关系的数量多少和质量高低。企业拥有的客户关系数量多，客户关系生命周期长，客户的忠诚度高，客户关系价值就大。

第一节　客户关系生命周期

一个与企业一次性买卖的客户同一个与企业有多次买卖、长期合作的客户相比，显然是后者给企业带来的价值更大。因此，研究客户关系生命周期对研究客户关系价值有重要的意义。

一、客户关系生命周期的含义

生命周期理论由卡曼(A. K. Karman)于 1966 年首先提出，后来赫西(Hersey)与布兰查德(Blanchard)于 1976 年发展了这个理论。生命周期理论是一种非常有用的工具，经常被用于分析市场、行业、企业、产品的生命周期。典型的生命周期有四个阶段，根据研究对象的不同，四个阶段的表述也有某些不同，但其实质都是关于某一种事物或现象的诞生、成长、成熟和消亡的理论。

作为企业的重要资源，客户关系具有价值和生命周期属性。客户关系生命周期是指从企业与客户建立业务关系到完全终止关系的全过程，是客户关系水平随时间变化的发展轨迹，它动态地描述了客户关系在不同阶段的总体特征。客户关系生命周期可分为考察期、形成期、稳定期和退化阶段四个阶段。考察期是客户关系的孕育阶段，形成期是客户关系的快速发展阶段，稳定期是客户关系的成熟阶段和理想阶段，退化期是客户关系水平发生逆转的阶段。根据企业与客户关系的密切程度可以用交易额来衡量客户关系生命周期，以时间为横坐标、销售额为纵坐标，绘制客户关系生命周期曲线，如图4-1所示。

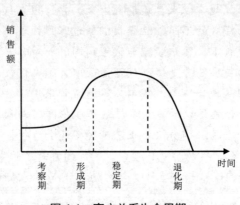

图4-1　客户关系生命周期

(一)考察期

考察期是客户关系的探索和试验阶段。在这个阶段，双方相互了解不足、不确定性是考察期的基本特征，企业评估客户的潜在价值和降低不确定性是这个阶段的中心工作。在此阶段，客户需要了解企业，企业必须解答客户的相应问题。同时，企业需要对这些潜在的客户群体进行调研，以便确定出可开发的目标客户；客户会下一些尝试性的订单，企业与客户开始交流并建立联系。在此阶段，企业有客户关系投入成本，但客户对企业的贡献不大。

(二)形成期

形成期是客户关系的快速发展阶段。如果客户关系进入这一阶段，表明在考察期买卖双方都比较满意，且双方有了一定的信任和依赖。双方从关系中获得的回报日趋增多，相互依赖的范围和深度也日益增加，逐渐认识到对方有能力提供令自己满意的价值(或利益)和履行其在关系中担负的职责，因此愿意承诺一种长期关系。随着双方了解和信任的不断增加，关系日趋成熟，双方的风险承受意愿增加，由此双方交易不断增加。在企业对目标客户开发成功后，客户与企业发生业务往来并逐步扩大，表明已进入客户成长期。这个阶段企业的投入主要是发展投入，目的是进一步融洽与客户的关系，提高客户的满意度和忠诚度，进一步扩大交易量。此时客户已经开始为企业做贡献，企业开始盈利。

(三)稳定期

稳定期是客户关系发展的最高阶段。这个阶段具有一些明显的特征，如双方对对方提供的价值高度满意、双方都有大量有形和无形的投入、交易量大等。因此，在这个时期，双方的相互依赖水平达到整个关系发展过程的最高水平，双方关系都处于一种相对稳定的状态，客户忠诚度高，对价格不敏感，企业能够获得良好的直接收益和间接收益。

(四)退化期

退化期是客户关系发展过程中关系水平逆转的阶段。关系退化的原因有很多，例如，一方或双方经历了一些不满意或需求发生变化等。退化期的主要特征包括交易量的下降、一方或双方正在考虑结束关系甚至寻找候选的关系伙伴(供应商或客户)、开始交流结束关系的意图等。当客户与企业的业务交易量逐渐下降或急剧下降但客户自身的总业务量并未下降时，说明客户关系已进入衰退期。此时，企业有两种选择：一是增加对客户的投入，重新恢复与客户的关系，进行客户关系的二次开发；二是不再做过多的投入，渐渐放弃这些客户。当客户不再与企业发生业务关系且双方债权债务关系已经厘清时，则意味着客户关系生命周期的完全终止。

二、客户关系生命周期的基本模式

图 4-1 描述的是一个具有完整四个阶段的理想客户关系生命周期模式，考察期和形成期相对较短，稳定期持续时间较长。但是，客户关系并不总能按照所期望的轨迹发展，客户关系生命周期模式存在多种类型，不同的类型企业带来不同的利润，代表着不同的客户关系质量。如前文所述，客户关系的退化可以发生在考察期、形成期和稳定期这三个时期的任一时期，在稳定期前期退出和后期退出的生命周期模式有显著差异，因此将从稳定期退出的模式分成两种，这样可将客户关系生命周期模式划分为四种类型。图 4-2 为客户关系生命周期模式的四种类型。模式Ⅰ(早期流产型)、模式Ⅱ(中途夭折型)、模式Ⅲ(提前退出型)、模式Ⅳ(长久保持型)分别表示客户关系在考察期、形成期、稳定期前期、稳定期后期的四个阶段。

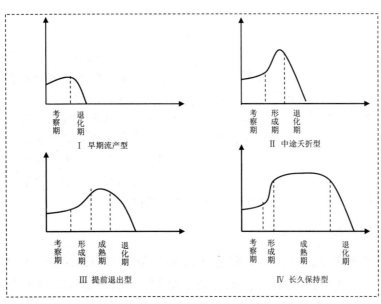

图 4-2 客户关系生命周期模式的四种类型

(一)早期流产型

早期流产型(模型 I)反映客户关系没能通过考察期就"流产"了,原因主要有两个。一是企业提供的价值达不到客户的预期,客户认为供应商没有能力提供令其满意的价值。也许客户只是对有限次数购买中的一次购买不满意,但这时客户对企业的基本信任尚未建立起来,也没有转移成本,客户关系非常脆弱,一旦不满意,客户很可能直接退出。二是企业认为客户没有多大的价值,不愿与其建立长期关系。模式 I 代表的是一种非常多见的客户关系形态。因为在企业与客户之间大量的多元关系网络中,经过双向价值评估和选择后能够进入二元关系的毕竟是少数。

(二)中途夭折型

中途夭折型(模式 II)反映客户关系通过了考察期,但没能进入标志关系成熟的稳定期而在形成期中途"夭折"。客户关系能进入形成期,表明双方对此前关系的价值是满意的,曾经建立了一定的相互信任关系。中途"夭折"最有可能的原因是企业不能满足客户不断提升的价值预期。客户关系中途"夭折"说明企业虽然在前期能提供比较好的价值,如较高的产品质量、较适中的价格、较及时地交货、较好的售后服务和技术支持等,但企业由于不了解客户的真正需求或受自身核心竞争能力的限制,其无法给客户提供个性化增值。个性化增值是客户关系发展到一定程度时客户的必然要求,企业如果不能满足客户的这种要求,将始终无法成为客户心中最好的供应商,从而客户会积极寻找更合适的供应商,一旦发现更好的可替代供应商,客户便从现有关系中退出,转向新的供应商。

(三)提前退出型

提前退出型(模式III)反映客户关系进入了稳定期但没能继续保持而在稳定期前期退出。造成客户关系不能继续保持的原因主要有两个。一是企业持续增值创新能力不够。客户关系要长久保持在高水平的稳定期,企业必须始终提供比竞争对手更高的客户价值。个性化增值是提高客户价值的有效途径,它建立在与客户充分沟通、对客户需求深刻理解和客户自身高度参与的基础上,具有高度的不可模仿性。增值创新能力实际就是企业个性化增值的能力。企业由于受自身核心竞争能力的限制,或者不能及时捕捉客户需求的变化,或者没有能力持续满足不断变化的个性化客户需求,从而引起客户的不满,失去客户信任,导致客户关系退化并最终退出。二是客户认为双方从关系中获得的收益不对等。当客户关系发展到很高水平时,客户对价值的评价不再局限于自身从关系中获得的价值,同时也会评价企业从关系中所获得的价值,如果发现自身获得的价值明显低于企业所获得的价值,客户将认为双方的关系是不公平的。对等双赢才是关系可持续发展的一个基础,因此,一旦客户认识到关系不公平,客户关系就会动摇,甚至破裂。

(四)长久保持型

长久保持型(模式IV)反映客户关系进入稳定期并在稳定期长久保持。客户关系能长久保持在稳定期,主要有三方面原因。一是企业提供的客户价值始终比竞争对手高,客户一直认为现有企业是他们最有价值的供应商。二是双方关系是对等双赢的,客户认为关系是公平的。三是客户有很高的经济和心理转移成本。转移成本是一种累积成本，客户关系发展到高水平的稳定期时，客户面临着多种很高的转移成本，如专有投资、风险成本、学习和被学习成本等。因此，即使企业提供的价值一时达不到客户的预期，客户也不会轻易退出，此时，转移成本成为阻止客户退出关系的关键因素。当客户关系出现问题时，转移成本的这种作用为企业提供了良好的客户关系修复机会。模式Ⅳ是企业期望实现的一种理想客户关系生命周期模式，这种客户关系能给供应商带来更多的利润。

客户是企业最重要的资产，谁拥有了高质量的客户谁就掌握了市场竞争的主动权。所以，客户群的质量决定了企业的竞争能力。而客户群的生命周期结构和全体客户关系生命周期模式类型的构成决定了客户群的质量。在一家具体企业的客户群中，如果大部分有价值的客户的生命周期模式是长久保持型，那么该企业在市场竞争中必然处于优势地位；反之，企业就难以保持长久的竞争优势。客户关系生命周期模式的分类为企业诊断客户群的质量提供了一个很好的分析工具，进而企业可以更有针对性地制定客户关系管理的行动方案。

三、客户关系生命周期各阶段的交易特征

客户关系生命周期各阶段的交易特征各不一样。可以从交易量、交易额、利润、价格、成本、间接效益这六个方面考察其变动规律。

(一)交易量

考察期的客户关系极不确定，客户只是试探性地购买，因此交易量很小。在形成期，随着双方相互信任的增加和客户承受风险能力的提高，交易量快速上升。在稳定期，双方交易量达到最大并可能维持一段较长的时间。在退化期，双方之间的关系出现问题，交易量回落。因此，考察期的交易量较小，形成期的交易量快速增加，稳定期交易量最大，退化期交易量回落。总之，交易量与客户关系成正比。

(二)交易额

客户关系水平越高，交易额越大。具体地说，考察期交易额小且上升缓慢，形成期则快速增长并在形成期的后期增长接近最大，稳定期交易额很大但上升速度下降，在某一时点达到最大，之后在最大值附近保持，退化期交易额则快速下降。

(三)利润

客户关系水平越高，客户为企业创造的利润越大。具体地说，考察期利润很小，甚至为负数，且增长缓慢，形成期以较快速度增长，稳定期继续增长但比形成期增长速度有所放缓，稳定期后期达到最大，在退化期则快速下降。

(四)价格

客户愿意支付的价格随着客户关系水平的提高而不断增高。随着企业与客户的沟通越来越充分，相互了解不断增加，企业对客户独特需求的理解愈加深刻，为客户提供的服务和信息更具个性化、更有价值，为此客户愿意支付的价格就高。另外，信任导致协调、监督等成本的降低也是客户愿意承受价格提高的重要原因。在退化期，客户往往对企业提供

的价值不满意,因此客户愿意支付的价格下降。

(五)成本

产品成本可以认为是基本不变的,营销成本、服务成本和交易成本随着客户关系的发展有明显下降趋势。营销成本下降的主要原因是客户维系成本低于客户开发成本。服务成本下降是因为随着对客户了解的增加和服务经验的积累,服务效率不断提高。交易成本下降是因为:①规模效应,即随着客户购买量的增加,运作成本降低;②随着交易过程的正常化、常规化,交易效率提高;③随着信任的增加,协调成本、监督成本、风险评估成本、谈判签约成本等降低;④随着关系的发展,沟通效率提高,沟通成本降低。总体来说,随着客户关系水平的提高,企业成本呈下降趋势。

(六)间接效益

忠诚的客户是企业的"广告员",他们常常为企业推荐新客户和传递好的口碑,通过这种途径获得的新客户,为企业节约了大量的成本,企业也因此获得了良好的间接效益,即所谓的"口碑效应"。在形成期后期和稳定期,随着客户对企业忠诚的形成和提升,企业有望获得良好的间接效益。

总之,随着客户关系的发展,交易量不断增加,客户支付意愿不断提高,成本不断下降,间接效益不断增加,交易额和利润不断增加,到了退化期则快速下降。

第二节　客　户　忠　诚

根据美国学者雷奇汉(Frederick Reichheld)的研究,客户忠诚对企业经济收益有重大影响。他发现,服务型企业能够从忠诚的客户那里获得更高的利润。因此,雷奇汉指出,培育客户对企业的忠诚应当是服务型企业经营管理的重要目标。

一、客户忠诚概述

(一)客户忠诚的定义

在如今激烈的市场竞争中,客户对企业的忠诚已经成为企业一种重要的无形资产。相应地,客户忠诚的概念也日益得到广泛关注。20世纪六七十年代,不少学者从行为视角来界定客户忠诚。美国学者纽曼(Newman)和沃贝尔(Werbel)认为,忠诚的客户是指那些反复购买某品牌的产品,并且只考虑该品牌的产品而不会寻找其他品牌信息的客户。类似地,塔克(Tucker)甚至把客户忠诚界定为连续三次购买某品牌的产品或服务。然而,此类有关客户忠诚的定义只强调客户的实际购买行为,而没有考虑客户忠诚的心理因素。美国学者雅各布(Jacoby)和柴斯那特(Chestnut)率先探讨了忠诚的心理含义,从而对传统的行为忠诚(如重复购买)提供了有意义的补充。按照他们的观点,企业应该综合考虑客户忠诚的行为因素和心理因素。实际上,作为一种人类本性,人的情感对行为往往会产生重要影响。具体而言,一个人的积极情绪有使其保留或保持过去购买习惯的趋势。类似地,消极情绪可能会使其作出相反的决定,如选择离开或更换品牌。理论研究表明,在情感与忠诚之间存在着显著的相关性。真正忠诚的客户不仅会反复购买企业的产品和服务，而且会真正喜欢企业的产品和服务。因此，企业只有综合分析客户的购买行为和客户对企业产品与服务的态度，才能更准确地衡量客户的忠诚程度。有鉴于此，奥里佛把客户忠诚定义为"对自己偏爱的产品和服务具有的未来持续购买的强烈愿望，以及将其付诸实践进行重复购买的客户行为"。并且，这些真正忠诚的客户不会因为外部环境的变化或竞争对手的营销活动而出现行为转换。

综上所述，客户忠诚的定义基本可以划分为行为忠诚论、态度忠诚论和综合论。

(1) 行为忠诚论从客户对某产品或服务的表现来加以研究，认为客户忠诚是指消费者通过信息沟通及产品的直接使用经验，识别、接受并信任某企业的承诺，并转化为最终购买和重复购买的行为，并且能抗拒竞争者提供的价格优惠，持续地购买本公司的产品或服务，甚至为公司免费义务宣传。

(2) 态度忠诚论从客户的情感、意识以及行为倾向等角度来论述，认为客户忠诚就是消费者在长期消费过程中对某一产品、品牌及厂商的专一程度。

(3) 综合论认为客户忠诚是态度忠诚和行为忠诚的统一，是客户对品牌、产品、服务以及企业的内在积极态度、情感、偏爱和外在重复购买行为的统一，客户对某品牌的产品和服务有一定的依赖性，在情感上有一定的偏爱，重复购买同一品牌的产品、服务，甚至主动向亲友推荐，为企业做宣传和推荐，并且不易受竞争产品的诱惑。

因此，可以把客户忠诚界定为"客户在较长的一段时间对企业产品或服务保持的选择偏好与重复性购买"。

(二)客户忠诚的分类

客户忠诚的划分标准多种多样，因此形成的类型也多种多样。目前得到广泛认可的分类方法主要有三种，即狄克(Dick)和巴苏(Basu)基于态度忠诚和行为忠诚对客户忠诚进行分类的方法、凯瑟琳(Kathleen S.)基于客户满意度与客户忠诚度之间的关系进行分类的方法以及克里斯托弗(Christopher M.)和佩恩(Payne A.)等人基于客户忠诚的程度提出的客户忠诚梯的分类方法。

1. 狄克和巴苏提出的客户忠诚分类矩阵

狄克和巴苏根据客户对企业的态度和购买行为，提出了如图 4-3 所示的客户忠诚分类矩阵。他们认为，客户忠诚是由客户对特定企业的产品和服务的购买频率及客户对该企业的相对态度共同决定的。

图 4-3　客户忠诚分类矩阵

(1) 忠诚的客户，即图 4-3 中的Ⅰ类客户。这类客户拥有高的态度取向和高的重复购买行为，对企业来说，是态度取向与重复购买行为的最佳匹配。这种客户往往不去刻意搜集其他企业产品的信息，而是只购买该企业的产品，并乐意向其他人推荐该企业的产品。此类忠诚是客户积极情感和重复购买行为的统一，最为稳定，对企业也最有价值。

(2) 潜在忠诚的客户，即图 4-3 中的Ⅱ类客户。这类客户拥有高的态度取向和低的重复购买行为，反映的是一种潜在的忠诚。这类客户觉得该企业比其他企业好，但由于某些因素，购买该企业产品的频率并不高。妨碍客户频繁购买的因素可能是客观的，如收入限制，使客户选择提供价格低廉商品的供应商；也可能是主观的，如客户的转移成本(时间、精力)太大，使客户继续维持原来的商业关系。潜在的忠诚对企业意味着未来可能的收入来源。

(3) 不忠诚的客户，即图 4-3 中的Ⅲ类客户。这类客户拥有低的态度取向和低的重复购买行为，明显缺乏忠诚。此类客户几乎长期不和企业发生业务关系。

(4) 虚伪忠诚的客户，即图 4-3 中的Ⅳ类客户。这类客户拥有低的态度取向和高的重复购买行为，被称为虚假的忠诚，也称为"伪忠诚"。这种客户会经常购买此企业的产品或服务，但他们并不认为此企业提供的产品或服务有什么特别之处。例如，在垄断市场，有可能尽管客户对服务或产品并不满意，但由于客户选择有限，其只能反复购买该企业的产品。但当市场竞争结构发生变化，这些客户就会转向其他的提供者；也可能由于交易双方以契约的形式约定了商业关系的持续时间，导致客户不得不维持这种商业关系。显然，当契约失效时，这些客户会转向其他的提供者。

由此可见，真正的客户忠诚是内在积极态度、情感偏爱和外在重复购买行为的统一。单纯的行为取向难以揭示忠诚的产生、发展和变化，高度重复的购买行为可能并非基于某种偏好，是一种虚假忠诚；低度重复的购买也可能是由于社会规范、情境因素或随机因素的作用，是一种潜在忠诚。虚假忠诚很容易受外部条件变化的影响而转变为不忠诚，潜在忠诚则会随着约束条件的解除而转变为忠诚。因此，衡量客户的忠诚，必须考虑态度和行为两个维度。

2. 凯瑟琳提出的客户忠诚分类

凯瑟琳综合了市场特征、消费者个性以及消费心理等因素对客户忠诚进行了分类，如表 4-1 所示。在这个分类中，客户忠诚被细化为垄断忠诚、惰性忠诚、潜在忠诚、方便忠诚、价格忠诚、激励忠诚和超值忠诚。

表 4-1　客户忠诚分类

忠诚类型	特征描述
垄断忠诚	因为市场只有一个供应商，这类客户别无选择，是低依恋、高重复地购买，如坐火车外出办事者
惰性忠诚	客户由于惰性不愿意寻找其他供应商，这类客户是低依恋、高重复地购买，如上、下班路途购物者
潜在忠诚	客户希望不断地购买产品和服务，但是企业的一些内部规定或其他环境因素限制了他们的购买行为。这类购买者是低依恋、低重复购买的客户
方便忠诚	类似于惰性忠诚，这类客户是低依恋、高重复的购买者，如学校旁边便利店购物的低年级学生

忠诚类型	特征描述
价格忠诚	对价格十分敏感、倾向于提供最低价格的零售商，这类客户是低依恋、高重复的购买者，如低收入的居民购物者
激励忠诚	因经常惠顾而享受企业提供的奖励。这类客户是低依恋、高重复的购买者，如商务航空旅客
超值忠诚	这类客户是企业产品的传播者，具有典型的情感或品牌忠诚，是高依恋、高重复的购买者，如购物俱乐部成员

3. 克里斯托弗和佩恩等人提出的客户忠诚梯

克里斯托弗和佩恩等人基于客户忠诚的程度对客户进行分类，提出了"客户忠诚梯"模型，将客户的忠诚度从低到高分为七个等级，形成七类客户，如图4-4所示。

位于客户忠诚梯顶端的是具有伙伴关系的客户；倡导者是积极向他人推荐，为企业做宣传的客户；支持者是喜欢企业，但仅仅被动支持的客户；"客户"是多次与企业进行交易的客户，这些客户对企业的态度可能是积极、消极或者中性的；采购者指的是只与企业进行过一次交易的客户；潜在客户是企业预期可能会与自己交易的客户。

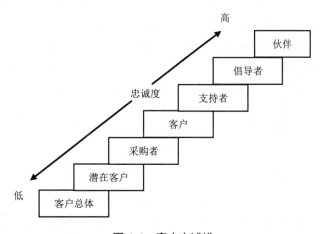

图 4-4 客户忠诚梯

企业提升客户忠诚的策略就是要把潜在客户一步步培养成采购者、客户、支持者、倡导者乃至伙伴。企业一旦获得了客户忠诚，就可以最大化地关系生命周期内客户为企业带来的利润。在客户关系管理中，培养客户忠诚的目的也是延长客户与企业的关系生命周期，以增加客户终身价值，进而增加客户在关系生命周期内为企业创造的利润。

(三)培养客户忠诚对企业的作用

培养客户忠诚对提升企业的竞争能力至关重要，客户的忠诚度决定着企业的生存和发展。客户忠诚的作用主要体现在如下六个方面。

1. 增加企业收益

增加企业收益主要体现在：一是忠诚客户会持续不断地重复购买企业的产品或者服务，并能放心地增加购买量或增加购买频率，从而增加企业的销售量，增加企业的收益；二是忠诚客户在面对企业推出的新产品时，很容易受"光环效应"的影响，自然对该企业的新产品或新服务产生信任和购买欲望，愿意尝试新产品或新服务，促进交叉销售；三是忠诚客户对价格的敏感度较低，承受力强，比新客户更愿意以较高价格来接受企业的产品或服务，获取溢价收益。

2. 节省企业成本

节省企业成本主要体现在：一是节省客户开发成本。企业为争夺客户必须花费较高的成本，包括广告宣传费、推销费和促销费，还有大量的登门拜访以及争取新客户的人力成本、时间成本和精力成本等。而比起开发新客户，留住老客户的成本要相对节省很多，特别是客户越老，其维系成本越低，有时候一些定期的回访或者听取他们的抱怨就能奏效。美国的一项研究表明，获得一个新客户的成本是维系一个老客户成本的5~6倍。总之，在企业开发客户成本高、开发难度大的情况下，如果企业能够提高客户忠诚度，减少客户流失，就可以大大降低企业为弥补老客户流失而不断开发新客户的耗费，从而节省客户开发成本。二是降低交易成本。交易成本是指交易双方在寻找交易对象、签约及履约等过程中在货币、时间和精力上的支出成本，具体包括为搜寻交易双方的信息所产生的搜寻成本、为签订交易合同所产生的谈判成本和为监督合同的履行所产生的履约成本等。忠诚客户比新客户更了解和信任企业，因此，企业对新客户必须支付的许多成本在忠诚客户那里都可以省去。另外，忠诚客户与企业已经形成了一种合作伙伴关系，彼此已经达成一种信用关系，因此，忠诚客户与企业交易可使企业大大降低搜寻成本、谈判成本和履约成本，从而最终使企业的交易成本降低。三是降低企业的服务成本。一方面，服务老客户的成本比服务新客户的成本要低很多。这是因为新客户对企业的产品或服务还相当陌生，需要企业多加指导，而老客户因为对企业的产品或服务了如指掌，因此不用花费企业太多的服务成本。另一方面，企业了解和熟悉老客户的预期和接受服务的方式，因此，可更顺利地为老客户提供服务，并可提高服务效率和减少员工的培训费用，从而降低企业的服务成本。

3. 确保企业收益稳定

客户忠诚比客户满意更能确保企业的长久效益。忠诚的客户会持续购买本企业的产品和服务，给企业带来长久的收益。这主要是因为：一方面，忠诚客户没有"货比三家"的心理，会主动抑制对其他品牌需求的欲望，他们能够在很大程度上自觉抗拒其他企业提供的优惠和折扣等促销诱惑，而一如既往地购买所忠诚的企业或品牌的产品或服务；另一方面，忠诚客户还注重与企业在情感上的联系，寻求一种品牌上的归属感，他们对所忠诚企业的失误会持宽容的态度，当发现该企业的产品或服务存在某些缺陷时，能以谅解的态度主动向企业反馈信息，求得解决，并且不影响再次购买。

4. 降低企业经营风险

随着科技的发展和企业经营水平的提高，同行业企业间产品和服务的差异化程度越来越低，竞争品牌之间的差异也越来越小，企业因客户改变品牌所承受的风险大大降低。据统计，如果没有采取有效措施，企业每年要流失10%~30%的客户，这也是当前企业普遍面临的客户易流失的问题。企业经营环境的不确定性和来自外界的不稳定因素加大了企业的经营风险。

相对固定的客户群体和稳定的客户关系可使企业不再疲于应付因客户不断改变而造成

的需求变化，有利于企业排除一些不确定因素的干扰，制定长期规划，集中资源去为这些固定的客户提高产品质量和完善服务体系。同时，企业能够为老客户提供熟练的服务，也意味着企业有更高的效率和更低的成本。此外，忠诚客户易于亲近企业，能主动提出改进产品或服务的合理化建议，从而提高企业决策的准确性。

5. 使企业获得良好口碑效应

忠诚客户因为总是满意自己的选购，所以喜欢与人分享，他们会主动推荐，甚至积极主动地向亲朋好友介绍，从而帮助企业开发新客户。

随着市场竞争的加剧和各类广告信息的泛滥，人们面对眼花缭乱的广告难辨真假，无所适从，对广告的信任度普遍下降。而口碑是比当今"满天飞"的广告更具有说服力的宣传，人们在进行购买时，越来越重视和相信亲朋好友的推荐。美国有一项调查表明，一个高度忠诚的客户平均会向 5 个人推荐企业的产品和服务，这不但能节约企业开发新客户的费用，而且可以在市场拓展方面产生乘数效应。可见，忠诚客户的正面宣传是难得的免费广告，可以使企业的知名度和美誉度迅速提高，通过忠诚客户的口碑还能够塑造和巩固良好的企业形象。

6. 促进企业良性发展

随着企业与忠诚客户关系的延续，忠诚客户带来的效益逐渐递增，这样就能够为企业的发展带来良性循环，这个循环包括如下四个阶段。首先，客户忠诚的企业，增长速度快，发展前景广阔、潜力巨大，可以使企业员工树立荣誉感和自豪感，有利于激发员工士气。其次，客户忠诚的企业获得的高收入可以用于再投资、再建设、再生产、再服务，也可以进一步提高员工的待遇，进而提升员工的满意度和忠诚度。再次，忠诚员工一般都是熟练的员工，工作效率高，可以为客户提供更好的、令其满意的产品或者服务，这将更加稳固企业的客户资源，进一步强化客户的忠诚。最后，客户忠诚度的进一步提高，又将增加企业的收益，给企业带来更大的发展，从而进入下一个良性循环。

二、客户忠诚的度量

客户忠诚度是客户忠诚的量化指标，体现了客户对公司产品、服务态度的倾向性或行为重复的程度，应当建立客户忠诚度的指标体系对客户忠诚度进行度量。

1. 重复购买的次数

一段时间内，客户对同一产品或服务的购买次数越多，说明客户对该产品或服务的忠诚度越高；反之，则越低。产品的用途、性能、结构等因素对客户重复购买该产品次数会产生影响，因此，在确定这一指标的合理界限时，需要根据不同产品的性质区别对待，耐用品应赋予较低的权重，消费品应赋予较高的权重。

2. 交叉销售的数量

交叉销售是指向一位客户销售多种相关产品或服务。这个客户必须是企业能够追踪并了解的客户，相关因素是多样的，例如，与销售场地、品牌、服务供应商等相关。交叉销售是建立在双赢原则基础上的，也就是对企业和客户都有好处，客户因得到更加符合需要的产品或服务而获益，企业也因销售额增加而获益。

3. 销售升级的比例

与交叉销售不同，销售升级是指客户购买某一特定产品或服务的升级品、附加品，或者其他用以加强其原有功能与用途的产品或服务，也包括购买企业利润水平高的产品或服务。这里的特定产品或服务必须具有可延展性，追加的销售标准与原产品或服务相关甚至相同，有补充、加强或者升级的作用。升级品的购买中，老客户占的比例越大，说明客户的忠诚度越高。

4. 客户保持率

客户保持率是指一定时期内企业客户的保持程度。一般而言，客户保持率较高的企业，客户忠诚度也较高；反之，则较低。

5. 挑选商品的时间

挑选是商品购买过程的一个必要环节。客户对不同产品或服务选择时的挑选时间是不同的。因此，从购买挑选时间上也可以鉴别其对某一企业产品或服务的忠诚度。一般来说，客户挑选时间越短，说明其对该企业产品或服务的忠诚度越高；反之，则越低。

6. 对待其他品牌的态度

客户的感知具有较强的相对性，客户对企业态度的转变大多是通过与其他竞争产品或服务的比较产生的。所以，根据客户对竞争产品或服务的态度，能够判断客户对该企业的忠诚程度。如果客户对竞争产品或服务有好感、有兴趣，购买选择时很有可能取而代之；如果客户对竞争产品或服务没有好感、兴趣不大，则说明其对该企业的忠诚度较高。

7. 价格的敏感度

研究发现，客户对喜爱和信赖的企业产品或服务价格变动的承受能力一般较强，即敏感度较低；反之，则较弱，即敏感度较高。所以，据此可以衡量客户对某一企业的忠诚度。

8. 质量事故的宽容度

客户若对某企业产品或服务的忠诚度高，对该产品或服务出现的质量事故会以相对宽容的态度对待，可能不会因此而拒绝这一产品。反之，客户很有可能从此不再光顾该企业。

9. 客户关系生命周期的长度

客户关系生命周期的长度，即客户与企业进行业务往来的时间长度的衡量指标。在多数公司中，能长期留在公司中的客户，满意度高，从而忠诚度也高；否则，他们早就离开这家公司了。

10. 口碑传播的效果

真正忠诚的客户十分乐意向他人推荐和介绍该企业的产品或服务，比如介绍自己使用某产品或服务的经验和所带来的方便、享受，希望与亲朋好友共同分享等。因此，在一定范围内，客户忠诚度与客户向其他客户推荐和介绍的力度存在正相关关系。可以用老客户口碑宣传所带来的新客户占整个新客户的比重来衡量忠诚度。

三、客户忠诚的形成过程

理解客户忠诚的内涵并正确对不同类型的忠诚客户进行划分，是客户关系管理的重要任务。但如何培育客户忠诚则是一项非常重要的战略任务，一般而言，客户忠诚的形成要经历认知、认可、产生偏好与形成忠诚四个阶段。

1. 认知阶段

客户对企业或品牌的认知是客户忠诚的基础。在此阶段，客户从减少购买风险的角度，倾向于选择已知的品牌，而不愿意选择从未听说过的品牌，尤其是在可供选择范围很广的情况下。客户对产品或服务认知的途径有广告、商业新闻、经济信息、口碑等。客户获得的产品或服务的信息只表明产品或服务进入了客户购买的备选范围，还不能保证客户就会购买。在认知阶段，虽然客户与企业之间的关联度很小，但企业如果有优质的产品和优良的服务，就可能把客户争取过来。

2. 认可阶段

客户对企业的情况有了基本的了解之后，下一步就是决定是否购买。客户有了第一次的购买，表明客户对产品是认可的。但这种认可只是一种表面的、脆弱的忠诚。客户经历购买与消费，事后会对这次购买行为进行评估。如果客户认为此次购买经历达到了自己的期望或超出了自己的期望，就会产生满意感，从而对企业产生信任感，那么购买就可能进入第三个阶段——对产品或服务产生偏好。

3. 产生偏好阶段

在客户有了愉快的购买体验之后，会逐渐对产品或服务产生偏好，并产生重复购买的念头。在这一阶段，首次出现了客户承诺再次购买的情感成分，客户已经对特定企业或品牌产生了一定的好感，不再那么轻易"背叛"该企业或品牌了。但是，客户此时还没有对竞争对手的产品产生足够的"免疫力"，可能还在寻找能够为其带来更高价值的产品或服务。

4. 形成忠诚阶段

企业如果加强对产生偏好的客户开展管理，有些客户就会逐渐形成行为惯性，重复购买某一品牌的产品或服务，并对企业产生情感依赖，与企业建立起情感纽带。这时客户已经有了较高的重复购买行为、情感的高度依附和对竞争对手的"免疫力"。

实际上，客户忠诚的形成是一个动态过程，并且与客户的认知水平和偏好有着密切的关系。客户忠诚总是相对而言的，没有一成不变的客户忠诚。随着企业提供产品或服务的变化，客户的忠诚也会随之发生变化。对于每一位客户而言，其忠诚的建立大致都经历了这样一个动态过程：最初客户知道某一产品或服务的存在，这就是产品的认知过程；继而进行初次购买，这是一个认可产品的过程；然后对所购买的产品或服务进行价值评估，如果感到满意，就有可能决定重复购买，进而对产品产生偏好；最后形成对产品或服务的依赖，进行重复购买，即产生了客户忠诚。多次决定重复购买、实际发生重复购买行为和购买后的价值评估三者形成了一个封闭的循环。

四、客户忠诚与客户满意的关系

理论和企业实践证明，客户满意与客户忠诚存在着正相关关系，即无论行业竞争情况如何，客户忠诚度都会随着客户满意度的提高而提高。因此可以说，客户满意是推动客户忠诚形成的最重要因素之一。当然，客户忠诚与客户满意并不总是呈现很强的正相关性。

不少企业的客户满意度很高,但客户忠诚度却很低。研究资料显示,在美国汽车业中,85%～95%的客户声称自己满意或非常满意,但却只有 30%～40%的人会再次购买同一品牌的汽车。

(一)客户满意与客户忠诚的区别

客户满意是客户在历次购买活动中逐渐积累起来的连续的心理状态,是一种经过长期沉淀而形成的情感诉求。客户满意是客户的一种心理反应,而不是一种行为,所以难以量化和衡量。客户满意在很大程度上影响客户忠诚,但由于客户满意存在时间、地域、购买力和习惯等限制,满意的客户不一定就能转化为长期的客户。而客户忠诚是客户的长期偏好和选择,客户忠诚所创造的价值包括一般客户可能带来价值的所有方面,而且较一般客户价值易于估算和控制,形成了企业的核心竞争力,对企业的生存和发展具有重要的战略意义。表 4-2 从比较的对象、表现形式、可观察程度和受竞争对手影响程度四个方面对客户满意与客户忠诚进行了比较。

表 4-2　客户满意与客户忠诚的概念比较

	客户满意	客户忠诚
比较的对象	过去期望与现实的感知效果	现实期望与预期利益
表现形式	心理感受	行为选择
可观察程度	内隐的	外显的
受竞争对手影响程度	影响小	影响大

(二)客户满意对客户忠诚的影响

琼和萨瑟(Jones & Sasser)在 1995 年研究了不同市场竞争状况下客户满意与客户忠诚的关系,如图 4-5 所示。曲线Ⅰ所在的虚线右下方代表着竞争行业,曲线Ⅱ所在的虚线左上方代表着垄断行业,曲线Ⅰ和曲线Ⅱ分别表示在竞争行业和垄断行业中客户满意度与客户忠诚度的关系。

在图 4-5 中,L(loyalty)指客户忠诚度,S(Satisfaction)指客户满意度,C(Competitive factors)指影响竞争状况的因素。影响竞争状况的因素指的是企业无法控制的、影响客户感知服务质量和客户忠诚的约束因素。这种"约束"包括法律的、技术的、地理的或成本的等。以法律约束为例,在中国电信分家之前,国家赋予中国电信独家经营的垄断特权,因此,在中国电信与客户之间形成了法律约束关系。客户虽然对电信服务投诉较多,意见也很大,但客户唯一的选择就是忠诚地接受中国电信所提供的电信服务,而不管其服务质量如何。技术约束因素对强化服务提供者与客户的关系也起着非常重要的作用。例如,技术约束因素可以增加客户退出服务的成本,从而形成退出障碍,如患者在治疗过程中的转院或企业在广告协议未完成时更换广告公司都将面临高昂的转移成本。

在竞争行业中,影响竞争状况的约束因素较少,客户满意直接影响客户忠诚,客户忠诚度是客户满意度的函数,即曲线 $L=f(S)$。当客户处于一般程度的满意状态时(曲线Ⅰ的左端),客户忠诚度不高,不一定会进行重复购买,也没有向家人、朋友或他人推荐所接受服务的愿望,这部分又被称为"质量不敏感区"。这一区域的客户充其量只是"图利者",

目的仅仅是谋求低价格，因此，很容易被竞争对手的促销或者低价策略吸引。只有当客户满意水平非常高时(曲线Ⅰ右端)，客户忠诚现象才比较明显。他们不仅自己会忠实地重复购买同一企业的产品或服务，还会向其他人推荐该企业的产品或服务，从而产生良好的口碑效应，成为企业的"推销员"，也可以形象地称为"传播者"。但需要注意的是，此时只要客户满意程度稍稍下降，客户忠诚度就可能会急剧下降。因此，企业要加强与这类客户的关系，不断采取措施挽留这些"传播者"。在竞争行业里，由于产品差异化程度低、替代品多、客户的转移成本低等，挽留忠诚的客户非常困难。因此，要培育客户忠诚，防止客户"叛逃"，企业必须尽力使客户完全满意。

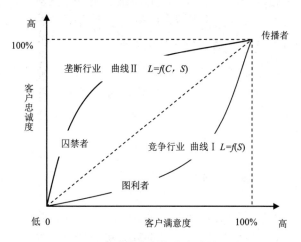

图 4-5　客户满意对客户忠诚的影响

在垄断行业中，影响竞争状况的约束因素较多，客户满意度和影响竞争状况的约束因素共同影响客户忠诚度，即曲线 $L=f(C, S)$。此时，客户忠诚度受客户满意度的影响较小，影响竞争状况的约束因素起决定作用。在垄断行业，影响竞争状况的约束因素有很多，包括法律的、技术的、地理的或成本的等，即使满意程度不高或者不满意，但因为业务的特殊性满足了客户的特殊需求，比如有了手机离开办公室照样可以与外界通话联系，尽管客户对移动电话业务有许多不满，但客户往往出于无奈而继续使用移动电话产品，从而表现出一种行为忠诚，这种客户就是所谓的"囚禁者"。他们表现出的忠诚是一种"虚假忠诚"。因此，我们可以看到，由于垄断业务的独特性，别的产品无法替代或者暂时无法替代，在客户满意度并不高的情况下忠诚度并不低，并且满意度的略微提高能带来忠诚度的显著提升。但当这种客户一旦有更好的选择，他们可能会很快"叛逃"。因此，处于垄断行业的企业应该居安思危，努力提高客户满意度，培养忠诚的客户。否则，一旦有新的竞争者进入市场，客户就有可能大量流失，企业就会陷入困境。

上面的分析表明，客户满意和客户行为忠诚的关系受到行业竞争状况的影响，两者并不总是较强的正相关关系。而且，情感因素会降低满意度与忠诚度的相关性。但有一点是毋庸置疑的，那就是无论在竞争的行业还是在垄断的行业，客户的高度满意都是形成客户忠诚的必要条件。

五、提高客户忠诚度的措施

客户忠诚是企业的巨大财富，是无价之宝。企业为了维系客户、保持客户忠诚，可以通过以下六项主要措施来实现。

1. 想方设法努力实现客户的完全满意

因完全满意而形成的信赖忠诚才最有价值。为此，要想提高客户忠诚度，首先要实现客户的完全满意。而企业要想实现客户的完全满意，首先，必须提供优质的产品、优质的服务和合理的价格，并且不断提高客户的利益。其次，企业还应当重视来自客户的反馈意见，不断满足他们的需求。例如，施乐公司为做到客户完全满意，承诺在客户购买后 3 年，如有任何不满意，公司保证为其更换相同或类似产品，一切费用由公司承担，这样就确保了客户愿意持续忠诚于施乐公司。最后，应当注意的是，忠诚应该是企业与客户双向、互动的，不能单方面追求客户对企业的忠诚，而忽视了企业对客户的忠诚。

2. 通过财务奖励措施为忠诚客户提供特殊利益

企业的利益建立在客户能够获得利益的基础上，因此，企业要赢得客户忠诚，就要对忠诚客户进行财务奖励和特殊关照，特别是用价格这一直观、有效的手段予以回报。

首先，企业要清除不利于客户忠诚形成的因素，废除一些不合理的规定，如老客户没有得到比新客户更多的优惠和折扣。要让老客户从忠诚中受益，就是让其得到更多的实惠。

其次，企业要奖励重复购买，奖励的目的就是要让忠诚客户得到回报、得到激励。为此，企业要制定有利于与客户形成持久合作关系的价格策略。

最后，企业要想方设法采取对忠诚客户进行奖励的措施。企业可采用多购享优惠的办法促进客户长期重购和更多购买。例如，对重复购买的客户根据购买数量的多少和购买频率的高低实行价格优惠和打折销售，或者赠送积分、礼品、奖品等，或者实行产品"以旧折价换新"，以此来表示对老客户的关爱，降低他们重复购买的成本，从而建立企业与客户的长久关系。例如，酒店向常客提供"住十天赠送一天"的优惠，饭店或者零售商向老客户提供折扣等额外利益。再如，有家餐厅将客户每次用餐后结账的账目记录在案，到了年终，餐厅将纯利润的 10%按客户总账目金额的比例向客户发奖金。这项"利润共享"的策略使该餐厅天天客满。

3. 采取多种有效措施切实提高客户的转移成本

第一，加强与客户的结构性联系。经验表明，客户购买一家企业的产品越多，对这家企业的依赖就越大，客户流失的可能性就越小。因此，企业在为客户提供物质利益的同时，还可通过向客户提供更多、更宽、更深的服务来建立与客户结构性的联系或者纽带，如为客户提供生产、销售、调研、管理、资金、技术、培训等方面的帮助以及开展交叉销售与关联销售，为客户提供更多的购买相关产品或服务的机会。企业要不断地让客户有这样的感觉：只有购买企业的产品，他们才会获得额外的价值，而其他企业是办不到的。如果能够做到这一点，就可以增加客户对企业的依赖，从而坚定客户对企业的忠诚。

第二，增强企业客服的独特性与不可替代性。个性化的产品或服务是客户关系发展到一定程度时客户的必然要求，一个企业如果不能满足这种要求，将始终无法成为客户心目中最好的企业，进而也就无法成为客户的唯一、持久的选择。为此，企业必须不断创新，不断利用高新技术，开发出独特的产品或者服务，不断提供竞争对手难以模仿的个性化产品或服务。如提供个性化信息、个性化售后服务和技术支持，甚至个性化的解决方案。此外，企业还可通过技术专利等与竞争对手拉开差距，构筑防止竞争者进入的壁垒，有效地阻止竞争对手的进攻，实际上也等于提高了客户的转移壁垒。企业只有想方设法比竞争者做得更多、更好、更快，才能给客户留下深刻印象，从而提高客户忠诚度。

第三，设法增加客户的转移成本。一般来讲，如果客户在更换品牌或企业时感到转移成本太高，或客户原来所获得的利益会因为更换品牌或企业而损失，或者将面临新的风险和负担，就可以增加客户对企业的忠诚。例如，软件企业一开始就为客户提供有效的服务支持，包括提供免费软件、免费维修保养及事故处理等，并帮助客户学习如何正确地使用软件，那么一段时间以后，客户学习使用软件所花的时间、精力将会成为一种转移成本，使客户在别的选择不能体现明显的优越性时自愿重复使用，成为忠诚客户而不会轻易流失。此外，个性化的产品或服务在可能增加客户满意度的同时，也增加了客户的特定投入，如时间、精力等，即增加了转移成本，因而能够提高退出壁垒，从而有效地阻止客户"叛离"。例如，亚马逊(Amazon)网上书店具有基于历史交易数据的客户需求推荐系统，客户能够从中获益，如果客户转向另一家网上书店，就将损失其在 Amazon 网上书店中的交易积累和大量交互点击的投入，失去本来可以得到的利益，这样就会使客户选择留下。

4. 增加客户对企业的信任感与情感交流

一系列的客户满意必然会产生客户信任，长期的客户信任会形成客户忠诚。企业要建立高水平的客户忠诚，还必须把焦点放在赢得客户的信任上，而不只是客户满意上，并且要持续不断地增强客户对企业的信任，这样才能获得客户对企业的永久忠诚。

5. 加强企业内部管理，为客户忠诚形成提供基础保障

美国哈佛商学院的赫斯科特教授(Heskett J.)提出了服务利润链(Service Profit Chain)的模型，这一模型建立了一个将员工行为、客户态度和企业绩效联系在一起的逻辑框架。过去的大量研究表明，企业的利润和业绩表现与客户满意、客户忠诚以及员工满意、员工忠诚、生产率存在着直接的相关关系。企业的利润和收入主要是由客户的忠诚度决定的，客户忠诚又是客户满意的直接结果，而客户的满意度在很大程度上是由企业能够给客户提供的价值决定的。价值的大小又是由员工所创造的，只有满意、忠诚、有能力的员工才能提供高质量、高效率的服务价值，而员工满意度主要受企业内部服务支持体系以及公司的激励政策等因素影响。当企业获得了增长和盈利后，又会为员工提供更多的资源和动力，使他们获得更高的满意度。此逻辑关系不断地循环，构成了服务利润链。该理论充分体现了内部质量管理是企业创造客户价值的工具，是创造客户满意、维持客户忠诚、提升企业获利能力和企业成长的重要保障。而企业的超额收入和利润最直接的驱动因素要通过客户满意和客户忠诚来实现。

6. 建立不同类型的客户组织，实现客户队伍的稳定

企业将分散的客户组织起来，建立客户组织，如会员制或客户俱乐部制，并向客户提供价格或非价格的服务，可以将一系列与客户相对独立的交易转变为具有密切联系的交易，使企业与客户形成长期稳定的关系，并使企业与客户的关系更加正式化、稳固化，使客户感到自己是最有价值的，感到自己最受欢迎和重视，感到自己得到了最多的关心，从而使客户自觉地产生参与感和归属感，有利于企业与客户建立超出交易关系之外的情感关系。另外，客户组织还使企业与客户由短期联系变成长期联系，由松散联系变成紧密联系，由

偶然联系变成必然联系，从而保持现有客户和培养忠诚客户，确保企业有一个基本的忠诚客户群。因此，建立客户组织是巩固和扩大市场占有率、稳定客户队伍的一种行之有效的办法，有利于建立长期稳定的客户关系。

第三节　客户关系价值

一、客户关系价值的内涵

随着客户关系管理的理念被越来越多的人接受以及客户关系管理软件在企业的应用推广，客户关系价值越来越受到重视。区别于以交易为特征的推销模式，在以关系为特征的互动模式中，客户关系价值不仅体现为其当前的货币贡献，而且表现在长期的货币贡献潜力上。长远来看，客户的货币潜力将直接影响其在未来关系期内的现金流贡献，是客户关系价值的重要内容。

鉴于此，从客户关系生命周期的角度，可以将客户关系价值定义为：企业在一定的管理情境下，感知到的来自客户的当前净现金流及其未来净现金流的总体能力。

对于该概念，需要说明以下几点。

首先，客户关系价值受人为因素影响。客户关系价值是由企业的关键决策者所感知的，这些决策者的任何心理变化都会影响到其对当前净现金流以及未来净现金流潜力相对重要性的估计，从而影响最终关于客户关系价值的评价。

其次，客户关系价值受情境因素影响。企业自身的因素以及其所处的外部商业环境同样通过影响决策者对当前现金流和未来现金流潜力的相对重要性认识而对客户价值感知产生影响。处于起步阶段的企业与处在稳定发展阶段的企业对客户价值的感知效果是不一样的。同样，经济繁荣和经济萧条环境下的生存状况会明显影响企业的关键决策者对客户关系价值的感知。

最后，客户关系价值与时间点紧密相关。客户关系价值受到人为因素和情境因素的影响，而这两种因素随时间的变化而变化，导致客户关系价值也随时间变化。

二、客户关系价值的体现

忠诚的客户关系对企业至关重要。与"初次登门者"相比，多次光顾的客户可以为企业多带来 20%～85%的利润。雷奇汉等人的研究表明，在调查的 14 个行业中，如果忠诚的客户增加 5%，企业利润的增加就将保持在 25%～95%的水平。同时，值得指出的是，忠诚的客户关系的价值不仅在于可以为企业带来稳定可观的销售利润，还可以促进企业长期地经营和发展，是企业的重要财富和战略资产。

1. 客户购买价值

忠诚的客户关系可以极大地增加企业的经济效益。国外资料显示，美国学者研究了不同行业忠诚客户每增加 5%对企业利润增长的影响：银行分行存取款业务为 85%、信用卡为 75%、保险经纪业务为 50%、专业洗衣店为 45%、办公楼管理为 40%、软件为 35%。然而，忠诚的客户关系究竟可以在哪些方面为企业带来直接的经济利益呢？研究表明，随着客户购买同一企业的产品或服务的时间增加，企业的利润也逐渐增加。不过，任何企业在获取新客户时都要花费一定的成本，即为了获取新客户，企业需要先投入一定的资金成本，这些成本可能包括针对新客户开展的广告宣传费用、促销费用、营业成本、客户管理费用和销售人员的佣金等。因此，争取一个新客户的成本是维持一个老客户成本的5～6倍。在企业与客户的关系尚未建立之前，客户为企业提供的利润起初是负值，只有在随后的时间里，忠诚客户可以通过收益的增加、运营成本的节省、口碑效应和溢价收入等为企业的利润增长做出贡献。

(1) 增加基本利润。一般来说，客户支付的价格往往高于公司的成本，其差额就是公司所获得的基本利润，一般不受时间、忠诚度、效率或其他因素的影响。显而易见，企业留住客户的时间越长，能够赢取这个基本利润的时间也就越长，为获得新客户而先前进行的投资也自然更有价值。

(2) 购买量增加所带来的利润。在大多数行业里，客户的购买量会随时间延续而增加，如果客户对第一次购买的产品或服务满意，再次购买时往往会购买得更多。随着时间的推移，客户购买同样的产品或服务时，购买量会大大增加，由此给企业带来大量的利润。一般而言，购买量的增加既包括重复购买特定品牌的原产品或服务的增加，也包括购买特定品牌的其他新产品。

(3) 运营成本节约。客户与员工相互合作与交流时间长了，彼此相互熟悉，会直接导致服务成本的下降。一方面，随着客户与服务人员接触的时间和次数的增加，客户对企业所提供的产品和服务也会更加了解，往往不会要求其提供原本不具备的服务，也不会依靠服务人员来熟悉和了解产品或服务的情况，从而节省了服务人员的时间和精力；另一方面，随着服务人员对客户的熟悉程度越来越高，对客户需要也会更加了解，从而更容易满足客户的独特需要，甚至预见其需求。随着对客户熟悉程度的加深，企业甚至还可以根据客户特定的需要和偏好为客户提供定制化服务，并减少货币性和非货币性的损失，从而提高劳动生产率和节约运营成本。在运营成本节约方面，零售业和分销业表现得最为突出。客户稳定有利于协调存货的管理，简化存货预测等工作。与客户维持关系的时间越长，成本节约的幅度也就越大。在减少抵御竞争风险成本方面，忠诚客户也起着十分重要的作用。

(4) 溢价收入。在多数行业里，老客户支付的价格实际上比新客户支付的价格要高。这可能是因为老客户对价格不太敏感，并且熟悉企业的产品和服务项目，他们可能会为了购买到自己熟悉并喜欢的产品或服务愿意支付全价，而不会等到甩卖的时候才去购买。这样就帮助企业提高了产品或服务全价出售的百分比，使企业获得较多的溢价收入，进而提高了企业的盈利能力。比较而言，新客户则大多需要企业利用价格或者其他激励方式来吸引。

2. 口碑推荐价值

口碑推荐价值是指忠诚客户通过经常向潜在客户进行推荐，为企业带来新的生意。调查统计显示，每位非常满意的客户会将其满意的感受告诉至少12个人，其中大约有10人在有相同需求时，会光顾该企业。早在1955年，卡茨(Katz)等人就发现，在影响消费者转换产品与服务品牌方面，口碑的效果大约是报纸杂志广告效果的7倍，是个人销售效果的4

倍,是收音机广告效果的 2 倍。1971 年,乔治·戴伊(George S. Day)的研究结果则表明,在把消费者的消极或中立态度转化为积极态度的过程中,口碑效果是广告效果的 9 倍。究其原因,最重要的就是多数客户都觉得,朋友或者家人的推荐往往更具有可信性。因此长期以来,忠诚客户就是一种免费的广告资源,他们会成为公司的品牌传播者,或者像有些人称呼的那样成为"业余营销人员"。经推荐的新客户,不仅增加了客户的数量,还提高了客户的质量,因为这些客户一般都很有潜力成为企业的忠诚客户。一般而言,客户口碑价值主要包括两个方面:一是客户向所属群体宣传其忠诚的品牌,从而使所属群体的其他成员购买该品牌的价值总额增加;二是客户宣传其忠诚的品牌而使该企业的品牌形象得以提升,因而促进该企业无形资产的价值总额增加。为了强化积极的口碑效应,管理者需要充分发掘其中的关键驱动因素。其中,情感投入、服务质量和客户感知价值是三项非常重要的驱动因素。

3. 知识与信息价值

客户的知识与信息价值是指客户以各种方式(如抱怨、建议和要求等)向企业提供各类信息,从而为企业创造的价值。忠诚客户为企业提供的信息主要包括客户需求信息、产品服务创新信息、竞争对手信息、客户满意信息和企业发展信息等。忠诚客户的信息价值与客户忠诚度往往是相辅相成的,忠诚客户更倾向于提供基于企业现状的、合理可行的建议和忠告,而企业对信息的高度重视反过来又会促进客户忠诚度的提升。在企业与客户共同创造独特价值的时代,客户信息是企业的重要财富已是不争的事实。例如,在对不同行业的企业进行调查时发现,由用户所实现的创新比例相当大:在图书馆信息系统中用户创新约占 26%;在极限运动设备中用户创新约占 37.8%;在医疗手术设备中用户创新约占 22%。同时,有关用户创新的相关研究还表明,客户往往对自己参与设计和交付的产品与服务表现出更高的满意度,并更愿意为之支付溢价。此外,企业还应该注意客户之所以提供信息,可能是希望得到信息的回馈结果。由于企业与客户存在信息的不对称性,企业与客户都希望了解对方更多的信息以便做出决策。因此,企业是否重视客户信息的价值,对培育客户忠诚十分重要。

4. 合作附加价值

客户的附加价值是指企业通过联合销售、提供市场准入和转卖等方式与其他组织合作所获取的直接收益或间接收益。客户的附加价值主要由忠诚客户提供。例如,一些知名商厦对某些新产品的准入收取费用,这是因为稳定的忠诚客户群对该商厦的认同作用可以促进新产品的销售,新产品的生产企业因此获得收益或减少费用而向商厦支付报酬。企业能够获得忠诚客户的附加价值,也可以用人类知觉的选择性来解释。在心理学上,常常把感知过程称为选择性知觉,包括选择性注意、选择性认识和选择性记忆。由于忠诚客户已经形成了对企业固有的信任和偏好,因此他们在购买决策时更容易接受与自己所忠诚的企业态度相一致的信息。企业正是把握了忠诚客户的这种行为倾向性,从而通过把这种行为倾向性的预期收益"转卖"给他人来获取利润。

三、客户关系价值的计算

(一)客户终身价值

1. 客户终身价值的含义

客户终身价值(Customer Lifetime Value,CLV)是指企业在与某客户保持客户关系的全过程中从该客户处所获得的全部利润现值。客户关系的价值包括历史价值、当前价值和潜在价值三方面。历史价值是指到目前为止已经实现了的客户关系价值;当前价值是指如果客户当前行为模式不发生改变,在将来会给公司带来的客户关系价值;潜在价值是指如果公司通过有效的交叉销售,调动客户购买积极性或客户向别人推荐产品和服务等,从而可能增加的客户关系价值。因此,企业千万别在意老客户一次花多少钱以及购买了多少产品或服务,而应该考虑他们一生给企业带来的财富。企业不但要重视客户眼前的价值,更要进一步创造和提高客户的终身价值。

对企业来说,不是所有的客户都具有相同的客户终身价值,对最具潜在营利性的客户关系进行投资无疑是一种明智的选择。客户关系策略获得成功的前提是能够区分企业的客户。通过计算和分析客户终身价值,实现对客户的分类,并进行相应的管理。

2. 客户终身价值的计算

客户终身价值受客户关系生命周期的长度、客户可能给企业贡献的净现金流和贴现率的影响。如果不考虑货币的时间价值,客户终身价值就等于从该客户处在关系生命周期内各个时期所获得收益的简单加总。但实际上在计算每一个客户的终身价值时,应该将该客户在关系生命周期内的不同年度为企业带来的净利润进行折现,再进行加总,这样才能得到该客户的终身价值。

按照前面介绍的客户终身价值的含义,可以给出一个客户终身价值的简单计算公式,见公式(4-1)。

$$\text{CLV} = \sum_1^n R_i \frac{1 - 1/(1+r)^n}{r} \tag{4-1}$$

公式 4-1 中,CLV 表示客户终身价值的净现值,R_i 表示第 i 年该客户为企业贡献的净现金流量,r 表示贴现率,n 表示客户关系生命周期的年数。

从公式 4-1 中可以看出,影响客户终身价值的变量主要有 n、r 和 R_i,也就是说,客户终身价值主要受客户关系生命周期的长度、贴现率以及客户每年为企业贡献的净现金流量的影响。

(二)客户关系价值的计算

客户关系价值是企业所有客户终身价值折现现值的总和。对大多数企业来说,客户关系价值是企业价值最重要的组成部分,其计算方法为

客户关系价值=客户基础×客户终身价值

考虑到客户终身价值由客户购买价值、口碑推荐价值、合作附加价值和知识信息价

值构成，这样客户关系价值的大小就由客户基础的规模与客户终身价值构成，如图 4-6 所示。

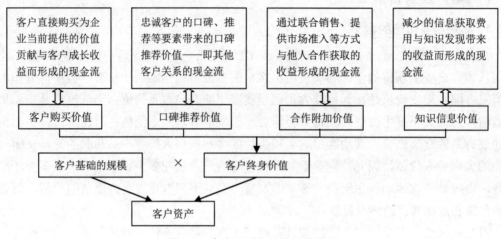

图 4-6　客户关系价值的结构模型

四、客户价值与客户关系价值的关系

在营销领域，"客户关系价值"已经成为一个非常时髦的术语。许多公司也将客户关系价值视为一种基本的战略导向。实业界普遍认为，增加客户关系价值是实现利润增长和提高企业总体价值的关键。在关系营销中，任何能带来价值增值的战略都应该被视为基本的战略。这种战略的实施，一方面，是企业给客户创造或提供更高的价值；另一方面，是客户价值的提升又会给企业带来更大的价值。

向客户传送的价值与从客户那里获得的价值事实上也是一对矛盾统一体。向客户传送超凡的价值无疑可以带来经营上的成功，但必须同时考虑这种价值传送活动是否有利可图，能否为公司带来满意的经济效益。如果一味地追求"所有客户100%满意"，可能会适得其反。一是因为这仅仅是一种理念层次上的东西，根本不可能达到，也就不可能真正为内部员工所接受；二是要实现这种目标，就意味着必须向所有的客户提供高质量的服务，而不考虑该客户是否能给公司带来价值回报，此举无疑会大幅增加企业的成本。因此，要增加为客户创造的价值，势必带来产品或服务提供成本的增加，从而减少企业能从客户获得的价值。但是，两个方向的价值之间存在统一性。为客户创造的价值越多，越可能提高客户的满意度和客户的忠诚度，实现客户挽留。因此，从长期来看，为客户创造价值有利于增加客户为企业创造的价值。这种关系在图 4-7 中得到体现。

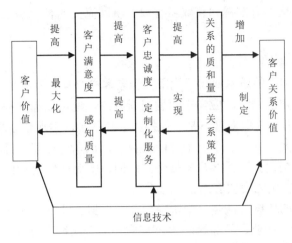

图 4-7　客户价值与客户关系价值关系

第四节　客户关系价值提升

一、客户关系价值提升的思路

实现客户关系价值的最大化是客户关系管理的目标。要实现这个目标，企业就要在客户关系的数量、客户关系的生命周期以及客户关系的质量三方面努力，实现客户关系在"更多""更久""更深"三个方向的全面发展，如图 4-8 所示。

"更多"意味着客户关系数量的增加，即通过获取新的客户、赢回流失的客户和识别出新的细分市场等来增加企业所拥有的客户关系的数量，如图 4-8(a)所示。

"更久"表示现有客户关系生命周期的延长，即通过培养客户忠诚度、挽留有价值的客户关系、减少客户的"叛逃"和流失、改变或放弃无潜在价值的客户等来延长客户关系寿命的平均长度，发展与客户的长期关系，如图 4-8(b)所示。

"更深"意味着现有客户关系质量的提高，即通过交叉销售和刺激客户的购买倾向等手段使客户购买的数量更多、购买的品种和范围更广，从而加强企业与客户之间的关系，提高客户关系的质量，如图 4-8(c)所示。

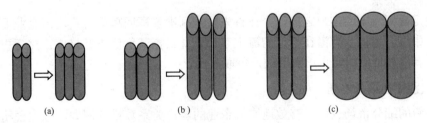

图 4-8　客户关系发展的三个维度

(一)客户关系数量的增加

实现客户关系价值最大化，首先就是增加客户的数量，这也是增加企业利润的基础。

实现客户关系数量的增加有挖掘和获取新客户、赢回流失的客户和识别新的细分市场三个途径。

1. 挖掘和获取新客户

虽然赢得一个新客户的成本要高于挽留一个老客户，但由于企业不能保证客户不流失，因此企业在挽留老客户的同时，应当不断发展新客户，这可以起到补充和稳定客户源的作用。对大多数企业而言，获取新客户是企业扩大客户基础，实现企业成长的一种重要手段。

获取新客户的主要步骤有以下五个方面：第一，识别潜在客户群；第二，估计客户获取的可能性；第三，制定获取新客户的战略；第四，实施获取有价值的潜在客户的营销活动；第五，潜在客户转化为现实客户。

识别潜在客户群的传统方法是，营销经理首先根据企业产品的属性选择可能的人口统计特征(如性别、年龄、职业、喜好等)；其次向数据商购买符合特征的客户名单、地址和电话；最后再通过信函、电话或其他方式直接与这些客户取得联系，进行产品信息沟通，激发客户的购买欲望，实现客户的开发，如图 4-9 所示。但随着潜在客户数量和客户特征的增加，信息和数据量会大大增加，单纯依靠传统方法已经难以有效地辨别目标客户。

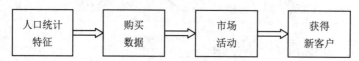

图 4-9　识别潜在客户群的传统方法

在 CRM 系统中，采用了先进的数据挖掘技术，探索客户特性与购买行为之间的模式，并据此开展营销活动，将具有较高价值的潜在客户变成公司实实在在的客户，具体步骤为：第一，识别特定客户的影响因素；第二，根据模式来选择客户；第三，进行目标潜在客户关系价值分析；第四，选择有价值的潜在目标客户；第五，将潜在客户转化为现实客户。

2. 赢回流失的客户

赢回流失的客户是指恢复和重建与已流失的客户的关系，主要针对那些曾经是企业的客户但因某种原因而终止与企业业务关系的客户。一方面，企业拥有大量关于这种客户的数据，便于分析其行为特征和购买偏好；另一方面，这种客户可能是因为不满意企业的产品和服务质量而离开的，因此要改变企业在这类客户心中的形象，使其重新使用企业的产品，维持客户关系。

在决定赢回流失的客户之前，企业首先要辨别出要赢回哪些客户，即企业要从所有流失的客户中细分出最具有潜在价值的流失客户，并根据其价值进行排序，然后再按照排序结果对具有潜在价值的客户重点突破，争取赢回。

3. 识别新的细分市场

识别新的细分市场也可以有效地增加企业的客户关系数量。例如，强生公司原来的细分市场是婴儿产品市场，后来经过新的客户关系细分，定位到成人市场，向成人推销婴儿用的护肤品，从而开发了新的市场和新的客户。

(二)客户关系生命周期的延长

实现客户关系价值最大化的第二个途径就是构建企业与客户的牢固关系，企业通过培养客户的忠诚度来实现长期的客户挽留。

(三)客户关系质量的提高

实现客户关系价值最大化的第三个途径就是加深企业与客户的关系，使客户关系的质量进一步提高，其实现措施有交叉销售、追加销售与购买升级。

1. 交叉销售

交叉销售(Cross Selling)指的是借助 CRM 来发现现有客户的多种需求，并为满足他们的需求而销售多种不同的服务或产品的一种新兴销售方式，这是努力增加客户使用同一家企业的产品或服务的销售方法。事实证明，客户倾向于从同一家企业购买越来越多种类的产品。

交叉销售的例子在生活中随处可见，例如，一家在线书店根据客户的购买记录向客户推荐其他可能需要的相关书籍；一家大型超市把啤酒和婴儿尿布摆放在相邻的货架上，因为当家里有婴儿的男性客户来购买尿布时，很愿意顺便买啤酒回家。

事实证明，交叉销售是一种培养稳固的客户关系的重要工具，因为交叉销售不仅可以提高现有客户对不同产品的购买欲，扩大与现有客户的接触范围，增强对客户关系的支撑力度，分散关系破裂的风险，还可以大幅提升客户对企业的忠诚度，减少客户转移到竞争对手那里的可能性，使客户关系更为牢固，从而提高客户关系的质量。

2. 追加销售与购买升级

追加销售和购买升级强调的是客户消费行为的升级，客户由购买低营利性产品转向购买高营利性产品的现象。其特点是向客户提供的新产品或服务是建立在客户现行消费的产品或服务的基础上的。例如，开始购买海尔冰箱的客户，后来又购买了海尔公司的台式计算机产品，再后来又从海尔公司购买其他计算机外围设备和海尔家庭影院系统。

必须指出的是，客户关系的以上三个成长维度并不是严格意义上的划分，而是一种理念上的考虑，为客户关系的发展提供可能的成长方向。事实上，各个成长维度存在着相互影响和互动，例如，客户关系质量的提高本身就蕴含着客户关系周期的延长，而客户关系周期的缩短可能也会导致客户关系数量的减少。而如果将潜在的客户关系视为一种特殊的客户关系，则新客户的增加可以看作客户质量提高的结果，即关系在数量"多"上的发展是潜在关系在"深"上发展的结果，将潜在的客户关系变成了现实的客户关系。此外，客户关系在"深"上的发展扩大了客户与企业的关系接触范围，无疑可以分散客户关系风险，有利于客户关系在时间"久"上的发展。而且，这三个成长方向的实现手段也并非完全独立，为实现某个方向的成长而做出的努力很有可能促进或阻碍在其他方向上的成长。因此，企业在提升客户关系价值时，应充分考虑各种因素，实现客户关系在这三个方向上的协调发展。

二、客户关系价值提升的手段

企业进行客户关系管理的最终目标是客户关系价值最大化。企业要使客户关系价值达到最大化，可以考虑从以下五个方面入手。

1. 实施客户基础管理

企业要提升客户关系价值，首先需要识别新的有价值的客户来夯实企业的客户基础，同时充分运用客户基础，深入开发已有客户，提高客户份额。企业可以通过前面所论述的客户关系的多、久、深三个维度进行客户基础的拓展。例如，现在很多银行常常会通过交叉销售或组合销售来开发已有客户，提高客户份额。银行客户经理不仅可以向个人客户提供储蓄账户服务，还可以同时提供信用卡、消费信贷、保险、住房贷款和财务咨询等业务方面的服务。

2. 实施客户终身价值管理

企业实施客户终身价值管理，就是要根据客户关系生命理论，针对客户在不同生命周期阶段的不同特点，实施"一对一"的营销，并且延长客户关系生命周期。企业可以通过了解客户不同生命周期的不同需求来开发商品或服务，满足客户在不同生命周期的不同需求。

例如，银行客户经理常常会采取客户终身价值管理，针对年轻夫妇提供储蓄账户、消费信贷等金融产品来满足他们的需求；当他们有子女时，进而向其提供抵押住房贷款、子女教育基金准备储蓄等金融产品；而当他们步入老年时，则向其提供重置抵押或更换住房改善贷款、信托投资服务和服务咨询等金融产品来满足他们的需求。

3. 建立以客户需求为导向的差异化渠道

随着渠道影响力在客户购买决策中作用的日益上升，从客户资产管理的角度看，企业还应该从成本效率、客户偏好及客户关系建立能力等维度出发，进行差异化渠道建设。美国的通信企业是这方面的榜样，他们根据客户行为与实际需求建立差异化的渠道，然后针对不同的渠道提供不同等级的资源配置支持。例如，美国某电话公司就是根据客户对渠道偏好需求，调研通过实施"渠道转换计划"，将自己 5%的业务量委托给较低成本的渠道，不仅为企业节省了 1 500 万美元的成本，还带来了 4 000 万美元的营业收入增长。

4. 以客户为导向的内部业务流程重组

只有实现内部业务流程与客户需求取向相匹配，才能使企业获得更高的客户满意度，进而使自己在营销和客户服务上的投资"物超所值"，最大化企业的客户资产。

例如，美国一家美容沙龙为了塑造其高端品牌进行了大量的投入，但其糟糕的"纽约快餐式"客户预约服务却吓跑了许多本想体验"巴黎式情调"服务的客户。后来美容沙龙的管理层及时调整了呼叫中心的预约流程，设定了更高的客户服务标准：负责客户预约的话务员必须在铃响两声内接通客户来电，且 90%的预约要求必须在 45 秒内处理完毕。同时，该美容沙龙还特意从法国航空公司雇用了具有法国南部口音的乘务员作为呼叫中心的兼职话务员。她们的法国口音与美容沙龙所要营造的整体形象完全一致，其高标准的客户服务也满足了客户的期望，最终形成了其在美容沙龙业界的良好口碑。

5. 利用数据挖掘技术进行数据库动态管理

利用数据挖掘技术有助于提高企业识别和满足客户需求的能力，实现客户资产的最大化。为此，企业首先要构建综合的、一体化的、动态的客户数据库。通过客户数据库，企业可以不断挖掘和再发掘现有客户潜力，并且随着客户的成长演进和变化不断调整对客户的理解。例如，通过记录客户的购买历史及企业的营销活动，企业可以生成当前客户的简要信息，如客户的特征、偏好和价值潜力，这样就可以更好地掌握客户的购买情况，识别营利能力强的客户，进行更有效的沟通，减少在营利能力差的客户身上所花费的成本，促进交叉购买和购买升级等。

本 章 小 结

(1) 客户关系生命周期是指从企业与客户建立业务关系到完全终止关系的全过程，是客户关系水平随时间变化的发展轨迹，它动态地描述了客户关系在不同阶段的总体特征。客户关系生命周期可分为考察期、形成期、稳定期和退化期四个阶段。

(2) 客户忠诚是指客户在较长的一段时间内对企业产品或服务保持的选择偏好与重复性购买。客户忠诚的分类方法有狄克和巴苏提出的客户忠诚分类矩阵、凯瑟琳提出的客户忠诚分类表和克里斯托弗提出的客户忠诚梯。培养客户忠诚对提升企业的竞争能力至关重要。度量客户忠诚度的指标主要有重复购买的次数、交叉销售的数量、销售升级的比例、客户保持率、挑选商品的时间、对待其他品牌的态度、价格的敏感度、质量事故的宽容度、客户关系生命周期的长度和口碑传播的效果。

(3) 一般而言，客户忠诚的形成要经历认知、认可、产生偏好与形成忠诚四个阶段。客户忠诚是企业的巨大财富，是无价之宝。企业要采取一定的措施提高客户忠诚度，措施有：想方设法实现客户的完全满意；通过财务奖励措施为忠诚客户提供特殊利益；采取多种有效措施切实提高客户的转移成本；增加客户对企业的信任感与情感交流、加强企业内部管理，为客户忠诚提供基础保障；建立不同类型的客户组织，实现客户队伍的稳定；加大网上客户忠诚的培育力度。

(4) 从客户关系生命管理的角度，可以将客户关系价值定义为：企业在一定的管理情境下，感知到的来自客户的当前净现金流及其未来净现金流的总体能力。客户关系价值体现在客户购买价值、口碑推荐价值、知识信息价值和合作附加价值四个方面。

(5) 客户终身价值是指企业在与某客户保持客户关系的全过程中从该客户处所获得的全部利润现值。客户关系价值是企业所有客户终身价值折现现值的总和。要实现客户关系价值最大化的目标，企业就要在客户关系的数量、客户关系保持的时间以及客户关系的质量三方面努力，即获取更多数量的优质新客户、增强延长客户关系的生命周期和现有客户的营利性，这也是提升客户关系价值的有效途径。

课 后 练 习

一、判断题

1. 客户关系水平越高，客户为企业创造的利润不一定越大。　　　　　　（　　）
2. 在当今激烈的市场竞争中，客户对企业的忠诚已经成为企业的一种重要资产。（　　）
3. 老客户对价格不敏感，企业往往可以采取高价策略。　　　　　　　　　（　　）
4. 升级品的购买中，老客户占的比例越大，说明客户的忠诚度越高。　　　（　　）
5. 只有在垄断行业，客户忠诚度才会随着客户满意度的提高而提高。　　　（　　）
6. 现实生活中，客户忠诚与客户满意之间一直呈现正相关性。　　　　　　（　　）
7. 在垄断行业中，影响竞争状况的约束因素较多，客户满意直接影响客户忠诚。

（　　）

8. 拥有低的态度取向和高的重复购买行为的客户，就是潜在忠诚的客户。　（　　）
9. 目前，无数证据表明，客户忠诚与客户关系价值之间不存在关联。　　　（　　）
10. 企业向客户传送的价值与从客户那里获得的价值事实上也是一对矛盾统一体。

（　　）

二、单项选择题

1. 考察期的基本特征是(　　)。
    A. 双方相互了解不足、不确定性大　　　B. 双方对对方提供的价值高度满意
    C. 双方都有大量有形和无形的投入　　　D. 交易量大
2. 狄克和巴苏的客户忠诚分类矩阵的划分依据是(　　)。
    A. 市场特征、消费者个性以及消费心理等因素
    B. 客户对企业的态度和购买行为
    C. 客户购买产品和服务的品牌数量与客户的投入程度
    D. 客户忠诚的程度
3. 狄克和巴苏认为拥有低的态度取向和高的重复购买行为的客户，被称为(　　)。
    A. 忠诚的客户　　　　　　　　　　　　B. 潜在忠诚的客户
    C. 虚假忠诚的客户　　　　　　　　　　D. 不忠诚的客户
4. 提升客户关系质量的手段不包括(　　)。
    A. 交叉销售　　　　B. 追加销售　　　　C. 购买升级　　　　D. 降价促销
5. 最为稳定，对企业也最有价值的客户应该是(　　)。
    A. 拥有高的态度取向和低的重复购买行为
    B. 拥有低的态度取向和低的重复购买行为
    C. 拥有低的态度取向和高的重复购买行为
    D. 拥有高的态度取向和高的重复购买行为
6. 克里斯托弗和佩恩等人(　　)，提出了"客户忠诚梯"模型。
    A. 基于态度忠诚和行为忠诚对客户忠诚的分类
    B. 基于客户满意度与客户忠诚度的关系的分类

C. 根据客户购买产品和服务的品牌数量与客户的投入程度的分类

D. 基于客户忠诚的程度对客户忠诚的分类

7. 客户忠诚是(　　)。

  A. 过去期望与现实的感知效果   B. 行为选择

  C. 内隐的   D. 受竞争对手影响小

8. 客户满意是(　　)。

  A. 现实期望与预期利益   B. 行为选择

  C. 外显的   D. 受竞争对手影响小

9. 实现客户关系价值最大化首要任务就是(　　)。

  A. 增加客户基础的数量   B. 延长客户关系保持的时间

  C. 提升客户关系的质量   D. 提高客户的忠诚度

10. 客户资产是(　　)。

  A. 企业所有客户终身价值折现现值的总和

  B. 企业一个客户终身价值折现现值的总和

  C. 企业所有客户价值的总和

  D. 企业所有客户关系价值的总和

三、多项选择题

1. 客户关系生命周期阶段可分为(　　)。

  A. 考察期   B. 形成期   C. 稳定期

  D. 退化期   E. 发展期

2. 对单个客户的忠诚度进行度量的指标包括(　　)。

  A. 重复购买的次数 B. 交叉销售的数量   C. 销售升级的比例

  D. 客户保持率   E. 挑选商品的时间

3. 在竞争行业里，挽留忠诚的客户非常困难，原因可能是(　　)。

  A. 影响竞争状况的约束因素多 B. 替代品多

  C. 客户的转移成本低   D. 缺乏忠诚的客户

  E. 产品差异化程度低

4. 提高客户忠诚的措施包括(　　)。

  A. 建立统一的客户管理组织

  B. 通过财务奖励措施为忠诚客户提供特殊利益

  C. 采取多种有效措施切实提高客户的转移成本

  D. 增加客户对企业的信任感与情感交流

  E. 想方设法努力实现客户的完全满意

5. 服务利润链理论认为(　　)存在着直接且牢固的关系。

  A. 利润   B. 增长   C. 客户忠诚

  D. 客户满意   E. 劳动生产率

四、问答题

1. 客户关系生命周期理论对研究客户关系价值有什么意义？

2. 客户价值与客户关系价值有怎样的联系与区别?

3. 在目前的零售业,客户满意与客户忠诚是什么样的关系?

五、案例分析题

上海移动公司的客户关系生命周期管理

通信市场经过几年的快速发展,一些主要城市(如北京、上海)的移动用户的普及率已趋于饱和,新增市场空间狭窄。面对这样的经营环境,运营商必须在发展模式、经营模式和管理模式上努力创新。2004年,有个记者采访了上海移动公司当时的总经理郑杰,他热情地介绍了上海移动公司在实现客户生命周期管理方面的经验。

记者:上海移动率先引入并付诸实施"客户生命周期管理"这一理念,请您谈谈为什么要这么做?

郑杰:引进客户生命周期管理可以说是贯彻落实科学发展观、推广国际先进管理理念的一次全新的尝试。今年年初,中国移动公司提出了"从以企业扩张、投资拉动为主的规模型发展阶段,转向以企业价值最大化为核心发展目标、以市场需求为基本驱动力、以精细管理为主要管理方式、以团队经营为总体经营理念的规模效益型发展阶段"的工作要求。这就要求我们认真思考如何正确地对待竞争,如何很好地处理规模与效益之间的矛盾。针对这些问题,上海移动公司进行了深入思考。首先,我们始终坚持聚焦客户而非竞争对手,以客户需求为出发点,积极主动地推出新业务,实现服务和业务领先。同时,要做到新增与存量兼顾,保障新增客户的质量和存量用户价值贡献最大化。基于这些考虑,上海移动公司将2004年作为"效益年",大力推进企业实现从规模型发展向规模效益型发展的转变。围绕这一工作主线,公司就年度经营工作进行了周密的规划和部署,通过多项战略、经营和管理举措以求真正做到客户价值、股东价值和企业价值的保护和提升。举措之一就是对客户生命周期管理工作的启动和推广。

记者:如何理解客户生命周期管理的内涵?

郑杰:所谓客户生命周期管理,即从客户的角度考虑购买哪一家运营商的服务,到入网后对其收入贡献和成本的管理、离网倾向的预警和挽留直到客户离网后进行赢回的整个过程。这个过程包括了11个关键的价值创造环节,即客户的购买意向、新增客户的获取、客户每月收入贡献的刺激与提高、客户日常服务成本的管理、交叉销售、话费调整、签约客户的合同续签、客户在品牌间转移的管理、对离网的预警和挽留、对坏账的管理、对已流失的客户进行赢回。这些环节实际上包括了运营商日常经营工作的各个重点。11个环节环环相扣,形成一条营销价值链,也是运营商制定客户策略的切入点。

客户生命周期管理围绕着这11个关键价值创造环节,利用丰富的客户数据进行深入分析,设计针对单个客户的个性化策略,继而通过运营商与客户的大量接触点,执行这些策略。

记者:进行客户生命周期管理时,应注意哪些问题?

郑杰:关注单个价值创造环节的同时,运营商必须注意各环节的关系。例如,向客户提供更为优惠的资费可以降低离网率,但资费下降可能会带来话费收入的减少;为降低服务成本而使用语音服务,可能会引起一些对服务要求高的客户的离网,同时会减少交叉销售的机会。因此,运营商必须建立针对11个价值创造环节的一体化的分析和评估方式,从而既找到改善的机会又预先防范可能出现的副作用。

欧美一些领先的运营商正是看到了客户生命周期管理对保障新增客户质量及提高存量客户价值贡献的巨大作用，因此，在两年前就开始实施这项工作。上海移动公司意识到客户生命周期管理体系正是我们从规模型发展向规模效益型发展、从粗放型管理向精细化管理转型过程中所需要的科学理念。同时，我们也注意将国际领先的理念与中国以及上海的特色相结合，使理论和实践能够充分地结合。

为了实施客户生命周期管理，我们提出了"两个贯穿"的观点。横向上，我们以科学的方法贯穿各个关键的价值创造环节，形成营销价值链的闭环。纵向上，我们确保业务流程和 IT 系统的发展与市场策略齐头并进，从而形成执行管理的闭环，确保对市场策略的有效支撑。

通过"两个贯穿"的落实，我们保障了科学分析与业务应用的有机结合，使之成为科学的管理。同时，也避免了一些企业在实施 CRM 过程中常出现的错误，如以 IT 为驱动而不是以业务为驱动，最终结果变为黑箱而无法操作，或是工作仅停留在分析层面上而无法进行实际应用。

记者：上海移动公司是如何建设客户生命周期管理体系的？

郑杰：客户生命周期管理体系的建设并非一蹴而就，而是需要坚持不懈地努力。借鉴国际领先运营商的经验，结合今年移动市场经营工作的重点，我们遵循总体规划、分步实施的原则制定了总体蓝图。2004 年，我们以交叉销售、叠加销售这一关键的价值创造环节为突破口，同时带动市场营销策略、业务流程管理和 IT 系统能力的建设。我们将以各方面能力为基础，加速推进步伐，争取两年内完成整体转型。

（资料来源：陈琳. 上海移动公司郑杰总经理谈客户生命周期管理[N]. 人民邮电报，2004-09-02.）

请回答：

1. 上海移动公司在推进客户生命周期管理时，采取了什么措施？注意了哪些问题？
2. 上海移动公司的客户生命周期管理办法对其他行业有借鉴意义吗？

第五章　客户关系开发管理

学习目标

- 了解客户识别的含义与内容，了解客户识别的主要流程。
- 了解客户选择的作用，理解客户选择的影响因素，深刻理解客户选择战略。
- 了解开发客户的主要方法，掌握开发客户的说服技巧，了解个性化服务的内涵。
- 了解客户流失的主要原因，掌握流失客户的识别方法和再开发方法。

引例：携程网的客户开发

一边是庞大的会员群体，一边是从酒店和航空公司获取更低的折扣，这就是携程网的商业模式。这个商业模式诞生在互联网如日中天的 1999 年。四个出身背景全然不同的创始人在上海决心创业，大方向是电子商务，每个人都提出了自己精心设计的商业模式，最终进入旅游业的建议战胜了另外两个——网上书店和建材超市。于是，以互联网技术整合旅游业的携程网诞生了。

时至今日，在存活率极低的网络公司中，携程网已发展成中国最大的在线旅游服务公司，并努力打造中国人自己的"旅游帝国"。前不久，携程网开始变招，在南京、杭州、成都等机场推出了全新的"携程度假体验中心"，"密谋"一年的品牌推广新策略渐渐浮出水面。这正应验了携程网 CEO 范敏曾经说过的话："在线旅行服务行业发展到今天，回归管理和营销层面的竞争是个必然趋势。"

1. 当终端拦截遭遇"审美疲劳"

"您好，这是携程网免费赠送的旅行会员卡。"着装各异的"发卡一族"在中国正在成为一个新的职业，而这种终端拦截战术最初就是由携程网开始采用的。在携程网，这样的"发卡一族"构成的人海战术形成了营销的一个前端战场。而在上海携程总部，一个上千人规模的电话呼叫中心是其后端战场。应该说，最初，终端拦截是行之有效的营销手段，通过携程网孜孜不倦地大规模拦截，的确吸引了众多会员，尤其是商务差旅客户，他们对携程网会员卡的使用频率很高。但是，随着加入"发卡"行列的机构越来越多，盲目模仿让这种手段不可避免地遇到"审美疲劳"：有的旅客正走着，但一看到"发卡"人员来了便马上绕道走；有的经常乘坐飞机的已有会员卡的"老熟客"则干脆麻利儿地接过，二话不说扔进包里，快速离开，可那张卡却说不定已经被扔进了垃圾桶。由携程网开创的这种营销推广模式正在沦为"鸡肋"：不大量发放会员卡的话，没办法获得下游客户，但发卡的效果已经降到了最低点。

2. 从"空中战"到地面渗透

日前，携程网做出了改变，不再单纯依靠发放会员卡的方式，而是改为携程度假体验中心。在这里，店面装修风格明快，店里摆放着几台笔记本计算机，穿戴整齐的工作人员来回走动请客人使用计算机，教他们如何上携程网预订酒店、机票或度假产品，销售柜台则成了陪衬。同时，现场正在举办"玩转长周末"互动活动，客人有机会赢取小礼品。曹先生用一张名片换了一本《携程自由行》杂志。

虽然度假体验中心会给销售带来很大帮助，但"携程度假体验中心"的工作人员却不是携程网的销售人员，没有销售指标，销售部依然有专门的人员在机场内发放会员卡，并把客人带到这里进行亲身体验。正是因为没有销售压力，"携程度假体验中心"的工作人员不会像一般的销售人员那样喋喋不休地推销，在用户体验方面可以取得更好的效果。

携程网是如何找到这个突破口的呢？从酝酿到实施，携程网市场营销副总裁汤澜坦言这个过程大约花了一年多时间。他说："起初是看到一些数码品牌设立了体验店，于是我们就想我们的度假产品也可以尝试这种形式。毕竟发放会员卡的方法已经被越来越多的公司效仿，我们自己也需要突破，并且到了该突破的时候了。""体验中心的目的就是让客人亲身感受网上预订服务，而不是靠空洞的口头说服。进入体验中心的客人本身就是对携程网或对度假产品有兴趣的人，邀请他们上网体验预订服务，有利于他们更直观地了解携程网的产品。"一位携程内部人士这样说。

3. "品牌体验"折射携程网销售心理的变化

2007年7月，携程网的直接竞争对手e龙网不再开展度假业务，原因是无法盈利。芒果网虽在经营少量度假业务，但由于其前期投入巨大，至今尚未盈利。2008年3月，芒果网调整了经营策略，宣称暂时不打算扩大度假业务，主打散客市场。

尽管在线旅游度假业务遇到了"冷空气"，度假产品却被携程网称为"战略级种子业务"。

"每个公司和企业的定位与发展方向毕竟是不一样的。"汤澜说，"携程网最先做的是酒店和机票预订业务，做度假业务是水到渠成的事情。机票和酒店预订业务易于操作，而度假业务需要预先订购机票和酒店，然后根据订购的机票、酒店按照时间、地点、季节和市场热点的不同安排成不同的旅行线路。一般来说，做度假产品难度更大，需要将酒店和机票这两个资源很好地进行结合。此前的自由行也是携程网针对度假业务推出的概念，经过一段时间，市场认知度还是很高的。现在的度假体验中心也是一个需要大家逐渐接受和认知继而去体验的概念。携程网度假业务每年的营业额按三位数的百分比增长，在所有产品中居第一位。度假产品是我们今后的一个重要发展方向。"

"度假体验中心是携程网服务的延伸，与一般旅行社不同，携程网没有具体的门店，客人对携程网的印象只来自网站与电话服务，有了度假体验中心，携程可以借助它展示携程网专业化、高品质服务的形象，这也是体验经济的一种。"汤澜说，"携程网开设体验中心是一种进步。携程提供的服务产品(旅行、住宿等)原本就有着很强的体验性，如今与现场体验中心相结合，效果肯定会更好。携程度假体验中心更多地发挥着品牌传播和提升品牌美誉度的作用。"侯军伟指出，携程网这一举动表明其营销策略有了重大突破。

(资料来源：客户世界网站，http://www.ccmw.net/.)

引例启示：开发客户是企业一项重要而又艰难的工作。携程网投入大量的人力和物力，积极探索客户开发的方式方法，加大客户体验的力度，使携程网的客户资源快速得到提升，企业迅速发展壮大。

客户关系价值的大小首先取决于客户关系数量的多少。因此，企业开展客户关系管理的首要工作就是客户关系的开发。为了能够高效率地开发客户关系，企业就要进行客户识别和客户选择。流失客户的再开发，同样是客户关系开发的重要工作。

第一节 客 户 识 别

一、客户识别的含义与作用

(一)客户识别的含义

客户识别就是通过一系列技术手段，根据客户大量的个性特征、购买记录等可得数据，找出谁是企业的潜在客户、客户的需要是什么、哪类客户最有价值等，并把这些客户作为企业客户关系管理的实施对象，从而为企业成功实施客户关系管理提供保障。客户识别的目的在于判断客户为企业提供价值的大小以及企业获得这些价值的可能性。

"客户识别"是一个全新的概念，它与传统营销理论中的客户细分有着本质的区别。传统营销理论是以选择目标市场为着眼点，对整个客户群体按照不同因素进行细分，最后选择企业的目标市场(客户)。而客户识别是在已经确定好目标市场的情况下，从目标市场的客户群体中识别出对企业有意义的客户，作为企业实施客户关系管理的对象。由于目标市场中客户的偏好等个性特点各不相同，不同客户与企业建立并发展客户关系的倾向也各不相同，因此，他们对企业的重要性也是不同的。客户识别与客户细分区别的根源在于客户关系管理与传统营销理论的区别。

(二)客户识别的作用

客户识别对企业的客户关系管理有着重要作用。这是因为客户关系管理的核心是针对不同客户的不同特征和需求采取不同的策略。客户识别意味着了解、分析客户的特征与需求信息，是企业开展客户关系管理活动的基础。如果企业对客户没有深入的了解，何谈建立、维系与客户的关系？客户识别在企业客户关系管理中的作用主要体现在如下五个方面。

1. 客户识别有助于企业与客户更好地沟通与互动

在企业与个人的互动中，简单的广告、促销活动并不能有效吸引客户。企业只有在充分了解客户的基础上才能够与客户更好地沟通与互动。企业要根据客户的消费习惯来进行相应的促销活动，提高促销活动的针对性，强化企业与客户的沟通和互动效果。

2. 客户识别有助于企业寻找有价值的客户

传统观念认为"登门的都是客",认为所有客户都是重要的,因而盲目扩大客户的数量,却忽视了客户的质量。事实上,客户本就存在差异,有优劣之分,不是每个客户都能够为企业带来收益的,都能给企业带来正价值。一般来说,金质客户带来的价值大,铜质客户带来的价值小,劣质客户带来的价值是负的,甚至还可能给企业带来很大的风险,或将企业拖垮。

3. 客户识别有助于企业提高开发客户的成功概率

企业如果选错了客户,一方面,开发客户的难度会比较大,开发成本比较高,开发成功后维持客户关系的难度也比较大,维护成本也会较高,企业很难为客户提供相应、适宜的产品和服务。另一方面,客户也会不乐意为企业买单。例如,一些小企业忽视了对自身的定位,没有采取更适合自身发展的战略,如市场补缺战略等,而盲目采取进攻战略,与大企业直接争夺大客户,最终导致被动、尴尬的局面——既失去了小客户,又没有能力为大客户提供相应的服务,遭到大客户的不满,未能留住大客户,结果是赔了夫人又折兵。相反,企业如果经过认真识别,选对、选准了目标客户,那么开发客户、实现客户忠诚的可能性就很大,也只有选准了目标客户,开发客户和维护客户的成本才会最低。

4. 客户识别有助于企业获取新客户

对企业而言,如果不能有效获取新客户,就无法扩大市场占有率,从而降低企业的竞争能力和营利性。通过了解客户的具体情况,根据客户的特征来制定相应的策略,将大大提高企业获取新客户的能力,从而降低企业获取新客户的成本,并提高获取新客户的成功率。一般而言,大面积邮寄宣传品的反馈率只有 2%～4%,但如果深入了解客户,然后有针对性地邮寄宣传品,反馈率就可以达到 25%～30%。

5. 客户识别能够提升客户的满意度和忠诚度

有统计数据表明:开发一个新客户所花费的成本比维持一个老客户的成本高出 5 倍多,而大部分的企业每年的客户流失率高达 25%左右,如果企业能将客户流失率降低 5 个百分点,那么利润将会增加 100%。要想提升客户的满意度和忠诚度,尽可能多地留住客户,离不开对客户需求的认识与了解,只有不断满足客户的需求,客户与企业的关系才会得以维系甚至提升。

二、客户识别的内容

(一)识别潜在客户

1. 潜在客户的含义

所谓潜在客户,是指对某类产品(或服务)存在需求且具备购买能力的待开发客户,这类客户与企业存在销售合作机会。经过企业及销售人员的努力,可以把潜在客户转变为现实客户。

2. 识别潜在客户应该注意的五个问题

在识别潜在客户时,不同的企业有不同的做法,总的来说,要注意以下五个方面。

(1) 寻找那些关注未来并对长期合作关系感兴趣的客户。当前的客户或许就是最具潜力的长期合作伙伴，在检查客户名单时必须区别对待。许多在商界多年的人提倡对每一个客户的终身价值进行评估，即在客户关系的存续期内，对客户所产生的业务总量进行分析、评价，并据此来判定客户的质量。

(2) 搜索那些具有持续性特征的客户，即那些需要不断改进产品的弹性客户。美国硅图公司(Silicon Graphics)是一家生产高性能的可视计算机系统的生产商，它把一群特定的最终用户看作"灯塔"用户，这些挑选出来的群体在其产品和运用上与企业共同工作。并且，为了保持对基本使命的关注——为最终客户提供能在市场上脱颖而出的技术，企业对"灯塔"客户的数量做了一个限定。

(3) 认真考虑合作关系的财务前景，这是对优质潜在客户的一个重要资格认证。企业追求的是客户终身价值最大化，而不是一两次的买卖。当把潜在客户转化为现实客户时，头几次的交易往往很难获得好的收益。因此，企业要特别关注与企业合作的财务前景，这也是开发优质客户的关键。

(4) 对客户的评估态度具有适应性，并且能在与客户的合作问题上发挥作用。提倡双方分享共同的思维方式和对合作成功毫不动摇的承诺。双方都必须表现出忍耐和宽容，而且文化必须具有相容性。如果潜在客户不接受一个团结协作的哲学，就放弃与之合作的机会。

(5) 在识别潜在客户的过程中要注意客户的某些心理特质。那种在初期看起来完美无缺的潜在客户可能最终导致一事无成，识别理想客户是至关重要的。

(二)识别有价值客户

客户大致分为交易型客户和关系型客户两种。交易型客户只关心商品的价格，在购买商品之前，他们会花上几个小时的时间在网上查询价格，他们不怕等待，他们会因为买到最划算的东西而沾沾自喜。而关系型客户则不同，他们希望能够找到一个可以依赖的、友好的企业，这家企业认识他、记住他并能帮助他，与他建立交易关系。一旦他们找到了这样的一家企业，他们就会一直在那里购买东西和享受服务。交易型客户给企业带来的利润非常有限。他们只购买打过折扣的东西，因此销售给他们的商品的利润要比关系型客户的少得多。

识别有价值的客户实际上需要两步：首先，要分离出交易型客户。目前，很多优秀的数据库营销系统都能够通过计算单个客户的累积销售的总边际贡献和折扣百分比来跟踪客户。其次，分析剩下的关系型客户，并将这些关系型客户分为三类。

(1) 给企业带来最大盈利的客户。对这类客户(他们购买的产品约占企业销售额的10%，却实现企业30%～50%的销售利润)最好进行客户关系管理营销，目标是留住这些客户。

(2) 带来可观利润并且有可能成为企业最大利润来源的客户。这类客户(占企业销售额和销售利润都为40%～50%的客户)能给企业带来可观的利润并且可能成为企业最大的利润来源，与这些客户进行营销同样非常重要。这类客户也许在竞争对手那里购买商品，所以针对这类客户开展营销的直接目的在于提高企业在他们购买中的份额。

(3) 现在能够带来利润，但正在失去价值的客户。如果对这类客户进行特别的关照和交流，可能增加他们的购买量，但是与大量的营销开销对比，会显得特别昂贵、不值得。

这类客户约占总数的一半，经过基本的分析，剔除这部分客户可以大大降低企业进行客户关系管理的工作量。

三、客户识别的主要工作

客户识别过程主要包括如图 5-1 所示的五个工作。

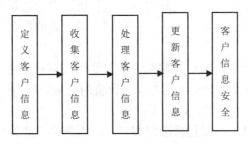

图 5-1　客户识别的主要工作

(一)定义客户信息

企业识别客户的第一步是搞清楚这个阶段需要掌握客户的哪些信息与资料。尽管对企业而言，尽可能多地掌握客户信息是其有效开展客户关系管理的基础，但基于资源的理论观点，每一个企业所拥有和掌握的资源都是有限的，企业无法全面掌握客户的所有信息，因此，需要有选择地调查、了解客户的主要信息。

1. 界定所需信息范围时应当遵循的原则

首先，要根据企业自身的需求界定所需客户信息的范围。因为不同的行业客户信息存在很大的差异，由于行业不同，企业对客户信息的需求自然也会不同。在相同的行业，也存在不同规模大小的企业，企业的大小不同，其具备的资金与实力就不同，能够收集客户的信息与资料的范围也不同。不同的企业有不同的战略导向，有的企业将自己的注意力集中在降低成本上，希望通过低成本、低价格来赢得客户的青睐，而有的企业则是追求产品的高质量和差异化。其次，根据客户的特点确定收集客户信息的范围。根据客户关系生命周期理论，处在不同阶段的客户有着不同的消费习惯。此外，企业面临的客户包括消费者、产业客户、中间客户、公利客户等不同类型，这些不同的客户有各自不同的要求和特点。因此，对企业而言，在收集信息的时候，有必要根据客户的特点来确定信息收集的方法、途径和侧重点。

2. 客户信息的内容

(1) 个人客户的信息，包括客户的基本信息、客户的心理与态度信息和客户的行为信息三个方面。

客户的基本信息主要涉及个人客户的基本情况，这些信息一般包括如下三方面的内容。第一，关于个人客户自身的基本信息，如姓名、性别、年龄、性格、血型、电话、传真、住址等方面的信息，这些基本信息对客户的消费要求与偏好有一定的影响。第二，关于个人客户家庭的信息，包括婚姻状况，是否与父母同住等，这些家庭信息同样会影响个人客户的购买习惯。第三，关于个人客户事业的信息，包括以往的就业情况、目前工作状况、对未来事业发展的规划；个人的从业经历以及职业发展规划对企业的产品设计与开发也有重要影响。

客户的心理与态度信息主要是关注个人客户购买产品或者服务的动机是什么、客户有哪些性格特征、客户喜欢什么样的生活方式等。具体包括四个方面的信息：第一，关于个人客户购买动机的信息，不同的人购买目的不同，购买动机各异；第二，关于个人客户个性的信息，例如，性格是内向的还是外向的、是积极进取的还是安于现状的、是喜欢标新立异的还是墨守成规的等；第三，关于个人客户生活方式的信息；第四，关于个人客户信念和态度的信息。

客户的行为信息涉及个人客户的购买频率、种类、金额、途径等信息。此类信息通常容易为企业所获取，并且能够分析出对企业有价值的内容。行为信息只能适用于现有客户，潜在客户的消费行为还没有开始，因此无法记录。

(2) 组织客户的信息，主要包括组织客户的基本信息、业务状况、交易状况和主要负责人信息四个方面。

组织客户的基本信息既包括名称、地址、电话、创立时间、所在行业、规模等信息，也包括组织客户的经营理念、销售或者服务区域、形象以及声誉等。这些基本信息对组织客户的购买行为和偏好有很大影响。

组织客户的业务状况主要包括销售能力、销售业绩、发展潜力与优势、存在的问题等。这类信息的收集对企业针对不同的组织客户制订不同的产品和服务销售计划有重要影响。

组织客户的交易状况主要包括交易条件、信用等级、与该客户关系的紧密程度、合作意愿等内容。对企业而言，如果组织客户在过去的交易中曾经有信用问题，那么企业在与该组织客户再次交易时，就需要特别谨慎，要防范可能的风险。

组织客户的主要负责人信息主要包括高层管理者、采购经理等人员的信息。这些主要负责人的年龄、性格、兴趣等特征都会影响组织的购买行为。

(二)收集客户信息

当企业明确了自身需要掌握的客户信息之后，第二步就是利用各种渠道和方法，收集相关的客户资料与数据。

1. 收集客户信息的渠道

(1) 直接渠道，指企业通过与客户的直接接触来获取所需要的客户信息与资料。途径有与客户直接交谈或者调研，在营销活动中收集客户信息，通过售后服务获得客户信息。

(2) 间接渠道，指企业不亲自收集客户的第一手资料，而是采用间接的方式，通过查询、购买等方式从其他机构或者组织那里获取所需要的客户信息。

2. 收集客户信息的方法

(1) 人员访谈法，指企业直接与客户对话，通过与客户交流来弄清客户的需求。人员访谈首先要求企业选择访谈对象。对企业而言，经常面对很多的客户，因此就要求企业从中挑选部分客户作为访谈的对象。

(2) 观察法，指企业直接观察客户的行为，从中了解客户的需求。观察法可以用在客户日常的购买行为和营销活动中。

(3) 调查问卷法，指企业可以通过设计结构化或者开放式的问卷来了解客户的信息。调查问卷法包括邮寄问卷、网上调研、电子邮件、电话调研、短信等多种方式。

(三)处理客户信息

在过去，企业由于受技术限制，它只能对掌握的信息简单地进行分析。现在，随着 IT 技术的发展，企业可以利用数据仓库来整合和管理信息，预测客户未来的行为。利用数据仓库整合、管理客户信息要重点把握以下三个方面。

1. 信息的分类和整理

企业从直接渠道和间接渠道利用不同方法收集的信息并不能直接为企业所用，必须对这些信息进行分类和整理。这是因为，首先，企业所收集的信息分散在企业各个不同部门，这些处于不同部门的信息降低了整个企业掌握信息的完整性。其次，来自不同渠道的信息并不是完全准确的，在很多时候，关于同一问题的信息可能截然相反。因此，企业必须对掌握的信息进行筛选和整理，从中找到有价值的信息。

2. 客户信息的录入

当企业完成了信息筛选和整理之后，第二步就是将掌握的信息录入数据仓库。在录入信息的过程中，首先要对信息进行编码，其次要保障录入信息的准确性。

3. 客户信息的分析与整理

如果企业只是简单地把客户信息录入数据仓库，并不能发挥客户信息与数据仓库的作用。数据仓库能够帮助企业更好、更快地分析客户信息，从中找到有价值的线索，对企业有非常重要的作用。

(四)更新客户信息

对企业而言，通过直接渠道和间接渠道收集信息是企业了解客户的重要途径。但企业并不是开展一次大规模的收集信息活动就能一劳永逸，及时更新客户信息与收集客户信息同等重要。在市场竞争激烈的今天，客户的需要和偏好不断发生着变化，如果企业不能及时更新客户信息，采用过时的数据来分析客户特征，将会使企业不能确切了解客户的要求。一旦对客户特征把握不准确，就将对企业产品设计、客户沟通等工作带来严重干扰，使企业的投入不能取得预期的收获。

(五)客户信息安全

客户信息安全主要涉及企业的客户信息是否有泄露以及在收集、更新客户信息的过程中是否侵犯了客户隐私。对任何一个企业而言，所掌握的客户信息都是一笔重要的资产。这些客户信息不仅是企业制定客户关系管理策略的重要依据，也是企业制定营销战略乃至企业发展战略的重要基础。客户信息一旦泄露，将会对企业的发展造成不可估量的损失。为了保障企业客户信息数据库的安全，企业要培养信息保密意识，建立相应的制度体系，采取分级管理的办法。同时，企业要保护好客户个人信息，保护好客户个人的隐私权。随着国家立法的逐步完善，企业越来越需要注意客户隐私信息的保护。

第二节　客　户　选　择

市场经济条件下，每个客户都有不同的需求，需求的个性化决定不同的客户会向不同的企业购买产品。而企业的资源是有限的，无论是人力、财力、物力，还是生产能力、时间都是相对有限的，这就决定了企业不可能什么都做。此外，竞争者的客观存在，也决定了任何一家企业不可能通吃所有的购买者，不可能为所有的购买者提供产品或服务。因此，客户识别完成后就要进行客户选择。客户选择实际上是按照一个适合本企业的客户标准，在潜在市场上挑选适合企业的客户。即从企业的角度出发，在一定的资源条件下，选择企业目标市场的构成者，或者说去构建企业的目标市场。

一、客户选择的作用

仔细挑选特定的客户是企业处理客户关系时争取主动的一种策略，是成功建立、维护客户关系的基础，是企业对客户关系进行有效管理的前提条件，客户选择具有非常重要的作用。

1. 客户选择的效果决定了企业客户资源的质量

每个企业能够有效地服务客户的类别和数量是有限的，市场中只有一部分购买者能成为购买本企业产品或服务的实际客户，其余的是非客户。既然如此，在那些不愿意购买或者没有购买能力的非客户身上就不要浪费时间、精力和金钱，否则将有损企业的利益，无异于"对牛弹琴"。相反，企业如果准确选择属于自己的客户，就可以避免在非客户身上花费成本，从而减少企业资源的浪费。

事实上，客户本来就存在差异，有优劣之分，不是每个客户都能够带来收益，都能给企业带来正价值。有的客户可能是"麻烦的制造者"，他们或者侮辱、刁难员工，或者骚扰其他客户，或者破坏经营气氛，或者提出不合理的要求，不管企业做了多大的努力，都面临风险，如信用风险、资金风险、违约风险等，并且这些风险可能超过其为企业带来的价值。

因此，企业扩大客户数量的同时更要注重客户质量，企业应当放弃任何客户对企业都是有价值的认知，注意选择有价值的客户。

2. 正确的客户选择有利于企业的市场战略定位

客户的需求也是有差异的，企业如果没有选择好自己的客户，就不能为确定的关系客户开发恰当的产品或者提供恰当的服务。另外，形形色色的客户共存于同一家企业，可能会造成企业定位模糊，导致客户对企业印象产生混乱。比如五星级酒店在为高消费的客户提供高档服务的同时，也为低消费的客户提供廉价的服务，就可能令人对这样的五星级酒店服务产生不满。

相反，如果企业主动选择特定的客户，明确客户定位，就能够树立鲜明的企业形象。例如，美国的林肯汽车定位在高档市场，雪佛兰定位在中档汽车市场，而斑马则定位在低档汽车市场。主动选择客户是企业定位的表现，是一种化被动为主动的思维方式，既体现了企业的个性，也体现了企业的尊严，更决定了一个企业的命运。

3. 客户选择影响企业的客户开发和客户保持

我们知道，饥不择食可能会消化不良，可能还会中毒，甚至会出现更严重的后果。我们还知道，要做成一件事，首先要做正确的事，然后再正确地做事，直到把它做成。

同样的道理，企业如果没有选好客户，或者选错了客户，那么建立客户关系的难度可能就比较大、成本比较高，而且建立客户关系之后，提升客户关系、维护客户关系的难度也比较大、成本也比较高。企业会感到力不从心，很难为客户提供相应、适宜的产品或服务。而与此同时，客户这边也不领情，不乐意为企业买单，到头来企业吃力却不讨好。相反，企业如果经过认真选择，选对、选准了关系客户，那么建立客户关系、提升客户关系、维护客户关系的可能性就很大，也很容易，成本也会很低。

4. 客户选择影响企业的盈利能力

客户的稳定是企业销售稳定的前提，稳定的客户给企业带来的收益远大于经常变动的客户，而客户的每一次变动对企业都意味着风险和费用。这就要求企业在选择客户时一定要慎重。要先区分哪些客户是能为企业带来盈利的，哪些不能，然后根据自身的资源和客户的价值选择那些能为企业带来盈利的客户作为关系客户，并且从源头上减少或者干脆不与"魔鬼"客户交往，不把他们列为开发的对象。

经过一系列的限制条件(如规模、资金、信誉、管理水平、技术实力)被选择入围的客户肯定会珍惜与企业的合作机会，企业也清楚这些客户是自己真正需要的客户，是企业的重要资源和财富。假如企业能够为这些最有价值的客户提供满意的产品或服务，并且不断地满足这些客户的特定需求，那么，企业就将得到长期、稳定、高额的回报，企业的业绩将稳步提高。

二、客户选择的影响因素

影响客户选择的因素主要有以下几个方面。

1. 产品性质

企业由于其产品的性质、用途等不同，客户也是不同的。

2. 目标市场

企业面向不同的目标市场，具有不同的消费群体。例如，不同的国家有不同的消费需求、消费习惯，以及不同的购买力和购买方式，其客户当然也是有所不同的。

3. 竞争对手

竞争对手的渠道策略与客户选择，必然会影响本企业的选择。

4. 社会、经济、文化环境及人员素质

企业应根据不同的社会、经济、文化环境，选择相应的客户。企业营销人员和管理人员本身的素质，也会影响企业所选择的客户。

5. 渠道策略

不同的营销渠道需要不同的客户，例如分销的客户与直销的客户是完全不同的，线上

的客户与线下的客户也是有差异的。

6. 营销战略

企业的营销战略不同，如是以市场占有率为目标，还是以树立品牌为目标，抑或以回收资金为目标，所选择的客户也不同。

7. 成本与企业资源

选择不同的客户，需要不同的配置资源。如果资源不够，会影响对客户的管理；而如果成本过高，又会影响企业的收益。

三、客户选择的战略

客户选择的战略是企业在一定环境下选择客户的战略指导，是客户资产经营者必须解决的问题，是关系企业生存和发展的重大问题。具体有以下几种。

1. 客户获得战略

客户获得战略是指企业将战略重点放在获得更多、更合适的客户上。一般来说，企业在产品生命周期的投入期或成熟期后期，或者企业处在迅速增长期，或者企业处在快速增长有一些特殊需求的时候，又或者企业想要获得比竞争者更大的经济规模和更丰富的经验的时候，企业应运用客户获得战略。不断地获得客户，是企业具有提供高质量的产品与服务能力的保障。

2. 客户忠诚战略

客户忠诚战略是指企业将战略焦点集中在客户的回头率上，认为培养忠诚客户比获得更大的市场份额更重要。一般来说，企业在产品生命周期的成长期或成熟期前期需要使用客户忠诚战略。企业致力于客户忠诚战略是获得持续竞争优势的基础，如果企业没有稳定的客户群，企业的持续发展就没有保障。

3. 客户扩充战略

客户扩充战略常常与客户忠诚战略一起使用，运用于产品生命周期的成长期或成熟期前期，以扩大客户群体。这些战略都涉及要维持企业已经与客户建立起来的关系这个问题。通过提供更为广泛的产品与服务，企业的客户群将大大扩展，从而促进企商联盟进一步发展。扩充战略使行业或者市场的界定变得越来越模糊，以前是处于不同市场范畴的企业，现在却正为获得同样的客户竞争，并且正依靠着扩充战略去满足同样的客户需求。

4. 客户多样化战略

客户多样化战略是指企业将战略重点放在使用新产品和新服务来与新客户做生意上，也有的企业在产品生命周期的衰退期或成熟期后期应用客户多样化战略。这一战略具有较高的风险，除非有特殊机会，否则将其作为企业所遵循的战略是不合适的。如果客户多样化战略还没有被充分地研究透彻就进入了实施阶段，企业不但要试着应对与以往不同的客户，同时还要解决新产品的技术问题。

5. 不同的客户战略相结合

不同的客户战略相结合是指企业将不同的客户战略进行综合，如通过依靠客户进行产品介绍、推荐或服务，将客户扩充战略与客户忠诚战略结合起来。

客户战略从来都不是绝对的，企业应根据具体的客户特性描述来加以确立。企业只有对不同性质的客户有一个清楚的判断，才能解决好企业客户战略的选择问题，所以企业对这些客户的真实数据应该有清楚、明确的了解。

四、客户选择的要点

1. 选择合适的客户

"合适的客户"指的是本身素质好、对企业贡献大的客户，至少是给企业带来的收入要比企业为其提供服务和产品所花费的成本高，这样才算是个"合适的客户"。也就是说，"合适的客户"最基本的条件是能为企业带来盈利。

一般来说，"合适的客户"通常是购买欲望强烈、购买力大，对价格敏感度低、付款及时、有良好信誉，服务成本较低，经营风险小，愿意与企业建立长期客户关系的客户。

2. 选择与企业定位一致的客户

企业要从实际出发，根据企业自身定位和目标来选择经营对象，选择与客户定位一致的关系客户。例如，美国西南航空公司为了与其他航空公司进行差异化竞争，将关系客户定位在对航空票价敏感的低端市场，飞机上不设置商务舱和头等舱，而且对航空服务进行了一系列简化。西南航空公司总裁在电视上说："如果你对我们提供的服务感到不满，那么非常抱歉地告诉你，你不是我们服务的关系客户，我们不会因为你的抱怨而改变我们的服务方式，你可以去乘坐其他航空公司的飞机。当你感觉需要我们服务的时候，欢迎你再次乘坐西南航空的班机。"

3. 选择有潜力的客户

企业选择客户不要局限于客户当前对企业赢利的贡献，而要考虑客户的成长性、资信、核心竞争力以及未来对企业的贡献。对于当前的利润贡献低但有潜力的小客户，企业要积极提供支持与帮助。尽管满足小客户的需求可能会降低企业当前的利润，甚至可能带来损失，但在将来，他的潜力可能巨大。支持客户在很大程度上就是支持自己，因为只有客户发展了，才可能对自己的产品或服务产生越来越大的需求。在几乎所有优质客户都被大企业瓜分殆尽的今天，这显然是培养优质客户的好时机。

4. 选择"门当户对"的客户

客户实力并非越大越好，当然也并非越小越好，最好是双方实力和规模相互匹配，符合企业定位和"门当户对"，是企业选择客户的稳健和保险的策略。只有两者实力对等，才能相互制衡，具有忠诚合作的基础。企业要将那些客户综合价值高，而企业对其综合能力也高的客户作为关系客户。也就是说，要将价值足够大，值得企业去开发和维护的，同时企业也有能力去开发和维护的客户，作为企业的关系客户。

5. 选择与"忠诚客户"相似的客户

没有哪个企业能够满足所有客户的需求，但有些客户可能会因为企业提供的产品或服务比竞争对手更好、更加物有所值而忠诚。这至少说明企业的特定优势能够满足这类客户的需求，同时也说明他们是企业容易建立关系和维持关系的客户。因此，要选择与"忠诚客户"具有相似特征的客户，这是因为事实证明，开发和维系这样的客户相对容易，而且他们能够给企业不断地带来稳定收益。

第三节 客户关系的开发

对客户识别与客户选择分析后，接着就来分析一下客户关系的开发。客户关系的开发就是企业将目标客户转化为现实客户。对新企业来说，要想在激烈的竞争中站稳脚跟，首要工作就是吸引新客户；而对老企业来说，也要在努力培养客户忠诚度的同时，不断加强开发新的优质客户。这样，一方面可以弥补客户流失的缺口，另一方面也可以壮大客户队伍规模，增强企业的盈利能力，实现可持续发展。

一、开发客户关系的主要方法

有了目标客户，企业就不能等客户上门了，而是要主动出击、积极挖掘。主动出击是企业开发客户的一种重要策略。该策略包括两个环节：第一个环节是主动接触，第二个环节是设法说服。其中，前一个环节尤为关键。

在开发客户关系的过程中，企业要熟练掌握和灵活运用以下几个常用的操作方法。

(一)面对面开发法

面对面开发法是指企业派出营销人员深入一线，直面目标客户，并实施开发。常见的有以下四种。

(1) 逐户开发法，即营销人员在所选择的目标客户群活动区域内，对目标客户进行挨家挨户地访问与开发。采用此法成功开发客户的数量与访问人数成正比，要想获得更多客户，就得访问更多的人。

(2) 会议开发法，即在目标客户出席的各种会议中，如订货会、采购会、交易会、展览会和博览会，捕捉机会与目标客户建立联系，从中寻找开发客户机会的方法。如出版社利用全国书市聚集全国各地的大小书店、图书馆等机会，与他们接触、交谈，争取把他们培养成自己的客户。再如，一些房产中介利用房展，在会场里寻找客户，效果极好。运用会议开发法时要注意技巧，否则有时引起客户的反感。

(3) 特定场所开发法，即进入目标客户的社交圈，对其开发。例如，打高尔夫球的一般是高收入阶层的人士，而高收入人群的保险意识比较强，是保险业务的重点开发对象，于是有些保险推销员为了能够接触到这类人士，有意识地参加高尔夫球俱乐部，这使自己有机会经常与这些高收入人士交流球技，与他们做朋友，能签到许多大的保险单。

(4) 人际关系网开发法，即将自己接触过的亲戚、朋友列出清单，然后拜访，争取在其中寻找自己的客户。每个人都有一个关系网，如同学、同乡、同事等，因此可以依靠人际关系网进行客户开发，例如，做金融理财产品的业务员，利用人们不愿意把理财业务交给不熟悉的人的心理，很多就是利用人际关系网寻找客户。

(二)他人介绍开发法

他人介绍开发法是指企业借助他人介绍客户，并实现客户的开发。

(1) 老客户介绍开发法，即企业通过老客户的介绍来寻找目标客户。人与人之间有着普遍的交往与联系，消费需求和购买动机常常互相影响，同一个社交圈内的人可能具有某种共同的消费需求。只要赢得现有客户的信任，给予他们一定的好处(优惠待遇和一定比例的提成)，就可以通过现有客户的自愿介绍，向其亲朋好友进行产品推荐，寻找目标客户。

(2) 商业伙伴介绍开发法，即请上家和下家帮助介绍客户。商业伙伴也可以帮助介绍和推荐，企业抓住机会开发。企业和其进货的上家和销售的下家都处在同一利益链中，很容易因"唇亡齿寒"的"同伴意识"而"互相捧场"，利用这种心态和利害关系，将会有不小的收获。

(3) 名人影响开发法，即在某一特定的目标客户群中选择有影响的"中心"人物或组织，并使其成为企业的客户，然后借助其"中心效应"，将该目标客户群中的其他对象转化为现实客户。

(三)远距离开发法

面对面寻找客户，成本高。为了节约成本，常采用远距离沟通和开发，这样范围更大。这种方法尽管成功率不高，但因其范围大，开发的客户总量也不少，是目前应用最多的开发方法。

(1) 电话开发法，即以打电话给目标客户的形式来开发客户的方法。这种方法的优点是成本较低，节约人力。但是，电话开发法也有缺点，那就是无法从客户的表情和举止判断其反应。目前，保险公司和证券公司广泛应用这种方法来开发客户。

(2) 信函开发法，即以邮寄信函的方式来开发客户的方法。如向目标客户寄送邮购产品目录、宣传单、插页等，向他们介绍公司的产品或者服务以及订购和联系的方式。

(3) 网络开发法，即借助互联网宣传和介绍自己的产品从而开发客户的方法。随着上网人数日渐增多，企业很容易在网络上找到客户，因此该方法前景广阔。网络开发法的优点是方便、快捷、信息量大、成本低。网络开发法的缺点是受到网络普及程度、上网条件以及网络诚信的影响，不过这些因素正随着我国电子商务的发展逐步改善。

(4) 短信开发法，即通过发送短信来开发客户的方法。目前的电信企业主要利用这种方法来开发客户。这种方法具有以下优点：省去电话的客套和迂回，方便、快捷；价格低廉，能够打破地域限制；发出的信息只要不删除，就能够一直保留在客户的手机上，可以随时提醒短信的接收者；客户可以就一些他们感兴趣的问题进行交流；以短信的方式问候客户，可以增进与客户的感情。但短信开发法也有缺点：受虚假诈骗短信的影响，人们对短信的信任度较低，另外，有的客户对无关短信很反感，也不愿意短信回复，因此该方式的信息反馈效果较差。

二、开发客户的说服技巧

(一)说服潜在客户的技巧

在说服潜在客户的技巧上，一般可以采用"富兰克林式"表达方式，就是销售人员向客户说明，如果买了企业的产品，能够得到的第一个好处是什么，第二个好处是什么，第三个好处是什么，第四个好处是什么；如果不买企业的产品，第一个损失是什么，第二个损失是什么，第三个损失是什么，第四个损失是什么。这样，潜在客户权衡利弊得失后，

就会做出选择。

例如，日产汽车公司的首席推销员奥成良治，整理了 100 条客户买他的汽车能够得到的好处以及不买他的汽车会蒙受的损失，去说服客户。

(二)应对不同类型客户的说服技巧

客户的学识、修养、个性、习惯、兴趣及信仰等不同，对于各种人、事、物的反应及感受也有相当大的不同，因此，只有区别对待不同类型的客户，才能事半功倍。

不同类型客户具有不同的特点，说服他们要有相对应的技巧。总的来说，说服技巧有以下几种。

1. 针对客观理智型客户的说服技巧

客观理智型客户的特点是考虑周详、决策谨慎、客观理性。说服策略就是按部就班，不投机取巧，要规规矩矩、不卑不亢、坦诚地向他们介绍产品的情况，耐心解答疑点，并尽可能提供有关证据。

2. 针对个性冲动型客户的说服技巧

个性冲动型客户的特点是情绪不稳定，易激动且反复无常，对自己决策易反悔。对待这类客户一开始就应该大力强调所推销产品的特色和实惠，促使其尽快购买，但要注意把握对方的情绪变动，要有足够的耐心，不能急躁，要顺其自然。

3. 针对思想顽固型客户的说服技巧

思想顽固型客户的特点是具有特别的消费偏好，对新产品往往不轻易接受。对待这类客户，不要试图在短时间内改变他，否则容易引起对方强烈的反应、抵触情绪和逆反心理，要善于利用权威、有力的资料和数据来说服对方。

4. 针对争强好斗型客户的说服技巧

争强好斗型客户的特点是比较专横、征服欲强、喜欢将自己的想法强加于别人。对待这类客户，就要做好被他步步紧逼的心理准备，切不可意气用事，贪图一时痛快，与之争斗。相反，应以柔克刚，必要时丢点面子，适当做些让步也许会使事情好办得多。

5. 针对优柔寡断型客户的说服技巧

优柔寡断型客户的特点是缺乏决策能力、没有主见、胆小怯懦。对待这类客户，应以忠实的态度，主动、热情、耐心地做介绍并解答其提出的问题，要让这类客户觉得你是可信赖的人，然后帮助他们做出决策。

6. 针对孤芳自赏型客户的说服技巧

孤芳自赏型客户的特点是喜欢表现自己，不喜欢听别人说，任性且嫉妒心较重。对待这类客户，首先，在维护其自尊的前提下向其客观地介绍情况；其次，要讲他感兴趣的话题，为他提供发表高见的机会，不轻易反驳他；最后，推销人员不能表现太突出，不要给对方留下是在对他进行极力劝说的印象。

7. 针对盛气凌人型客户的说服技巧

盛气凌人型客户的特点是常摆出一副趾高气扬的样子，不通情达理，表现非常高傲，常自以为是。对待这类客户要不卑不亢，用低姿态方式充当他的忠实听众，进行附和，表现出诚恳、羡慕及钦佩，并提出一些问题，向对方请教，让其尽情畅谈，以满足其发表欲。如仍遭受对方刻薄、恶劣的拒绝，可用激将法，寻找突破口，但也不能言辞激烈，以免刺激对方，引起冲突。

8. 针对生性多疑型客户的说服技巧

生性多疑型客户的特点是不相信别人，无论是对产品还是对销售人员都会疑心重重。对待这类客户要充满信心，以端庄外表与谨慎态度说明产品特点和客户将获得的实惠。某些专业数据、专家评论对建立这类客户的信任有帮助，但切记不要轻易在价格上让步，否则会使对方对你的产品产生质疑。

9. 针对沉默寡言型客户的说服技巧

沉默寡言型客户的特点是性格比较内向，对外界事物表现冷淡。对待这类客户应主动向其介绍情况，态度要热情、亲切，要设法了解其对产品的真正需求，注意投其所好，耐心引导。

10. 针对斤斤计较型客户的说服技巧

斤斤计较型客户的特点是精打细算，精明能干，讨价还价，爱贪便宜且不知足。对待这类客户，说服策略是要避免与其计较，一方面要强调产品的优惠和好处，且事先提高一些价格，让客户有讨价还价的余地；另一方面可先赠予小礼物，让客户觉得得了便宜，一旦其有了兴趣，接下来就会跟随你的思路了。

三、增强对潜在目标客户的吸引力

企业要通过采取不同的手段，依靠企业本身的产品、价格、渠道和促销等优势，积极吸引潜在的目标客户，使其最终成为现实客户。

1. 提供适当的产品或服务

适当的产品或服务是指企业提供给客户的产品或服务要确实能满足客户的实际需要，不仅包括功能、质量、外观、规格，还包括品牌、商标、包装以及相关服务保障等。

2. 提供适当的价格

客户购买产品或服务时一般都有一个期望价格，当市场价格高于其期望价格时，就会有更多的客户放弃购买这个产品或减少购买；而当市场价格低于其期望价格时，客户又可能认为"便宜没好货"而不购买。企业应通过制定适当的价格来吸引客户。

3. 提供适当的分销渠道

通过适当的分销渠道，使客户很容易、很方便地购买到企业的产品或服务。例如，寿险公司为了吸引和方便客户购买寿险，面对新的市场情况和技术情况，开通了寿险超市、网上寿险、银行寿险以及邮政寿险等形式来吸引和方便人们购买寿险。再如，商店、电影院、餐厅等，位于人口密集、人流量大、人均收入高、交通便利的地段，可以更好地吸引和方便客户的消费，其营业收入和利润也会比较高。

4. 提供适当的商品和服务促销

适当的促销是指企业利用各种适当的信息载体，将企业及其产品的信息传递给目标客户，并与目标客户进行沟通的传播活动，旨在引起客户注意，刺激客户的购买欲望。

四、个性化服务

提供个性化的服务是企业开发新客户的有效方法之一。企业应先了解潜在客户的不同需求，再提供个性化的服务，从而有效地实现潜在客户的转化。

(一)个性化服务的理念

1. 个性

个性是稀缺的资源。当我们说一个人、一个网站或者一种服务有个性的时候，我们的意思通常是说这个人、这个网站或这种服务与众不同。个性与个性化服务都不是可以招之即来、挥之即去的东西，是一个非定量的概念。

2. 个性化服务

个性化服务是一种真实服务的最高级表现形式。许多人强调个性化服务是针对个人的、可以由个人定制的服务。个性化服务的方式和内容都必须是个性化的(针对个人的)。如果一项服务的内容仍然是非个性化的，仍是批量生产的，仍是规格和标准都统一的，那么这项服务就不能称为个性化服务。

在传统的方式下，个性化服务由于受到多方面的限制，其服务目标的细分极其有限。而在互联网上，交互技术的支撑为服务目标的细分提供了广阔的前景，可以实现一对一的服务。不仅如此，在个性化服务的过程中，电脑系统还可以跟踪记录客户信息，形成客户数据库，通过数据分析，了解客户的操作习惯、个人兴趣、消费倾向、消费能力和需求信息等，从而更有利于利用各种服务手段。同时，还可以据此更有针对性地指导产品的更新换代，使企业的服务进入良性循环，从而做到商家和客户的双赢。

(二)个性化服务的类型

个性化服务也称定制服务，就是按照客户的需要提供特定的服务。个性化服务分为服务时空的个性化、服务方式的个性化和服务内容的个性化三种。

1. 服务时空的个性化

互联网突破了传统的时间和空间限制。在时间上，互联网可以提供 24 小时的服务，客户可以根据自己的时间安排接受服务。即使你深夜想到异地旅行，也可以立即在网上查询和订票。在空间上，则可以实现远程服务和移动服务。

2. 服务方式的个性化

企业可以通过互联网提供更具特色的服务。假如你到戴尔公司的网站购买 PC，你可以自己设计，然后由戴尔公司根据你的要求迅速组装，从此改变了"企业提供什么，客户接受什么"的传统方式，变成了"客户需要什么，企业提供什么"的新方式。

3. 服务内容的个性化

可以利用一些智能软件技术为客户提供专门的服务。用户可以根据自己的需求，选择自己需要的服务，从而使服务不再千篇一律，而是各取所需，各得其所。

然而，企业在提供个性化服务的时候，也要注意相应的问题。首先，要保护客户的隐私资料，不能随意泄露，更不能贪图小利而将其出售。如果侵犯了客户的隐私权，不但会招致客户的反对和敌意，甚至可能导致客户的报复和起诉。其次，也要注意所提供的个性化服务是否能真正符合客户的需要。最后，个性化服务还涉及许多技术问题，因此，必须在技术上保障个性化服务的稳定性和安全性，否则就可能弄巧成拙。

第四节　流失客户的再开发

在市场竞争越来越激烈的今天，每个企业都存在客户流失的问题。企业一定要对这些流失的客户进行分析，找到原因，制定对策，把流失的客户赢回来，实现流失客户的再开发。

一、客户流失的内涵

客户流失是指客户不再购买企业的产品或服务，终止与企业的业务关系。客户流失可能是与企业发生一次交易关系的新客户的流失，也可能是与企业长期发生交易关系的老客户的流失；可能是中间客户(代理商、经销商、批发商和零售商)的流失，也可能是最终客户的流失。

通常情况下，老客户的流失率小于新客户的流失率；中间客户的流失率小于最终客户的流失率；老年人客户的流失率小于青年人客户的流失率；男性客户的流失率小于女性客户的流失率。一般来说，客户不满意会直接导致客户的流失，流失的可能性与不满意程度呈正相关关系。同时，满意的客户也不一定是忠诚的客户，仍然会有流失情况的发生。

二、客户流失的识别

对企业而言，目前主要从以下四个方面进行客户流失的定量识别和数据分析。

1. 以客户为基础

以客户为基础的测量方法形成客户指标。客户指标主要包括客户流失率、客户保持率和客户推荐率等。

(1) 客户流失率是客户流失的定量表述，是判断客户流失的主要指标，直接反映企业经营与管理的现状。用公式表示为

$$客户流失率=客户流失数/消费人数×100\%$$

(2) 客户推荐率是指客户消费产品或服务后介绍给他人消费的比例。客户流失率与客户保持率、客户推荐率成反比。通过客户调查问卷和企业日常记录，可获得上述客户指标。

2. 以市场为基础

市场也是衡量客户流失的有效手段，与客户指标相似，可以建立市场指标。传统的市场指标主要包括市场占有率、市场增长率和市场规模等。通常，客户流失率与上述指标成

反比。企业可通过市场预测统计部门获得这方面的信息。

3. 以企业财务指标为基础

企业的财务指标主要是收入利润指标，如销售收入、净利润、投资收益率等。通常，客户流失率与此类指标成反比。企业可通过营业部门和财务部门获得这方面的信息。

4. 以企业竞争力为基础

在激烈的市场竞争中，一家企业所流失的客户必然是另一家企业所获得的客户。因此，判断一家企业的竞争力，便可了解该企业的客户流失率。通常，竞争力强的企业，客户流失的可能性要小些。但是，企业的竞争力是难以定量测量的，企业可借助行业协会所开展的排名、达标、评比等活动或权威部门和人士所发布的统计资料获得这方面的信息。

三、客户流失的原因分析

客户流失的原因有很多种，就目前的一般情况而言，客户流失的主要原因是企业自身和客户。

1. 企业自身原因

(1) 产品或服务缺陷导致客户流失。企业产品设计有缺陷、产品质量不稳定、交货不及时、缺少服务网点、售后服务滞后、投诉处理效率低、服务态度恶劣等是客户流失的根本原因。产品或服务缺陷还包括产品或服务不能及时满足客户需求的变化和期望值的改变。

(2) 企业诚信问题导致客户流失。客户最担心和没有诚信的企业合作，一旦企业不能兑现对客户的承诺，出现失信情况，客户通常会选择离开。企业的业务人员为了获得销售机会随意承诺，是企业出现诚信问题的重要原因。

(3) 客户管理疏忽导致客户流失。有些企业过分关注大客户，对中小客户不闻不问，使中小客户产生心理不平衡从而流失。缺少与客户的及时沟通、不能维持与客户的"情感"、不能给客户以应有的尊重等客户管理方面的疏忽也是客户流失的原因。

(4) 企业形象问题导致客户流失。客户对企业的产品形象、服务形象、员工形象、企业的生活与生产环境形象、企业标识、企业精神、企业文化、企业信誉、企业社会责任等的不满也会导致客户流失。

(5) 企业人员流动导致客户流失。企业人员特别是高级营销管理人员的离职变动很容易带来相应客户群的流失。这些离职人员长期与客户接触，非常了解并能恰当把握客户的需要，与客户的关系良好，一旦离职，就极易将客户带走。这是现今客户流失的重要原因。

2. 客户原因

(1) 竞争者的吸引导致客户流失。一些有价值的客户始终是企业相互竞争的重点。竞争者通过产品创新和服务创新吸引客户，或者向客户提供特殊利益引诱客户，从而导致客户流失。

(2) 社会因素导致客户流失。社会因素包括社会政治、经济、法律、科技、教育、文化等方面的政策，对客户购买心理与购买行为的影响都可能导致客户流失。

(3) 客观原因导致的客户流失。这种流失是一些客户和企业都无法控制的因素造成的。这些因素有很多，如客户的搬迁、死亡、企业客户的破产等，还有战争、季节、时令、自然灾害等因素都可能造成客户流失。对客户流失的分析除了原因分析之外，还包括对流失客户的价值分析以及对流失客户的明确细分，只有这样才能使客户流失管理触及目标对象，获得良好的流失管理效益。

四、客户流失的类型

从客户关系价值和客户满意的角度来看，流失的客户主要有以下五种类型。

1. 企业主动放弃的客户

企业产品的技术含量提高和升级换代，目标客户群体发生改变，从而使企业主动放弃部分原来的客户。比如，某酒厂以前生产普通白酒，客户定位在低收入消费者，而引进先进生产工艺后生产的特制醇酿的口感和味道均有提高，因而也提高了价格，目标市场变为中高端市场，于是主动放弃了以前的低端客户。

2. 自己主动离开的客户

客户对企业的产品或服务的质量感到不满，且出现的问题没有得到企业的及时解决，这时客户会流向竞争对手。这类客户的离开对企业造成的影响最大。

3. 被竞争对手挖走的客户

竞争对手通过向客户提供特殊的、正常业务途径无法获得的物质利益的措施(如采取优惠、特价、折扣等)将原本属于企业的客户挖走。

4. 被竞争对手吸引走的客户

竞争对手推出功能和质量更高的产品或服务，从而将本企业的客户吸引过去。

5. 被迫离开的客户

客户的经济情况发生变化或有了地域的迁徙等，将会导致客户被迫和企业终止交易关系。这样的客户流失是不可避免的，应该在弹性流失范围内。

流失客户的类型划分有助于制定客户流失的防范措施。根据以上的分析，如果只存在"企业主动放弃的客户""被迫离开的客户"和"被竞争对手挖走的客户"，则企业所提供的产品或服务并没有让客户感到不满，发生客户流失主要与客户自身的客观原因以及竞争对手采取的不正当手段有关，企业的客户流失基本在可控范围内。而如果存在"自己主动离开的客户""被竞争对手吸引走的客户"以及其他原因流失的客户，则说明企业的客户流失现象严重，而且客户流失是企业自身造成的，应采取有效措施加以防范。

五、流失客户的再开发

(一)开发流失客户的意义

所谓开发流失客户，指的是恢复和重建与已经流失客户的关系，主要针对那些曾经是企业客户、因某种原因而终止与企业关系的客户。对流失客户的再开发对企业来说意义重大。

首先，流失的客户熟悉企业的产品和服务，开发这类客户不需要再去花费人力、物力和财力宣传产品、展示品牌、示范使用，同开发新客户相比，可以减少费用和缩短时间。

其次，通过与流失客户的接触，往往可以了解本企业产品与服务的问题所在，对改进产品和提高服务有立竿见影的效果。

最后，企业开发流失客户的成功，能增强企业对客户的认知，为开发客户和维持客户关系树立信心。

(二)开发流失客户的措施

在客户流失前，企业要极力防范，而当客户关系破裂、客户流失已成事实，企业要采取挽救措施，竭力挽留有价值的流失客户，最大限度地争取与这些客户"重归于好"。

1. 调查原因、缓解不满

首先，企业要积极与流失客户联系，访问流失客户，诚恳地表示歉意，缓解流失客户的不满；其次，要了解客户流失的原因，虚心听取客户的意见、建议和要求，给客户反映问题的机会。

2. 分门别类、区别对待

在资源有限的情况下，企业应该根据客户的重要性来分配投入挽回客户的资源，要对不同的流失客户采取不同态度，应该重点挽回那些最能盈利的流失客户，如图 5-2 所示。

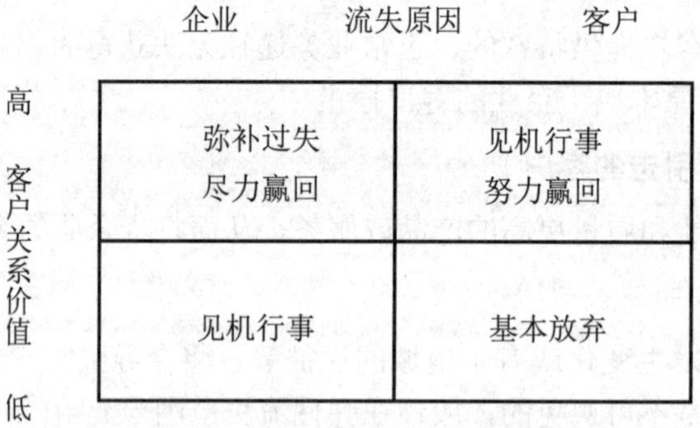

企业	流失原因	客户
高	弥补过失 尽力赢回	见机行事 努力赢回
客户关系价值	见机行事	基本放弃
低		

图 5-2　流失客户的赢回策略

(1) 对那些对企业有重要价值的客户，企业需要深入分析客户流失的原因。若是因企业的原因流失客户，则需要针对流失原因，尽力改正企业工作的失误，以期能够重新赢回客户。

(2) 对那些低价值客户，则需要分析是哪些原因造成了客户的流失。如果是企业主动放弃的低价值客户，则不需要挽回；而对那些企业产品质量、服务等原因流失的客户，企业则应分析原因，努力提高产品和服务质量，重新赢回客户。

(3) 对那些无法给企业带来高价值，又是客户自身的原因而离开的客户，则应采取基本放弃的策略。因为即使企业努力挽回这些客户，这些客户也无法为企业带来丰厚的回报。

(4) 对那些因欺诈而离开的客户，企业应当终止和这些客户的关系。因为这些客户不仅不能给企业带来价值，还会占用企业资源，对企业百害而无一利。

本 章 小 结

(1) 客户识别就是通过一系列技术手段，根据客户大量的个性特征、购买记录等可得数据，找出谁是企业的潜在客户、客户的需要是什么、哪类客户最有价值等，并把这些客户作为企业客户关系管理的实施对象，从而为企业成功实施客户关系管理提供保障。客户识别在企业客户关系管理中的作用主要体现在有助于企业与客户更好地沟通与互动，有助于企业寻找有价值的客户，有助于企业提高开发客户的成功概率，有助于企业获取新客户和能够提升客户的满意度和忠诚度。

(2) 企业通过客户识别，了解了客户，下一步就是客户选择。客户选择实际上是按照一个适合本企业的客户标准，在潜在市场上挑选适合企业的客户。仔细挑选特定的客户是企业在处理客户关系时争取主动的一种策略，是成功建立、维护客户关系的基础，是企业对客户关系进行有效管理的前提。客户选择受很多因素的影响，特别是受客户选择战略的影响。客户选择战略包括客户获得战略、客户忠诚战略、客户扩充战略和客户多样化战略。企业正确的客户选择就是选择合适的客户。

(3) 客户关系的开发就是企业将目标客户转化为现实客户。要实现客户关系的开发，一是有可行的方法与客户接触，二是要有说服不同类型客户的技巧，同时，增强对潜在目标客户的吸引力和个性化服务也至关重要。

(4) 客户流失是指客户不再购买企业的产品或服务，终止与企业的业务关系，这是一种常见的现象。客户流失的原因有多种，就目前的一般情况而言，客户流失的主要原因有企业自身和客户。从客户关系价值和客户满意的角度来看，流失的客户主要分为企业主动放弃的客户、自己主动离开的客户、被竞争对手挖走的客户、被竞争对手吸引走的客户和被迫离开的客户五种类型。企业要具体情况具体分析，认真做好流失客户的再开发工作。

课 后 练 习

一、判断题

1. 客户识别与传统营销理论中的客户细分和客户选择没有本质区别。　　　（　　）
2. 一般来说，优质客户带来大价值，一般客户带来小价值，劣质客户带来负价值。（　　）
3. 交易型客户只关心商品的价格，他们会因为买到最划算的东西而沾沾自喜。　（　　）
4. 客户选择是后续客户识别和保持的基础。　　　（　　）
5. 尽管行业不同，但企业对客户信息的需求并不会存在差异。　　　（　　）
6. 客户关系的开发，就是企业将目标客户转化为潜在客户的过程。　　　（　　）
7. 提供个性化的服务是企业开发新客户的有效方法之一。　　　（　　）
8. 通常情况下，老客户的流失率小于新客户的流失率。　　　（　　）
9. 男性客户的流失率大于女性客户的流失率。　　　（　　）
10. 企业高级营销管理人员的离职变动是现今客户流失的重要原因之一。　（　　）

二、单项选择题

1. 识别潜在客户错误的做法是(   )。

    A. 寻找那些关注未来，并对长期合作关系感兴趣的客户

    B. 不必认真考虑合作关系的财务前景

    C. 对客户的评估态度具有适应性，并且能在与客户的合作问题上发挥作用

    D. 在识别潜在客户的过程中要注意客户的某些心理特质

2. 企业根据自身的需求界定所需客户信息的范围，但是并不包括(   )。

    A. 企业所处行业的差异　　　　　B. 企业规模的大小

    C. 企业的不同战略　　　　　　　D. 企业的寿命周期阶段

3. 为了保障企业客户信息数据库的安全，企业要培养信息保密意识、建立相应的制度体系，以及采取(   )。

    A. 直接管理的办法　　　　　　　B. 间接管理的办法

    C. 分级管理的办法　　　　　　　D. 统一管理的办法

4. 在说服潜在客户的技巧上，一般可以采用(   )表达方式。

    A. "杰克西尔"式　　　　　　　　B. "克拉姆西"式

    C. "富兰克林"式　　　　　　　　D. "梅克西尔"式

5. 理智型客户的特点为(   )。

    A. 考虑周详，决策谨慎，客观理性

    B. 情绪不稳定，易激动且反复无常，对自己决策易反悔

    C. 具有特别的消费偏好，对新产品往往不乐意轻易接受

    D. 比较专横，征服欲强，喜欢将自己的想法强加于别人

6. 关于客户流失，下列说法错误的为(   )。

    A. 老客户的流失率小于新客户的流失率

    B. 满意的客户是不会有流失情况发生的

    C. 老年人客户的流失率小于青年人客户的流失率

    D. 男性客户的流失率小于女性客户的流失率

7. 客户流失的根本原因是(   )。

    A. 产品/服务缺陷　　　　　　　　B. 企业诚信问题

    C. 客户管理疏忽　　　　　　　　D. 企业形象问题

8. 竞争对手推出功能和质量更高的产品或服务，导致客户流失，属于(   )。

    A. 企业主动放弃的客户　　　　　B. 自己主动离开的客户

    C. 被竞争对手挖走的客户　　　　D. 被竞争对手吸引走的客户

9. 如果企业的客户流失处在可控范围内，则不得出现(   )。

    A. 主动放弃的客户　　　　　　　B. 被迫离开的客户

    C. 被竞争对手挖走的客户　　　　D. 自己主动离开的客户

10. 防范客户流失的首要策略为(   )。

    A. 实施全面质量管理　　　　　　B. 重视客户抱怨的管理

    C. 增加员工满意度　　　　　　　D. 建立客户关系的评价体系

三、多项选择题

1. 客户识别在企业客户关系管理中的作用主要体现在(   )。
   A. 客户识别有助于企业与客户更好地沟通与互动
   B. 客户识别有助于企业寻找有价值的客户
   C. 客户识别有助于企业提高开发客户的成功概率
   D. 客户识别有助于企业获取新客户
   E. 客户识别能够提升客户的满意度和忠诚度

2. 相比较组织客户，个人客户(   )。
   A. 购买的批量小   B. 需求变化小   C. 对价格更为敏感
   D. 与企业的互动少   E. 对价格不敏感

3. 客户选择战略是企业在一定环境因素的约束下选择客户的战略指导，这些战略包括(   )。
   A. 客户差异化战略   B. 客户获得战略   C. 客户忠诚战略
   D. 客户扩充战略   E. 客户多样化战略

4. 影响客户选择的重要因素包括(   )。
   A. 产品性质   B. 目标市场   C. 产品材质
   D. 竞争对手   E. 营销战略

5. 客户流失的企业自身原因可能为(   )。
   A. 产品/服务缺陷   B. 企业诚信问题   C. 客户管理疏忽
   D. 企业规模问题   E. 企业人员流动

四、问答题

1. 试分析客户识别对客户开发的作用。
2. 如何针对不同类型的客户采用相应的说服技巧？
3. 流失客户包括哪些类型？如何实现流失客户的再开发？

五、案例分析题

麦德龙公司独特的客户选择造成客户流失

麦德龙公司备受争议却一直不肯放弃"专业性"——专业客户服务，这既是一块培育专业客户忠诚度的"金字招牌"，同时也成了一道拒人千里之外的樊篱。

"德国个性"造成客户流失

与大多数卖场不同，早在国家还没有对商场进行"禁塑"时，在麦德龙公司的商场内购物塑料袋都是要付费的，小的0.3元，大的0.5元，商场内还标明"敬请反复使用"的字样，以提倡环保。

很多商家喜欢抓住"小客户"消费群体，而麦德龙公司不允许1.2米以下儿童入场，因为这个高度以下的儿童正好是其货用叉车的盲点；与其他大多数商场不同，在麦德龙公司内办理会员卡需要出示营业执照或单位介绍信；与所有商场不同，麦德龙公司采用A4大小的"透明发票"，购物单位名称和所有商品明细一项项明列其中……而这些特色在过去的10多年中令麦德龙公司赢得客户的同时也流失了很多客户。

独特的运营模式有独特的盈利方式。据了解，麦德龙公司"现购自运"业态在全世界的 28 个国家全部是同一种经营模式，截至目前，全球都没有关闭过门店。麦德龙中国华北区总经理张守川认为，专业性是麦德龙公司一贯的宗旨，而在不同的国家培育市场需要的时间也不同。他说："目前，专业性做得非常成功的国家是法国，专业客户的采购几乎达到百分之百。而这种专业性在一个国家或者地区达到一定程度，需要时间。"

细节服务专业

据了解，麦德龙公司只为专业客户服务，包括中小型零售商、酒店、餐饮业、工厂、企事业单位、政府和团体等，而为了锁定这些专业客户，麦德龙公司有很多独特的细节。

目前，麦德龙公司北京首店有约 50 人的专业咨询团队，专门针对专业的餐饮客户上门服务；而其促销邮报也不同于其他卖场，而是分列专刊，如细分为办公用品专刊、福利专刊、咖啡专刊、红酒专刊等；麦德龙公司全年的营业时间是从早上 6 点到晚上 10 点，能在凌晨 3 点开始销售生鲜肉类产品；商场内不同大类的食品设有不同的收货口，以免交叉污染；在商品出售环节，麦德龙公司会向客户提供专用的保温袋，以确保特殊商品的温度环境不出现过大的波动……如果说针对"专业客户"的门槛将一部分消费者拦在了门外，那么这也是麦德龙公司认为所做的专业服务的制胜所在。张守川坦然承认，这些特色给麦德龙公司乃至与其合作的供货商带来很多困惑。他说："包括供货商在内的很多人都有不解，为什么麦德龙公司要强制执行高于国家标准的国际标准(HACCP)，工作刀具一定是特殊的，操作区的垃圾桶一定是用脚踩的……而面对这些疑惑，麦德龙公司依旧坚持了下来。"记者在麦德龙万泉河店发现，办理会员卡对客户有严格的法人资格要求，因 1.2 米以下的孩子被拒之门外饱受普通消费者指责，麦德龙公司有苦难言。

会员制培育市场

"作为为专业客户服务的商场，我们很难面面俱到。"张守川表示，"对于普通消费者，我们不是不欢迎，而是这部分消费者并不是麦德龙公司的目标客户群，麦德龙公司希望将会员尽量过滤，最后锁定在专业的消费者身上。这样严格控制，无论从购物环境方面还是在服务的专业性方面都会更有针对性。"

目前，会员店在国内已不是新事物。高调开业而于 2004 年年底全面崩盘的普尔斯马特公司是会员店的代表之一。一直以"仓储式会员店"自称，而今会员卡形同虚设的万客隆公司和一直不温不火的沃尔玛山姆会员店都在中国陷入尴尬境地。麦德龙公司一直坚持的服务专业客户的理念，虽然也将一部分客户拦在了自家商场的大门外，却有着明确的目标市场定位，思路清晰。张守川表示，目前开业的北京万泉河店拥有 15 万会员，随着时间的推移，这部分人也会慢慢过滤，最后沉淀为对麦德龙公司有品牌忠诚度的专业客户。

麦德龙公司的四大特色

特色一：可爱又可恨的"透明发票"

在麦德龙公司商场内，每个消费者购物后取得的发票都有 A4 纸大小，而且购物单位抬头，商品名称、价格和购买数量打印得一清二楚。而这对于很多采购人员来说，对其已经习惯的"灰色运作"是一种挑战。麦德龙公司也坦然承认因此而丧失一部分客流。张守川表示，很多会员单位的高层领导都非常欣赏这样的透明制度，而目前要让所有的采购人员习惯麦德龙公司的"现购自运"和"透明发票"也许需要时间，麦德龙公司这样的特色不会丧失，因为为了适应市场去处处妥协，就将丧失了麦德龙公司的"灵魂"。

特色二：反向会员服务

"现购自运"的麦德龙公司提供的是针对专业客户的服务。张守川表示，麦德龙公司希望在准入时就对会员资格有严格的审查。据了解，麦德龙公司的会员卡上明确标明了客户的单位名称，还有个人照片，不收取费用。麦德龙公司之所以严格把关会员审批，就是要保障对专业会员承诺的特殊服务。

不同于普尔斯马特、万客隆和沃尔玛山姆会员店针对所有消费者的服务，麦德龙公司会员是以法人为单位的，这样的市场定位使其与仓储式大卖场有所区别，将市场细分为专业客户而提供针对性服务。

据张守川介绍，就客户手中的会员卡而言，就有专业的反向服务功能。客户办卡时，商店内的信息系统就对其信息备份记录，这便于企业对目标客户的需求做研究，而客户每次购物过后，信息也会储存在系统里，每当客户希望了解这一年的采购情况时，麦德龙公司可提供详细数据，做到对客户进行信息反馈。

特色三：卖场主题专区

虽然必须坚持同样的运营模式，麦德龙公司也在寻求创新。在北京万泉河商场内，约120平方米、储藏超过200种从世界各地引进的高级名贵葡萄酒的精品酒廊成为一大特色。在出售精品红酒的同时传递酒文化，成为星级酒店及酒吧和中小零售商的采购最佳选择。而通过设立培训厨房，麦德龙公司由简单的商品销售商转化为商品知识的传递者，既向客户"授之以鱼"，也"授之以渔"。张守川表示，培训厨房的相关工作正在积极开展，除了对内培训之外，也是对外的培训和对新产品的推广宣传途径。此外，记者发现，为企事业单位提供服务的麦德龙公司在商场内还专门设有福利礼品专区。张守川表示，除了特色，"一站式"购物是麦德龙公司追求的境界，到目前为止，麦德龙公司基本可以全部满足客户的需求。

特色四：色彩斑斓的 HACCP

麦德龙公司的客户群体中，餐饮专业客户超过了20%，包括星级酒店和餐馆食堂，而后者对食品安全问题尤为敏感。在这方面，麦德龙公司一直坚持国际食品质量控制体系"HACCP"（Hazard Analysis and Critical Control Point，危害分析的临界控制点）这一高于国家标准的国际标准。在这个质量控制体系内，对消毒方法、冷冻控制有严格的规定。麦德龙公司最有意思的特点是"以色彩区分"。在这个体系内，将产品分为 6 类不同的颜色，如水产品是蓝色，奶制品是白色，果蔬产品是绿色，肉类产品是红色，熟食类是棕色，禽类是黄色。对应这些细分区域，操作员的工作服和工作器具必须采用与其对应的颜色，以做到专业并避免交叉感染。

张守川表示，虽然目前包括供货商在内对这些严格的标准都有"有没有必要采用"的疑惑，但是麦德龙公司 10 年以来一直坚持。麦德龙公司认为，这些都是赢得专业客户信赖的保障。

（资料来源：http://finance.ce.cn/macro/gdxw/200609/01/t20060901_8375454.shtml.）

请回答：

1. 请分析麦德龙公司在客户选择方面主要有哪些独特的地方。

2. 麦德龙公司独特的客户选择在中国造成一定的"客户流失"，对此你如何认识？

第六章　客户关系分级管理

学习目标

● 了解客户关系分级的概念和方法，深刻理解客户关系金字塔分级模型。

● 了解客户关系分级管理的一般方法，理解客户分级管理方法的适用范围，熟练掌握客户炼金术。

● 了解大客户管理的基本内容，理解大客户管理的解决方案。

引例：产险客户的分类管理

我国加入 WTO 后，保险市场逐步开放、监管行为日益规范，保险经营方式也将彻底改变。不难看出，中国的产险市场正朝着细分化方向发展。作为卖方的变化有：保险主体增多、中介机构增多、费率竞争激烈、服务手段加强等。买方面临的新变化是：更多选择机会、产品需求细化、服务需求增加、维权意识增强等。面对日益严峻的市场形势，必然要求国内的保险公司对市场有新的研究，对客户、渠道、销售做出新的细分和管理，其中做好产险客户的分级是首要工作，是"以客户为中心"的营销战略思想的具体体现。

1. 产险客户分级

企业的利润及其价值是由什么决定的？经营规模是决定企业赢利的关键因素，而客户忠诚对利润的影响远比市场份额重要。有资料显示，在银行、保险等服务行业，客户的忠诚度每上升 5%，企业的利润可上升 25%～85%，并且这些行业 80%的利润是由占比 20%的忠诚客户创造的。研究发现，在保险等服务行业，吸引一个新顾客的成本要比保留一个老客户高出 5 倍以上。一切旨在提升客户忠诚度的管理手段，都是以有效的客户分级管理为基础。意大利经济学家帕累托提出了帕累托定律，即通常所说的"二八规则"。

当今国际上许多经营成功的保险公司，都是将其目标市场定位于有着相似兴趣和背景的特定群体，如各种社会团体和协会等，或以某些领域的业务经营见长，其目的就是使目标顾客群体能够更加集中，增加最有价值客户(MVC)和最具成长性客户(MGC)的客户份额。外资保险公司进入中国后的最大经营法宝之一，就是客户细分。

早在 1997 年，平安已经开始请麦肯锡公司帮助做客户计划方案。1998 年正式实施麦肯锡——产险客户"三减一增效"改革项目，拉开了平安产险客户管理序幕。2000 年，平安集团成立客户资源管理部，开展了一系列专项客户资源管理及客户服务工作。平安在客户管理上虽然起步较早，但仍然不系统、不深入，需要更加深入地研究客户分级管理问题。

(1) 团体客户。产险公司的团体客户种类划分多样，价值体现复杂，产险公司应视团体客户对公司的价值影响将客户进一步分类，确定出对公司 MVC 和 MGC，并且找出那些会为公司带来负面影响的负值顾客(BZ)。对每个产险公司来说，MVC 是其核心客户，MGC 虽然目前对公司的价值比 MVC 要少，但可提供较大的价值增长机会，产险公司应将重点集聚于这两类客户身上，关注这些客户的长期价值，为其提供完全满意的优质服务，提高他们对公司的忠诚度。

(2) 个人客户。产险公司的个人客户行为比较单纯，价值衡量相对简单。根据 80/20 经济法则，企业 80%的利润由 20%的客户创造，个人客户分级的目的就是区分其对保险公司价值的高低，分别采取不同的方式管理。因此，对产险公司的个人客户又可进一步细分成高端客户和一般客户。创造多数价值的 20%高端客户必须采取针对提高其忠诚度的客户管理手段，是持续和吸引性管理；创造少数价值的 80%一般客户应该采取提高公司美誉度的客户管理手段，是动态型管理。

2. 产险客户分级管理的内容

(1) 细分客户群的标准。主要有：客户的个性化资料(行业、所有制等)；客户的购买能力与频率；客户的购买方式；客户的地理位置；客户的风险状况；客户的社会影响力等。

(2) 不同客户群信息的进一步分析。对每一类细分客户群的信息进一步分析，如分析客户的盈利特点、购买行为、行业走势、对产品服务的期望价值及所需的产品服务价格组合等。

(3) 不同客户群的管理。确定不同客户群对保险公司的价值、重要程度，并针对不同客户群的购买行为、期望值等制定不同的销售服务策略。

(4) 资源配置系统。对于不同价值、不同需求的客户群，保险公司应配置不同的市场、销售、服务、管理资源给他们。资源配置系统的基本要素有：保险公司资源统计、调配系统、保险公司资源配置渠道以及保险公司资源配置中的管理等。通过对现有客户数据的分析、整理，基本上可以做到识别每一个具体的客户，可以从客户信息中找到有多个方面相同或相似的客户并归为一类群体，而不同类型的客户群体对保险公司的重要程度和价值是不同的，我们应对不同类型客户采取不同的管理策略，以巩固保险公司同最重要的客户的关系。

3. 产险客户分级管理的策略

(1) 量身定制产品。大客户业务具有不同于其他业务的特点，使用普通保单不能满足大客户的需求，不适合此类业务的开展，有必要设计专门化、针对性强的差别产品。例如，在英国就有专门针对车辆达到一定数量以上的客户的车队保单。车队保单对现行车险条款在承保方式、保单格式、保险责任、险别设定、免赔等方面都要进行调整，如为简化手续、节约成本，对某一大客户的全部车辆采用一张保单承保；针对大客户车辆更换较多而采用敞口保单承保；针对大客户对损失具有较强承受能力而设定多档高免赔额或免赔率，或者采用损失率超赔保险的方式承保，只对超过免赔或预定损失率的损失承担责任，由客户自主选择，并在费率上做相应调整。

(2) 改变定费方式。大客户业务量大，可以相对独立地厘定费率，但不宜使用通常的定费方法，可以引入经验费率。所谓经验费率，就是根据被保险人当期或历史的赔付记录调整当期或续期保费的方法。经验费率又包括两种：一是回溯经验费率，即根据当期赔付情况在期末调整当期保费；二是预期经验费率，即根据以往赔付记录调整下期保费。经验费率可增强大客户业务费率的合理性，使其与实际风险更加吻合。

(3) 扩展服务内涵。根据客户需求的不同，体现个性化、差异化的服务。第一，提升最根本的理赔服务。保险人专业化的事故处理能力是吸引投保的重要因素，其优质与完善的服务是留住客户甚至适当涨费的基础，必须充分利用与强化这一优势，尽可能地迎合客户心理、满足客户需求。第二，增加风险管理服务。第三，提供一体化综合金融服务。保险市场的发展和行业竞争程度的提高，使单一化的服务已不能满足需求，客户希望在其信赖的同一品牌下，享有多方面的金融服务，保险公司只有推行个性化的综合金融服务才可能赢得市场。最简单的例子，如希望产险公司在推出车险产品的同时，也有意外险、人身险的附加服务；在保障企业财产风险的同时，也能提供员工基本健康医疗保障等。

(4) 改善业务流程。对不同级别的客户，核保核赔的复杂程度不一样，服务的流程也不尽相同，需要进行相应的流程改造，在保障风险管控的前提下最大限度地方便客户。

(资料来源：张晓珊. 上海保险客户管理案例[M]. 北京：中国经济出版社，2012.)

引例启示：企业可通过各种方式建立与客户的联系，并据此收集整理客户信息。根据客户的性质和对企业的贡献等指标对客户进行多角度的分类和分级，然后根据分类分级结果对不同级别的客户进行分析，发现同类客户中的共同需求和行为特点，做到在客户下订单前，就能了解客户需要，有针对性地进行商品销售，实现差异化的营销管理。

对客户关系实行分级管理既是有效管理客户关系的前提，也是确保客户价值与客户关系价值对等、保持客户关系的关键。通过对客户关系进行分级，可以更好地开展对客户的管理工作。大客户对企业的影响大，企业需要处理好与大客户的关系，通过建立一套系统的解决方案来实现对大客户的管理。

第一节　客户关系分级

一、客户关系分级的原因

所谓客户关系分级，就是企业依据客户关系价值的不同，将客户关系区分为不同的层级，从而为企业资源分配提供一定的依据。企业只有对客户关系进行分级管理，才能更好地为优质客户服务，保持与优质客户的联系，实现客户资源质量的优化。

(一)客户关系价值不同

每个客户能给企业创造的收益是不同的，也就是说，客户关系价值有高有低。例如，国外的一份统计资料证明，23%的成年男性消费了啤酒总量的81%，16%的家庭消费了蛋糕总量的62%，17%的家庭购买了79%的速溶咖啡。这正如帕累托(Pareto)定律所揭示的企业中的20/80现象——企业80%的收益总是来自20%的高贡献度的客户，即少量的客户为企业创造了大量的利润，其余 80%的客户是微利、无利，甚至是负利润的。另外，根据美国学者雷奇汉的研究，企业从 10%最重要的客户那里获得的利润，往往比企业从 10%最次要的客户那里获得的利润多 5～10 倍，甚至更多。正是因为不同客户所带来的利润不同，所以必须对他们进行合理的分级管理。

(二)企业服务于客户的资源有限

尽管每一个客户的重要性都不容低估，但不同的客户创造的价值不同，而企业资源又有限，因此企业没有必要为所有的客户提供同样优质的产品或服务，否则往往"事倍功半"，造成企业资源的浪费。对为企业创造不同价值的客户，应该"分开抓"，而不是"一把抓"，企业不能将资源和努力平均分摊给每一个客户，必须根据客户带来的不同价值对客户进行分级，然后依据客户的级别分配企业的资源。

(三)客户的需求差异大

一方面，每个客户为企业带来的价值不同，他们对企业的预期价值也会有差别。一般来说，为企业创造主要利润、带来较大价值的关键客户期望能得到有别于其他客户的待遇，如更贴心的产品或服务以及更优惠的条件等。企业如果能区分出这部分利润贡献大的客户，然后为他们提供有针对性的服务，他们就有可能成为企业的忠诚客户，从而持续不断地为企业创造更多的利润。例如，航空公司将客舱分为头等舱、公务舱、经济舱，每种客舱对应的客户都有不同的需求。航空公司通过不同的营销组合，如机票价格的差异、服务的差异来区别对待不同客舱的乘客。这样做的结果是，在从伦敦飞往纽约的同一个航班上，对于同样 7 小时的飞行，乘客所付的费用可以从 200 英镑到 6 000 英镑不等。而这样大的差价，乘客并没有意见，相反，乘客会各得其所，因为他们的需求不同。

另一方面，客户个性化、多样化的需求决定了其希望企业能够提供差异化的产品或服务，因此，企业必须对客户进行分级，然后根据不同级别客户的不同需求给予不同的服务和待遇，这样才能有效地满足不同级别客户的个性化需求。例如，沃尔玛公司针对不同的目标消费者，采取不同的经营形式。如针对中层及中下层消费者的沃尔玛平价购物广场、只针对会员提供各项优惠及服务的山姆会员商店以及深受上层消费者欢迎的沃尔玛综合性百货商店等。通过这些不同的经营形式，沃尔玛公司分别占领了零售业的各档市场。

二、客户关系价值矩阵分级法

根据客户关系生命周期理论，一个客户在客户关系生命周期中对企业的贡献称为客户终身价值，而客户终身价值由历史价值、当前价值和增值潜力组成。客户关系价值矩阵分级法就是根据客户关系当前价值和客户增值潜力这两个维度，并且把这两个维度都分成高、低两档，由此可将整个客户关系分成四组，结果可用一个矩阵表示，故称为客户关系价值矩阵，如图 6-1 所示。

1. 客户关系当前价值

客户关系当前价值是假定客户现在的购买行为模式保持不变时，客户未来可望为企业创造的利润总和的现值。根据这一定义，可简单地认为，客户当前价值等于最近一个时间单元(如月/季度/年)的客户利润乘以预期客户生命周期的长度，再乘以折现率。

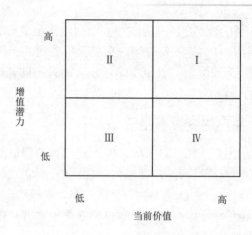

图 6-1　客户关系价值矩阵

2. 客户关系增值潜力

客户关系增值潜力是指如果企业愿意增加一定的投入，进一步加强与该客户的关系，则企业可望从该客户处获得的未来增益。客户关系增值潜力是决定企业资源投入预算的最主要依据，它取决于客户增量购买、交叉购买和推荐新客户的可能性和大小。

(1) 客户增量购买。这指的是客户增加已购产品的交易额，其大小取决于客户份额、客户关系的水平和客户业务总量。其中，客户份额是客户给予本企业的业务量占其总业务量的比例，显然，客户份额越小，增量购买的可能性越大(如果一个客户已将 100%的业务给了本企业，则就没了增量购买的余地)。增量购买的可能性还取决于客户关系的水平，客户关系水平越高，说明客户对企业的产品和服务越满意，因而客户加大交易量的可能性就越大。反之，则会缩小给予本企业的业务份额。客户业务总量决定增量购买的大小，一个业务总量很大的客户，即使客户份额增加一个很小的比例，增加的交易量也很可观。

(2) 客户交叉购买。这指的是客户购买以前从未买过的产品类型或拓展与企业的业务范围。客户交叉购买的可能性取决于两个因素：一是本企业能提供而客户又有需求的产品数量(当然这些产品是客户以前从未购买过的)，这种产品数量越多，客户交叉购买的可能性越大；二是客户关系的水平，客户关系水平越高，客户交叉购买的可能性越大。

(3) 推荐新客户。这是指企业的忠诚客户把一些潜在客户推荐给本企业，也包括为企业传递好的口碑。推荐新客户是客户关系发展到稳定期以后客户高度忠诚的一种行为表现。因此，推荐新客户的可能性取决于客户关系有无进入稳定期。

在图 6-1 的四类客户中，Ⅰ 类客户关系对企业最有价值，为企业创造的利润最多，Ⅳ类客户关系对企业的利润次之，但也是企业的利润大户。根据帕累托定律，Ⅰ、Ⅳ两类客户关系在数额上不大，约占 20%，但为企业创造的利润却占到企业总利润的 80%，常说的"最有价值的客户"指的就是这两类客户关系中的客户。Ⅱ类客户关系中对应的客户属于有潜力的客户，未来有可能转化为Ⅰ类或Ⅳ类客户，但就当前来说，带给企业的利润很少。Ⅲ类客户关系中对应的客户对企业的价值最小，是企业的微利或无利客户，Ⅱ、Ⅲ两类客户在数量上占了绝大多数，约占客户总数的 80%，但他们为企业创造的利润大约只占企业总利润的 20%。

三、客户关系金字塔分级模型

为进行客户关系分级，企业可根据当前的客户关系价值大小由大到小地排列，把客户关系价值最大的客户放在客户金字塔模型的顶部，把客户关系价值最小的客户放在客户金字塔模型的底部，从而得到如图 6-2 所示的客户关系金字塔分级模型。该模型把客户关系价值划分了四个层级，对应的客户分别是金质客户、银质客户、铜质客户和铁质客户，金质客户和银质客户构成企业的关键客户。

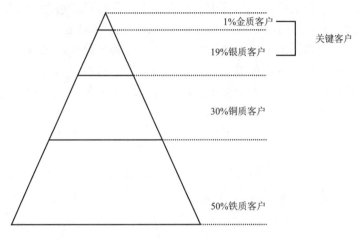

图 6-2　客户关系金字塔分级模型

1. 金质客户

金质客户是企业最重要的客户，有些行业也称为 VIP 客户，是客户关系金字塔分级模型中处于最高层的客户，他们是那些能够给企业带来最大价值的前 1%的客户。对企业来说，金质客户是最有吸引力的一类客户，可以说，企业拥有重要客户的多少，决定了其在市场上的竞争地位。金质客户一般都对企业非常忠诚，是企业客户资产中最稳定的部分，他们为企业创造了绝大部分和长期的利润；他们对价格不敏感，也乐意试用新产品，还可帮助企业介绍潜在客户，为企业节省开发新客户的成本；他们不但有很高的当前价值，而且有巨大的增值潜力，其业务总量在不断增大，未来在追加销售、交叉销售等方面仍有潜力可挖。

2. 银质客户

银质客户是客户关系金字塔分级模型中的次高层客户，他们和金质客户一起构成了企业的关键客户，两者占企业客户总数的 20%，但企业 80%的利润由他们贡献，因此是企业的重点维护对象。银质客户也是企业产品或服务的大量使用者或中度使用者，但他们对价格的敏感度比较高，因而为企业创造的利润和价值没有金质客户高；他们也没有金质客户忠诚，为了降低风险，他们会同时与多家企业(供应商)保持长期关系；他们也在真诚、积极地为本企业介绍新客户，但在追加销售、交叉销售方面已经没有多少潜力可供进一步挖掘。

3. 铜质客户

铜质客户是客户关系金字塔分级模型中处在第三层的客户，是除金质客户与银质客户之外的为企业创造最大价值的前 50%的客户，一般占到客户总数的 30%。铜质客户包含的客户数量较大，但他们的购买力、忠诚度以及能够带来的价值远比不上金质客户与银质客户，不值得企业去特殊对待。

4. 铁质客户

铁质客户是客户关系金字塔分级模型中最底层的客户，指除了上述三种客户外，剩下的 50%的客户。铁质客户既包含了利润低的"小客户"，也包含了信用低的"劣质客户"。这类客户是最没有吸引力的一类客户，购买量不多，忠诚度也很低，偶尔购买，却经常延期支付甚至不付款；他们还经常提出苛刻的服务要求，几乎不能给企业带来盈利，且又消耗企业的资源；有时他们是问题客户，会向他人抱怨，有损企业的形象。

上面的四类客户在数量上形成一个正金字塔，Ⅰ类客户最少，在塔顶；Ⅱ类客户在塔肩；Ⅲ类客户在塔身；Ⅳ类客户最多，在塔基。四类客户的利润则相反，刚好形成一个倒金字塔。客户的利润决定了企业的资源配置，因此，这四类客户的资源配置大致也是一个倒金字塔。这三个金字塔合称为客户金字塔，如图 6-3 所示。

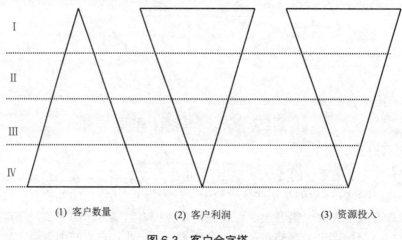

图 6-3　客户金字塔

第二节　客户关系分级管理的一般方法

一、客户关系分级管理的方法

客户关系分级管理是指企业在根据客户关系价值的大小对客户关系进行分级的基础上，依据客户关系不同的层次设计出不同的客户服务和关怀项目——不是对所有客户都平等对待，而是区别对待不同贡献的客户，将重点放在为企业提供 80%利润的关键客户上，为他们提供上乘的服务和特殊的待遇，提高他们的满意度，维系他们的忠诚度，同时，积极提升各级客户在客户金字塔的级别，实现客户关系的升级。

(一)关键客户管理法

关键客户管理的目的是提高他们的忠诚度。为此，要做好以下三方面的工作。

1. 成立为关键客户服务的专门机构

目前，许多企业对关键客户都比较重视，经常由企业高层亲自出面处理与他们的关系，但这样势必分散高层管理者的精力。如果企业成立一个专门服务关键客户的机构，便可一举两得。一方面，可使企业高层不会因为频繁处理与关键客户的关系而分散精力，以便集中精力考虑企业的重大战略决策；另一方面，也有利于企业对关键客户进行系统化管理。例如，一些证券公司在过去"大户室"的基础上又设了"超大户室"，大型企业设立"大客户服务中心"，这都是为了满足关键客户服务的需要而专门设立的机构。

总体来讲，设置为关键客户服务的机构，主要可以提供如下的服务。

第一，负责联系关键客户。一般来说，要给重要的关键客户安排一位优秀的客户经理，并长期固定地为其服务，规模较小的关键客户可以几个客户安排一位客户经理。

第二，为高层提供准确的关键客户信息。这包括获取关键客户相关人员的个人资料，并协调技术、生产、营销、物流等部门，根据关键客户的不同要求设计不同的产品。

第三，利用客户数据库分析关键客户的交易历史。注意了解其产品需求和采购情况，及时与关键客户就市场趋势、合理存量进行商讨。在销售旺季到来前，要协调好生产及运输等部门，保障产品需求旺季对关键客户的供应，避免出现缺货导致关键客户的不满。

第四，关心关键客户的利益得失。把服务做在前面，并且注意竞争对手对他们的争夺，千方百计地稳住关键客户，决不能让他们转向竞争对手。

第五，关注关键客户的动态，并强化对关键客户的跟踪管理，对出现衰退和困难的关键客户要进行深入分析，必要时伸出援手。当然，也要密切注意关键客户的经营状况、财务状况、人事状况的异常动向等，以避免财务风险。

2. 集中优势资源服务关键客户

关键客户由于对企业的价值贡献最大，因而对服务的要求也比较高，但有些企业没有为关键客户提供特殊服务，使关键客户与小客户享受同等待遇，以至于关键客户的不满情绪不断地滋生。其实，为了提高企业的盈利水平，只要按帕累托定律的反向操作即可，也就是要为20%的客户花上80%的努力。即企业要将有限的资源用在前20%最有价值的客户上，用在能为企业创造80%利润的关键客户上。为此，企业应该保障足够的投入，集中优势"兵力"，优先配置最多、最好的资源，加大对关键客户的服务力度，采取倾斜政策，加强对关键客户的营销工作，并向其提供优质、优先、优惠的个性化服务。

除了为关键客户优先安排生产和提供能令其满意的产品外，还要主动提供售前、售中、售后的全程、全面、高档次的服务，包括专门定制的服务以及针对性、个性化、一对一、精细化的服务，甚至可以邀请关键客户参与企业产品或服务的研发和决策，从而更好地满足关键客户的需要。企业还要准确预测关键客户的需要，把服务想到他们的前面，领先一步为他们提供能为其带来最大效益的全套方案，持续不断地向他们提供超预期的价值，给关键客户带去更多的惊喜。例如，当出现供货紧张的现象时，要优先保障关键客户的需要，从而提高关键客户的满意度，使他们坚信本企业是他们最好的供应商。

另外，还可实行 VIP 制，创建 VIP 客户服务通道，从而更好地为关键客户服务，这对拓展和巩固与关键客户的关系和提高关键客户的忠诚度可以起到很好的作用。

3. 通过沟通和感情交流，密切双方的关系

第一，有目的、有计划地拜访关键客户。一般来说，有着良好业绩的企业营销主管每年大约有1/3的时间在拜访客户，且关键客户正是他们拜访的主要对象。对关键客户进行定期拜访，有利于掌握关键客户的经营动态，并且能够及时发现问题和有效解决问题，有利于与关键客户搞好关系。第二，经常征求关键客户的意见。企业高层经常征求关键客户的意见，将有助于增加关键客户的信任度。例如，每年组织一次企业高层与关键客户的座谈会，听取他们对企业产品、服务、营销、研发等方面的意见和建议以及对企业下一步的发展计划进行研讨等，这些都有益于企业与关键客户建立长期、稳定的战略合作伙伴关系。第三，及时、有效地处理关键客户的投诉还是抱怨。客户的问题体现了客户的需要，无论是投诉还是抱怨，都是寻求答案的标志。处理投诉或抱怨是企业向关键客户提供售后服务必不可少的环节，企业要积极建立有效的机制，优先、认真、迅速、有效地处理关键客户的投诉或抱怨。第四，充分利用包括网络在内的各种手段与关键客户建立快速、双向的沟通渠道，不断、主动地与关键客户进行有效沟通，真正地了解他们的需求，甚至了解他们的客户需要或能影响他们购买决策的群体的偏好，只有这样，才能够密切与关键客户的关系。第五，增进与关键客户感情交流。企业应利用一切机会，如关键客户开业周年庆典，或关键客户获得特别荣誉时，或关键客户有重大商业举措时，应对其表示祝贺与支持，这些都能加强企业与关键客户之间的感情。此外，关键客户遇到困难时，如果企业能够及时伸出援手，也能提升关键客户对企业的忠诚度。

(二)铜质客户管理法

根据铜质客户创造价值的特点，对他们主要强调提升级别和控制成本两个方面。

(1) 针对有升级潜力的铜质客户，努力培养其成为关键客户。企业要增加从铜质客户身上获得的价值，就要设计鼓励铜质客户消费的项目，如常客奖励计划，即对一次性或累计购买达到一定标准的客户给予相应级别的奖励，或让其参加相应级别的抽奖活动等，以鼓励铜质客户购买更多数量的产品或服务。企业还可根据铜质客户的需要扩充相关的产品线，或者为铜质客户提供一条龙的服务，以充分满足他们的潜在需求，这样就可以增加铜质客户的购买量，提升他们的层级。例如，美国时装零售业巨头丽资克莱本(Liz Claiborne)通过扩充产品线，涵盖了上班服装、休闲服装、超大号服装及设计师服装等系列，有效地增加了客户的购买量，从而实现了客户层级的提升。总之，对有升级潜力的铜质客户，企业要制订周密、可行的升级计划，吸引铜质客户加强与企业的合作。随着铜质客户升级为关键客户，他们理当获得更多、更好的服务。

(2) 针对没有升级潜力的铜质客户，减少服务，降低成本。针对没有升级潜力的铜质客户，企业可以采取"维持"策略，控制人力、财力、物力，在一定的条件下，不增加投入，甚至减少促销，以降低交易成本，还可以要求铜质客户以现款支付甚至提前预付。另外，也可以缩减对铜质客户的服务时间、服务项目、服务内容，或对铜质客户只提供普通档次的产品或一般性的服务，甚至不提供任何附加服务。例如，航空公司用豪华轿车接送能带来高额利润的关键客户，而铜质客户则没有这种待遇。

(三)铁质客户管理法

铁质客户就是小客户，企业要准确判断和合理对待小客户，能升级的努力升级，实在不行的再考虑淘汰。

1. 认真判断有无升级的可能

企业要在认真分析原因后，准确甄别铁质客户是否有升级的可能。对铁质客户的评判要科学，不能只看目前的表象，要经过一段时间的跟踪，而不能根据某一时间点的表现轻易判断，要用动态的眼光看待小客户，要看未来的发展趋势。如果认定这类小客户有升级的可能，企业就应加强对他们的培育，帮助其成长，挖掘其潜力，可通过客户回访、邮寄赠品或刊物等不同的手段与这类小客户建立特殊的关系。通常来说，把小客户转变成高层级客户不是一件容易的事，除非其未来有获利潜力，例如，目前还是赔钱客户的大学生，可能在就业后会成为高利润客户。如果认定这类小客户没有升级的可能，企业也不能说淘汰就淘汰，而要搞清楚是不是非淘汰不可。

2. 确定是不是非淘汰不可

开发一个新客户的成本相当于维护5~6个老客户的成本，因此，企业必须珍惜现有的每一个客户，慎重地对待每一个客户。客户在自己手里时，企业往往不珍惜，虽然一些小客户给企业带来的利润很少甚至根本没有利润，但他们仍然为企业创造了规模优势，在降低企业成本方面功不可没。因此，保持一定数量的低价值客户是企业实现规模经济的重要保障，是企业保住市场份额、保持成本优势和遏制竞争对手的重要手段。然而，企业一旦放弃这些低价值的小客户，任其流失到竞争对手那里，就可能会使企业失去成本优势，同时壮大了竞争对手的客户队伍的规模。一旦竞争对手客户增加，生产服务规模就会扩大，成本就得以下降，就会对本企业不利。所以，企业在决定淘汰小客户时，要权衡利弊得失，综观全局，认真地研究是不是非淘汰不可。

3. 有理有节地淘汰部分小客户

假如企业非要淘汰某些小客户不可，也应当做到有理有节地淘汰。之所以这样，是因为如果企业生硬地把小客户"扫地出门"，可能会引发小客户对企业的不满，他们可能会向其他客户或者亲戚朋友表达他们的不满，从而给企业造成不良影响。此外，被"裁减"的小客户还可能投诉企业，而且媒体、行业协会等社会力量也有可能介入，弄不好企业就会背上"歧视消费者"这个"黑锅"，所以，企业不能直接拒绝为小客户提供产品或服务，不能随意地把小客户甩掉，只能小心谨慎，间接地、变相地、有理有节地将其淘汰。一般来讲，可以考虑采取提高价格或降低成本两种基本方法。

在提高价格方面，有如下三种具体策略。第一，向小客户收取以前属于免费服务的费用。这样，真正的小客户就会流失掉，因为他们不会付费，而其他选择留下的小客户就会增加企业的收入，从而壮大铜质客户的规模。第二，提高无利润产品或服务的价格，或者取消这些无利润的产品或服务。具体操作时，如果该产品或服务在市场上仍然有良好的发展前景并值得保留，可以提高其价格，从而使其变成盈利产品；如果该产品或服务已经没有发展前景，根本不值得保留，就应该放弃它，取消这些无利润的产品或服务，把资源转到能带来更大利润的产品或服务上去。第三，向小客户推销高利润的产品，使其变成有利可图的客户。

在降低成本方面，首先，可以适当限制为小客户提供的服务内容和范围，减少为小客户服务的时间。如从原来的天天服务改为每周只提供一天服务，从而降低成本，节约企业的资源。其次，可以运用更经济、更省钱的方式提供服务，如从原来面对面地直接销售转为电话销售或由经销商销售，这样不仅保障了销售收入，也减少了成本，增加了利润。例如，银行通过减少分支机构的数量以及用 ATM 机代替柜员和银行职工，从而降低服务成本。削减花在低价值客户上的成本，企业能创造出高的收益。

实际上，提高价格或降低成本的目的是使那些"小客户"要么接受高价格或低成本，成为产生利润的客户，要么选择离开，通过间接的方式让小客户自行离开。

二、客户关系分级管理方法的适用范围

不是所有的企业都要开展客户关系分级管理，比如，便利店或者一般的小超市，也不是企业在任何环境下都需要开展客户关系分级管理，只有下列情况的企业，采用分级管理方法才可明显地提高经济收益，有开展客户关系分级管理的必要。

1. 企业的服务资源少

企业为所有客户提供相同的服务，就很可能出现企业在使用有限的资源为自己最无法盈利的客户提供过多的服务，而最好的客户却无法获得他们需要的服务。如果企业只有有限的资源，管理人员就必须考虑本企业服务资源的合理分配。

2. 客户对服务的需求差异大

在高科技或信息技术等行业，客户的职位与他们对服务的要求有很大的差异。某电话公司把企业客户划分为三类：第一类客户是经验丰富的信息主管，他们希望亲自安装通信系统，只需极少咨询服务；第二类客户是大型企业的中层管理人员，他们希望购买复杂的通信系统，需要电话公司提供大量咨询服务，以便确定最好的配置；第三类客户是小型企业的总经理，他们需要容易理解的、性能良好的通信系统与基本维修保养服务。这三类客户有着不同的要求，如果电话公司向他们收取相同的费用，为他们提供相同的服务，那么就无法充分地满足他们各自的需求，而且会浪费大量的费用。

3. 客户优质优价的意识强

客户愿意为不同的服务水平支付不同的价格，这是客户分级管理成功的一个非常重要的条件。客户对速递服务类别和投递速度有不同的要求，速递服务公司就设置相应的邮包类别和投递速度，并向客户收取不同费用，客户也愿意为不同的服务支付不同的费用。

4. 不同客户对客户价值的理解差别大

客户对客户价值的理解通常有四类：第一类认为价值就是价格低廉；第二类认为价值就是客户对产品和服务的一切要求；第三类认为价值就是质量和价格之比；第四类认为价值就是客户的得失之比。客户在购买时，不仅会考虑货币代价(价格)，而且会考虑非货币代价(时间、精力、方便程度、心理代价等)。如果本企业的客户对客户价值的含义有不同的理解，企业就可根据客户对客户价值的不同期望，为各类客户设计不同的服务，以增加经济收益。例如，采用第一类定义的客户很可能是铁质客户，他们愿意接受较少的服务，以便

支付较少的费用。

5. 企业不同类别的客户可分隔性强

前面介绍的沃尔玛开出多种零售业态就是根据客户分级管理的需要，不同等级的客户自然而然会选择适合自己的零售业态，这样，企业在不同的商店里非常方便地开展分级服务。还有就是证券公司，散户一般在一楼的大厅，大户一般设在楼上，楼上楼下自然就把客户分隔开了。但是，如果不同等级的客户不能分隔开来，较低层次的客户看到企业为其他客户提供更好的服务，特别是通过降低低层次客户的服务水平来为高层次客户服务的时候，必然会引起低层次客户的不满，除非企业有合理的理由为客户提供差异化服务，否则企业应尽力避免"讨好一批客户又得罪一批客户"。

6. 差异化服务激励客户提升层次的效果大

当较低层次的客户看到较高层次的客户得到更好的服务时，如果能激发较低层次的客户对更好服务的追求或者较高层次的客户在较低层次的客户面前享受更好的服务时，较高层次的客户内心会产生一种优越感，那么这样的客户开展分级管理是比较有效的。例如，经济舱的乘客看到头等舱乘客能得到更好的服务，他们知道头等舱乘客是支付较高票价的乘客或是民航公司常客俱乐部成员，为了得到更好的服务，有些乘客就可能每次都乘坐某个民航公司的飞机。

7. 企业开展分级管理的可操作性强

企业为各个层次的客户实施不同的营销策略，即企业根据各个层次的客户需要，调整传统的 4P 营销组合策略，为各个层次的客户确定不同的营销策略，特别是为不同层次的客户制定不同的定价策略、产品和服务整体组合策略。

三、客户关系"炼金术"

克里斯托弗和佩恩等人提出的客户忠诚梯模型，以及客户金字塔分级模型都是基于客户忠诚的程度对客户关系所做的分类。客户关系管理就是要通过资源的投入以及营销策略的运用，提升客户的层次，提高客户的忠诚度，客户关系"炼金术"也就是在这种背景下提出来的。客户关系"炼金术"是企业把客户关系金字塔中较低层次客户转变为较高层次客户的艺术及提升客户关系层次的艺术。在这里，只简要探讨把银质客户转变为金质客户和把铜质客户转变为银质客户这两个关键问题。

(一)把银质客户转变为金质客户

要把银质客户转变为金质客户，企业必须充分理解银质客户的需要。只有企业充分理解银质客户的需要之后，方可采取以下策略，把银质客户转变为金质客户。

1. 全面服务

美国家庭仓库公司是一个非常成功的家用五金制品超市公司，该公司向客户金字塔中几乎每个层次的客户销售五金制品，但该公司可从两类客户那里获得最大的利润，一类客户是准备装修住宅的居民，另一类客户是居民小区、公寓大楼的物业管理专家。该公司在各个设计中心为客户提供他们可能需要的一切产品和服务，客户就不必到其他企业购买装修设计服务和装修用品。

2. 外包服务

服务型企业为客户企业提供外包服务，接管客户企业的整个职能部门，可有效地把银质客户转变为金质客户。如果客户企业需要花费大量时间和精力从事他们并不擅长的部门管理工作，就无法集中精力发挥他们的核心功能。在这种情况下，服务型企业为客户企业完成这些企业不擅长的工作任务，可增强客户企业与本企业的关系，增加本企业的客户资产，提高本企业的经济收益。

3. 产品线扩张

扩大产品线，增大品牌影响力。世界最大的女性服装生产和销售商——丽资克莱本(Liz Claiborne)的目标市场是二战后生育高峰期出生的妇女。在了解了目标客户的需要后，该公司利用品牌资产，扩大产品线，不仅为她们推出了各类女性服装(职业装、便装、时装等)，而且为她们推出手袋、鞋、腰带、首饰、香水等产品。许多在美国二战后高峰期出生的妇女认为丽资克莱本品牌最符合她们的需要，她们几乎都从该公司购买服装和装饰品。

4. 互动

企业利用数据库技术，记录客户与企业每次交往信息，深入了解客户的需要，与客户建立学习关系，并根据客户的偏好，为客户提供定制化产品和服务。

5. 服务质量承诺

服务质量问题会使客户产生不满情绪，导致客户流失，改购竞争对手的产品和服务。因此，服务型企业必须采取有效的措施，迅速纠正服务差错，完全解决服务质量问题。

(二)把铜质客户转变为银质客户

企业可采取以下措施，把铜质客户转变为银质客户。

1. 降低客户的非货币代价

采用客户金字塔管理思想的企业应想方设法降低客户的非货币代价(时间、精力、购买风险、心理代价)，而不应采用降价措施，降低企业的盈利率。

2. 变成客户服务专家

亚马逊公司利用因特网，发展成客户服务专家，极大地增加了该公司的关系资产。亚马逊公司建立了客户数据库，客户从亚马逊网站购物之后，该公司立即在数据库记录客户的爱好。客户到亚马逊网站订购图书时，该公司就能向客户推荐同类图书和作者的其他著作。客户多次购物之后，该公司就能在客户登录网站之后立即向客户推荐图书，亚马逊公司采用上述的营销策略，发展成客户服务专家，使大批铜质客户转变为该公司的银质客户。

企业也可以通过员工、经销商和其他客户与客户建立社交关系，把铜质客户转变为银质客户。

3. 制订客户奖励计划

大多数零售企业可制订客户忠诚奖励计划，鼓励客户在本企业购买更多的产品和服务。

4. 制定有效的补救性服务制度

制定有效的补救性服务制度，及时发现并正确纠正服务差错，是把铜质客户转变为银质客户极为重要的措施。

第三节　大客户管理

一、大客户管理的内涵

(一)大客户管理的概念

大客户，也称重点客户、关键客户，是企业认为具有战略意义的客户，并给予特别关注。越来越多的企业已经进行大客户管理。大客户管理的目的是通过持续地为客户量身定做产品或服务，满足客户的特定需求，从而培养出忠诚的大客户。大客户是企业收益的主要来源，针对这群金字塔顶端的客户，企业不仅要花心思经营，还要制定针对大客户的方法和策略。例如，中国移动公司按照 ABC 分类法，在客户关系管理中把公司全部客户按购买金额的多少，划分为 A、B、C 三类。A 类为大客户，购买金额大，客户数量少；C 类为小客户，购买金额少，客户数量多；而 B 类为一般客户，介于 A 类、C 类之间。管理的重点是抓好 A 类客户，照顾 B 类客户。对个人客户中占总数的 10%、其通信费合计占运营商通信费总收入的 38% 的高端客户群，提供优先、优质服务。中国联通公司则分别给连续六个月通信费大于 300 元、500 元、800 元的客户颁发三星、四星、五星级服务通行卡。星级会员享受所有与其会籍相匹配的通信优惠，同时还可以享受到其他如全国范围内的预订房等许多通信外的优惠服务。目前，电信企业主要根据客户的电信消费水平和单位性质对大客户进行识别和划分，其优点是易量化，获取数据方便；缺点是没有考虑客户的未来价值，不利于企业的长期决策。

(二)大客户管理的实践

企业往往希望大客户是伙伴型客户，是企业忠诚的客户，是为企业创造 80% 利润的客户，是为企业带来高收益而企业只需支付低服务成本的客户，希望他们与企业建立的是长期的可赢利关系。因此，企业往往将资源倾向大客户。企业会与大客户签订合同，并为他们提供统一的价格和一致的服务，一般会设立大客户经理或者大客户部负责监督、协调销售人员针对大客户的销售工作。公司的大客户可能会由一个管理人员组成的战略性客户管理小组来进行管理，小组成员固定地为每一个顾客服务，并且经常待在方便顾客的办公室。例如，宝洁公司安排了一个战略性的客户管理小组与在阿肯色州本顿维尔沃尔玛总部的工作人员一起工作，宝洁与沃尔玛已经通过合作节约了约 300 亿美元，而且使自己的毛利大约增加了 11%。

如果一家公司拥有几个甚至多个大客户，它可能就会组建一个大客户部来进行运作。一般在一个典型的大客户管理部里，每位大客户经理平均管理着 9 个大客户，大客户经理负责向全国销售经理报告工作，而全国销售经理向负责营销和销售的副总裁报告工作，该副总裁则负责向首席执行官汇报工作。

(三)大客户管理工作的复杂性

大客户管理工作因各种原因而具有复杂性。第一，少数大客户的销售额可能占了公司营业额的大部分(如20%的大客户的营业额可能占了公司营业额的80%)，这使大客户有了竞争优势，他们往往不通过当地单位进行采购，而是集中向生产商采购某些商品，这就给他们带来了更多向卖方讨价的机会，使卖方必须高度重视大客户，例如，沃尔玛就是如此。第二，随着需求的多样化、更新化，产品变得越来越复杂，买方会有更多的部门参与采购决策，因此，大客户的购买程序更为复杂，一般的销售人员可能不具备对大客户进行管理的能力。

在设计大客户管理方案时，企业可能要面对许多问题，一般包括：如何挑选大客户？如何对他们进行管理？如何组建大客户管理机构？如何开发、管理和评估大客户经理？大客户管理部门应在组织中处于什么样的地位等。

至于是否建立大客户管理部，要视企业的规模而定。规模小的企业，客户数量较少，大客户更少，不必建立大客户管理部；如果企业的大客户有20个以上，那么建立大客户管理部就很有必要了。

二、大客户的识别与分析

识别大客户是大客户管理的关键，公司选择大客户的标准通常有：客户的交易量或采购数量(特别是对公司的高利润产品的采购数量)；交易或采购的集中性；对服务水准的要求；客户对价格的敏感度；客户是否希望与公司建立长期伙伴关系等。

(一)识别大客户的流程

1. 确定研究目标

根据企业的战略规划和营销目标，确定并实施对大客户的个性化管理方针及策略，并确定大客户的确定区域、层次、标准、政策等。

2. 拓展信息来源

建立多渠道的、便于客户与企业沟通的信息方式，除了销售中心、电话、呼叫中心、电子邮件、企业的Web站点、客户座谈会等以外，可以建立专门的客户信息渠道，如重点客户处理中心、专线电话，以拓展客户信息来源，帮助筛选大客户。

3. 细化信息分析

大客户由于具有重要性，对其上述来源信息收集要尽量详细，同时要应用适当标准，利用合适的工具与软件进行细化分析。包含的内容有：姓名、性别、年龄、职业、住址、电话、电子邮件等客户个人信息；如果客户是企业，则需了解该企业的经营战略、生产规模、产品品种、销售收入、资信级别、经营状况、发展"瓶颈"等企业基本信息；客户的消费品种、客户的还价能力、关注重点、购买习惯等历史购买信息；客户对实体产品的功能、品种、规格、价格等需求信息，以及对服务产品的多样性、及时性、便利性等需求信息；客户对企业的产品或服务不满的投诉信息等，目的是从企业管理的不同角度来区分与识别大客户。

4. 注意重点指标

对大客户的信息分析要特别注重四个方面。第一，"购买金额"的分析可以了解客户在周期内投入本企业产品或服务的花费，这一指标是所有指标的支柱。第二，"购买频率"，即在限定期内的购买次数。最常购买的客户是满意度最高、忠诚度最高的客户。将购买频率与购买金额结合起来分析，可以计算客户为企业所投入的花费，为企业创造的利润。将购买频率与最近一次购买结合起来分析，可以找出流失的客户。第三，通过对最近一次购买的分析，企业可以了解客户最后一次交易的时间距离现在有多久。最后一次购买是维系客户的一个重要指标。企业要定期检查以上三方面信息来评估客户的忠诚度，并及时调整服务，从而与大客户保持长期的良性接触。第四，"购买效果"，即客户连续交易给企业带来的经济效益与社会效益，这是识别的重要指标。

企业的经营是动态的，企业与客户之间的关系也是动态的，因此实施大客户管理时应意识到，识别大客户是一个动态的、连续的过程。一方面，现有的大客户可能因为自身的原因或企业的原因而流失；另一方面，又会有新的大客户与企业建立关系。企业应对大客户的动向做出及时的反应，既避免现有大客户的流失，又及时对新出现的大客户采取积极的行动。

(二)分析大客户的变动

大客户对企业具有重要的作用，企业管理者特别是企业的高层管理者，更应该掌握本企业客户的变化情况。分析大客户的变动，可以运用大客户动态分析方法。企业 80%的销售额产生于 20%的客户，许多企业将把本企业产品销售额较大、信誉较好的客户设定为大客户，让更多的客户成为大客户，是企业提升业绩的有效途径。企业运用大客户动态分析方法，可以较好地了解和分析本企业客户的变化情况。

大客户动态分析方法分为三步。

(1) 以横坐标为时间(以月为单位)，以纵坐标为大客户数量(以家为单位)，建立坐标系。

(2) 设定本企业的大客户标准。凡达到此标准的客户均可列入大客户的行列，不符合标准的淘汰为 B 类、C 类。

(3) 月末将大客户总量在坐标中描出交点，将各月交点连线，即可形成大客户发展动态分析图，如图 6-4 所示。

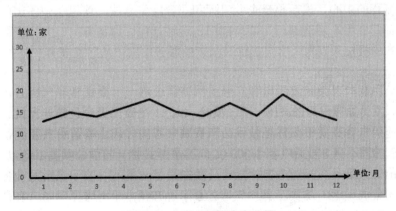

图 6-4 大客户发展动态分析

制作大客户发展动态分析图的意义在于：客户管理者通过大客户发展动态分析图可以清楚地了解本市场大客户群体的变化，对竞争策略的检讨与调整有重要意义。

三、大客户管理的解决方案

大客户对企业的收入和利润有重要的影响，进行大客户管理是一项系统工程，涉及企业经营理念、经营战略的转变，关系企业的各个部门、企业流程的各个环节，要求企业建立起能及时进行信息交互与信息处理的工作平台，因此，企业应系统地制订一个大客户管理的解决方案。

(一)明确企业战略

随着环境的变化，企业经营战略也应有一个不断调整的过程。企业采取以客户为中心的经营战略是市场发展的需要。它确定了企业通过与客户建立长期稳定的双赢关系，走上一条既满足客户需求又使企业更具竞争力的发展道路。在这一经营战略下，企业与客户结成利益共同体，企业结构调整和资源分配都是以满足客户需要为目标，企业在价值观、信念和行为准则上也应形成一种以客户为中心的服务意识，并把它作为企业文化的一部分，在经营目标上把客户满意作为评判工作的标准。

(二)变革组织体系

企业应建立起以客户为中心的更为灵活的组织结构体系，将组织资源投入到最能满足客户需要的方面，并在考核制度、薪酬制度、激励制度方面贯彻以客户为中心的思想。生产制造部门要把好质量关，人力资源部门要培养高素质的员工完成高水平的服务，销售部门、财务部门、运输部门都应以客户为中心。目前，企业对大客户的管理缺乏系统性和规范性。建立一个大客户管理部，并赋予其一定的考核权、调度权将有助于改善大客户管理的混乱状况。

(三)健全管理流程

企业应从流程角度分析公司的销售、服务现状，同时对大客户的运作方法进行分析，要站在客户的立场上体验其购前、购中、购后的感受，从而发现客户不满意的原因。以客户需求作为流程的中心，重新整合企业流程和业务操作方法，使组织中各部门的行动保持一致，研发部门、生产制造部门、销售部门、运输部门、财务部门、人力资源部门都要彼此协调行动，积极投入到为大客户提供最满意的服务中去，从而提高客户服务的效率。

(四)利用现代工具

利用现代工具主要体现在硬件、软件和技术上。在硬件上，包括计算机、通信设施及网络基础设施。作为计算机与通信技术、互联网集成的呼叫中心，目前受到特别的关注。它由自动语音应答、人工坐席、计算机电话集成技术(CTI)和互联网构成，客户可以自由选择电话、E-mail、Web站点等方式获得企业的服务。企业应根据自身条件及业务发展需要选择呼叫中心的集成程度。在软件上，企业资源计划(ERP)、供应链管理系统(SCM)、客户关系管理系统(CRM)为做好大客户服务提供了较为成熟的应用软件。但企业所属行业不同，规模不同，财力、物力、人力、管理水平也不同，选择的支持客户服务的软件会有很大的差异，企业不能为了跟随潮流而背上软件的包袱。在技术上，有信息技术、数据资源管理技术、统计技术。先进的设施和技术为实施大客户管理提供了辅助手段，但对于企业来说，最核心的还是建立起以客户为中心的经营理念，不能为了使用技术而使用技术。

(五)强化内部管理

1. 做好大客户的服务工作

建立大客户管理部，并从以下几个方面强化对大客户的服务工作，是抓好大客户管理的有效手段。

(1) 优先向大客户供货。大客户的销售量大，优先满足大客户对产品的数量及对系列化的要求，是大客户管理部的首要任务。尤其是销售存在淡季、旺季的产品，大客户管理部要及时了解大客户的销售与库存情况，及时与大客户就市场发展趋势、合理的库存量及客户在销售旺季的需货量进行商讨。在销售旺季到来之前，协调好生产及运输等部门，保障大客户的货源需求，避免货源断档导致客户不满。

(2) 充分调动大客户中一切与销售相关的因素，包括最基层的营业员与推销员，提高客户的销售能力。往往许多推销员认为，只要处理好与客户中、上层的关系，就处理好了与客户的关系，产品销售就畅通无阻了。但产品是否能够销售到最终消费者的手里却与基层的工作人员如营业员、推销员、仓库保管员等有着更直接的关系，特别是对一些技术性较强、使用复杂的大件商品，更是如此。

(3) 向大客户及时提供新产品。新产品有了良好的销售业绩之后，在客户所在的地区，该产品也就有了较强的商业影响力。新产品对大客户进行试销，对于收集客户及消费者对新产品的意见和建议，具有较强的代表性和良好的时效性。但大客户管理部应该提前做好与大客户的协调和准备工作，以保障新产品的试销能够顺利进行。

(4) 充分关注大客户的一切公关及促销活动、商业动态，并及时给予支援或协助。利用一切机会加强与客户的感情交流，如参加大客户的开业庆典等。

(5) 安排企业高层主管对大客户的拜访工作。一个有着良好营销业绩公司的营销主管每年会有 1/3 的时间是拜访客户，而大客户正是他们拜访的主要对象。大客户管理部的一个重要任务就是为营销主管提供准确的信息，协助安排日程，以使营销主管有目的、有计划地拜访大客户。

(6) 根据大客户的不同情况，与每个大客户一起设计促销方案。每个客户因区域、经营策略等的不同，经营环境不同。大客户管理部应该协调推销员及相关部门与客户共同设计促销方案，使客户感到他被高度重视，他是营销渠道的重要分子。

(7) 经常征求大客户对推销员的意见，及时修正推销员的言行，保障渠道的畅通。推销员是企业的代表，推销员的形象是决定企业与客户关系的一个至关重要的因素。大客户管理部对负责处理与大客户业务的推销员的工作，不仅要协助，而且要监督和考核。对工作不力的人员要上报上级主管，以便及时安排合适人选。

(8) 对大客户制定适当的奖励政策。企业对大客户采取适当的激励措施，如各种折扣、销售竞赛、返利等，可以有效地调动大客户的销售积极性和主动性，这对大客户的作用尤其明显。

(9) 保障与大客户信息传递的及时、准确。大客户的销售状况是企业市场营销工作的"晴雨表"。大客户管理部很重要的一项工作就是将大客户的销售状况及时、准确地统计、汇总、分析，并上报上级主管部门，以便上级主管部门针对市场变化及时调整生产和销售计划。

(10) 组织每年一度的大客户与企业的座谈或联谊会。每年组织一次企业高层主管与大客户的座谈或联谊会，听取大客户对企业的生产、服务、营销、产品开发等方面的意见和建议，对未来市场进行预测，对企业的下一步发展计划进行研讨等。这样的会议，不仅对企业的决策非常有利，而且可以加深企业与大客户的感情，增强大客户对企业的忠诚度。

2. 强化大客户经理的责任和评估

大客户经理身上有许多职责，其主要职责包括：把握合同要点；发展和培养顾客的业务；了解顾客决策流程；识别附加价值机会；提供具有竞争力的情报；销售谈判；协调顾客服务等。大客户经理必须动员小组人员(如销售人员、研究与开发人员、制造者等)一起满足顾客的需求。

大客户经理的典型评估标准是他们在培养客户业务份额的效率和年度利润，以及销售目标的达成情况。

许多企业在把最得力的销售人员提拔为大客户经理时常常会犯一些错误，实际上，销售人员和大客户经理的工作是不同的。优秀的大客户经理应当知道"我不是销售人员，而是客户的'营销顾问'"，甚至许多的银行营销员已经不叫客户经理，而是叫作"理财顾问"或"客户助理"了。

3. 提高大客户的忠诚度

大客户通常会获得许多以采购数量为基础的有利价值(价格方面的优惠信息)，但是，营销人员不能仅仅依靠这种方式来维持客户的忠诚度。因为这样总是有某种风险，比如，竞争者会参与竞争，企业也可能因为成本增加而被迫提高产品价格等。

其实，许多大客户对附加价值的需求远远大于对价格优势的需求。比如，他们欣赏特别的保证条款、电子数据交换、优先发货、预先的信息沟通、客户定制化的产品及有效的保养、维修和升级服务等。此外，与大客户管理人员、销售代表等价值提供人员保持良好的关系，也是激发大客户形成忠诚度的重要因素。

大客户管理可分为客户群管理和客户行为管理，前者通过各企业制定的相应指标识别群体特征，找出大客户；而后者则运用统计方法发现客户内部行为的特点及其与外部行为和社会行为的关系。企业只有在了解客户的群体特征和行为特征后，才能做到"一对一"的服务。在大客户服务中，要注重利用电子时代的各项信息技术为客户提供多种沟通渠道，但企业与客户的沟通不能完全为自动化的机器所代替，还应采取更为亲切和人性化的沟通方式，如组织每年一度的大客户与企业间的座谈会，安排企业高层主管人员有计划地对大客户进行拜访等。当然，大客户服务最为重要的还是企业必须站在客户立场上为其提供富有个性的产品和服务，与大客户一起为提高业绩而努力。企业与大客户之间是平等的关系，是"双赢"的关系，因此，企业与大客户之间的合作也应体现一种协作精神，并将这种关系发展成持续的关系。

本 章 小 结

(1) 所谓客户关系分级，就是企业依据客户关系价值的不同，将客户关系区分为不同的层级，从而为企业资源分配提供一定的依据。企业只有对客户关系进行分级管理，才能更好地为优质客户服务，保持与优质客户的关系，实现客户资源质量的优化。分级的方法主要有客户关系价值矩阵分级法和客户关系金字塔分级模型。对客户关系分级的原因在于客户关系价值不同、企业服务于客户的资源有限和客户的需求差异大。

(2) 客户分级管理是指企业在根据客户关系价值的大小对客户关系进行分级的基础上，依据客户关系不同的层次设计出不同的客户服务和关怀项目——不是对所有客户都平等对待，而是区别对待不同贡献的客户，将重点放在为企业提供 80%利润的关键客户上，为他们提供上乘的服务和优厚的待遇，提高他们的满意度，维系他们的忠诚度，同时，积极提升各级客户在客户金字塔中的层级。客户"炼金术"是企业把客户金字塔中较低层次客户转变为较高层次客户的艺术，及提升客户关系层次的艺术。

(3) 大客户对企业的收入和利润有重要的影响，实施大客户管理是一项系统工程，涉及企业经营理念、经营战略的转变，关系企业的各个部门、企业流程的各个环节，要求企业建立起能及时进行信息交互与信息处理的工作平台，因此，企业应系统地制订一个大客户管理的解决方案。

课 后 练 习

一、判断题

1. 把客户分为金质客户、银质客户、铜质客户和铁质客户，是按客户价值进行分级的。
( )

2. 金质客户是最有吸引力的一类客户，企业拥有金质客户的情况，决定了其在市场上的竞争地位。 ( )

3. 客户的数量决定了企业的资源配置，对各类客户的资源配置大致相等。 ( )

4. 关键客户管理的目标是提高关键客户的忠诚度。 ( )

5. 企业的资源有限，对待铁质客户的唯一办法就是淘汰。 ( )

6. 客户"炼金术"是企业把客户关系金字塔分级模型中各层次客户转变为金质客户的艺术。 ( )

7. 大客户就是指规模大的企业。 ( )

8. 大客户对企业具有战略意义，就是因为大客户为企业带来的收益多，而企业投入的成本很少。 ( )

9. 大客户的购买程序比较简单，一般的销售人员就具备对大客户进行管理的能力。
( )

10. 大客户就是 ABC 管理法中的 A 类客户。 ( )

二、单项选择题

1. 证券公司营业部把客户分为散户和大户，其分类的依据是(　　)。

　　A. 客户关系价值　　　　　　　　　B. 客户利益

　　C. 产品和服务要素　　　　　　　　D. 客户心理因素

2. 客户关系管理中常把客户分为交易型客户和关系型客户，其对客户分类的依据是(　　)。

　　A. 客户关系价值　　　　　　　　　B. 客户利益

　　C. 产品和服务要素　　　　　　　　D. 客户心理因素

3. 在客户关系价值矩阵中，对企业最有价值、为企业创造的利润最多的客户应该是(　　)。

　　A. 客户当前价值低、客户增值潜力低

　　B. 客户当前价值高、客户增值潜力高

　　C. 客户当前价值高、客户增值潜力低

　　D. 客户当前价值低、客户增值潜力高

4. 客户关系金字塔分级模型把客户划分为四个层级，分别是金质客户、银质客户、铜质客户和铁质客户，企业的关键客户是指(　　)。

　　A. 金质客户　　　　　　　　　　　B. 金质客户、银质客户和铜质客户

　　C. 金质客户和银质客户　　　　　　D. 金质客户、银质客户、铜质客户和铁质客户

5. 根据客户关系金字塔分级模型，占企业客户最大比重的客户为(　　)。

　　A. 金质客户　　　　　　　　　　　B. 银质客户

　　C. 铜质客户　　　　　　　　　　　D. 铁质客户

6. 金质客户的特点是(　　)。

　　A. 对价格的敏感度比较高　　　　　B. 一般占到客户总数的30%

　　C. 很少帮助企业介绍潜在客户　　　D. 对企业的忠诚度相对高

7. 客户关系分级管理就是将管理重点放在(　　)。

　　A. 企业的金质客户上　　　　　　　B. 为企业提供80%利润的关键客户上

　　C. 企业的银质客户上　　　　　　　D. 80%的企业客户上

8. 在设计大客户管理方案时，不需要考虑的问题为(　　)。

　　A. 挑选大客户　　　　　　　　　　B. 组建大客户管理机构

　　C. 管理和评估大客户经理　　　　　D. 大客户的产业背景和规模

9. 企业系统地制订一个大客户管理的解决方案首要解决的问题是(　　)。

　　A. 明确企业战略　　　　　　　　　B. 变革组织体系

　　C. 健全管理流程　　　　　　　　　D. 利用现代工具

10. 识别大客户是大客户管理的关键，选择大客户的标准通常没有(　　)。

　　A. 客户对价格的敏感度　　　　　　B. 交易或采购的集中性

　　C. 讨价还价的能力　　　　　　　　D. 对服务水准的要求

三、多项选择题

1. 企业对客户关系进行分级管理的主要原因应该是( )。

    A. 不同的客户带来的价值不同   B. 企业的资源有限

    C. 企业产品种类的多样性   D. 为了有效进行客户沟通

    E. 不同的客户有不同的需求

2. 有理有节地淘汰部分小客户的常用办法有( )。

    A. 增加服务成本   B. 减少服务成本

    C. 降低产品与服务的价格   D. 提高产品与服务的价格

    E. 交易限制

3. 客户关系分级管理方法可明显地提高经济收益，但是有一定的适用条件。比较适合采用的情形为( )。

    A. 企业不同类别的客户可分隔性弱

    B. 客户对服务的需求差异大

    C. 客户优质优价的意识强

    D. 不同客户对客户价值的理解差别大

    E. 企业的服务资源少

4. 在客户"炼金术"中，把银质客户转变为金质客户可采取的策略为( )。

    A. 全面服务   B. 外包服务

    C. 产品线扩张   D. 全面促销

    E. 互动

5. 大客户经理主要职责包括( )。

    A. 把握合同要点   B. 发展和培养顾客的业务

    C. 了解顾客决策流程   D. 提供具有竞争力的情报

    E. 销售谈判

四、案例分析题

兴业银行家庭理财卡的客户分级

兴业银行于 2005 年推出的"自然人生"家庭理财卡，是国内首套家庭系列理财卡，它利用电子货币综合理财工具和综合性个人金融服务平台，实现了集存取款、转账结算、自助融资、代理服务、交易消费、综合理财于一体的多账户、多功能的集中管理服务。兴业银行将"自然人生"家庭理财卡分为黑金卡、白金卡、金卡和银卡四个层次。

(一)黑金卡尊贵礼遇

1. 家庭理财顾问，专业专属服务

特别配备"一对一"的专属理财顾问，针对个人情况与独特需求提供贴身的理财分析与投资建议，悉心经营财富人生。

2. 时尚高尔夫行，品味时尚生活

提供订场专线、免果岭费畅打等多项高球增值服务，蓝天绿地、挥洒自信，体验时尚运动、品味悠闲生活。

3. 机场贵宾服务,彰显尊贵身份

可在北京、上海、广州、深圳、福州等全国主要机场享受易登机特别服务,尽显尊贵身份。

4. 全国道路救援、全球旅行医疗紧急支援

全球旅行医疗紧急支援以及五星级全国道路救援(每年一次免费拖车)服务,提供出行贴心保障,令差旅全程无忧。

5. 免费精灵信使,丰富资讯支持

免费提供"精灵信使"短信通知服务,资金变动尽在掌握;还可及时传递最新的证券、外汇、期货等金融信息与市场资讯。

6. 绿色通道服务,业务全面优惠

兴业银行在营业网点专设了贵宾窗口和贵宾理财区域,到兴业银行办理业务可以享受全面优先和优惠待遇。

7. 贴心人文关怀,顶级客户联谊会

每逢重大节假日或特殊纪念日,兴业银行将送上诚挚祝福。每年兴业银行均会选择一些顶级家庭开展联谊活动。

8. 附赠商旅保险,保您全程无忧

兴业银行赠送保额高达110万元的商旅保险,保障出行安全无忧。

9. 应急支付支持,为您雪中送炭

在国内异地发生理财卡丢失,即可享受兴业银行特别提供的应急支付服务,以解燃眉之急。

(二)白金卡尊贵礼遇

1. 专属客户经理,专业优质服务

特别配备专属客户经理,实施优先、优质、专业的"一对一"投资理财服务。

2. 时尚高尔夫行,品味时尚生活

提供订场专线、免果岭费畅打等多项高球增值服务,体验时尚运动、品味悠闲生活。

3. 机场贵宾服务,彰显尊贵身份

可在北京、上海、广州、深圳、福州等全国主要机场享受易登机特别服务,尽显尊贵身份。

4. 全球旅行医疗紧急支援

全球旅行医疗紧急支援服务,提供出行贴心保障,令差旅全程无忧。

5. 免费精灵信使、丰富资讯支持

免费提供"精灵信使"短信通知功能,资金变动尽在掌握;还可及时传递最新的证券、外汇、期货等金融信息与市场资讯。

6. 绿色通道服务,业务全面优惠

兴业银行在营业网点专设了贵宾窗口和贵宾理财区域,到兴业银行办理业务可以享受全面优先和优惠待遇。

7. 贴心人文关怀

每逢重大节假日或特殊纪念日,奉送诚挚祝福,温馨服务,真情速递。

8. 附赠商旅保险，保您全程无忧

兴业银行赠送保额高达 50 万元的商旅保险，保障出行安全无忧。

(三)金卡礼遇(略)。

(四)银卡礼遇(略)。

(资料来源：苏朝晖. 客户关系管理——客户关系的建立与维护[M]. 4 版. 北京：清华大学出版社，2018.)

请回答：

1. 兴业银行家庭理财卡的客户分级是基于什么考虑的？

2. 兴业银行的这种做法对客户关系保持有什么作用？

第七章　客户关系保持管理

学习目标

- 理解客户关系保持的内涵和影响因素，深刻理解客户关系保持对企业收益的影响，理解客户关系保持的方法。
- 了解客户奖励计划的内涵和主要目标，理解客户奖励计划的设计特征和影响因素。
- 了解客户关怀的含义和内容，掌握客户关怀的方法。
- 理解合作伙伴关系的内涵，深刻理解建立与客户合作伙伴关系的思路。

引例：为客户创利、与客户同乐的利乐公司

对大多数中国消费者来说，利乐公司还是比较陌生的，但采用利乐包装的伊利、蒙牛、光明、统一等液态乳制品及饮料，已深入人们的生活。利乐(Tetra Pak)是利乐拉伐集团(Tetra Laval)的一个子集团。利乐拉伐源于瑞典，总部设在瑞士。利乐公司不仅是全球最大的奶制品、果汁、饮料等包装系统供应商之一，而且是全球唯一能够提供综合加工设备、包装和分销生产线以及食品生产全面解决方案的跨国公司。"好的包装所带来的节约应超过其成本。"公司创始人鲁宾·劳辛博士的这句话引导着利乐为全球食品的安全、营养和便利而不断创新。在开拓市场、与客户携手共进的同时，积极倡导并不断实践企业的社会责任。"利民之业，乐而为之"，正是凭借这样一种精神和价值取向，利乐得以在世界食品加工和包装，特别是在无菌纸包装领域始终保持领导地位。

利乐在中国的发展

1979 年，刚刚打开国门的中国，市场待兴，利乐这个世界常温饮料保鲜包装的"教父"就来到了中国，一边布点，一边耕耘。但是，传道就意味着付出，进入中国市场十多年的利乐没有赚到钱，原因很简单：直到 20 世纪 90 年代中期，牛奶在中国还是奢侈品，奶粉是最主要的奶制品。中国大部分奶源都集中在东北、内蒙古、新疆等地区，由于没有一种长期稳定的保鲜技术，无法实现长途运输，只能被加工成奶粉再运往各地。

1996 年的亚特兰大奥运会，伴随着 CCTV 的广告童谣，伊利这个远在内蒙古的乳业公司进入了国人的视野，伊利品牌在国人的心目中开始生根。巨大的奶源、自治区政府的大力扶持、乳品饮料等液体食品的飞速发展带动了一个庞大的包装市场，让瑞典人看到了希

望，利乐和伊利一拍即合，开始了长期的合作。伊利没有让利乐失望，自 1997 年第一包利乐产品出厂到 2003 年 10 月 31 日，伊利用 7 年的时间完成了从 1 包到 50 亿包的攀升，成为利乐中国最大的合作伙伴。2005 年 3 月，伊利第 100 亿包利乐包装产品正式下线，伊利仅用一年零四个月的时间便完成了又一个 50 亿包的制造神话。利乐的无菌纸盒包将液态奶的保鲜期由 7 天延长为半年，让昔日只能在内蒙古销售的液态奶制品迅速占领大江南北，成就了伊利奶业"盟主"的伟业。

"得中国者得天下"，这句箴言已经在宝洁、摩托罗拉、可口可乐、西门子等跨国巨头身上得到验证，不甘心利乐独自在中国"摘桃子"的两个老对手——瑞士工业集团(SIG)和国际纸业(International Paper，IP)也继利乐之后迈进了中国的大门，由此中国液态奶无菌盒包装市场出现了"利乐包""康美包"和"屋顶包""三国演义"的混战局面。目前，利乐在中国无菌纸盒包装市场的占有率接近 90%。虽然 SIG 的"康美包"比"利乐包"要便宜，且 IP 的"屋顶包"比前两者都便宜，但中国的乳业巨头仍然选择利乐作为长期合作伙伴，原因何在？答案很简单：一个原因是利乐进入中国市场早，另一个原因是利乐能够提供全流程管理的有价值的服务，后者显然是利乐公司的撒手锏。

撒手锏：KAM

利乐之所以取得今天的统治地位，其关键客户管理(Key Account Management，KAM)服务模式功不可没。这套模式有多厉害，看看利乐的客户就知道了。一旦成为利乐的客户，利乐将会派出一个 30 多人的专业服务团队进驻客户的工厂，这个团队就是利乐派向客户的 KAM 团队，是利乐为每个重点客户组建的专业服务队伍。这支队伍以客户经理为核心，成员来自利乐的战略发展、技术、品质发展、销售行政等各相关职能部门，客户也会选派他们相应领域的精英参与充实这个团队，每位团队成员对利乐的客户经理和客户负责人双重汇报，实时交流和协调。

在每套为客户度身定制的 KAM 系统服务里，利乐除了派出自己的工程师组建 KAM 团队，还会承担一半的费用来聘请专业公司为客户提供专项服务，全程介入其中的每个程序，以打消客户对新项目的犹豫，参与他们的长远规划，这些专业公司包括毕马威、德勤、麦肯锡、奥美等。利乐通过这种长期契约化的镶嵌式客户服务，实现了你中有我、我中有你，培育了服务新价值，即客户对利乐的高度依赖，这导致后来的竞争者很难再挤入这个市场。在中国，20 多年来投产的由利乐提供的生产线达 1 000 多条，只要这些生产线能保持稳定的生产，利乐就能源源不断地向他们提供利乐包材，从而获取源源不断的利润。

利乐公司的设备都是成套销售的，而且价格很高。客户若投资一套"利乐枕"式液态奶生产线，一次性需投入约几百万元，这对于一个乳品企业是一个很大的投资项目，因而先期发展较慢。利乐公司经过调查发现，很多相关企业对这种设备及产品包装相当感兴趣，只是觉得一次性投资太大，资金上有困难。针对这一情况，利乐公司提出了"利乐枕"的设备投资新方案：客户只要拿出 20% 的款项，就可以安装成套设备投产。而以后 4 年中，客户只要每年订购一定量的包材，就可以免交其余 80% 的设备款。这样客户就可以用这 80% 的资金去开拓市场或投资其他项目。利乐公司这一投资方案一出台，客户就迫不及待地争先签订合同，从而使利乐设备迅速扩大市场份额，成为所有牛奶生产厂家的投资首选。厂家由于减少了投资额，可以有大部分资金来开拓市场，投入广告，积极参与公益活动，引导消费，这样消费者很快接受了"利乐枕"这种包装形式，市场局面一下子打开，市场激起一股强劲的"利乐枕"风。利乐这一设备投资方案既赢得了客户和消费者，也提升了自身企业形象。

(资料来源：苏立国. 利乐：为客户创利 与客户同乐[J]. 企业改革与管理，2008(7).)

引例启示：利乐和客户之间建立的伙伴关系已经完全不是传统意义上的买卖关系，也不再仅仅局限于自身产品的推广，而是动用自己的人力资源优势、信息优势、资金优势和客户的资源全面嫁接，从而通过帮助客户在市场上形成竞争优势来促使自己实现销售目标。利乐的为客户创利、与客户同乐的经营思想，留住了客户，赢得了市场。

客户关系保持是指企业维持已建立的客户关系，使客户不断重复购买产品或服务的过程。企业要重视客户关系开发，更要重视客户关系保持，只有减少客户流失，企业的客户资源才能保持和不断增加。企业通过客户关怀和客户奖励计划，能有效防止客户流失，达到客户关系保持的目的。实现客户关系保持的最高境界就是与客户建立合作伙伴关系。

第一节　客户关系保持概述

一、客户关系保持的内涵

哈佛大学商学院的厄尔·萨塞(Earl Sasser)和雷奇汉在 20 世纪 80 年代末 90 年代初首先对客户关系保持问题做了研究。他们曾组织课题小组对服务业的市场份额与营利性关系进行专门研究，并发现了一个与高利润和快速增长更密切相关的因素——客户忠诚度。他们计算了在目前的客户流失率情况下客户平均生命周期内给公司带来的利润流量的净现值，又计算了在公司客户流失率降低了 5 个百分点的情况下平均客户关系生命期内给公司带来的利润流量的净现值，然后将两者进行比较，比较结果如表 7-1 所示。

表 7-1　客户保持率提高与企业利润增长的关系

行 业	客户保持率提高 5 个百分点时利润收入的增长(%)
邮购	20
汽车维修连锁店	30
软件	35
保险经纪	50
信用卡	125

因此，他们在服务利润链(Service Profit Chain)中就强调了以客户为中心的营销管理模式，揭示了这样一种观点：跟市场份额相比，客户忠诚度与高利润、快速增长率的关系更加密切、更加重要，而客户忠诚度是由客户满意度决定的，客户满意度又反映了客户感知的服务质量，而服务质量又取决于服务企业的服务传递和运营能力。

其他相关研究也得出了与萨塞一致的结论，例如，美国保险经纪业务 1983—1988 年客户保持率与利润率的关系；拥有最佳保持率的公司，同时也享有最高的利润率。而客户保持率最低的公司，其利润率也是最低的。所以，客户保持率与利润率呈明显的正相关关系。随着对客户关系保持重要性认识的日益增强，许多公司纷纷实施关系营销和客户关系管理战略，加强对有价值的客户的保持工作。

客户忠诚与客户保持是两个角度的定义，两者有密切联系。忠诚客户在购买行为上对企业具有专一性，不会轻易流失到竞争对手的企业，这种现象对企业而言就是有很高的客户关系保持水平。在度量客户忠诚的时候，常常提到两个因素，即客户保持度(Customer Retention)和客户占有率(Total Share of Customer)。客户保持度描述企业和客户关系维系的时间长度；与此相关的客户保持率(Customer Retention Rate)则是指在一段时间内，达到特定购买次数的客户百分比。但是，许多公司却被"持续的客户即忠诚客户"的假象迷惑。许多企业认为能够留住曾经购买过产品的客户就是实现了客户忠诚，但在进一步的调查中，却发现许多所谓的持续客户(那些在最初购买后至少每年维持一次购买行为的客户)也曾向竞争者购买后续的产品或服务。客户占有率的含义与客户钱包份额相同。一家公司的客户占有率，也就是客户将预算花在这家公司的百分比。例如，某家公司获得了100%的客户占有率，或者说，客户把他的全部预算花在了该公司的产品或服务上。而当这家公司的竞争者获得了客户预算的一定百分比时，相对地就是该公司丧失了那部分的客户占有率。

可见，客户关系保持并不仅仅指延长客户关系的维持时间，还指以增强客户的忠诚度为目的同时达到提高客户保持度和提高客户占有率的管理手段。

二、客户关系保持对企业收益的影响

客户关系保持与企业利润是息息相关的，这首先表现为企业从客户或客户群处得到的价值是企业利润的直接来源。企业利润来自客户支付的买价与企业成本的差额。显然，客户与企业保持关系越持久，重复购买的次数越多，就越有可能为企业带来利润。

除了客户支付的买价对企业利润的影响，客户保持的效果对企业的利润影响还表现在以下四个方面。

1. 节省客户关系开发费用

每个企业为开发新客户都要先投入资金，包括针对新客户投入的广告宣传费、工作人员的管理费用等。以信用卡公司为例，最大的成本开支是直邮广告的费用。客户回复率一般仅为2%~3%，因此为了得到1000个申请人，公司需寄出3万~5万份宣传品。再加上信用评估、信用卡发行、在银行的数据处理系统中开立新账户等费用，为每个新客户开支的成本都很可观。相对来说，保留老客户能为企业省下一大笔费用。

2. 节省客户交易成本

客户熟悉一个企业后，就会充分利用它，不会因为要求企业提供原本不提供的服务而浪费时间，也不再过多地依靠公司雇员来了解情况和获得咨询。这样，由企业承担的客户学习成本自然就下降了。这类成本效益经常反映在长期客户和长期雇员的相互交往及学习上。

3. 老客户的口碑宣传能减少企业的广告促销费

满意的客户会向别人推荐。当一个客户准备购买某种产品时，首先要做的就是收集相关信息，进行比较之后才决定购买。信息来源分为内部来源和外部来源，内部信息基本是在客户记忆中搜索，假如内部信息不足以使客户做出购买决定，或者根本没有这方面的经验，那么他就会求助于外部信息，包括口碑和生产者提供的信息，如广告宣传等。通常，风险较高时，客户主要是直接收集信息，重新评估其他方案；客户更为喜欢求助的信息来源是人，最主要的降低风险的信息方式就是口碑。

4. 老客户无须价格优惠

一般来说，新老客户为同一服务支付价格是不一样的，企业为了获取一个新客户，常常会给予价格优惠。而一些满意度较高的老客户，往往对价格不十分敏感，甚至会为得到一如既往的高水准服务而支付较高的价格。保持老客户能够节省这一部分价格优惠的成本。

综合上述分析可知，拥有长期忠诚客户的公司比拥有高市场份额但客户流失率高的对手更有竞争优势。

三、客户关系保持的影响因素分析

与客户关系保持相对的概念就是客户流失，分析影响客户关系保持效果的因素也就是分析造成客户流失的原因。总结国内外学者的研究，影响客户关系保持效果的因素可以从消费者购买行为、客户满意、转移成本和客户关系生命周期四个角度进行描述。

(一)消费者购买行为对客户关系保持的影响

消费者的购买和重复购买决策主要受文化、社会、个人和心理等因素的影响。

1. 文化因素

文化、亚文化和社会阶层等因素对消费者的行为具有最广泛和最深远的影响。人类行为是通过学习形成的，这期间受到来自家庭和其他社会环境的影响，必然要带有某一类文化的印记。亚文化群体能为其中的成员带来更为具体的认同感和共同特性，同一社会阶层的成员往往具有类似的价值观、兴趣爱好和行为方式，当客户的社会阶层发生变化时，其消费模式通常也会发生改变。

2. 社会因素

消费者购买行为受到诸如参照群体、家庭、社会角色与地位等一系列社会因素的影响。消费者受参照群体的影响表现在参照群体为消费者展示出新的行为模式和生活方式，而由于消费者有效仿其参照群体的愿望，消费者对某些事物的看法和对某些产品的态度必然会受到参照群体的影响，从而行为趋同化。一个人在其一生中会加入许多群体，如家庭、俱乐部等，每个人在各个群体中的地位和角色都会在某种程度上影响其购买行为。

3. 个人因素

消费者购买决策也受其个人特性的影响，特别是受其年龄、职业、经济状况、生活方式、个性的影响。个性是一个人所特有的心理特征，它导致一个人对其所处环境的相对一致和持续不断的反应。

4. 心理因素

消费者购买行为要受动机、知觉、学习以及信念和态度等主要心理因素的影响。动机能够及时引导人们去探求满足需要的目标。人们对于刺激物的理解是通过感觉进行的，感觉到的材料通过大脑进行分析综合，就形成了知觉。学习是指由经验而引起的个人行为的改变。通过行为和学习，人们形成了自己的信念和态度，而信念和态度又反过来影响人们的购买行为。企业无法左右客户的购买动机,但企业能够通过积极的促销活动和良好的产品形象、质量等去影响消费者的学习过程,从而使消费者对本企业产品有良好的信念和态度,进一步影响客户的获取和保持。

(二)客户满意对客户关系保持的影响

来自哈佛大学商学院的一项调研表明,完全客户满意是确保客户忠诚和产生长期利润的关键。在银行业,美国客户服务咨询机构观点研究公司(Opinion Research Corporation)的副总裁约翰(John Larson)发现:"完全满意的零售银行储户比基本满意的客户忠诚度高42%。"此外,安德森(Anderson)、鲍尔丁(Boulding)等人经过多年的研究,从理论和实证上分别证明了客户满意与客户忠诚存在显著的相关关系。总之,客户满意是购买或重复购买的最重要因素;客户满意对重复购买意图有正影响,客户满意与客户忠诚有非线性关系。

客户对其购买的产品使用后会有满意或失望的心理感受,这种感受强化了客户对企业产品的认识,也是一种学习过程。客户因一次满意而积累的消费经验会在以后的购买中指引客户的行动方向。当客户的重复购买行为每一次都能获得满意时,这种满意就会形成客户对企业经营的产品和服务的固定信念及偏好,以后客户为了降低购买风险和节省搜索成本,会对企业产品习惯性购买,这样企业就达到了保持客户的目的。

(三)转移成本对客户关系保持的影响

转移成本也可以理解为市场竞争状况对客户关系保持的影响。转移成本是指客户对结束当前供应商的关系和建立新的替代关系可能发生的相关成本(包括经济成本和非经济成本)的主观认知。转移成本包括两个部分:一是过去投入的、在转移时将损失的关系投资;二是建立一个新的替代关系涉及的潜在的调整成本。转移成本与重复购买意图有正相关关系。

(四)客户关系生命周期对客户关系保持的影响

客户关系生命周期对客户关系保持有重要的影响。纵观客户关系生命周期的全过程,考察期是客户关系的孕育阶段,形成期是客户关系的快速提升阶段,稳定期是客户关系的成熟阶段,也是企业期望的理想阶段。关系退化有可能发生在考察期、形成期、稳定期三个阶段的任一阶段。但一般来说,客户关系考察期是双方关系的试探阶段,双方了解有限,关系的不确定性很高,客户关系保持的风险最高,难度最大,客户流失率最大;客户关系形成期是关系的快速提升阶段,关系双方有一定了解,关系的不确定性下降,双方在了解的基础上进一步明确了承诺长期关系或维持交易关系的倾向,客户流失率有所下降,但客户关系保持工作的风险和难度仍较高,可有目标地开展工作;在客户关系稳定期,关系双方有了充分的了解,在此基础上,双方可以含蓄或明确地对持续关系做出保证,对企业来说,这时保持关系客户的风险最小,难度最小,收益最大;在客户关系衰退期,关系双方或一方正在考虑结束关系,甚至物色候选关系伙伴,这时如果企业还不想放弃客户,有意恢复客户关系,首先要洞悉关系退化的原因,修补服务,调整产品,要付出一定的成本,有一定的风险,难度较大。

四、客户关系保持的方法

越来越多的企业管理者深刻地认识到客户关系保持的重要性，并且从多个方面着手客户关系保持，归纳起来，主要包括以下六项内容。

(一)选择正确的客户

传统企业对客户不加区分，为本企业所有客户提供标准化的服务。事实上，雷奇汉等人调查发现：一是客户忠诚度与客户个体有关，有些客户的忠诚度高，而有些客户的忠诚度低；二是每个客户为企业带来的利益是不同的，有高有低，并且相差很悬殊。因此，企业要正确地选择客户，应在一开始就选择正确的客户。

一家保险公司研究发现，该公司不忠诚的客户具有一些共性，即年轻人比年长的人更不忠诚，单身客户比已婚客户更不忠诚，租房住的客户比有自己房的客户更不忠诚，为享受低折扣而购买保险的客户更不忠诚，只购买短期保险品种的客户更不忠诚。

企业应该选择关系型客户。因为交易型客户只对价格感兴趣，而关系型客户希望他们忠诚的企业为他们提供优质服务。较低的折扣将吸引更多的交易型客户，企业很难从交易型客户获得利润。关系型客户对优质服务、更高的价值和双向忠诚更感兴趣。关系型客户会对企业忠诚，为企业带来利润。

(二)建立、管理并充分利用客户数据库

企业利用数据库进行客户关系管理，应用数据库来分析现有客户的情况，找出人口数据及人口特征与购买模式的联系，以及为客户提供符合他们特定需要的定制产品和相应的服务，并通过各种现代通信手段与客户保持自然密切的联系，从而建立起持久的合作伙伴关系。信息技术的发展使数据库营销成为可能，它使企业能够利用有关客户及其偏好、购买行为等信息的多元数据库进行综合分析，以便更好地留住老客户并争取新客户。

(三)积极响应和对待客户的投诉或抱怨

投诉的客户仍有可能给予企业弥补的机会，他们极有可能再次光临。因此，企业应该充分利用客户投诉和抱怨这一宝贵的资源，不仅要及时解决客户的不满，而且应鼓励客户提出不满意的地方，以提升企业产品质量和重新修订服务计划。

(四)与客户进行有效的沟通

企业应与客户建立有效的沟通，但如何判断企业的沟通活动是否有效呢？一家室内灯具生产商向 45 000 个客户寄送产品目录，然后等客户上门。现在该生产商挑选 1 200 名客户，平均分为两组，每组 600 人，一组作为控制组，一组作为实验组。该生产商与实验组的客户建立了长期关系，然后看促销结果。控制组客户的订单减少了 18%，而实验组客户的订单增加了 12%。通过这个实验我们发现，与客户建立关系，能有效地实现客户关系保持，企业应该实施关系营销。保险公司与客户对话后发现，62%"叛逃"的客户在"叛逃"前从没有与代理人交谈过，与代理人交谈过的客户中有 80%的客户不会"叛逃"。由此可见，与客户沟通有助于增加企业的销售收入，提高客户的保留率。

(五)向客户销售多种产品或服务

国外学者调查发现，客户购买的企业产品品种越多，客户的保留率越高。而客户保留率提高，自然就会增加企业的利润。企业可以通过跟踪客户购买行为，发现客户最有可能购买的第二种产品。无论客户通过哪种方式与企业联系，服务人员都可以及时获得该客户的信息，对该客户进行针对性营销。英国最大的产品目录零售商 GUS 通过这种方式，使该企业交叉销售率增长了一倍，由原来的 20% 提高到 40%。企业通过交叉销售可以提高客户的保留率，如表 7-2 所示。

表 7-2 客户购买的产品品种数与客户保留率关系

客户购买的产品品种数(种)	客户保留率(%)
1	65
2	70
3	75
4	80
5	85

从表 7-2 中可以看出，那些购买企业多种产品或服务的客户保留率比较高。企业进行交叉销售，一方面可以从新产品中获利，另一方面可以留住现有客户。

(六)多渠道接触客户

有些学者调查发现，只通过一种方式与企业接触的客户保留率低于通过两种以上方式与企业接触的客户保留率，表 7-3 就是不同渠道和多种渠道的组合的第二年客户保留率。

表 7-3 渠道与客户保留率的关系

渠道与渠道组合	第二年的客户保留率(%)
零售	54
目录	43
网络	39
零售和目录	69
目录和网络	69
零售和网络	73
零售、目录和网络	79

网络对留住客户非常重要。一家公司在网上建立客户俱乐部销售体育用品，该公司发现，俱乐部成员比非成员购买次数多 11 次，到第二年，81% 的俱乐部成员购买该公司的多种产品，该公司客户保留率上升。向客户邮寄产品目录也有助于提高客户保留率。迈尔斯金博(Miles Kimball)邮购公司的一种做法是在向 20 000 个客户派送 3 份不同的产品目录的同时还向这些客户发送电子邮件，另一种做法是只向这些客户派送产品目录。结果发现，收到电子邮件的客户的购买额比只收到产品目录的客户的购买额多 18%。一个电视零售商持续 6 个月通过电子邮件向 14 000 位客户发送产品通信，而另外的 14 000 位客户则没有收到

该类产品通信。结果发现，那些收到邮件的客户的购买额比没有收到邮件的客户的购买额多28%。

第二节 客户奖励计划

客户奖励计划是指企业根据客户的重复购买行为给予客户的奖励营销。目前，许多企业都制订和实施了客户奖励计划。客户奖励计划的典型特征就是通过向客户提供经济或关系利益的奖励，实现客户关系的保持。大部分情况下，客户奖励计划的目的是通过客户增加购买数量或销售升级、交叉销售等方式增加企业的销售收入。客户奖励计划已经成为一些企业发展长期客户关系一种行之有效的策略。

一、客户奖励计划的内涵

面对越来越激烈的市场竞争，每个企业都在提高竞争力上绞尽脑汁。其中的办法就是通过给予客户一定奖励来鼓励客户重复购买，增加购买量。近年来，许多企业都制订了客户奖励计划，比如常客奖励计划、客户俱乐部等，如2012年3月10日，全球厨卫经典品牌科勒(KOHLER)宣布其首个忠诚奖励计划——科勒雅悦荟成立。所谓客户奖励计划，是指企业根据客户的重复购买行为给予客户奖励的营销过程。参加企业客户奖励计划的客户会与该企业进行更多的交易，为了得到更多的积分和更多的优惠，甚至会放弃对其他企业或品牌的选择。客户奖励计划已经成为营销人员使用的用于识别、奖励、留住获利能力高客户的一种重要的客户关系管理工具。

专栏7-1 鸿隆公寓客户忠诚度奖励计划

积分兑换礼品：

(1) 12 480分：兑换价值780元的豪华双人房一间；

(2) 12 480分：兑换价值780元的豪华单人房一间；

(3) 14 080分：兑换价值880元的商务双人房一间；

(4) 14 080分：兑换价值880元的商务单人房一间；

(5) 17 280分：兑换价值1 080元的行政房一间；

(6) 23 680分：兑换价值1 480元的商务套房一间；

(7) 26 880分：兑换价值1 680元的商务公寓一间。

兑换方法及规则：

(1) 会员如需用积分兑换奖品，须提前10个工作日与酒店前台联系并提交兑换申请，经酒店确认后，会员本人须持有效证件至酒店前台办理兑换手续。兑换所需的分值将从您的积分账户中扣除。

(2) 酒店奖品兑换所需积分以当时网上兑换积分公布额度为准。

(3) 使用积分兑换酒店房间，仅能兑换房费费用(特别说明：入住使用积分兑换的房间不再享有当次积分，各会展高峰期间不提供房间兑换)。兑换房间需取消或变更必须提前7个工作日致电预订中心(86075526816666)。逾期没有兑换的，房间不再保留，已扣除的积分不作返还。

（4）除房间兑换外，其他兑换项目已确认后不接受取消或变更。逾期没有消费或领取的，则奖品不再保存，已扣除的积分不作返还。

（5）所有积分兑换的奖品，酒店不提供任何发票。

（资料来源：http：//www.honluxci.com/members_scores_zhcn.php，最后访问日期：2013年6月9日）

二、客户奖励计划的主要目标

企业实施客户奖励计划的主要目标有四个。

1. 培育客户的真正忠诚

许多企业实施客户奖励计划的目标是培育客户的真正忠诚，即行为和态度两个方面都表现为忠诚，因为只有态度忠诚的客户才能抵御竞争对手的诱惑，才能在激烈的市场竞争中和企业站在一起，成为企业忠实的支持者。企业实施客户奖励计划，能够使客户得到实实在在的好处，在经济方面常表现为价格优惠、积分换产品，甚至参与企业的分红，在其他方面常表现为交易的优先权、精神鼓励等，这将彻底改变客户对企业的看法，使客户对企业产生认同感，并对企业和品牌产生好感，进而形成忠诚度。

2. 提高企业服务资源的使用效率

企业服务资源的使用效率在一定时期是相对固定的，而企业通过实施客户奖励计划能大幅增加销售量，比如，酒店提高了客房的入住率，航空公司提高了飞机的入座率，这都会使企业服务资源的使用效率大幅提高。

3. 增加企业的长期效益

客户奖励计划能更好地满足客户的需求，从而使客户能够获得中长期利益。企业通过客户奖励计划收集客户个人、行为及偏好等方面的信息，并运用这些信息更好地了解客户的偏好，向各类客户提供更好的价值主张。更好的价值主张源于向客户提供的有效产品和沟通。客户奖励计划为企业创造持续竞争优势，有利于企业获得最大的长期利润。

4. 实现企业服务标准的合理化

服务标准的合理化是指企业为某客户服务的成本应与该客户带给企业的价值相一致。对任何行业而言，不同的客户为企业带来的价值不同，企业为不同的客户服务的成本也不同。有些客户很容易满足，而有些客户却对企业的服务吹毛求疵。追求企业服务标准合理化的企业应将为客户服务的成本投入与客户带给企业的价值相结合，对客户加以区分，为不同的客户提供不同的服务，保障企业最有价值的客户获得最好的服务。对那些不同的客户创造的价值有很大差异以及企业为不同客户服务的成本也有很大差异的行业(如航空公司、宾馆、金融服务等)来说，进行价值调整是非常必要的。

专栏7-2 希尔顿在华推广客户忠诚奖励计划

2012年9月6日，希尔顿携全球旗下十大卓越酒店品牌的客户忠诚奖励计划"希尔顿荣誉客会"来到上海，拉开了全新市场营销活动的序幕。

希尔顿全球客户营销高级副总裁杰夫·迪斯金在新闻发布会上表示："希尔顿荣誉客会并非仅限于回赠，其真正宗旨在于励赏会员。客户忠诚奖励计划将积分转换为实在优惠，帮助会员利用积分，创造与家人及朋友难忘的旅行体验。"

全新的营销活动以"希尔顿荣誉客会，值得分享的体验"为宣传主题，向中国宾客展示成为希尔顿会员将变成工作之余的一种享受。作为希尔顿荣誉客会的一名会员和常客，甄子丹也现身发布会现场，以自己的亲身体验为希尔顿大做宣传。

除了新的营销活动，希尔顿荣誉客会还推出了专门面向中国会员和旅行者的定制化体验和服务。

据介绍，希尔顿荣誉客会最近设立了中文网站，以便更好地满足会员的需求，并创建了微博官方账号，以增进和中国宾客的互动。目前，希尔顿在大中华区已有华尔道夫酒店及度假村、康莱德酒店及度假村、希尔顿酒店及度假村、希尔顿逸林酒店及度假村等 4 个品牌，共有 21 家酒店，并且计划在未来 4 年新开 100 家酒店。

"希尔顿荣誉客会今年实现了 2 800 万会员这一里程碑式的成就，其中，大中华区就有 9 万多名希尔顿荣誉客会会员，希尔顿目前正着眼于中国市场，力求不断满足中国旅行者在国内和国外旅行时的需求，以寻求进一步的增长。"希尔顿全球亚太区总裁马丁·林克表示。

(资料来源: http: //www.toptour.cn/detail/info39447.htm，最后访问日期: 2013 年 6 月 9 日.)

三、客户奖励计划的设计特征

许多企业的客户奖励计划在制订时有很大的随意性。不同行业的企业以及同一行业的不同企业实施的客户奖励计划有很大差异。企业制订的客户奖励计划应包含以下几个方面。

(一)奖励结构

客户参加企业的客户奖励计划的主要动机是通过长期购买企业的产品或服务而得到奖励以获得更多的利益。因此，从客户的角度来说，奖励的实际利益是该计划的关键。

1. 有形奖励与无形奖励

有形奖励包括价格折扣、促销、免费产品、特殊待遇。如某航空公司俱乐部客户在航程累积到一定量时可获得一张免费机票，这就属于有形奖励。无形奖励常常与购买者的特殊识别有关，是特殊待遇带给客户的心理利益。如某航空公司俱乐部的金卡会员或银卡会员会觉得自己是非常特别的。很多时候，企业对某忠诚客户的心理识别常常伴随着对该客户偏好服务的有形奖励，如专用服务热线。

2. 产品主张支持

企业客户奖励计划的奖品可以直接与本企业提供的产品组合有关，如某酒店会员可以把自己的消费积分用于兑换酒店提供的服务，如房间升级或免费房；有些企业的客户奖励计划的奖品与本企业的产品或服务完全无关，如某信用卡公司会员可以用自己的消费积分兑换其合作企业的产品，如兑换免费机票、购买电脑或手机等。

3. 奖励的享乐型价值

享乐型消费是指客户消费的目的是寻开心、找乐子。许多学者通过对消费者心理的研究发现，消费者收礼物时更偏好享乐型产品而非效用型产品。当不需要付出(如获得礼物或客户奖励计划的奖品)时，消费者更容易沉迷于奢侈消费。如与相同面值的超市购物券相比，客户可能更喜欢一张国外度假地的免费机票。企业应通过提高本企业客户奖励计划奖品的渴望价值或享乐型价值而实现差异化。如德国的电视频道 PR07 的客户奖励计划是 PR07 俱乐部。该计划最受欢迎的奖励是 VIP 服务，享受 VIP 服务的客户可参加脱口秀节目或是在后台与明星见面。奔驰汽车公司的客户奖励计划是会员可以用积分换取乘坐 MIG-29 战斗机。

4. 奖励数额

奖励数额是指基于交易量(以货币计算)的奖励的价值(以货币计算)。换句话说，企业根据每位客户的购买量来计算客户应该获得多大价值的奖励作为回报。毫无疑问，客户都希望获得较高的奖励数额。用于奖励的奖品是企业实施客户奖励计划需要考虑的一个重要的成本因素。奖励数额大小是决定客户是否会参与和使用企业客户奖励计划的一个重要影响因素。

5. 奖励等级

客户根据他们的累积消费获得奖励，这种奖励是客户消费行为结果的累积。客户消费积分的获取有两种形式：一种是客户任何时候消费，单个货币单位的积分是相同的；另一种是随着客户消费量的增加，单个货币单位的积分也增加。很明显，对那些消费量大的客户而言，后一种积分形式更有吸引力。

6. 奖励的时机

奖品兑换的时机是客户奖励计划的一个重要的设计特征。企业应制定一个有助于积分长期累积的积分兑换规则，以留住客户。换句话说，企业应锁定客户。客户累积的积分越多，客户流失的成本越高。一般来说，客户喜欢及时的奖励。管理人员必须了解按照某种购买模式客户获得某种奖励所需的积分需要多长时间、最低积分兑换标准、奖励类型和奖励数额决定奖励的时机。兑换奖品所需的积分越多，最终没有兑换的积分就越多。

(二)支持者

客户奖励计划的第二个维度是支持者，支持者是客户奖励计划所有者的支持方。

1. 单一企业与多个合作企业的客户奖励计划

企业的客户奖励计划可以仅仅是与本企业客户的交易，例如，法国 BP 公司的会员只有在法国的 BP 加油站的交易才可以积分，积分兑换的奖品也只局限于 BP 公司的产品。然而，有些企业客户奖励计划的会员也可以在与本企业有关的企业消费获取积分，例如，英国 Tesco 的会员在英国 TXU Energi 消费也可以累积积分。会员有更多的机会累积积分，因此多个企业合作的客户奖励计划对客户有更大的吸引力。但是，当参与合作的企业太多时，核心企业的客户奖励计划就失去了原来的意义，客户与核心企业的交易与客户积分累积可能会变得毫无关系。

2. 同行业与跨行业

多个合作企业的客户奖励计划的另一个支持维度是合作者的跨行业程度。企业可以选择允许会员只有在同行业的消费累积积分，也可以选择允许客户在不同行业的消费累积积分。如由北欧航空(SAS)、德国汉莎航空(Lufthansa)、美国联合航空(United Airlines)、加拿大航空(Air Canaola)及其他航空公司组成的星空联盟(Star Alliance)就是同行业企业联盟的典型例子。又如AOL和美国航空(American Airlines)的客户奖励计划有2 000多个同行业的合作企业。

3. 所有权

在多个企业合作的客户奖励计划中，所有权是指在这个合作联盟中哪个企业拥有该客户奖励计划的所有权，是核心企业、合作企业还是专业的客户奖励计划的管理公司，等等。

四、客户奖励计划效果的影响因素

影响企业客户奖励计划效果的因素包括客户奖励计划的设计特征、客户特征、市场特征和企业特征四个方面。

(一)设计特征

如前所述，客户奖励计划的设计特征可分为奖励结构和所有者两大类。为了了解一个企业客户奖励计划是否有效，一般可从以下三个方面来分析。

(1) 从客户的角度来看，奖励是否可获得？是否值得获得？即客户认为企业的客户奖励计划是否有吸引力。如果客户的集中购买无法从企业的客户奖励计划获得足够的价值(奖励时机、奖励金额)，则客户不会改变他们的购买行为。例如，航空公司客户奖励计划的会员能否兑换累积的航程获得免费机票取决于所需的最少累积航程。因此，航空公司规定的最少累积航程要求将决定参加客户奖励计划的低端客户的数量。

(2) 从客户的角度来看，奖励是否相关联？即根据奖励的类型(有形奖励、无形奖励、奖励的渴望价值)、客户奖励计划积分累积与客户相关的程度。例如，有些客户不关心无形奖励而只看重有形奖励，若企业的客户奖励计划的奖励中很少有物质奖励，则显然该计划与此类客户不相关。因此，企业应了解目标客户的偏好，选择恰当的奖励类型，这样客户奖励计划才能对客户有吸引力。

(3) 从企业的角度来看，客户奖励计划的设计与企业期望实现的目标是否一致？例如，如果企业的客户奖励计划的目的是向客户提供有形奖励和促销以改变客户的短期购买行为，则该计划对客户行为忠诚的影响要大于对客户态度忠诚的影响。

(二)客户特征

与客户奖励计划效果有关的关键的客户特征是客户价值的差异性。不同行业，客户价值的差异性很大。在有些行业，单个客户的价值大同小异，如每个车主每月的用油量相差不大；但在有些行业，单个客户的价值差异很大，如金融服务行业或电话行业，每个客户的使用量和获利能力有很大差异。如果企业设计客户奖励计划的目的是实现价值一致性，则这类客户奖励计划在客户价值有很大差异的行业就很难成功。航空、酒店、汽车租赁、医药、电话、金融服务等行业的客户价值一致性较高，因此，实施客户奖励计划在这些行业比较可行。

(三)市场特征

影响企业客户奖励计划效果关键的市场特征因素是市场的集中性。市场份额小的品牌存在双重风险：第一，市场份额小的品牌的购买者比市场份额大的品牌的购买者少；第二，市场份额小的品牌的购买者购买频率较低。这就意味着市场份额大的品牌更容易获得客户的行为忠诚，当然，市场份额小的品牌也不是不可能获得忠诚的客户。因此，如果市场集中性较高或是某企业市场份额较大，则企业较容易培育客户的行为忠诚，实施客户奖励计划的效果就好。

(四)企业特征

影响客户奖励计划效果的企业特征因素包括产品的储存性及企业提供产品的宽度和深度。企业销售产品的特定特征，特别是产品是否可储存，是实施客户奖励计划能否成功的关键因素。正是由于产品的不可储存性，客户奖励计划在航空公司和酒店运用非常广泛。如果企业的产品可储存，则企业用于客户奖励计划的奖励直接减少了企业的经济收益，很难保障客户奖励计划的经济性。影响客户奖励计划效果的另一个因素是企业零售产品和品牌的多样性。企业零售的产品与品牌的宽度和深度越大，企业获取利润的机会越大。这是因为，客户的需要更可能得到满足，客户实现"一站式"购物的机会更大，节省了购物时间；还有就是由于客户购买机会更多，企业获得客户行为忠诚的机会就会更大。因此，根据客户行为忠诚来判断，客户选择越多，客户奖励计划的效果越好。此外，企业销售的产品宽度和深度越大，客户购买的机会越多，企业越有更多的机会了解客户的偏好，越能有效地进行交叉销售。

第三节　客　户　关　怀

随着竞争的加剧，企业依靠基本的售后服务已不能满足客户的需要了，只有提供主动、超值、让客户感动的客户关怀才能赢得客户的信任，把客户留住。客户关怀已经成为众多企业赢得客户好感并实现客户关系保持的一种行之有效的策略。

一、客户关怀的含义及特点

客户关怀就是通过对客户行为的深入了解，主动把握客户的需要，通过持续的、差异化的服务手段，为客户提供合适的产品或服务，最终实现客户满意度与忠诚度的提高。

为了提高客户的满意度和忠诚度，企业必须完整掌握客户的信息，准确把握客户的需要，快速响应个性化需求，提供便捷的购买渠道、良好的售后服务与经常性的客户关怀。

客户关怀的主要特点是针对性、体贴性、精细化。这其中有多个关键点需要把握。

(1) 通过客户的行为了解客户的需要。客户的需要不是仅靠简单地询问客户就可以得到的，企业必须在日常工作中注意观察客户的行为，主动了解客户，识别客户的真实需求。

(2) 客户关怀不是市场活动，不是一段时间内的短期行为。一旦企业明确了客户差异化的体验标准，就必须成为企业日常工作习惯的一部分，而不仅仅停留在规则里。

(3) 客户关怀不是营销。客户关怀并不是追求客户买一件产品或一种服务，而是首先追求客户尽可能长时间地留下来。在此基础上，通过客户关系的整个生命周期价值来获益。

二、客户关怀的内容

客户关怀的应用开始主要在服务领域。目前，它不断地向实体产品销售领域扩展，贯穿了市场营销的全过程，主要包括售前服务、售中服务和售后服务。也就是说，目前企业的客户关怀活动已经贯穿到企业市场营销的全过程。

(一)售前的客户关怀

售前的客户关怀能加速企业与客户关系的建立，对客户购买产品或服务起到催化剂的作用，能够发现客户的需要，并向客户提供产品信息和服务建议等。购买前的客户关怀主要就是在产品销售前先让客户观看或体验，其主要形式包括产品推广、展示会、广告宣传和知识讲座等。例如，上海交大昂立走的是一条知识营销的道路，它在产品销售前的主要客户关怀手段就是在市场上向客户传授知识，在产品科普知识的推广上投入大量的人力和财力，这为产品打开销路奠定了良好的基础。

(二)售中的客户关怀

售中的客户关怀与企业提供的产品或服务紧紧地联系在一起，包括订单的处理以及各种有关的细节，都要与客户的期望相吻合，满足客户的需要。好的售中服务可以为客户提供各种便利，如与客户洽谈的环境和效率、手续的简化以及尽可能地满足客户的要求等。客户购买期间的售中服务体现为过程性，在客户购买产品的整个过程中让客户去感受。客户所感受到的售中服务优质，则容易促成购买。

(三)售后的客户关怀

售后的客户关怀主要集中在高效地跟进和圆满地完成产品的维护与修理的相关步骤，以及围绕产品、客户，通过关怀、提醒或建议、追踪，最终达到企业与客户互动，促使客户产生重复购买行为。向客户提供更优质、更全面周到的售后服务是企业争夺客户资源的重要手段，售后服务实行跟踪服务，包括从记住客户到及时消除客户的后顾之忧，且要经常走访客户，征求意见，提供必要的特别服务。要把售后服务视为下一次销售工作的开始，积极促成客户再次购买，使产品销售在服务中得以延续。

三、客户关怀的手段

客户关怀的手段是指企业与客户交流的手段，主要有呼叫中心、网站服务、主动电话营销等。企业应该根据自身产品的特点，制定自己的关怀策略。企业应该区分不同规模、贡献、层次、地区甚至民族、性别，采取不同的策略，从关怀频度、关怀内容、关怀手段、关怀形式上制订计划，落实关怀。例如，企业为金质客户每年安排一次旅游，为银质客户安排节日礼品，为普通客户发送贺卡等，以体现关怀的区别性。

(一)主动电话营销

主动电话营销是指企业充分利用营销数据信息，通过电话主动拜访客户和推荐产品，以便达到充分了解客户需求的服务理念，同时也有助于增加销售机会，挖掘潜在客户。

主动电话营销必须注意两个问题：第一，要有针对性。通过其他渠道精心挑选客户，针对不同客户的具体情况，推荐可能符合其需要的产品与服务，不能千篇一律。第二，要实现信息共享。如果客户有回应，可能接电话的不是原来的那位销售人员，可能是其他的部门人员，这就要求企业各部门要协同工作。当一个销售人联系的客户把电话打到其他人或部门时，这个人或部门不应该说不知道或做出与前面不同甚至矛盾的解释。

(二)网站服务

通过网站和电子商务平台，企业可以提供及时且多样化的服务。企业可以根据客户点击的网页、在网页上停留的时间等信息，实时捕捉网页上客户要求服务的信息。企业将客户浏览网页的记录提供给服务人员，服务人员通过不同的方式服务客户，包括电话、视频交谈、与客户共享服务软件等方式。同时企业应利用文字、语音、视频等组合多媒体的实时功能与客户进行互动和网上交易。通过网站进行客户关怀应注意以下三点。

(1) 必须提供客户需要的内容，而不是企业想让客户看到的内容。

(2) 必须定期维护与更新网站内容，这样才能吸引客户持续参访、浏览。至于一些过时的旧内容，可视需求情况整理成资料库，供后来的使用者参考查询。

(3) 网站设计要人性化，使客户乐于登录。例如，美观、花哨的网页固然令人赏心悦目，不过客户可能受限于带宽，不见得有耐心等待漫长的下载时间；需要加入会员并登录网站的，最好简化注册与登录程序，并让使用者可以容易地查询或修改个人相关资料。

(三)互动中心

互动中心是一种利用现代通信网络和计算机网络进行集成并与企业整体流程巧妙融为一体的、完整的交互式综合信息服务系统，通过高素质的客服人员，使用一个公开的电话特服号码对客户提供电话服务。互动中心突破了时间和空间的限制，在人工坐席和自动语音应答设备的配合下，利用强大的数据库功能可以方便地提供 24 小时和分布式呼叫服务，极大地提高了企业的服务效率和管理水平，帮助企业了解客户、服务客户和维系客户。

互动中心集成了人工坐席、自动语音、传真、互联网、E-mail、网络电话等多种服务形式，可对企业的售前、售中、售后服务的各个环节进行有效的监管。

四、客户关怀系统的结构

(一)客户关怀系统的一般结构

客户关怀系统的一般结构包括分析层、运作层和接触层，如图 7-1 所示。

1. 分析层

分析层处在客户关怀系统的核心，是构建在中心数据库上的。在中心数据库上通过对无用信息的过滤和数据整合组建数据仓库，应用数据挖掘技术提取信息，组建专家系统和智能系统，对企业的发展有不可低估的作用。

2. 运作层

客户关怀系统的运作层包括各个职能子系统的独立和协同运作。客户关怀系统运作层主要有销售系统、客户信息系统、跟踪反馈系统。

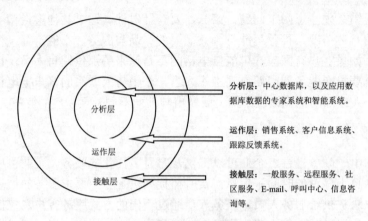

图 7-1 客户关怀系统层次结构

3. 接触层

客户关怀系统应该能够支持客户和企业各种各样的接触活动，如一般服务、远程服务、社区服务、E-mail、呼叫中心以及信息咨询等。企业必须协调这些沟通渠道，保障客户能够采取其方便或偏好的形式随时与企业交流，并且保障来自不同渠道的信息完整、准确和一致。客户关怀系统与互联网进一步紧密结合，发展成基于互联网的应用模式。如产品、客户关怀系统使用、维护等信息可以通过网站的形式发布，客户的资料能在有安全保障的前提下达到共享。利用客户关怀系统能大大扩大服务范围和加快反应速度。

(二)客户关怀系统的数据结构

客户关怀系统的数据结构如图 7-2 所示。从图 7-2 可以看出，客户关怀系统根据客户的基本数据、财务数据、行为数据，通过对有效数据的抽取，建立分类关联，再利用数据的挖掘和分析，按照需要生成智能判别模式，可以应用在多个部门。

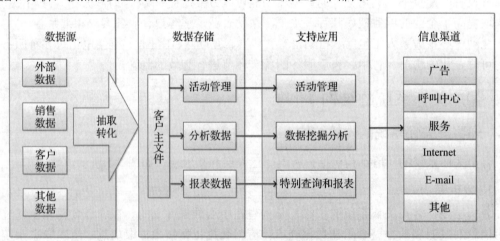

图 7-2 客户关怀系统的数据结构

五、客户关怀的实施步骤

客户关怀的实施步骤主要包括以下五点。

(一)全员贯彻客户关怀的理念和宗旨

因为服务本身具有无形性，它体现在企业每一位员工的具体行为中。每一个面对客户的环节和机会都是提供客户服务、实施客户关怀的渠道。只有将客户关怀理念贯穿于企业上下，激发全员参与，才能保障客户关怀制度切实可行并行之有效。

(二)识别战略机会

对客户进行深入的研究和分类，建立差别化的客户关怀体系。客户对企业的贡献是有差异的，为平衡收益与客户关怀的成本支出，应该建立差别化的客户关怀体系。所以，应该先对所有的客户交易数据进行系统的研究和分类，并按照客户的贡献度将客户分层，按照 20/80 法则建立差别化的客户关怀体系。

(三)设计客户关怀方案

客户关怀的实施必须是持续性行为，所以需要整体策划。

(四)执行方案

统筹安排客户关怀计划的实施，从细节着手，从小处实施，以周到而细微的服务打动客户，从而提升客户的满意度，增强客户的忠诚度。

(五)实施监测信息反馈

建立投诉和抱怨渠道，并保持渠道通畅，企业只有重视引导客户表达不满的方式。及时对客户的不满进行化解，这样才能真正做到以客户导向为中心，同时提高客户的满意度。当然，沟通渠道建立的同时，必须要保持渠道的畅通，并适当地对一线员工授予解决问题的权限，以做到及时处理客户的投诉。

第四节　合作伙伴关系

俗话说"最好的防守就是进攻"。把这句话用在客户关系管理上，那就是"最好的客户关系保持方法是把客户关系提升到顶级"，即与客户建立合作伙伴关系是客户关系管理的终极形式。企业可以通过与客户紧密合作、良好交流来共同受益，并且使客户关系得以保持。

一、合作伙伴关系概述

(一)合作伙伴关系的概念

随着经济全球化的进一步发展，企业面临的竞争越来越激烈，客户成为企业的安身立命之本，如何"留住老客户，发展新客户"是每个企业面临的问题。企业如何与客户建立良好的合作关系，是企业获得稳定客户资源的前提，是其竞争成败的关键。

合作伙伴关系是企业和客户在一段较长时期内达成的承诺或协议，其内容包括信息公开、共享，分担由伙伴关系带来的利益和风险等。可见，合作伙伴关系是建立在合作和信任基础之上的，供、需双方就供应商产品的订货和配送的基本策略、目标以及步骤等达成一致。也就是说，合作伙伴关系是合作各方为了共同目标，以信任为基础，以供需为纽带，以双赢(多赢)为目标而形成的关系。

合作伙伴关系是基于供应链管理思想不断发展并得到重视的，将其应用于客户关系管理，就是在企业和客户之间建立起良好的合作伙伴关系。合作伙伴关系是通过供应链成员形成一种协调的关系，提高信息共享水平，减少整个供应链产品的库存总量，降低成本和提高整个供应链的运作绩效，削弱需求不确定性的影响和风险，以保障实现某个特定的目标或效益，使合作伙伴关系的各方都获得更大效益。

(二)合作伙伴关系的层面

企业与客户的合作伙伴关系，主要体现在利益关系、情理关系和情感关系三个层面。

1. 利益关系

利益关系是伙伴关系的基础，没有利益关系，也就不可能建立伙伴关系。这就要求企业必须强化合作意识和合作精神的教育培训，让每一个员工从自身利益和企业整体利益的高度出发，形成对内、对外的合作意识和合作精神。必须定期对自己所拥有的合作资源进行清算，并制定资源的发展积累规划，以有计划地加强对外合作，整合合作伙伴的资源。在合作之前，必须充分考虑合作伙伴的具体利益要求，并站在对方的立场上，思考建立和巩固这种伙伴关系的作用与意义。在合作过程中，必须严格遵守合作协议，并避免斤斤计较于不关乎根本利益的小利，以体现自己的合作诚意和决心。在合作产生矛盾时，必须主动从对方的立场检查自身的行为，是否因为自己行为的不当而造成了对方利益的损害。必须健全完善合作实施行为规范，并通过合作实施行为规范的完整贯彻，保障合作双方的公平合理利益。

2. 情理关系

企业的合作关系，是由人与人的合作关系体现的。情理关系也就是把利益关系置于情理联系之中。凡事用情理自我审定，超越情理、合法但伤害合作伙伴的事不能为之。这也就要求：在合作关系的建立和维护上，必须避免处处以法律关系为调节合作利益关系的准绳，而仅仅以法律为最后底线，更不能经常把权利、义务挂在嘴边。在合作关系形成之前和合作实施过程中，必须事事用情理来评判，以通过情理关系的建立和维护来深化和巩固合作的利益关系。

3. 情感关系

合作关系也就是人与人的关系，情感是纽带，是黏合剂。情感关系管理就是让合作的双方相互尊重、相互信任、相互理解，把合作伙伴的利益和需要置于自己思考的范围。结成了情感关系，合作双方也就不会再患得患失，斤斤计较于利益的一时一事之得失。这也就要求：尊重合作伙伴代表的人格，理解对方的处境，在诚实守信之外，给予对方更多的关怀。经常进行情感联络，询问了解对方在合作协议实施过程中所存在的困难和问题，并共同讨论应对办法。

(三)合作伙伴关系的特征

合作伙伴关系是企业与客户达成的最高层次的合作关系，它是在相互信任的基础上形成的客户关系。这种客户关系具有以下几个特征。

(1) 发展长期的、信赖的合作关系。

(2) 这种关系由明确或口头的合约确定，双方共同确认并且在各个层次都有相应的沟通。

(3) 双方有着共同的目标，并且为着共同的目标有挑战性地改进计划。

(4) 双方相互信任、共担风险，共享信息。

(5) 共同开发，创造。

(6) 以严格的尺度来衡量合作表现，不断提高。

(四)合作伙伴关系的意义

企业与客户的良好合作关系对企业发展具有重要性，主要体现在以下几个方面。

1. 有利于企业降低成本，增加利润

以物流企业为例，物流行业服务的客户不是商品或服务的最终消费者，而是各种企业，既有生产领域的企业，也有流通领域的企业。企业的物流活动交由物流企业完成，形式上虽然外部化，但本质上却要求物流与客户企业的生产、销售等子系统在功能上紧密融合。因此，对物流企业而言，与客户的合作，不仅意味着稳定的客户资源，也意味着更可观的利润空间。当物流企业与客户形成紧密的战略合作伙伴关系时，对物流服务的要求就不仅限于运输仓储的可靠性、存货可得性等，还要求物流成本与客户的生产、营销等成本的总和即总成本达到最小。两方面的因素促使物流企业与客户必须形成紧密合作、相互依存的关系，这就无形中降低了物流企业的成本，提高了利润率。

2. 有利于提升企业的核心竞争力

未来的竞争已经不再是单个企业之间的竞争，而是各个供应链之间的竞争。与客户建立良好的合作关系，可以使企业把原来主要集中在业务增长的注意力转移到观察其外部的客户资源，从单个企业外推至整个供应链，只有这样才能更好地解决客户资源共享和企业间的合作问题，使整个供应链上的企业更具柔性，满足最终客户的能力有所提高。通过良好的合作关系，进行资源共享，将供应链上的企业信息及时地传递给最终客户，并将最终客户的反馈信息传递给各企业，增强整个供应链中各个企业的竞争力，从而使企业核心竞争力得到提升。

3. 有利于提高企业的服务水平，增加客户满意度

越来越多的实践证明，企业成功的关键在于重视客户的需求，提供满足客户需求的服务。而良好合作关系有利于企业更好地了解客户的需要，进而满足客户的需要，保障客户能获得较高的满意度。

4. 有利于完善企业文化建设，提高管理水平

与客户建立良好的合作伙伴关系的管理思想和理念，要求企业切实贯彻以客户为中心的企业战略，使全体员工围绕客户这一中心而协调、合作，并强调集成的团队精神，从而

使企业管理流程和机制发生重大变化。这就要求企业要建立起着眼于满足客户需求、尊重客户、对客户负责、精益求精的企业文化，从而带动企业长期、稳定、快速地发展。

二、建立与客户合作伙伴关系的思路

建立良好合作伙伴关系，必须全面了解客户的业务结构和经营理念，同时不断地向他们提供新的思路，使其充分发挥自身潜力，帮助客户发掘更多潜在机会。在实际运作过程中，企业要与客户建立良好、互利、长期的战略合作关系，可以从以下几方面考虑。

(一)高度重视与客户建立合作伙伴关系

企业应该认识到与客户建立合作伙伴关系是相当重要的。在为客户提供服务前，事先要了解客户的需求。这就要求公司不断提高高层管理的水平，同时还应重视对产品品质、服务品质信息的反馈。只有这样，才能指导员工依据这些信息及时为客户提供优质服务。企业可以运用产品周期分析和其他预测技术来识别客户对服务的需求，通过咨询服务增加对客户的了解，使未来的计划更符合客户的需求，同时要衡量客户业务运作情况，并开发一套用来分析所提供服务的成本和时间的商业案例，另外，还要设计如何使用外部服务的方案。

(二)改变销售额至上的经营观念

建立伙伴关系面临的最大阻力是许多人仍然死抱着销售额不放，认为销售额上去了才是企业生存发展的关键。这种想法固然有一定的道理，只是目光太短浅了。举个例子，比如某商场鞋品部，有客户想买43码男皮鞋，碰巧没有43码皮鞋，只有42码的。这时候销售人员就会千方百计告诉客户一个道理：皮鞋越穿越长，还是42码合适，穿穿就好了。结果客户把鞋买回去，脚上磨出了血泡；如果有客户想买41码皮鞋，商场却只有42码的，销售员又会告诉客户：还是买码数大一点的皮鞋好，穿皮鞋图个舒服，没见那么多人因为皮鞋码数小把脚磨出泡吗？相信日常生活中，我们会碰到类似的销售员，他们完全不从客户的角度出发，只想把鞋卖出去，完成销售定额。可是追求"销售额至上"造成的结果是什么呢？客户大呼上当受骗，下次再光顾该商场，看到鞋品部的销售人员就讨厌至极，再也不会从这里买鞋了。

从企业来讲，都希望销售额大大提高从而赚到大量的利润。但是企业若想求发展、图壮大，就不能将眼光局限在死板的增长百分比上。那些数字若不能保持就没有任何意义，因此企业若不能建立起伙伴关系，赢得客户的信任，那些暂时的利润随时都会消失。所以千万不要轻视客户，以为失去几个客户没什么了不起。其实从客户的口袋里骗的那点儿钱迟早会变成损失返还给企业，这点企业一定要清楚。

改变销售额至上的观念并不困难，做好以下几点，即制定长期发展蓝图，要注重未来长期合作关系而不是短期利润；针对改善伙伴关系进行专门的培训；鼓励员工推销高质量的服务，应当改变那种认为优质服务不能产生直接利润就是在浪费时间的观点；为销售人员提供必要的信息，确保他们能以高质量的服务达到客户的满意。

(三)分析客户的业务活动

伙伴关系是客户管理的终极形式。伙伴关系不仅指公司与客户的良好合作关系,还包括公司与公司的长期关系。

一个规模再大的公司,它的资金、人力资源也是非常有限的,为了更有效地利用其他公司的资源,公司越来越需要相互依靠,建立伙伴关系也就变得越来越重要。例如,许多公司在公司外寻求基本服务之外的特殊服务的支持,让其他专业公司提供特殊服务。这样,公司就能把精力集中到更重要的地方,也提高了工作效率,这种做法还可以节省公司的成本,要知道,聘请行业的专家来做这些特殊服务的项目,花费是十分昂贵的。

除了公司与公司的伙伴关系外,公司还要寻求与客户建立伙伴关系的途径。客户也是十分愿意与公司建立良好关系的,一方面,他们能够得到高品质的服务;另一方面,他们本人可以从这种长期、稳固的合作关系中得到一般客户所无法享受到的实惠。因此,企业应认真分析目前的经营状况和竞争能力,从企业现有的客户名单中寻找能建立伙伴关系的机会。分析要点如下。

- 客户能从企业提供的高品质服务中受益吗?
- 客户的购买模式是什么?
- 公司经营的产品或服务能否满足客户的要求吗?
- 企业的服务是否有助于客户长期计划的实施?
- 客户在开发新的工艺方面是否需要企业的支持帮助?
- 企业招募的员工是否积极进取、对客户是否持有强烈的责任心?企业是否对员工进行了专门的建立客户忠诚的培训?

(四)按照三级关系营销的思路来积极推进

根据贝瑞和帕拉苏拉曼归纳的关系营销的三个层次理论,企业要与客户建立合作伙伴关系,就应该采用三级关系营销。具体工作有增加财务利益、增加社交利益和增加结构性联系利益三个方面。

1. 增加财务利益

公司增加财务利益的方法有两种:频繁营销计划和俱乐部营销计划。

频繁营销计划就是向经常购买或大量购买的客户提供奖励。频繁营销计划有一个基本事实,20%的公司客户占据了80%的公司业务。南方航空公司是实行频繁营销计划的公司之一,它决定对它的客户提供免费里程信用服务。一些旅行社的票务部也采用了这种计划,常订票的客户在积累了一定的分数后,就可以享用订票免手续费或免费旅游。信用卡公司开始根据信用卡的使用水平推出积分制。广州好又多为它的会员卡持卡人在购买某些商品时提供折扣。今天,大多数的连锁超市都在提供"价格俱乐部卡",向它们的会员客户在某些商品上提供折扣。

一般来说,最先推出频繁营销计划的公司通常获利最多,尤其是当其竞争者反应较为迟钝时。在竞争者作出反应后,频繁营销计划就变为所有实施此类计划的公司的一个财务负担。许多公司为了与客户保持更紧密的联系而建立俱乐部成员计划。俱乐部成员可以是因购买而自动成为该公司的会员,如飞机乘客或食客俱乐部;也可以通过购买一定数量的商品，或者支付一定的会费成为会员。

2. 增加社交利益

公司的员工通过了解客户各种需求和爱好，将公司的服务个别化、私人化，从而增加客户的社交利益。表7-4对客户态度的社会敏感方法与不敏感方法作了对比分析。从本质上说，明智的公司把它们的顾客变成了客户。

表7-4　影响买卖双方关系的社会行动

良　好	不　佳
主动打电话	仅限于回电
作出介绍	作出辩解
坦陈直言	敷衍几句
使用电话	使用信函
力求理解	等待误会澄清
提出服务建议	等待服务请示
使用"我们"等解决问题的词汇	使用"我们负有"等法律词汇
发现问题	只是被动地对问题作出反应
使用行话或短语	装腔作势
不回避个人问题	回避个人问题
讨论"我们共同的未来"	只谈过去的好时光
常规反应	救急和紧急反应
承担责任	回避责难
规划未来	重复过去

对于某个机构来说，顾客可以说是没有名字的；而客户则不能没有名字。顾客是作为某个群体的一部分获得服务的；而客户则是以个体为基础的。顾客可以是公司的任何人为其服务的；而客户则是指定由专人服务的。一些公司采取相应措施，把它们的客户集中在一起，让他们互相满足和享受乐趣。类似哈雷戴维森、波西、土星和苹果计算机公司，据说它们在人事建造品牌社区方面达成了共识。

3. 增加结构性联系利益

公司可以向客户提供某种特定设备或计算机联网，以帮助客户管理他们的订单、工资、存货等。例如，美国著名的药品批发商麦克森公司就是一个很好的例子。该公司在电子数据交换方面投资了几百万美元，以帮助那些小药店管理存货、订单处理和货架空间；另一个例子是美利肯公司向它的忠诚客户提供运用软件程序、营销调研、销售培训、推销培训和推销指导等。

本 章 小 结

(1) 客户关系保持是指企业维持已建立的客户关系，使客户不断重复购买产品或服务的过程。客户关系保持并不仅仅指延长客户关系的维持时间，还指以增强客户的忠诚度为目的的同时达到提高客户保持度和提高客户占有率的管理手段。客户关系保持的方法主要有选择正确的客户，建立、管理并充分利用数据库、积极响应和对待客户的投诉和抱怨，向客户销售多种产品或服务，多渠道接触客户。

(2) 客户奖励计划是指企业根据客户的重复购买行为给予客户奖励的营销。企业实施客户奖励计划的主要目标包括培育真正忠诚的客户、提高企业服务资源的使用效率、提高企业的长期效益和实现企业服务标准的合理化。影响企业奖励计划效果的因素包括客户奖励计划的设计特征、客户特征、市场特征和企业特征四个方面。

(3) 客户关怀就是通过对客户行为的深入了解，主动把握客户的需要，通过持续的、差异化的服务手段，为客户提供合适的产品或服务，最终实现客户满意度与忠诚度的提高。客户关怀的主要特点是针对性、体贴性和精细化。客户关怀贯穿了企业市场营销的所有环节，主要包括售前服务、售中服务和售后服务。客户关怀手段是指企业与客户交流的手段，主要有呼叫中心、网站服务、主动电话营销等。

(4) 与客户建立合作伙伴关系，既是客户关系管理的终极形式，也是客户保持的最好方式。企业可以通过与客户紧密合作、良好交流来共同受益。

课 后 练 习

一、判断题

1. 哈佛大学商学院厄尔·萨塞和雷奇汉的研究发现：客户保持率提高 5 个百分点时不同行业的利润和收入的增长是相同的。   （   ）

2. 有关研究发现，客户保持率与利润率呈明显的正相关关系。   （   ）

3. 一家公司的客户占有率，也就是指客户将预算花在这家公司的百分比。 （   ）

4. 转移成本与重复购买意图有负相关关系。   （   ）

5. 一般来说，在客户关系的考察期，客户保持的风险最高，难度最大，客户流失率最大。   （   ）

6. 调查发现，客户购买企业产品品种越少，客户的保留率越高。   （   ）

7. 实施客户奖励计划只能培养客户的态度忠诚。   （   ）

8. 客户关怀的应用开始主要是服务领域。   （   ）

9. 目前企业的客户关怀活动已经贯穿到企业市场营销的全过程。   （   ）

10. 客户关怀并不是追求客户尽可能长时间留下来，而是追求客户买一件产品或一种服务。   （   ）

二、单项选择题

1. 哈佛大学商学院厄尔·萨塞和雷奇汉的研究发现：客户保持率提高 5 个百分点时利润和收入的增长最大的行业为(   )。

    A. 汽车维修连锁店   B. 软件

    C. 保险经纪   D. 信用卡

2. 在一段时间内，达到特定购买次数的客户百分比，称为(   )。

    A. 客户保持度   B. 客户占有率   C. 客户保持率   D. 客户钱夹份额

3. 一般来说，在客户关系(　　)双方了解有限，关系的不确定性很高，客户保持的风险最高，难度最大，客户流失率最大。

    A. 考察期　　　　B. 稳定期　　　　C. 形成期　　　　D. 衰退期

4. 在下列的渠道与渠道组合中，客户保持率最高的为(　　)。

    A. 零售　　　　B. 网络　　　　C. 零售和网络　　　　D. 零售、目录和网络

5. 属于客户关怀系统分析层的为(　　)。

    A. 销售系统　　　　B. 客户信息系统　　C. 跟踪反馈系统　　D. 智能系统

6. 实施客户奖励计划(　　)。

    A. 能先培养客户的行为忠诚，然后是态度忠诚

    B. 只能培养客户的态度忠诚

    C. 能同时培养客户的行为忠诚和态度忠诚

    D. 只能培养客户的行为忠诚

7. 客户奖励计划成功的关键影响因素是企业特征，这其中最关键的是(　　)。

    A. 产品的不可储存性　　　　　　　B. 企业提供产品的宽度

    C. 企业提供产品的深度　　　　　　D. 企业品牌的市场垄断

8. 客户保持的奖励计划是指企业根据客户的(　　)给予客户奖励的营销。

    A. 客户关系生命周期　　　　　　　B. 个性偏好

    C. 分类级别　　　　　　　　　　　D. 重复购买行为

9. 企业实施客户保持的奖励计划的主要目标并不包括(　　)。

    A. 培育客户的真正忠诚　　　　　　B. 提高企业服务资源的使用效率

    C. 提高企业的长期效益　　　　　　D. 实现企业服务标准的规范化

10. 为了提高客户保持的奖励计划的效果，下列说法错误的为(　　)。

    A. 奖励计划对客户的吸引力要大

    B. 客户价值差异性不大的行业的实施效果好

    C. 产品最好是可储存的

    D. 市场份额大的品牌的实施效果好

三、多项选择题

1. 在度量客户忠诚的时候，常常要提到两个因素，即(　　)。

    A. 客户保持度　　　　B. 市场占有率　　　　C. 客户关系寿命周期

    D. 客户关系价值　　　E. 客户占有率

2. 影响客户保持效果的主要因素包括(　　)。

    A. 市场的集中性　　　B. 消费者购买行为　　C. 客户满意

    D. 客户生命周期　　　E. 转换成本

3. 客户关怀的主要特点是(　　)。

    A. 及时性　　　　　　B. 系统性　　　　　　C. 针对性

    D. 体贴性　　　　　　E. 精细化

4. 客户关怀系统运作层主要有(　　)。

    A. 销售系统　　　　　B. 客户信息系统　　　C. 跟踪反馈系统

    D. 专家系统　　　　　E. 智能系统

5. 下列可以作为客户保持方法的有( )。

    A. 建立、管理并充分利用客户数据库　　B. 通过客户关怀提高客户满意度与忠诚度

    C. 积极回应客户投诉或抱怨　　　　　　D. 与客户沟通、奖励客户

    E. 用多种方法开展促销

四、问答题

1. 影响客户保持的因素有哪些？实现客户保持对企业有什么意义？

2. 企业通过奖励来实现客户的保持，请你分析这种做法的优点和缺点。

3. 怎样才能与客户建立合作伙伴关系？

五、案例分析题

代顿哈德森公司的金卡计划

代顿哈德森(Dayton Hudson)公司是世界最大的零售商之一。它由三家在美国拥有独立品牌的连锁百货零售公司构成，它们是明尼苏达州明尼阿波利斯市的代顿零售公司、底特律的哈德森零售公司和芝加哥马绍尔费尔德百货连锁公司。这三家公司都因为能够提供给客户款式新颖、领先潮流的个性化产品而受到客户的青睐。但是，从 20 世纪 80 年代末开始，一些以折扣闻名的低价零售店和一些产品专卖店能够提供给购买者更加多样的选择，使代顿哈德森连锁公司的地位受到很大的影响和挑战，这家公司开始采取措施加强与客户的联系，以此来加大客户的忠诚度。

实施"金卡计划"

代顿哈德森连锁店公司采取的加强与客户联系的第一步措施是跟踪研究流动的客户。1989 年，代顿哈德森公司决定投资建立一个消费者信息系统，在外界专家的帮助下，这个信息系统不到一年的时间就建成了。这个系统容纳了 400 万名消费者的基本信息和他们的消费习惯。计算机分析的结果显示了一个令人惊奇的事实：有 2.5%的客户消费额居然占到公司总销售额的 33%，而这 2.5%的客户正是公司特别研究和关注的。这些发现吸受到高层董事的关注，他们急切想留住这些高消费者。公司聘请了管理咨询顾问，他们提供了发展消费者的一些策略，而第一条建议就是开展忠诚性计划。他们将其命名为"金卡计划"。

执行金卡计划遇到的第一个问题就是要提供什么样的优惠。其他部门的商店在他们的忠诚性计划里为消费者提供免费购物的优惠。那么，代顿哈德森公司也要采取同样的方法吗？忠诚性计划一个最有名的例子就是航空公司的飞行里程累积制。代顿哈德森公司是不是也应该采取类似的方式呢？

代顿哈德森连锁店公司的高级管理层和分店经理没有把自己关于消费习惯和偏好的想法强加给他们的客户，相反，他们完全依靠对客户消费习惯和偏好的细心观察。他们在客户购物的过程中，积极地留心每个客户的消费习惯。经过他们的细致观察，研究小组发现，客户们最关心的是与店员的充分交流，客户希望店员能够与他们一起分享商品信息，甚至一些不被注意的小细节也能够赢得客户的好感。所以，公司最终决定提供一些费用不是很高的软性优惠条件：比如赠送一张上面有有关流行时尚信息的新闻信笺；给消费者提供一些即将要销售的产品信息；一张金卡；购物时附带的一些优惠，比如免费包装、免费咖啡以及专为金卡用户提供的特殊服务号码。每个季度还给他们邮寄一些赠券。

评估效果

接下来的工作重心主要放在建立客户联系及评估上。为了评估金卡计划的效果，代顿哈德森公司设置了一个对照组，即不享受任何优惠和个性化服务的一组客户。虽然公司内部为这个设想有过激烈的争论，但最终大家还是理解了对照组到底有什么样的好处。评估在营销中是非常重要的，一些公司认为仅仅通过询问消费者的满意程度就可以评估出消费者对忠诚计划的积极性，但实际上这是不可能的。

代顿哈德森公司还开通了消费者服务热线电话，热线一开通马上就爆满。热线工作组原预计一年可能会接到3 000个电话，可是第一个月就大大超过了原先的估计。消费者对热线有很高的期望，他们有时宁愿回到家中，坐下来打一个电话，也不愿直接与管理人员或商店经理交谈。

金卡计划带来的良好结果使代顿哈德森公司决定在接下来的时间里用不同寻常的方式继续这项行动，他们把那些高度忠诚的客户集合起来，让他们参加一些重大的特殊仪式和会议，比如关于流行趋势的论坛，甚至是公司举行的盛大的招待晚宴。这些活动的作用类似一个巨大的实验室，在这个实验室里，公司的员工可以有更多的机会认真、细致地观察客户的消费态度和行为习惯。同时，也使这些客户感到了自己身份的尊贵性，从而进一步增加了他们对公司的认同感和归属感。

在这项计划进行了一年之后，金卡计划取得了成功，成员增加到了40万人。在这一年的时间里，举办了许多的艺术演出活动和时尚研讨会，还尝试了一些降价活动，而且越来越多的活动还在筹备和策划当中。与对照组相比，金卡用户明显消费比较高。金卡计划取得了极大的成功。这项计划使消费者感到很满意，并且他们很乐意继续购买代顿哈德森公司的商品。同样，从公司的长远发展及股东的长远利益来看，这项计划也会大大增加销售量。

随着销售额以百万美元的数量递增，金卡计划被公司认为是一本万利的举措，这项举措在赢得客户的高度忠诚方面实在功不可没。在今后的公司运作中，代顿哈德森公司决定将这项活动的核心理念运用到公司的更多客户身上。

(资料来源：http://www.mallchina.net/new_49415.shtml.)

请回答：

代顿哈德森公司采取哪些客户关系策略来维系客户关系？

第八章　客户互动管理

学习目标

- 了解客户互动的内涵、类型和驱动因素，了解企业参与客户互动人员的要求。
- 了解客户互动管理的要素和内容，了解客户互动中心的结构和功能。
- 了解客户投诉的原因，深刻理解客户投诉对企业的作用，掌握客户投诉处理程序和一般方式。
- 了解客户知识的内涵，了解客户知识管理的内容。

引例：一汽大众 CRM 客户互动中心的应用

一汽大众汽车有限公司(简称一汽大众)总部设在长春，它是中国第一汽车集团公司和德国大众汽车股份公司、奥迪汽车股份公司及大众汽车(中国)投资有限公司联合组建的大型合资汽车制造企业。

一汽大众成立于 1991 年，它开了中国现代汽车的生产先河。日前，该公司利用 mySAP 客户关系管理解决方案(mySAP CRM)实现了先进的客户关系管理。

负责信息服务管理工作的高级经理王强先生介绍说："我们主要采用 mySAP CRM 解决方案克服目前客户服务反应迟钝和应答次数较低的问题。在支持客户服务方面，原有 IT 系统无法提供实时信息，数据和业务流程的集成不完整，而且缺少 IT 专业人员。"一汽大众通过地区经销商销售产品，不能直接获得所需的客户反馈意见，因而无法保证为客户提供优质服务并对市场进行智能化管理。公司在短短六个月的时间实施了 mySAP 客户关系管理解决方案，从而提升了客户服务质量，并能掌握更多与客户群相关的重要信息。王先生说："mySAP CRM 明显巩固了我们与客户之间的关系，并且从销售、服务到市场营销过程，在一个平台上集成了所有客户服务功能。"

一汽大众实施了集销售、服务和营销为一体的 mySAP CRM 客户互动中心。现在，客户可以通过电话、传真、电子邮件和互联网等多种方式与客户互动中心联系。在一汽大众项目中，mySAP CRM 与核心 SAP 企业解决方案紧密集成，客户、服务代表及企业内部可以共享通信和信息。

王先生评价这套系统时说："现在，通过 mySAP CRM 与核心 SAP 企业解决方案的集成，我们可以随时访问产品、经销商和客户的相关信息。因此，客户服务代表能掌握最新的产品信息，随时随地解决客户提出的问题。mySAP CRM 系统中嵌入汽车生产的全部流程，因此，服务代表可以根据第一手资料做出更为准确、可靠的决定，监控并更好地满足客户的需求。"

王先生说："mySAP CRM 使我们更好地与客户进行沟通，提高服务和产品质量，实现成为中国汽车生产龙头企业的战略目标。这一解决方案可以提高我们企业的整体形象，对市场变化做出更快速的响应，进一步提高客户的满意度。mySAP CRM 能为客户提供最佳服务，因此能吸引潜在客户，从而提高我们的经济效益。"

在选择 mySAP CRM 之前，一汽大众也曾考虑过其他的解决方案。"在对可靠性、灵活性和稳定性进行了综合评估之后，我们在各种客户关系管理解决方案中选择了 mySAP CRM，"王先生补充说，"而且这一解决方案可与我们现有 SAP 核心企业解决方案全面集成。mySAP CRM 良好的架构还有利于系统今后的升级。"一汽大众采用 Accelerated SAP 快速实施技术迅速部署了 mySAP CRM。公司的 mySAP CRM 服务端为运行在 UNIX 环境下的惠普企业级服务器，客户端为 Oracle 数据库和 Windows NT 系统。mySAP CRM 安装在一汽大众的客户中心，与交互式音响应(IVR)系统、诊断系统和西门子系统构成的计算机和电话解决方案集成。

客户互动中心有十多个客户服务人员，每天处理往来呼叫约 800 人次。mySAP 客户关系管理解决方案可处理往来呼叫、管理电子邮件和各种活动，跟踪、监控并提高客户联络的整体水平。

到目前为止，实施的解决方案已明显改善公司的运营状况。一汽大众下一步计划实施 mySAP CRM 市场扩展功能和信息挖掘功能，进一步提高客户服务水平。

王先生最后说："mySAP 帮助我们快速、准确地响应客户的要求，使他们对公司的服务感到满意，并进一步提高客户的忠诚度。这一解决方案还有助于理顺我们的业务流程，提高工作效率，改进关键运营指标。"mySAP CRM 已经大大提高了一汽大众的竞争实力。

(资料来源：http://www.egov.org.cn/chenggonganli/hangyexinxihua/200706/62728.html.)

引例启示：一汽大众实施了集销售、服务和营销为一体的 mySAP CRM 客户互动中心，客户可以通过电话、传真、电子邮件和互联网等多种方式与客户互动中心联系。该客户互动中心的建立和运行，提升了客户服务质量，并能掌握更多与客户群相关的重要信息，从而提高客户的忠诚度和一汽大众的竞争实力。

为了提高客户的满意度、实现客户关系保持，企业与客户的互动是不可或缺的。客户互动中心的建立，为企业与客户互动提供了一个平台。完美的客户服务是不可能达到的，失误也是在所难免的，因此，正确处理客户投诉对保持现有的客户关系能起到促进作用。企业在和客户互动过程中形成的客户知识，是客户关系价值的重要组成部分。

第一节　客户互动概述

一、客户互动的内涵

互动(Interactive)是两个或两个以上的人或物一起活动、相互合作或相互影响和作用。在计算机专业里，互动是交互式的、人机对话的。在现代，"互动"这个词被广泛地应用，如良性互动、产业互动、互动教学、互动媒体等。在客户关系管理中，企业与客户的互动称为客户互动。客户互动应当是双向沟通，也就是要包括两方面：一方面是企业与客户的沟通，指企业积极保持与客户的联系，通过人员沟通和非人员沟通的形式，把企业的产品或服务的信息及时传递给客户，使客户了解并且理解和认同企业及其产品或服务；另一方面是客户与企业的沟通，是指企业要为客户提供各种沟通的渠道，使客户可以随时随地与企业进行沟通，包括客户向企业提出的意见、建议和投诉等。

客户互动对企业有着重要作用，这主要体现在如下三个方面。

首先，企业通过与客户的互动将自己的产品介绍给客户，增加产品销售。例如，加多宝公司在推出红罐王老吉时，就通过电视台、饭店等渠道宣传，将"怕上火就喝王老吉"的理念传递给公司未来的客户，由此开拓了新的饮料市场。

其次，企业通过与客户的互动来了解客户的需要，开发新的业务。企业所提供的产品和服务都必须能够满足客户的需要，否则企业就难以在市场上立足。因此现代市场营销认为，客户需求是企业开发出新产品的起点。企业只有通过与客户的沟通和交流，不断更新客户需求信息，才能生产出符合客户期望的产品。

最后，企业与客户的互动是提高客户满意度、保持客户关系的重要途径。根据美国营销协会的研究，不满意的客户有1/3是因为产品或者服务本身存在问题，而其余2/3的问题都来自企业与客户的沟通不畅。因此，企业与客户只有加强互动与交流，才能建立良好的客户关系。

二、客户互动的内容

客户互动的内容包括许多方面，总体而言，客户互动的内容包括信息、情感、意见或建议。

(一)信息

客户互动的信息不仅包括企业的信息，也包括客户的信息。对企业而言，信息包括企业的文化、经营理念与政策、产品和服务信息等。例如，在生活中，我们能见到各种类型的广告，这些广告包括许多有关产品或者服务的资料。还有一些公司在广告中并不涉及公司的产品或者服务，而是传递公司的经营理念和价值观。客户向企业传递的信息主要是其需求信息。例如，经销商在向上游供应商订货的时候，会告知其需要的数量、规格、型号等。客户向公司反映有关产品、服务的使用体验或者是改进意见和建议等。

(二)情感

互动让企业与客户拉近情感距离。许多公司都要求营销人员定期拜访其组织客户,并在年终举行客户答谢会,通过双方的交流,来拉近彼此的距离。例如,不少汽车企业都组织了俱乐部,这些汽车俱乐部的成员会定期组织自驾游等活动,这些活动的目的并不在于继续向这些客户销售汽车,而是期望通过这些活动拉近企业与客户的距离,让客户与企业建立如同朋友般的深厚情谊。

(三)意见或建议

意见或建议既包括企业主动向客户征求他们对产品或者服务的意见及建议,也包括客户向企业反映有关产品或者服务的意见、投诉和建议。

需要注意的是,上述三方面的内容并不是完全独立的,在企业与客户互动时,很有可能涉及不止一方面的内容。例如,公司在年终举行客户答谢会时,一方面是公司与客户拉近情感距离,另一方面也是公司向客户征求意见、客户反馈意见的时机。此外,公司还有可能在答谢会上向客户介绍公司的新产品或者新政策。

三、客户互动的类型

(一)面对面互动

面对面互动是指客户与企业的员工进行面对面的接触与交流,主要包括如下三种形式。

其一,客户直接到企业的办公场所与相关员工进行接触与交流,这些相关人员包括企业的前台接待人员、大堂经理等。例如,客户去理发店理发、去银行办理业务等都属于此类互动。工作场所互动是最原始的交流方式之一,也是许多企业与客户进行互动经常采用的形式之一,尤其对银行、饭店、旅馆等服务型企业而言,更是主要的互动方式。

其二,企业员工主动去客户的公司、住所拜访客户。例如,企业的营销人员拜访经销商、大客户等。此外,保险、银行等企业都要求营销人员主动上门拜访客户,一方面是向客户推荐公司的产品,另一方面是了解客户的需要,为公司下一步的营销计划做准备。

其三,第三地开展互动。即在上述两个地点之外的第三地开展互动。例如,许多汽车厂家组建了车友会,房地产公司组建业主会,在企业办公场所、客户公司或者住所之外的地方举行活动。

在面对面互动中,一线员工的素质与表现极为重要,他们的形象以及言行都会对客户产生重要影响。

(二)间接人员互动

间接人员互动方式是指企业的员工虽然与客户直接交流,但并不碰面。在此类互动方式中,电话沟通是典型代表。许多公司都设立了热线电话或者维修电话,接受客户的投诉,这是传统的间接人员互动。随着通信技术的发展,许多公司开始设立客户服务中心或者电话中心,通过电话来直接与客户交流,向客户宣传公司的产品或者服务,或者帮助客户办理各种业务。如保险公司通过电话中心向可能的客户推荐公司的产品;银行开通电话银行,方便客户办理转账、挂失等业务；证券公司可以让客户通过电话向经纪人发出买入、卖出的要求；航空公司让客户通过电话订票等。

(三)非人员互动

非人员互动不涉及人员的交流，在整个互动过程中，并不会出现客户或者企业员工的声音，更没有企业员工与客户的面谈。在非人员接触中，邮件是一种古老的方式。企业通过邮寄商品目录、产品介绍等方式向客户推荐他们的产品。客户也可以通过信件的方式表达他们对产品或者服务的意见和建议。随着科学技术的发展，又陆续出现了自动取款机、自动售货机等工具，这些都是非人员互动的例子。互联网出现之后，电子邮件、公司网站、网上社区等都成了新兴的非人员互动方式。

四、客户互动的驱动因素

(一)营销环境的变化

在当今激烈的竞争环境里，竞争对手众多，产品日新月异，市场的稳定性极低，营销环境的变化对企业的影响尤其明显。企业只有真正抓住了客户的需求，把握了市场的脉搏，产品才能满足客户的需求，才能有销路，企业才能在市场竞争中立于不败之地。

(二)营销观念的转变

在传统的消费品市场中，由于市场规模较大，生产者与客户建立长期的互动关系几乎是不可能的。随着交易营销观念被关系营销观念取代，企业与客户的互动变得越来越频繁。

(三)企业核心价值认知的改变

传统上，许多企业都以"利润最大化"为其核心价值观，是以企业为中心，强调企业独立地创造价值。但是，选择越来越多的企业把客户关系看作企业的战略资源，开始真正以客户为中心，强调与客户共同创造价值。

(四)与信息技术相结合的营销方式的转变

信息技术的发展使企业能够一对一营销，从而彻底改变了以前面向大众、追求市场份额的营销模式，客户份额和客户终身价值得到了前所未有的关注。

(五)信息技术推动的管理方式转变

企业管理软件的引入使企业管理的方式发生了翻天覆地的变化，许多先进的管理理念迅速转化为管理实践，如 ERP 和 CRM 等软件的引入。

显然，这些都是客户互动演进的驱动因素。正是它们的"合力"，推进客户互动不断地向前发展，使理论与实践不断地融合。

专栏8-1　与不同类型客户互动的技巧

　　每个公司的经营都离不开和客户互动，有些是非常通情达理的客户，有些则需要付出更多的耐心，每个客户都不同，但如果你掌握了如何对待他们的诀窍，就能和每个客户都愉快相处：了解客户类型，并且基于对客户的了解及在客户服务能力上这两方面一起着手，找到行之有效的方法与他们沟通。

害羞型客户。这类客户性格内向，寡言少语，犹豫不决，往往举棋不定，最后常常会决定不购买。对这类客户应当找机会多与其谈话沟通，有时也可以帮他做决定。应当激发他的自信心以表达他的需要，有时可以通过提问的形式来帮他做决定，以及在他差不多快做决定的最后一刻，巧妙地"顺水推舟"帮一把。让这类客户下订单就是轻而易举的事，但不应该滥用这一招，理想的做法是与其沟通，让他决定他真正感兴趣的产品或服务，因为如果最终他购买到的并不是他真正感兴趣的，他是不会为此感到满意的。绝不能利用这类客户的特性，而是应该更尽心地帮助客户对其采购的订单做选择，以达到百分之百的满意度。

急躁型客户。这类客户总是在赶时间，想要速战速决地做生意。对这类客户应当提供迅速的回应，甚至可以采取"走后门"的方法，优先于那些使用其他不同方式即可满足的客户，当然，也不能让其他客户等待太久。不应该让这类客户等待，而是给予他及时的关心回馈，并提供其一直在寻找的信息。

无所不知型客户。这类客户认为自己知道一切并且总想使自己的决策占上风，自认为高人一等，甚至有些好斗。这是最难应对的一类客户，需要非常注意。和这类客户不应该争论，而是在考虑公司自身利益的前提下，与他好好讲道理，当客户犯错时，不要让他感觉受到了人身攻击，必须心平气和地与之沟通，不要挑起争端并提供让客户百分之百满意的解决方案。有趣的妙招是要让提供给他的解决方案看起来像是他自己的主意。

友好或健谈型客户。这一类客户友善亲切，而且对公司的事非常关心。唯一的问题是，这一类客户有时说得太多了，让人没有时间去做其他的事。应当尊重他的谈话和笑话，但当交谈过于冗长时可以礼貌地打断。应当友善地对待这类值得我们这么做的客户，因为他们是所有人都想要的客户，沟通时应当保持一定的距离，也不要提供比其他客户更多的特别优待。面对他们应当保持主动，并向其提出需要具体明确答复的问题。

粗鲁型客户。这类客户说话随便而且常常心情不好，很多情况下具有进攻性。在这种状况下，我们只能忽视他的冒犯，尽量礼貌地忍让，无论他说什么，都要无视他的挑衅，并尽可能地提供良好的服务。

冲动型客户。这一类客户往往是冲动型购买，时不时地改主意，又感性又肤浅，有时不能专心而显得有点儿"三心二意"，和这类客户打交道就必须明确、坚定、简练、迅速地操作而使他没法轻易地改变主意，尤其是不要提供会导致其决策改变的更多信息，互动应当是简短且坚定的。

疑心重型客户。这一类客户怀疑一切和所有人，不易妥协，往往不加考虑就戏弄他人。面对这类客户，应当通过共同的问题来表示对他的信任，不应当让他坚持或陷入挑衅。必须尊重这类客户的决定，并且对其提出的问题表现出感兴趣。所有提供给他的信息都必须是真实和可靠的，如他需要应当提供测试证明。对这一类客户应当给予赞同，但要考虑我们自己的立场。

细心型客户。这一类客户了解自己在找什么和需要什么，目标非常明确，话也很少。他寻找准确的信息和正确的答案，应当提供给他们完整且准确的答复和良好的处理方案，在感兴趣的同时表现出严肃性。不能在答复和处理时表现出不确定，并且应当在整个客户接待服务中保持高效。

(资料来源：http：//wenku.baidu.com/view/1a717fe94afe04a1b071de46.html，

最后访问日期：2013 年 6 月 9 日.)

五、企业参与客户互动人员的要求

(一)较强的服务理念和及时回应能力

企业员工在对待客户关系时，必须树立这样的信念：与客户发展关系，关注这种关系，而不是现有的交易；理解客户，并且利用对客户的理解而对客户承诺，从承诺中建立起彼此的信任；在与客户进行接触时，告诉客户企业更加关注的是客户期望，并讨论怎样才能改善企业与客户的合作能力。企业员工必须与客户发展人性化关系，并重视他们的情感，如果每一个客户都觉得自己很特殊、得到重视、自己的意见得到倾听，他们就会保持忠诚并可能增加他们的业务量，从而给企业带来更多的客户份额。同时，客户也可能会过分依赖某一企业，当出现问题时，可能总是首先想到特定的企业，甚至该企业的员工可能会在深夜接到客户需要紧急维修的电话。此时，做出及时回应是至关重要的。因此，及时回应能力是客户服务人员与客户进行有效互动的技能之一。在收到客户的请求时，尽快给客户以答复，并且告诉客户相关问题的解决方法。

(二)理解客户需求与积极倾听的能力

企业员工要尽自己所能来深刻地认识客户，从而理解他们的需求，并努力帮助客户和客户的客户取得成功，这对成功的客户互动至关重要。把企业的客户看作有血有肉的人，积极倾听他们的意见，与他们沟通，并对其需求、偏好和行为特征等进行研究，从而力争在客户自己意识到之前就成功地预测其需求。在实践中，现场拜访无可取代，这是了解客户及其所面对的问题的有效途径。真正倾听客户的心声是成功进行客户互动的关键所在。提出问题并持续不断地质疑有关客户的各种知识、花费时间去倾听客户、给客户一定的空间等是客户服务人员经常要面对的事情。不过，最重要的还是要对客户的谈话有真正的兴趣，而不是刻意地花费时间去准备答案。在此过程中，客户服务人员应该具有一些基本的技巧，如跟随客户的思路而不是打断他们的谈话，以柔和、积极、支持和动人的态度来面对客户，以便深入地理解客户真正的意图和需求。有时，服务人员可能不仅要了解客户说过什么，还要了解客户没有说什么，这样才能真正把握客户的意图；有时，服务人员可能需要主动地寻求更多的信息，提一些尖锐的问题。通过倾听客户，企业员工可以从中发现自己的想法和做法是否正确，在为新产品或业务寻找新创意并加以检验时，更是如此。

(三)完美地以客户满意的方式终止关系的能力

在当今的激烈竞争时代，经营环境的变化相当迅速，企业有时不得不投入大量的资源来理解客户的需要。然而，在有限的时间安排和预算约束条件下，满足客户期望有时是不可能的。此时，比较理想的方法就是避免伤害任何一方，客户服务人员可以向客户显示自己的正直和真诚，尽量以让客户满意的方式结束与客户的关系。

(四)利用"会外之会"的能力

企业经常组织和参加客户会议，客户服务人员要深入其中，这是能够建立客户关系的最佳场合之一。而且，服务代表可以考虑尽早到达开会场所，以便确保自己有充足的时间与参会人员见面，了解潜在客户，并与熟悉的客户加强联系。在会议之后，还要留些时间与那些有共同商业兴趣的客户接触。如果有机会亲自主持会议，还应该对会前和会后的见面与沟通做好准备，时刻牢记自己和客户都有时间约束。实际上，既然客户与服务人员都有时间压力，企业就需要做出权衡，以便向客户传递合适的信息；提早到达会场，从而确保会议能够准时开始且珍惜客户的时间；适当改变会议，而不是完全照搬会议惯例与安排，以便能够为客户带来体验而不是责任。与此相对，敷衍的惯例性会议往往对建立客户信任和解决实际问题并没有多大帮助。

(五)个人的正直、坦诚与良好的态度

诚实是讲实话，使自己所说的话符合现实；正直是让现实证明自己的话——履行承诺并满足需求。缺乏正直，会阻碍客户信任的建立。然而，正直并非意味着与客户共享所有信息。客户服务人员必须时刻把握合理的界限。一般而言，如果没有紧急需求，不要过度地与客户共享信息。客户不需要关注每个细节，他们只需要了解主要的影响。因此，向客户传达一些隐秘的事情，反而可能会为企业和客户带来烦恼，而且客户可能会因此觉得企业总是在隐藏什么。实践中，为了很好地显示自己的坦诚与正直，往往需要在以下四个层次上保持效率：第一，让自己可靠，并尽量履行自己的承诺；第二，让自己保持理性，并依靠理性而非感性做出决策，从而赢得客户的信任；第三，让自己能够兼听，并愿意接纳有关客户需求的信息，从而为自己赢得信任；第四，切忌过分推销和夸大，尽可能减少承诺并努力履行承诺，从而实现对客户期望的有效管理。有时，对客户直言不讳，公开承认提供给客户的建议存在的不足或产品与服务解决方案存在的不足，往往会收到意想不到的效果。

(六)宽慰客户的能力

客户可能会对特定的供应商关系的某些方面感到失望，这种失望可能源于未被满足的期望、产品性能或者是供应商对客户的误解，而且这种失望有时会表现为客户抱怨。实际上，不管是不是企业的原因出现问题，客户服务人员都要切忌为了面子，而不愿意为错误承担责任。客户服务人员和供应商应该把抱怨看作机会，而不是危机。有关资料表明，只有20%~50%的客户愿意告诉企业他们的不满，而有的研究所揭示的这一数字甚至会更少。在客户抱怨的时候，实际上是为企业创造改善同客户关系的机会。如果企业完美地处理了客户抱怨，就可能把不满意的客户转变为满意的客户。在此过程中，不要与客户争吵，不要责怪客户。不要试图为了安抚客户而做出你兑现不了的承诺，而应该灵活地运用各种客户互动技巧来询问客户并注意倾听，以此寻求客户到底想要关注什么答案。如果客户所提出的问题不在客户服务人员的能力或权限范围，应该及时把问题转给高层管理者。

第二节　客户互动管理

一、客户互动管理的内涵

客户互动管理是指在市场上为客户提供能够为其带来优异价值的产品和服务，企业需要充分利用信息的潜在内涵和各种互动技巧，努力在客户的购买流程中发展与客户的合作关系。

客户互动管理有以下四个主要特点。

(1) 双向互动。相对于传统的单向管理而言，互动管理是一种全新的双向管理。不是与客户交流一次就结束，而是循序渐进地、反复多次地交流。

(2) 客户体验。客户体验流程从客户注意到企业的那一瞬间就开始，并随着多种不同的互动逐步深化。开始是提供咨询、受理投诉，后来就是服务营销、产品销售、主动服务、客户培训等。

(3) 员工促进。每一位员工都是企业的管理者，相互协作，分享知识，激发每一个员工的活力。

(4) 组织改善。包括资源联结、快速反应、产品创新、节约成本、最大化营销机会、促进品牌形象、客户流失预警。

二、客户互动管理的要素与前提

(一)客户互动管理的四大要素

1. 数据库支持

以电话销售为例，需要数据库支持的有电话营销呼出管理、主动营销列表管理、监听监视管理、智能脚本支撑、销售记录管理、客户接触记录管理。

2. 统一的沟通平台

企业沟通平台一般包括领导答疑、投诉信箱、呼叫中心等，现在常用的就是呼叫中心。

3. 多种沟通渠道

互动管理的核心就是通过先进的网站、博客、E-mail、介绍文章、行业事件、产品宣传册、广告、样品、白皮书、产品展示、销售演示、会议，直到交货、售后服务，以及后续的客户忠诚计划等一系列活动、流程和途径，增强与客户的互动，并实施有效的管理。呼叫中心也需要采用多媒体技术，丰富沟通方式。

4. 及时准确的服务

在前面三项要求都满足的前提下，企业通过互动管理软件和服务人员来满足客户随时随地的服务需求，并帮助客户解决问题，使客户满意。

(二)客户互动管理的前提

客户互动管理的预期目标是高效、直接、循环往复地沟通。为了确保客户互动管理目标的实现，企业应做好以下三方面的有效管理。

1. 员工的有效性

企业员工管理对客户互动的效果有重要的影响。具体而言，不论员工是否被授权实时地解决客户问题，员工管理都直接影响员工对客户互动技术和流程的了解程度。

员工有效性衡量标准中的一个重要因素就是给企业的客户服务代表(Customer Service Representative，CSR)授权，这有助于员工在工作中掌握客户互动的自由度。没有被转给专家或者高级管理人员的客户互动所占的比例越高，说明对CSR的授权水平就越高。CSR的辞职会导致企业增加重新雇用和培训的成本。此外，非接触时间也是一个有效员工需要考虑的要素，它是CSR不与客户进行互动时，在文件处理和培训上所花费的时间。

2. 流程的有效性

企业的内部流程对客户互动质量也有重要的影响。流程的设计与实施，应该可以最有效地利用互动过程中的每一个要素。例如，如果流程设计具有感应客户态度、需求、认知变化的能力，企业就可以对这些改变做出反应，从而获得竞争优势。类似地，企业对变化做出反应的速度会反映流程的柔性。在呼叫中心、客户接触中心、客户互动中心等客户互动系统中，互动主要表现在两个方面，一是系统或者CSR记录客户同自己的联系并响应的过程，称为入站(Call In)；二是CSR主动联系客户并记录其响应过程，称为出站(Call Out)。有效流程的衡量标准基本上都涉及入站接触和出站接触。其中，入站接触与互动需求相关，而出站接触关系到销售、电话销售及与客户挽留相关的流程。

3. 信息技术的有效性

信息技术具有给企业带来竞争优势的潜力。这些技术可以让企业调整行为，使之适用于客户的需求，同时还可以显著改变企业的流程和人事。正确使用信息技术，可以让流程和人事制度更富有柔性，更加便捷和有效。

有效的信息技术的衡量标准通常需要考虑以下因素：信息技术的复杂性，包括信息技术使用和学习的难度；信息技术是否以客户为中心，即能用信息技术完全掌握的客户接触在整个客户接触中所占的百分比，这个比例越高，说明技术设计越能满足客户的需要。此外，企业在信息技术上投资越多，系统的复杂性就会越高；信息系统的复杂性越高，客户与企业接触遇到的阻碍可能就越大，从而降低了客户与企业互动的驱动力，因此，管理者必须在是否进行大量投资之前做出权衡。

企业之所以要对员工、流程、信息技术等进行有效的管理和改进，其最终目的就是通过这种管理和改进来提升其效率，并促使它们相互产生积极的作用，最终对客户互动效果产生积极的影响。

三、客户互动管理的内容

为了保障客户互动的有效性，企业开展客户互动管理必须遵循规范的客户互动管理的工作流程，把握好工作流程中的每一个关节点，有效开展客户互动管理。客户互动的工作流程如图8-1所示。

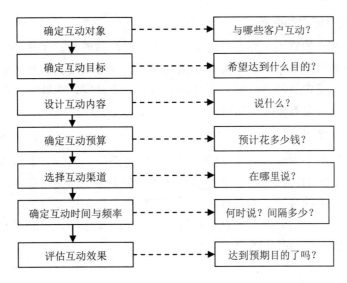

图 8-1　客户互动的工作流程

(一)确定互动对象

毫无疑问，客户是互动的对象。企业面临的客户多种多样，这些不同类型的客户具有不同的需求。例如，按照客户是组织还是个人，可以划分为组织客户与个人客户。同样是购买电脑，组织客户购买电脑，希望获得更好的安装、配送以及售后服务，对价格要求不是很高；相反，个人客户则对配送没有要求，更多期望在保障一定质量的情况下有更低的价格。

根据客户关系生命周期的不同发展阶段，客户对企业具有不同的期望，既包括客户对企业的基本要求，也包括更高的潜在需求。表 8-1 列出了客户关系生命周期不同阶段客户的基本期望和潜在期望。从表中可以看出，处于考察期、成长期和成熟期的客户，对企业的基本期望和潜在期望存在显著差异。随着客户生命周期由考察期进入成熟期，客户对企业的期望也在不断提高。

表 8-1　客户关系生命周期不同阶段客户的基本期望和潜在期望

客户关系生命周期的阶段	基本期望	潜在期望
客户考察期	优质的有形产品，配套的附加产品	更大的物质利益，企业的关心
客户成长期	潜在获取期提供的一切价值	受到企业非同一般的重视
客户成熟期	成长期提供的一切价值，企业和自己得到的价值对等	成为企业的一部分，自我对企业的重要价值得到认同

可见，这些不同类型的客户具有不同的需求和行为特征，因此，企业需要确定同哪些客户互动，因为这将在很大程度上决定企业互动内容的设计、费用以及互动渠道的选择等。

(二)确定互动目标

在明确互动对象之后，企业就需要考虑与客户互动的目标。一般而言，企业与客户互动的目标包括以下两个方面。

1. 加强与现有客户的联系

企业与现有客户的联系包括两个方面，一方面是经济联系，主要是客户从企业采购商品或者服务的金额以及数量；另一方面是情感联系，主要体现为客户对企业的信任和企业对客户的关怀。在确定互动目标时，上述两个方面并不冲突，企业可以期望客户不仅增加采购量，也增进彼此间的感情。当然，也可以只关注其中的某一个方面。

2. 吸引潜在的客户

潜在客户包括两个部分，一个是同一市场中所有企业面临的未来可能的购买者，另一个则是企业竞争对手的客户。吸引潜在客户意味着企业希望扩大自身的客户群体。相比较而言，吸引竞争对手的客户更为艰难，因为这需要企业付出更多的努力。吸引潜在客户有以下技巧，可以进一步细分为扩大企业在潜在客户中的知名度、增强潜在客户对企业产品或者服务的认同感和鼓励潜在客户购买等。

(三)设计互动内容

企业与客户的互动涉及产品或者服务信息、情感、建议等方面。在企业设计互动内容时，需要考虑以下三个方面。

1. 主题

在设计互动内容时，首先企业需要考虑互动目标客户的需要与行为特征。换言之，企业首先要弄清楚目标客户有哪些要求？他们希望获得什么样的信息？企业必须在弄清互动目标客户需求的基础上设计相应的主题。

2. 结构

在内容结构方面，需要关注的是：第一，最重要的信息是放在最后还是开头。如果放在开头，优势是让客户在第一时间明白，留下深刻的印象，但有可能会造成虎头蛇尾。如果放在最后，可以起到总结的作用，但有可能被客户忽略。第二，是否需要给客户一个明确的结论。换言之，企业是否需要在互动的时候，就告知客户关于产品或者服务的结论。如果告知客户，优势在于让客户清晰地知道产品的特点，劣势在于可能会引起客户的反感。因此，目前许多企业都认为不应当告诉客户结论，而是通过互动的内容，让客户自己判断，这样可以增强客户对企业的信任。

3. 格式

企业同样要为客户互动设计适宜的格式。在设计格式时，需要考虑不同互动渠道的特点。如果是利用印刷广告或者商品目录的方式，则需要注意使用的纸张、标题、图片等，以便引起人们的注意。如果是通过广播的方式，则需要注意词语、背景音乐以及人的声音。如果企业派遣员工与客户直接面对面接触，就需要注意互动的时间、地点，员工需要注意穿着、神态、语气以及措辞等。

(四)确定互动预算

企业在确定互动预算时，有多种方法可供运用。例如，根据企业目前的状况，将所有可能的资源都用于客户互动。还可以根据企业的销售额或者利润，确定一个固定的比例，据此确定用于客户互动的资金。除了上述两种方法，还可以根据竞争对手用于客户互动的资源，来确定本企业用于互动的费用。

除了上述办法，比较符合企业实际的方法是根据客户互动目标来确定预算。这种确定预算的步骤是：首先，将互动目标进行细分，确定具体的目标；其次，分析达到这一目标所需要完成的任务；最后，估计完成这些任务所需要花费的成本。这些成本的总和即为企业互动预算。该方法的优势在于能够让企业清楚地知道所花费的资源与取得的成果的关系。

(五)选择互动渠道

1. 选择互动渠道时企业要注意的三个问题

(1) 客户期望的渠道。选择互动渠道一定要从客户的需要出发，弄清客户期望通过什么途径与企业互动是实现有效互动的前提。因为如果企业选择的渠道并不符合客户的预期，那么当企业选择这些渠道时，就会遭到客户的抵制，并无法实现预期的目标。

(2) 不同渠道的优势和劣势。不同渠道的优势和劣势是不同的，企业应该扬长避短，根据客户的期望和企业的目标确定合适的渠道。因此，需要综合考虑客户需求、企业互动目标和渠道特征来最终确定选择哪些渠道进行互动。

(3) 要注意不同类型渠道的组合使用。在不同类型渠道的组合使用上，企业要根据目标客户的不同以及自身的特点来选择。在竞争激烈的市场上，单纯依靠一种互动渠道已经难以实现既定目标，因此企业需要综合运用多种渠道，通过"组合拳"来实现目标。企业在选择渠道类型的时候，需要注意不同渠道的组合方式。是各种渠道平均使用，还是以某一种渠道为主，其他渠道为辅？这些都是企业需要考虑和决策的内容。

2. 多渠道客户互动的整合

随着 IT 技术的发展，企业的客户互动正朝着多渠道整合的方向迈进。当面会谈、电话交流、E-mail、短信、微信、网络交流、通过合作伙伴信息交流以及多媒体呼叫中心等多种方式深入客户互动中，以上多种互动渠道的整合已成为企业的重要任务。

所谓多渠道客户互动管理，就是运用一个以上的渠道或媒介来与客户开展互动活动，而且在多渠道互动中，这些互动活动能表现出协调一致性。

需要强调的是，这里的多个渠道应该协调一致，但并没有说一定要采用同样的方式，这是因为不同渠道有不同的使用目的，而且使用方式也不同。多种互动渠道综合运用，往往可以发挥每一种渠道的优势。一般而言，多渠道客户互动战略，可以为许多客户提供众多的接触点，客户可以通过这些接触点与企业进行更有效的互动。

(六)确定互动时间与频率

企业要从客户的需要出发，确定什么时间与客户互动，间隔多长时间与客户互动。例如，有些企业通过电视广告与客户互动时，并没有考虑到客户的期望，而是希望借助高密度的广告来迅速增加客户对企业产品的认知。这种方式尽管能够让客户加深对企业产品的熟悉，但同时也会损害客户对企业产品的良好印象。在考虑客户需求的同时，也需要顾及企业的互动目标。在综合考虑的基础上，确定合适的时间与频率。

(七)评估互动效果

在企业完成一个阶段的客户互动后，需要对客户互动的效果进行评价。在对互动效果的评价中，必须结合互动目标，主要回答以下三个问题。

(1) 互动效果是否实现了既定的目标？

(2) 在与客户的互动过程中，存在哪些问题需要改进？

(3) 在与客户的互动过程中，发现了哪些新问题或者新现象？

四、建设客户互动中心

(一)客户互动中心的概念

客户互动中心本质上是客户服务中心，它是在传统呼叫中心的基础上发展起来的。客户互动中心充分应用 CTI 技术和互联网技术，能够真正高效地实现企业与客户的双向互动。有关客户互动中心的技术问题将在本书的第十章阐述，这里主要介绍客户互动中心的应用问题。

客户互动中心可以最大限度地整合整个企业的呼叫中心资源，有利于企业的统一管理和资源共享。它不仅具有传统呼叫中心的各项功能和以电话为主的接入方式，还支持 Web 的客户服务。用户可以通过多种设备，从多个网络(包括有线电话、无线电话或网络电话)去访问客户互动中心。

客户互动中心的设计主要利用软交换的核心技术和 Parlay API 进行开放型呼叫中心的结构设计及技术开发，以满足低成本、分批处理、多媒体融合处理等传统呼叫中心无法完成或难以完成的特性。传统呼叫中心主要将电信网和计算机技术相结合，沟通的手段主要以语音为主，基于排队机、CTI 以及传统智能网技术构建呼叫中心系统，客观上讲，其并非一个全面开放的网络平台。客户互动可同时解决与现有已经建设完成的基于数字程控交换机系统(PBX)的呼叫中心的整合，使现有大量运行的呼叫中心的投资得到保护，实现传统客户服务系统与下一代网络呼叫中心的融合。

(二)客户互动中心的基本功能

客户互动中心不仅提供不同的接入模式，如语音、电子邮件、传真、视频，而且增加了许多技术功能服务，使客户能够以一种更为方便和满意的方式进行互动。除了具有传统客户服务中心的基本功能，客户服务中心还具有电话会议、图文传真、留言信箱、通话录音、电话点击、有声短信、预约呼叫、网页呼叫和网页游标等功能。

(三)客户互动中心的主要特点

尽管客户互动中心是在传统呼叫中心的基础上发展起来的，但客户互动中心和传统客户服务中心有一些本质区别，客户互动中心具有以下特点。

1. 呼叫分布受理与集中管理

基于软交换的客户互动中心能够为客户提供更为丰富的服务，而且提供的服务更贴近客户和实际生活；能够为企业组建分布式的呼叫中心系统，使客服人员能在任何时间、任何地点为客户提供方便、快捷、高效的服务。

2. 强大的业务处理能力

客户互动中心采用高速包交换数据网络，其目标是以一个统一的宽带多媒体平台，最大限度地承载现有和将来可能的业务，其实现途径是数字、语音、多媒体信号走同一网络，主要目的是充分利用现有资源，避免重复投资。

3. 独立的网络控制功能

呼叫平台与媒体网关相分离，通过软交换技术实现基本呼叫功能，使业务提供者可以不受网络的控制，自由地组合业务与控制协议，也可以选择呼叫与数据业务，从而具有更广泛的接入方式。

4. 支持多样化的网络和媒体接入

客户互动中心适应通信网不断融合的发展趋势，提供语音、传真、IP、Web、E-mail、短消息等多种媒体接入的方式，使经营者拥有最广泛的客户群。

5. 统一的坐席平台

开放的体系结构设计使客户互动中心可方便地支持多种服务者，业务的经营者可以最大限度地拓展服务源。客户互动中心的服务对客户来说是透明的，客户并不会感知到坐席地理位置、服务人员的不同所带来的差异。

6. 传统客服系统的平滑移植

客户互动中心采用软排队机，这使传统呼叫中心系统的坐席、人工业务、应用服务器、数据服务器等可以在不修改或最小修改的情况下，平滑移植，极大地降低了开发和维护的费用，实现更短的产品开发周期。

7. 统一的排队和路由能力

软排队机与前端的 IP 网络相连，以进一步避免底层网络的复杂性。它负责汇聚和封装各种底层网络资源，提供给用户多媒体消息的接入、控制、支撑能力，对上层提供自动业务和人工业务的标准开放的 SIP、CSTA 接口，提供对 SIP、H.248、MGCP、IMAP/SMTP/POP3、SMPP、PAP、MLP 等协议的接入能力，对各种接入进行统一路由和统一排队。

8. 统一受理多种媒体服务

客户互动中心融合了多种通信技术，使媒体接入和处理的形式更加广泛，在保留传统媒体处理方式的同时，还可以处理网络电话、E-mail、短消息、语音信箱、传真、网络传真以及扩展的客户端。从用户的角度考虑，可以选择任意方便、经济的方式访问呼叫中心，或者根据用户不同的年龄、层次来选择比较习惯的沟通方式来访问呼叫中心。同样，对坐席来说，接收业务的手段也增强了，不仅可以处理传统的电话业务，也可以处理来自 E-mail、Web、短消息、视频等的业务请求。由于客户互动中心融入了更多的信息资源，其可以更加直观、准确地接受客户请求，并向客户反馈信息。

9. 提供灵活的个性化服务

客户互动中心除了提供传统的语音通信，还提供大量的个性化服务，可以由客户选择接入方式，选择由谁为其提供服务等。

第三节 客户投诉管理

完美的客户服务是难以达到的，在服务客户的过程中，出现失误是在所难免的。因此，如何恰当地处理服务失误和客户投诉是客户互动管理的一大挑战。正确处理客户投诉，对保持现有的客户关系不仅能起到促进作用，甚至可以将客户投诉转变为企业的收益。快速解决客户投诉的问题，使客户享受更好的产品或服务，有利于提高企业信誉，这也是企业提高市场竞争力的关键。因此，企业要正确看待客户投诉，建立客户投诉处理的工作流程和管理制度，提高投诉处理工作的有效性。

一、客户投诉的原因分析

(一)客户期望的管理失误

一般情况下，客户的期望值越高，购买产品的欲望也就越大。但当客户的期望值过高时，客户的满意度就会降低。比较而言，当客户的期望值较低时，客户的满意度可能会有所提高。因此，供应商应该适度地管理客户的期望。当客户期望管理失误时，就会出现客户投诉。其中，客户期望管理失误主要体现在两个方面。

(1) 过度承诺。如有的网上商城承诺包退包换，但当客户提出该要求时，卖家总找理由拒绝。

(2) 隐匿信息。例如，广告中过分宣传产品的某些性能，故意忽略一些关键的信息，转移客户的注意力，引诱客户上当，造成客户预期的落空。这样的管理失误往往导致客户在消费过程中产生失望，甚至会有上当受骗的感觉，从而产生抱怨，甚至投诉。

(二)产品或服务的质量缺陷

产品或服务的质量问题也是客户投诉的一个重要原因。这主要表现在以下四个方面。

(1) 产品本身存在问题，质量没有达到规定的标准。

(2) 产品包装存在问题，以至于产品损坏。

(3) 产品的质量虽然没有大问题，但是存在小的瑕疵。

(4) 客户没有按照操作说明进行操作导致故障。

例如，在通信服务企业中，其他通信企业给客户提供越来越多的服务，网络覆盖不断扩大，接通率不断提高，网络掉线率不断下降；而本企业提供的通信服务却在很多地方打不通，或经常掉线，那么客户埋怨就会不断增加，从而产生投诉。

(三)服务态度或服务方式不当

企业通过服务人员为客户提供产品或服务，服务人员缺乏正确的推荐技巧和工作态度都会导致客户的不满，并产生投诉。这主要表现在以下八种情形。

(1) 对客户冷漠、粗鲁，表情僵硬，或者表现出不屑。

(2) 不尊重客户，不礼貌，缺乏耐心，对客户的提问和要求有烦躁情绪。

(3) 服务僵化、被动，没有迅速、准确地处理客户的问题。

(4) 措辞不当，用词不准，引起客户的误解。

(5) 缺乏耐心，对客户的提问表示烦躁，不情愿，不主动，爱搭不理，态度冷淡。

(6) 缺乏专业知识，无法回答客户的提问或答非所问。

(7) 过度推销，过分夸大产品与服务的好处，引诱客户购买。

(8) 有意设立圈套让客户中计，强迫客户购买等。

二、客户投诉对企业的影响

(一)改进产品(服务)缺陷

企业或销售组织可以从客户的投诉、建议与意见中，发现企业产品或服务上的问题，并且在以后的设计、生产和销售中解决这些问题。因此，客户投诉管理不只是单纯处理投诉或满足客户的需求，客户投诉还是一种非常重要的"反馈信息能动开拓"。因为客户投诉还会反映企业产品或服务所不能满足的客户需要，主动研究这些需要，可以帮助企业开拓新的商机。尤其是企业革新的时候，为了使新产品能够顺利上市并引起良好的反应，企业必须倾听客户的意见。

(二)再次赢得客户

向企业投诉的客户一方面寻求企业公平的解决方案，另一方面也说明他们并没有对企业绝望，而是希望企业积极改进。企业积极且系统地处理来自客户的咨询、建议与投诉，通过补偿客户利益上的损失，可以赢得客户的谅解和信任，维护企业的良好形象，保障企业与客户关系的稳定和发展。许多投诉案例说明，只要处理得当，客户一般会比处理之前具有更高的忠诚度。企业不仅要注意客户的某一次交易，更应该计算每个客户的终身价值，重视建立和保持客户忠诚度的每一个细节，与客户保持良好的关系。

(三)提升企业形象

客户投诉如果能够得到快速、真诚的解决，客户的满意度就会大幅提高，他们会自觉不自觉地充当企业的"宣传员"。客户的这些正面口碑不仅可以增强现有客户对企业的信心和忠诚度，还可以对潜在客户产生影响，有助于企业在社会公众中建立起将客户利益置于首位、真心实意为客户着想的良好形象。优秀的企业都会加强同客户的联系，都非常善于倾听客户的意见，不断纠正企业在经营过程中出现的失误和错误，补救和挽回给客户带来的损失，维护企业声誉，提高产品形象，从而不断地巩固老客户，吸引新客户。

三、客户投诉处理程序

客户投诉处理程序包括以下几个步骤。

(一)记录投诉内容

有效处理投诉的重要条件之一是利用设计合理的投诉表格，详细记录客户投诉的主要内容，如投诉人、投诉对象、投诉要求等。因此，企业在客户投诉处理过程中，需要设计、填制、整理一系列的投诉管理表格，以使问题得以有效解决。

(二)判断投诉性质

了解了客户投诉的主要内容后,要确定客户投诉的理由是否充分,投诉要求是否合理,属于何种投诉。如果投诉不成立,即可以婉转的方式答复客户,取得客户的谅解,消除误会。

(三)确定处理部门

根据客户投诉的内容,确定相关的具体受理单位和受理负责人。如是运输问题,交储运部处理;若是质量问题,则交质量管理部处理。

(四)分析投诉原因

要查明客户投诉的具体原因及造成客户投诉的具体负责人。

(五)提出处理方案

根据实际情况,参照客户的处理要求,提出解决投诉的具体方案,如退货、换货、维修、赔偿等。

(六)提交领导批示

对于客户投诉问题,企业领导应予以高度重视,主管领导一一过目投诉的处理方案,并及时做出批示。根据实际情况,采取一切可能的措施,挽回已经出现的损失。

(七)实施处理方案

处理直接责任者,将处理方案通知客户,尽快地收集客户的反馈意见。对直接责任人和部门主管要按照有关规定进行处罚,依据投诉所造成的损失,扣罚责任人一定比例的绩效工资或奖金。与此同时,对不及时处理问题造成延误的责任人也要追究责任。

(八)总结评价结果

对投诉处理过程进行总结与综合评价,吸取经验教训,提出改善对策,不断完善企业的经营管理和业务运作,以提高客户服务质量和服务水平,降低投诉率。从某种意义上说,恰当地处理投诉是重要的售后服务。一个企业不应该一方面花费巨额用在广告和促销活动上以达成交易和建立客户忠诚度,另一方面却又对客户的合理投诉置之不理。

四、投诉处理的一般方式

一般而言,处理投诉可以利用信函、电话、访问、网络等方式进行。

(一)信函

对于投诉处理来说,利用信函有优点,也有缺点。其优点是便于记录和保存,有较高的证据性和逻辑性,较少感情用事,主观倾向小;缺点是信函投诉者单方面的记述使企业无法充分地核实,不利于处理。同时,投诉者表达能力的高低也影响投诉处理的效果。另外,客户寄出的信函和企业回复的信函能否安全到达目的地也令人担心。对于企业来说,给投诉者回函，既要考虑成本，又要考虑花费的时间等。由此看来，利用信函处理投诉并不是很方便可靠。

利用信函处理投诉，当投诉受理部门收到客户投诉的信函时，应立即回信通知客户已经收到，并告知客户本部门的名称、地址和电话。同时，把客户投诉的相关内容输入投诉处理系统，便于查询处理进度。另外，回函内容应与负责人、法律人员、消费问题专家进行协商。

(二)电话

很多企业设立了免费投诉电话，使客户在任何地方都可以向公司总部投诉。由于电话投诉无法与客户面对面，所以，要求接待者更应设身处地地为客户着想，考虑自己若处在与对方同样的处境下，会有什么样的心情，希望得到怎样的帮助。接待者应尽可能地询问并记录更多的内容，如何时、何地、何人、发生何事、结果如何等。对于客户的姓名、地址、电话号码、所购商品名称及出现的问题等重要内容，一定要记录准确，仔细听取。同时，要把受理投诉人员的姓名、电话明确地告诉对方，以便今后更进一步地联系。

(三)访问

有些客户会亲自来公司投诉，他们不仅要花费时间和精力，还需自己支付交通费用，因此，这些客户的期望值很高，希望与公司面谈后，自己投诉的问题能够得到完全解决。即使不能完全解决，也要有一定进展。因此，接待这类客户更要小心谨慎。接待者应仔细倾听对方的投诉，让客户知道自己是真正想为他们解决问题的。同时，也要让客户了解自己的权限范围，不再抱过高的期望。

对于一些重要的投诉，企业应当派人访问客户，当面征求意见，妥善处理。访问人员要记录必要的信息，提出多种解决问题的方案，征求客户的意见，努力做到当场处理完毕。如果无法当时回复客户，应尽可能明确地给出解决问题的具体时间和解决方案。

当然，对于恶意的客户投诉，企业可以利用法律手段，采取理智的措施应付，避免将矛盾激化，使问题更加严重。

(四)网络

互联网是现代处理信息的有力工具和技术，可以利用网站、电子邮件、微博、微信等处理客户的投诉。

五、建立投诉管理制度

为了保证企业各部门处理投诉时能保持一致、通力配合，圆满地解决客户投诉，企业应明确规定处理客户投诉的规范和管理制度。

(一)建立组织制度

企业要有专门的制度和人员来解决客户投诉问题，并明确投诉受理部门在公司中的地位，要明文规定处理投诉的责任人，规定处理投诉的业务流程，根据实际情况确定投诉部门与高层经营者的汇报关系。另外，企业还要做好各种预防工作，将客户投诉防患于未然。

(二)及时处理投诉

一旦出现客户投诉，企业要及时处理，力争在最短的时间全面解决问题，给客户一个满意的答复。否则，拖延或推卸责任只会进一步激怒投诉者，使事情进一步恶化。如 IBM 公司明确规定，必须在 24 小时内，对用户的询问与投诉做出明确的答复。其具体做法是：设置用户服务子系统，开通投诉热线，安排专人记录，并将信息传给相关部门。

(三)落实处理责任

在处理问题时应分清责任，确保问题得到妥善解决。不仅要分清造成客户投诉的责任部门和责任人，而且要明确处理投诉的各部门、各类人员的具体责任与权限以及客户投诉得不到及时、圆满解决时该追究谁的责任。对于重复出现的经常性问题，则按规定的程序与方法予以及时处理；而对非经常性问题，则授权给合适的部门根据具体情况创造性地予以处理，以提高组织在处理投诉上的响应速度，减少经济与声誉的损失，避免恶化与客户的关系。

(四)完善投诉处理档案

对每一起客户投诉及其处理都要做详细的记录，包括投诉内容、处理过程、处理结果、客户满意程度等，并分类建档。利用计算机管理客户投诉的内容，不断改进客户投诉处理方法，并将获得的信息传达给其他部门，使之有效、全面地收集、统计和分析客户意见，立即反映，做出明确、恰当的处理。要经常总结经验，吸取教训，为将来更好地处理客户投诉提供参考。

六、提高处理投诉质量的措施

(一)扫除客户投诉的障碍

(1) 鼓励客户投诉。要在企业内部营造尊重每一位客户的企业文化，并通过各种渠道告知客户企业尊重他们的权利。要让全体员工，而不仅仅只是客户服务部门的员工，认识到客户的投诉可为企业提供竞争优势的重要线索，而不是给工作带来麻烦。

(2) 引导客户投诉。在客户中进行宣传，以鼓励和引导客户投诉。例如，加拿大的斯考特银行在每个营业处都摆放有"服务指南"的小册子，其中详细说明了帮助客户投诉的各个步骤，包括向谁投诉、如何提出意见和要求等。同时，"服务指南"还提供了一位银行负责服务管理的副总经理的电话号码，如果客户对投诉处理结果不满意，可以直接打电话向副总经理反映。

(3) 方便客户投诉。企业应尽可能降低客户投诉的成本，减少其花在投诉上的时间、精力、金钱等。方便、省时、省力的信息接收渠道使客户投诉变得容易。许多公司已开通了"800"投诉专线，客户可以很方便地告知企业他们的问题，而且电话费用由公司支付。与处理信函相比，不仅提高了反馈速度，还能节约10%~20%的成本。

(二)建立完善的客户投诉处理流程

完善的客户投诉处理流程要求对每一位客户的投诉及处理做出详细的记录，包括客户投诉的内容、处理投诉的过程及结果、客户是否满意等。这样做是为了全面收集、统计和分析客户的意见，不断改进客户投诉的处理办法，并将获得的信息整理后传达给其他部门，以便及时地总结经验和教训，为将来更好地处理客户投诉提供参考。

(三)提高一线员工处理投诉的水平

一线员工是客户投诉的直接对象，但许多企业不注重这方面的训练，员工处理客户投诉仅凭经验和临场发挥，缺乏平息客户怨气的技巧。

企业应当利用各种形式，对一线员工进行培训，教会他们处理客户投诉的技巧，使一线员工成为及时处理客户投诉的重要力量。此外，要赋予一线员工一定的权力，使他们在处理一些不可预见的问题时有相对较大的自主权，以便对客户提出的意见和建议做出迅速的反应，从而为客户提供迅速、及时、快捷、出色的服务。

(四)警钟长鸣，防患于未然

首先，分析客户投诉的原因，查明具体责任人，并对直接责任人和部门主管按照有关规定进行处罚，必要时将客户投诉及相关处理结果在企业内部进行通报，让每一个员工都知道这件事，以避免类似错误再次发生；其次，提出"对症下药"的防止投诉问题再次发生的措施，不断改进企业工作方式；最后，要避免一些常见投诉处理的错误方法。

第四节　客户知识管理

一、客户知识概述

(一)客户知识的定义

客户知识是企业与客户在共同的智力劳动中所发现和创造的进入企业产品、服务和管理创新的知识。目前，客户知识的定义主要强调客户知识的两个特性：一是客户知识是在企业与客户的交流和互动中产生的，是动态的，即客户知识不仅仅是对单向客户信息的提取，更强调与客户有意识地主动交流中所获取的知识；二是关注客户的隐性知识，即客户拥有的知识。在客户知识管理中所要管理的客户知识不单单是客户消费行为特征等显性的知识，还包括客户对产品评价、客户消费心理、购买决策方式等隐性知识。

客户知识是绝大多数公司市场开拓和创新所需的最重要知识，它最有可能为公司带来直接的经济回报。使自己区别于其他企业的一个潜在关键因素，就是能不能充分收集和利用客户知识。如果企业能够同客户建立密切的知识交流与共享机制，及时了解客户的情况及客户所掌握的知识，无疑会使企业更紧密地贴近市场，大大提高企业决策的准确性和在市场上的竞争能力。

(二)客户知识的分类

客户知识包括客户的消费偏好、感兴趣的接触渠道、个人的消费特征等诸多描述客户的知识。客户知识是人们通过实践认识到的与客户有关的规律性。根据不同的分类依据，可以将客户知识分成不同的类型。

1. 根据客户知识的性质分类

参考匈牙利哲学家波兰尼(Polany M.)对知识的划分,客户知识根据其可视性分为显性的客户知识和隐性的客户知识。

(1) 显性的客户知识。显性的客户知识是经过人的整理和组织,可以以文字、公式、计算机程序等形式表现出来,并可以通过正式的、系统的方式(如书本、计算机网络)进行以传播,便于其他人学习的知识。

(2) 隐性的客户知识。隐性的客户知识是与人结合在一起的经验性的知识,很难将其文字化或公式化,它们本质上以人为载体,因此难以通过常规的方法收集它,也很难通过常规的信息工具进行传播。

2. 根据客户知识的内容分类

(1) 关于客户的知识。关于客户的知识是指被公司收集来了解客户动机的知识,不仅包括客户的购买历史记录、背景、需求、期望,还包括客户的性别、年龄、职业、收入、教育状况等背景知识以及客户的需要、偏好,对产品和服务的希望等。

(2) 客户需要的知识。客户需要的知识是指企业为满足客户的需要而准备的知识,包括企业的产品、服务及市场情况等。

(3) 客户拥有的知识。客户拥有的知识是指客户所拥有的关于产品、供应商和市场的知识,包括使用产品和服务的方法、程序、经验,对产品和服务的见解、评价、意见与建议,客户间的矛盾与协作等。

(4) 与客户共同创造的知识。与客户共同创造的知识指的是企业与客户在充分沟通、共同合作基础上新创造的知识。许多著名公司都在与其客户,特别是核心客户共同进行新产品的开发和营销模式的创新,从而实现创造客户价值与培育竞争优势"双赢"。

(三)客户知识管理的含义

20 世纪 90 年代末,随着电子商务的兴起,CRM 与知识管理呈现融合的趋势。韦兰(Wayland R. E.)和科尔(Cole P. M.)在他们 1997 年出版的著作《走进客户的心》(*Customer Connections*)中首次完整地提出了"客户知识管理"这一概念,并把客户知识管理定义为:"客户知识的来源与应用以及怎样运用信息技术建立更有价值的客户关系。它是在获取、发展以及保持有利可图的客户组合的过程中,起到有关信息和经验的杠杆作用。"此后,国内外许多学者对这个问题展开研究,尽管没有形成统一的定义,但是,他们共同的思想内容有以下几点。

(1) 客户知识被视为企业最重要的资源之一,这也是客户知识管理的核心。

(2) 客户知识管理是一个不断同客户进行互动与交流的过程。

(3) 信息技术的应用是客户知识管理的重要组成部分。

(4) 客户知识管理的目标是最终最大化地创造企业的价值。

综上所述,客户知识管理的定义如下:客户知识管理是在 CRM 流程中,通过信息技术的使用,促进客户知识的获取、转化、共享、使用以及创造,更好地与客户进行互动交流,满足客户深层次的需求,最终实现企业价值最大化。

二、客户知识管理的内容

客户知识管理包括客户知识获取、客户知识转化、客户知识共享、客户知识应用和客户知识创造，由客户知识创新产生了更高层次的客户知识获取。客户知识管理流程是贯穿客户关系管理全过程的，同时客户知识管理又是一个不断与客户进行交流与互动的过程，使企业与客户的关系更为紧密。客户知识管理和客户知识管理系统都是对客户知识管理流程的支撑。

(一)客户知识获取

知识获取是知识管理中一个极其重要的内容，虽然目前对知识获取的理论和方法已经进行了大量的研究，但有针对性地对客户知识的获取问题进行的研究还比较少，系统性地论述该问题的研究就更加匮乏。

客户知识的获取是指分析客户信息，发现存在于客户信息的模式、规则、概念、规律，同时以机器能识别的形式表示出来并存储到计算机中，以确定客户的需要，帮助企业发现市场商机。在客户知识的获取阶段，不同的客户知识要采取不同的获取方法。

1. 关于客户的知识获取——知识发现

知识发现(Knowledge Discovery in Database，KDD)是从各种媒体发布的信息中，客户根据自身不同的需求获得知识，是确定数据中有效的、新颖的、潜在有用的、基本可理解的信息模式的特定过程。知识发现的目的是使用者摒弃原始数据的烦琐细节，从原始数据中提炼出有意义的、简洁的知识，直接向使用者报告。

2. 客户拥有的知识获取——与客户之间的交互

企业是通过知识学习来获得隐性的客户知识，在这个过程中，要有效地获取客户拥有的知识，关键是建立与整合客户与企业的联系渠道。因此，隐性的客户知识的获取方法就是建立与整合联系渠道的方法。企业与客户的联系分为日常联系与专项联系。

(1) 日常联系是指企业在日常的销售、服务活动中与客户进行的联系。日常联系构成了企业与客户联系活动的主体，也是企业获得隐性客户知识的主要来源。客户的日常联系可利用的工具包括人、电话、传真、邮寄、电子邮件、个人电脑等，随着技术的不断发展，可使用的工具越来越多，如移动电话、掌上电脑(PDA)、线上工具等。

(2) 专项联系是指企业不定期地与客户进行联系以获取来自客户的知识。与日常联系相比，通过专项联系获取的知识目的性更强，更有针对性，但专项联系需要花费的组织成本与调研成本较高，并且需要具有专门技能的人员或聘请专业的第三方咨询公司来完成。目前使用得较多的专项联系方法是问卷调查，焦点小组访谈和深度访谈等也有广泛的应用。

3. 客户需要的知识获取——信息技术的使用

客户需要的知识是决策性客户知识，决策性客户知识是在知识整合阶段产生的。其是企业通过设计合理的知识传播与扩散途径，使企业的营销决策人员以及其他管理人员获得显性的描述性客户知识，结合他们的专业知识对描述性客户知识进行编辑与整合，并在此基础上制定营销策略。这些营销策略就是客户需要的知识。因此，客户需要的知识的获取过程就是该领域内专家或企业管理者的决策过程。

(二)客户知识转化

关于客户的知识、客户拥有的知识以及客户需要的知识这三类客户知识是客户知识管理的主要对象，客户知识管理过程就是这三类客户知识相互作用与转化的过程。客户知识转化与客户知识获取不是独立的两个步骤，而是在知识获取的过程中进行了知识的转化，知识转化的同时也获取了知识。

目前，客户知识转化有两种方法。

(1) 企业获取来自客户拥有的知识与客户的知识，通过对这两类知识的综合分析形成合理的营销决策，并产生相应的产品和服务标准，这些决策和标准就是客户需要的知识。企业的价值就是在整个知识转化的过程中得以实现的。

(2) 组织内部客户隐性知识和客户显性知识的转化。这种转化有利于组织对客户知识的利用。学者开得纳(Kadatna M.)提出的战略联盟内的知识创新过程模式(SICA)主要是针对这类知识转化而言的。具体来说，在战略联盟初期，首先是分享阶段(Sharing)，即通过联盟伙伴的深入对话和了解，分享彼此的知识并进行初步学习，从而理解和领会联盟的宗旨与目标；在激发阶段(Inspiration)，不同组织背景的伙伴能够在联盟知识的基础上，达成对联盟目标和概念的统一理解，这些过程就需要激发并增值联盟循环圈内的知识；接下来的创造阶段(Creation)就是在激发和增值的联盟共同知识的基础上创造新的知识；积累阶段(Accumulation)是指联盟伙伴通过组织努力和方法，对分享阶段、激发阶段和创造阶段的各种方法知识进行累积，尤其是知道知识为什么累积。

(三)客户知识共享

知识共享指的是组织中知识个体的知识，通过各种手段(如语言、图表、比喻、类比)和各种方式(如电话、网络、面谈)被组织中其他的知识个体共享，并通过知识共享过程，将个体知识转化为组织知识。知识转化即实现了知识的共享。

(四)客户知识应用

客户知识应用是指组织成员运用客户知识来指导其日常管理活动实践，以期发挥客户知识的增值效益。通过客户知识的运用，了解前面步骤的不妥与偏差，从而为客户知识管理的下一个步骤(创造)提供指导意见。

目前，对客户知识应用的研究主要是关于客户的知识和客户需要知识的应用两个方面。客户的知识比较容易获得，这种知识的应用解释性比较强，主要用于获取新客户、提高客户关系价值、客户保持等方面。随着个性化推荐系统的提出，个性化推荐服务成为客户知识应用的一个重要方面。

(五)客户知识创造

客户知识创造有两个方面的内容。从知识联盟的角度看，客户知识的创造是企业自身或借助知识联盟对客户知识的创新过程。从流程和关系的角度看，组织中的客户知识创造是组织创造、共享新的知识以及把这些知识转化到产品、业务和系统中的能力。综上所述，客户知识创造是动态性的、交互性的、面向流程的。

三、客户知识管理系统

(一)客户知识管理系统的目标

客户知识管理的战略设计不是出于生产能力与效率方面的考虑，而是指要加强能够提高客户保持率与忠诚度的客户知识的管理。也就是说，客户知识管理不是为了单纯地减少企业的开支，而是要获得更多的客户知识，更快地对客户需求做出反应。客户知识管理系统就是对客户知识管理进行技术支持的信息系统。

(二)客户知识管理系统的技术

支持客户知识管理系统的信息技术有很多，各有不同的支持功能。普遍采用的是以客户知识管理的主要流程步骤对支持客户知识管理的信息技术进行分类。有很多信息技术(例如因特网)同时支持信息获取、共享等多种功能。客户知识的内容不同，使用的信息技术工具也不同。目前，广泛应用的信息技术支持工具包括因特网、搜索引擎、知识发现、专家系统、协同商务、企业内部网、企业外部网、网络论坛(BBS)、聊天室、工作流系统、电子视频会议、案例推理系统等。

(三)客户知识管理系统的架构

客户知识管理系统的架构就是要回答客户知识管理系统的架构建造这个问题。客户知识管理系统的基本结构，如图 8-2 所示。

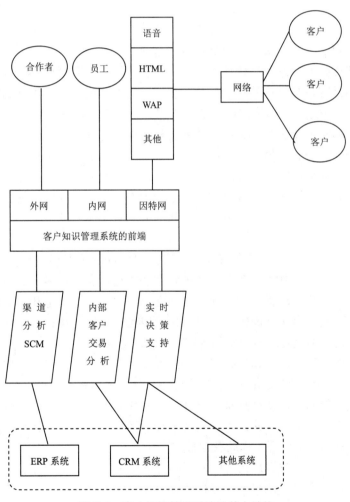

图 8-2 客户知识管理系统的基本结构

(1) 架构的底层是企业的信息系统，包括企业的 ERP 系统、CRM 系统以及其他的一些前台或者后台办公系统。

(2) 中间层是活动发生的场所，是前台和后台系统中的客户知识管理发生场所。例如，借助外网进行的交易活动，可以运用客户知识管理技术创建、共享和运用相关知识进行连锁管理和过程分析。

(3) 上层代表了实际的前台系统，客户、员工、商业伙伴可以利用它进行交流。前台系统可以分为三个部分，每一部分都是基于网络的。第一部分是因特网，它是用网络将客户与企业连接的逻辑结构。企业与客户的沟通渠道有网络浏览器(借助 HTML 及相关工具)、语音(电话)、手机、与客户直接访谈等。第二部分是内网，它是员工在公司内部进行交流的媒介，可能是分散的。第三部分是外网，它的访问者是企业的伙伴公司和商务合作者，访问权限由最底层控制。

本 章 小 结

(1) 在客户关系管理中，企业与客户的互动应当是双向沟通，因此包括两个方面：一方面是企业与客户的沟通，指企业积极保持与客户的联系，通过人员沟通和非人员沟通，把企业的产品或服务的信息及时传递给客户，使客户了解并且理解和认同企业及其产品或服务；另一方面是客户与企业的沟通，是指企业要为客户提供各种沟通的渠道，使客户可以随时随地与企业沟通，包括客户向企业提出的意见、建议和投诉等。

(2) 客户互动对企业的客户关系管理有着重要影响，这主要体现在以下三个方面。首先，企业通过与客户的互动将自己的产品介绍给客户，增加产品销售。其次，企业通过与客户的互动来了解客户的需要，开发新的业务。最后，企业与客户的互动是提高客户满意度、保持客户关系的重要途径。客户互动的驱动因素包括营销环境的变化、营销观念的转变、企业核心价值认知的改变、与信息技术相结合的营销方式的转变、信息技术推动的管理方式转变。

(3) 客户互动管理是指为了在市场上为客户提供能够为其带来优异价值的产品和服务，企业需要充分利用信息的潜在内涵和各种互动技巧，努力在客户的购买流程中发展与客户的合作关系。客户互动管理有双向互动、客户体验、员工促进和组织改善四个主要特点。客户互动管理的内容包括确定互动对象、确定互动目标、设计互动内容、确定互动预算、选择互动渠道、确定互动时间与频率和评估互动效果。

(4) 客户投诉在所难免，如何处理客户投诉是客户互动管理的一大挑战。正确处理客户投诉，对保持现有的客户关系不仅有促进作用，甚至可以将客户投诉转变为企业的机遇。快速解决客户投诉的问题，使客户享受更好的产品或服务，有利于提高企业信誉，也是企业提高市场竞争力的关键。因此，企业要正确看待客户投诉，建立客户投诉处理的工作流程和管理制度，提高投诉处理工作的有效性。

(5) 客户知识是企业与客户在共同的智力劳动中所发现和创造并进入企业产品、服务和管理创新的知识。客户知识根据其可视性分为显性的客户知识和隐性的客户知识，根据其内容分为关于客户的知识、客户需要的知识、客户拥有的知识、与客户共同创造的知识。

客户知识管理是在 CRM 流程中，通过信息技术的使用，促进客户知识的获取、转化、共享、使用以及创造，更好地与客户进行互动，满足客户深层次的需求，最终实现企业价值的最大化。

课 后 练 习

一、判断题

1. 企业与客户的互动是指企业将自己的产品介绍给客户，增加产品销售。（　　）

2. 企业不能通过与客户的互动来了解客户的需要，开发新的业务。（　　）

3. 客户服务人员和供应商应该把抱怨看作机会，而不是危机。（　　）

4. 企业需要确定同哪些客户互动，因为这将在很大程度上决定企业互动方案的设计。

（　　）

5. 企业与客户互动的唯一目标就是加深与现有客户的联系。（　　）

6. 随着客户生命周期由考察期进入成熟期，客户对企业的期望也在不断下降。（　　）

7. 处理客户投诉，虽然对保持现有的客户关系能起到促进作用，但也会减少企业的收益。（　　）

8. 完美的客户服务是可以达到的，客户投诉也是可以避免的。（　　）

9. 显性的客户知识是与人结合在一起的经验性的知识，很难将其文字化或公式化。

（　　）

10. 客户知识不能为企业的市场开拓和创新提供帮助。（　　）

二、单项选择题

1. 美国营销协会研究，客户不满意的主要原因是（　　）。

    A. 产品或者服务存在问题　　　　B. 企业与客户的沟通不畅

    C. 企业虚假的广告宣传　　　　　D. 企业不能及时提供上门维修服务

2. 下列属于间接人员互动方式的是（　　）。

    A. 电话　　　　　B. 电子邮件　　　　C. 公司网站　　　　D. 网上社区

3. 企业在确定互动内容时，不需要考虑的方面为（　　）。

    A. 主题　　　　　B. 结构　　　　　C. 格式　　　　　D. 人员

4. 客户互动管理的目的是（　　）。

    A. 实现客户价值的最大化

    B. 努力在客户的购买流程中发展与客户的合作关系

    C. 实现客户关系价值的最大化

    D. 延长客户关系生命周期

5. 在客户互动管理中，衡量员工有效性标准中的一个重要因素就是给企业的客户服务代表（　　）。

    A. 授权　　　　　B. 培训　　　　　C. 关怀　　　　　D. 激励

6. 企业开展客户互动管理，首先必须确定互动对象，原因是（　　）。

    A. 不同的客户类型对企业的贡献不同

    B. 不同的客户类型具有不同的需求

    C. 不同的客户类型处在不同的寿命周期阶段

    D. 不同的客户类型对产品有不同的偏好

7. 客户互动中心本质上是(　　　)。

    A. 客户服务中心　　　B. 联系中心　　　C. 产品销售中心　　　D. 呼叫中心

8. 扫除客户投诉的障碍并不包括(　　　)。

    A. 鼓励客户投诉　　　　　　　　　　B. 引导客户投诉

    C. 方便客户投诉　　　　　　　　　　D. 简化管理流程

9. 由企业传递给客户，帮助客户更好地理解企业的产品和服务的知识是(　　　)。

    A. 关于客户的知识　　　　　　　　　B. 客户需要的知识

    C. 客户拥有的知识　　　　　　　　　D. 与客户共同创造的知识

10. 不同的客户知识要采取不同的方法来获取，"关于客户的知识"的获取方法为(　　　)。

    A. 知识发现　　　　　　　　　　　　B. 与客户之间的交互

    C. 信息技术的使用　　　　　　　　　D. 数据仓库

三、多项选择题

1. 客户互动对企业有着重要作用，这主要体现在(　　　)。

    A. 开发新的客户　　　B. 增加产品销售　　　C. 开发新的业务

    D. 提高客户满意度　　　E. 保持客户关系

2. 客户互动的内容包括许多方面，总体而言，客户互动的内容包括(　　　)。

    A. 信息　　　　　　　B. 情感　　　　　　　C. 意见

    D. 建议　　　　　　　E. 思想

3. 按照互动的距离不同，客户互动的类型分为(　　　)。

    A. 由企业发起的互动　　　　　　　　B. 由客户发起的互动

    C. 面对面互动　　　　　　　　　　　D. 间接人员互动

    E. 非人员互动

4. 客户互动管理的主要特点有(　　　)。

    A. 双向互动　　　　　B. 价值认同　　　　　C. 客户体验

    D. 员工促进　　　　　E. 组织改善

5. 提高处理投诉质量的措施包括(　　　)。

    A. 提高一线员工处理投诉的水平　　　B. 扫除客户投诉的障碍

    C. 建立完善的客户投诉处理流程　　　D. 加强客服人员的业务培训

    E. 警钟长鸣，防患于未然

四、问答题

1. 什么是客户互动？实现有效客户互动的条件是什么？

2. 客户投诉的原因是什么？你是怎样看待客户投诉的？

3. 你是怎样看待客户知识的？

五、案例分析题

一个制鞋企业的别致的客户互动策略

台湾地区制鞋多以外销为主，一些真正为客户量身定做、符合人体力学的鞋，虽在台湾地区生产，但并未在台湾地区的商场或鞋店出售。台湾地区消费者的消费行为和消费习惯是，鞋只要穿得漂亮美观就可以了。因此，台湾地区制鞋商也就顺理成章地形成客户喜欢什么就卖什么的生产理念，不管消费者舒不舒服。而在制鞋行业的竞争中，价格往往主宰一切。

拥有 127 家门市的老牛皮(LaNew)国际公司，是第一家标榜"先量脚，再选鞋"的制鞋商。LaNew 的副总经理王瑞敦表示："客人喜欢穿什么就卖什么，这样卖鞋似乎太笼统。其实，每个人的脚型都不一样。如不能先了解客户的脚型，这双鞋穿起来一定不会舒服，穿起来不舒服的鞋久而久之就被放在角落，然后，一两年就丢弃，这样卖鞋实在没有意义。"

价值才是维系客户忠诚所在

"我们相信客户要的是价值，而不是价格。"王瑞敦这样认为现代消费者的消费模式与思维。过去消费者买鞋主要挑选款式和价格，而很少考虑舒适性，但现在的消费者开始懂得体恤自己，愿意花比较高的价钱来获取足部的舒适感。LaNew 除训练员工简易的足部护理概念外，更注重品牌的长期耕耘。"不强迫客户购买"是 LaNew 坚持的经营理念。正因为 LaNew 发自真心的服务，LaNew 的客户流失率很低。这种特殊的服务、产品品质和理念是 LaNew 产品价值的体现。

首创医鞋院和足部研究所

所谓的医鞋院的主要业务为鞋品的维修系统。为了强调 LaNew 鞋子的独特性和舒适性，每双鞋都附有保修半年的保证书。曾经有个工地的工头半年内修鞋不下 3 次，后来 LaNew 了解到他的工作环境是具有高危险性的工地，于是着手进行这类客户鞋种的改善，并定期追踪其适穿性，以解决客户的问题，此举也加强客户的长久忠诚度。另外，LaNew 还别出心裁地成立了足部研究所，不但聘请专任医师来讲解，使其全部员工知道足部的病理，还针对台湾人的足部进行了 1 万多份的问卷调查，发现 10 个人中就有 7 个人足部有问题，原因大多是鞋子不合脚、穿起来不舒服或是使力不对。正因为 LaNew 在制鞋上对客户需求表现出高度的关心，很多医院的医生都会建议病人到 LaNew 找一双最适合自己的鞋子。"广告费省了不少。"王瑞敦打趣地说。

从活动中找到研发的动力与依据

成立将近 6 年，实行连锁店制度 3 年，LaNew 认为市场和需求变化甚快，唯有以快速和超值的服务来满足客户方是良策。为了研发出最适合台湾人的鞋，LaNew 定期举办活动作为研发的动力与依据。LaNew 为推出休闲气垫鞋举办了第一届"勇敢的台湾囝仔走世界"；次年更是不惜巨资带领挑战者勇闯新疆帕米尔高原。通过登山活动，可以了解到 LaNew 的鞋需要加强之处在哪里，适不适合各地不同的地形和气候，以此再进行最后的改善和研发，可见 LaNew 对于制鞋的细心程度。

王瑞敦认为，当价值提升后，客户会发现所需要的不只是鞋，而是足部健康、相关知识和信息的分享以及舒适的行走权利。

(资料来源: http://blog.sina.com.cn/s/blog_40d29da401000aeo.html.)

请回答：

LaNew 公司采用了哪些渠道与客户互动？

第九章　客户数据管理

学习目标

● 了解客户数据的内涵，掌握客户数据保护的方法。

● 掌握客户数据的收集和整理方法，了解客户数据库的构建思路。

● 了解数据仓库的内涵，了解数据仓库系统的体系结构，了解 CRM 中的数据仓库的作用。

● 了解数据挖掘的内涵，理解数据挖掘的流程，了解数据挖掘常用的算法。

引例：沃尔玛"啤酒+尿布"的故事

CRM 中数据管理与分析最有趣的例子，莫过于沃尔玛公司"啤酒+尿布"的故事(其实质是数据挖掘技术的应用)。一般看来，啤酒和尿布是客户群完全不同的商品，啤酒是成年男子的杯中物，尿布则是婴儿的必需品；喝啤酒的人是不用尿布的，用尿布的人也不可能喝啤酒，两者看似难以发生商业联系。

但是，美国第一大零售商沃尔玛公司对大量新生的三口之家周末家庭采购记录进行的数据分析发现，啤酒和尿布的购买时间和购买主体有着惊人相似性。之后，沃尔玛公司对客户数据资料的细化分析揭穿了其中的秘密：原来，美国大量的年轻母亲在周末都喜欢放松一下身心，而孩子的尿布在周末需要大量补充，购买尿布的差事自然就落到孩子父亲的身上；而这些年轻的爸爸在超市选好尿布之后，总是要顺便给自己拎上几罐啤酒。因此，啤酒和尿布相关的数据挖掘成果就此诞生。

每一个独到的商业发现都有其对应的市场价值。沃尔玛公司随即采取了行动，将原本分散在两层的啤酒和尿布集中到一起摆放，使那些周末才出现在超市里的年轻父亲节约了采购时间。与此同时，该公司主动向这些年轻的三口之家提供包括啤酒和尿布在内的周末送货上门服务。在这一年，沃尔玛公司的销售额同比增长了 30%以上。

这是一个现代商场智能化信息分析系统发现的秘密。沃尔玛公司之所以能够通过多个渠道收集最详细的客户数据，并且能够造就灵活、高速供应链的信息技术系统，就是因为沃尔玛公司的信息系统是最先进的，其主要特点是投入大、功能全、速度快、智能化和全球联网。目前，沃尔玛中国公司与美国总部的信息联系和数据传递都是通过卫星来完成的沃尔玛公司使用的大多数系统都已经在中国得到充分的应用发展，包括存货管理系统、决策支持系统、管理报告工具以及 POS 系统，特别是 RFID 技术已经开始在沃尔玛公司使用，大大提高了其销售、结账、采购的效率。

(资料来源：周贺来. 客户关系管理实务[M]. 北京：北京大学出版社.)

引例启示：沃尔玛的"啤酒+尿布"的故事启示我们，了解和应用客户的消费心理和消费行为对企业获得竞争优势是至关重要的。沃尔玛应用客户的消费数据，发现了客户购物的潜在规律，进而改变商场的商品布局，既为客户带来了方便、满足了客户的购物需求，又给企业带来了收益。

客户关系管理是建立在充分掌握客户的相关数据基础之上的。有了客户数据，企业才能进行科学的经营决策、对客户进行合理分级，以及与客户进行有效互动，达到客户价值和客户关系价值最大化的目的。对客户关系的客户数据进行管理，是客户关系管理的重要工作内容。

第一节　客　户　数　据

一、客户数据的内涵

(一)客户数据的概念

数据是为反映客观世界的某一事件而记录的可以鉴别的数字或符号，如数字、文字、图形、图像、声音等。在 CRM 系统中，数据可以通过诸如电话语音、网络语音、电子邮件等多种方式收集。这些数据结构化地记录了企业有关事件离散的、互不关联的客观事实，其可用某种记录方式加以描述。围绕着数据开展企业 CRM 活动，其核心价值在于通过 CRM 系统对数据进行分析和合成，把这些离散的、单个存储的数据转化为企业可以理解和使用的信息及知识。

消费者在购买过程中产生的数据，可为商家的客户研究工作提供大量可供分析的第一手资料。所有这些数据，通过商家的分析整理形成有意义的信息，并促使商家更加有效地为消费者提供良好的服务。通过分析超市大部分消费者的购买时间，可以合理安排不同时间段的收银员；通过研究客户所购买的产品，可以区分畅销品和滞销品，并且能够合理陈列和摆放，提高货架的利用率；研究客户投诉相关的数据，促使企业改善客户服务，提供更方便的购物环境，有效满足消费者的潜在需求，形成良好的商家与消费者的互动，从而实现双赢。

(二)客户数据的分类

企业在同消费者、企业客户的交易过程中产生大量的数据。可以对这些数据信息通过不同的方式进行归纳和分类。

1. 按照数据的来源分类

(1) 内部来源数据。内部来源的数据比较容易理解，就是企业在实际经营过程中产生、记录的数据。收集用户数据的方法还包括会员注册登记、零售点收集、网站收集等。世界零售业巨头沃尔玛通过记录、整理、分析其全球各个卖场的销售数据，建立了举世无双的庞大信息系统。

(2) 外部来源数据。本企业之外所产生的数据称为外部来源数据，它们是通过别的信息渠道产生的数据。其中，最重要的外部数据来源是政府的各机构、各商务团体和专业协会、众多的行业期刊和业务通信。

2. 按照数据采集渠道分类

目前，企业可以通过多种渠道与客户沟通，并形成相应的数据采集渠道。

(1) 电子邮件。客户既可以通过自己的邮箱给呼叫中心发邮件，也可以通过网上留言的方式将信息发给呼叫中心。客户发送的信息通过公司进行智能分析，按照相应的系统要求进行记录。

(2) 电话语音。电话语音既包括传统的电话语音，也包括网络的互联网电话。客户可以拨打电话直接与呼叫中心联系，企业也可以主动联系客户，甚至还可以应约与客户进行语音联系。这些联系可以产生对企业有价值的大量数据。

(3) 文字交谈。客户可以利用呼叫中心提供的文字交谈功能代替语音同业务代表进行实时的文字交流。文字交谈的内容后经业务员整理，形成相关数据并进行记录。

(4) 多媒体数据。多媒体呼叫中心将语音、数据和视频集成，不再局限于语音和数据的传输，使交换系统和语音资源不仅可以传输电话，也可以快速、准确地传输数据、图像等丰富的多媒体信息。

3. 按照数据的性质分类

从商业活动行为的需要来看，企业有一个定位客户、针对性促销、产生交易的过程，正是这些不同的行为过程产生了不同类型的数据，如图9-1所示。

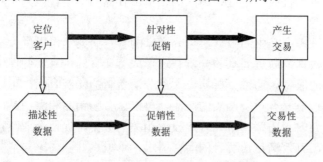

图9-1 按照客户数据性质的分类

(1) 描述性数据。描述性数据用来描述客户或消费者的基本特征，通常是表格的摘要数据，主要包括人口、地域和联系方式等基本信息，具有一定的稳定性，变动不是很快，可在较长一段时间使用。在CRM中，通常把客户分为个人客户和团体客户两类，收录的客户数据也会有不同表现。关于这两类客户的描述性数据如表9-1和表9-2所示。

表 9-1　个人客户描述性数据

大类数据	详细数据
基本情况	姓名、地址、性别、出生年月、电话、工作类型、收入水平、婚姻状况、家庭成员情况
信用情况	会员卡号、信用卡号和信贷限额、忠诚度指数(与公司交易占总花费的比例)、潜在消费指数、客户类型(现有客户、潜在客户、目标客户、流失客户)
行为爱好	生活方式、特殊爱好、对企业产品和服务的偏好、对问卷和促销活动的反应、其他产品偏好、试用新产品的倾向

表 9-2　团体客户描述性数据

大类数据	详细数据
公司的基本情况	公司名称、总部及相应机构营业地址、电话、传真；主要联系人姓名、头衔及联系渠道；关键决策人姓名、头衔及联系渠道；公司其他部门和办公室；行业标准分类代码及所处行业；公司基本情况(注册资本、员工数、年销售额、收入及利润等)
公司的行为情况	客户类型(分销商、咨询者、产品协作者等)；银行账号、信贷限额及付款情况；购买过程；与其他竞争对手的联系情况；忠诚度指数、潜在消费指数；对新产品的倾向

(2) 促销性数据。促销性数据用来描述对客户进行营销或者促销活动的信息，主要包括市场活动的类型、预算或描述等。其详细情况取决于 CRM 数据库系统的复杂程度。最简单的形式就是列表，列出对该客户进行过的促销活动。可能收集到的典型市场促销数据如表 9-3 所示。

表 9-3　市场促销性数据

大类数据	详细数据
促销活动的类型	降价销售、电话促销、业务推广活动、纸媒广告、广播型广告和 Web 广告
促销活动的描述	厂家促销活动组织形式，如业务推广人员的性别、礼品发放形式等
促销采用媒体	电视、报纸、广播、网络等
促销活动的时间	进行促销活动的日期，包括年、月、日，有时甚至要具体到时刻
促销活动的意图	对目标客户采取该活动的简单说明
促销的成本信息	包括促销活动的固定成本和变动成本

(3) 交易性数据。交易性数据用来描述客户与企业交易的信息，主要是过程信息与结果信息的结合，往往按照时间进行标识，从与客户的通话到服务中心所得的数据以及客户所购产品的描述都包括在内。这类数据和促销活动的数据一样，都会随时间的变化而变化。可能收集到的典型交易性数据如表 9-4 所示。

表 9-4　交易性数据

大类数据	详细数据
购买商品类数据	过去的购买记录：购买频率和购买数量、购买金额及其累计金额、交货要求、产品规格、商品购买过程及付款方式
商品售后类数据	售后服务的内容、使用后对产品的评价、对服务的评价、曾有的问题和不满，要求退货记录、投诉记录、提出合理化建议的记录

(三)客户数据在企业中的重要作用

客户数据在企业具有重要的作用，主要体现在以下四个方面。

1. 客户数据是企业客户关系管理的基础

企业想要维护好与客户好不容易建立起来的关系，就必须充分掌握客户的相关数据，更必须像了解自己的产品或服务那样了解客户，像了解库存的变化那样了解客户的变化。任何一个企业都是在特定的客户环境中经营的，有什么样的客户环境，就应有与之相应的客户关系管理的思路和对策。如果企业对客户的相关数据掌握不全、不准，判断就会失误，工作就会出现偏差。

2. 客户数据是进行客户关系分级的依据

企业只有收集全面的客户数据，特别是客户与企业的交易信息，才能知道客户群分布，才能知道客户关系价值的大小，才能识别出哪些是优质客户，哪些是劣质客户，最终才能根据客户带给企业价值的大小和贡献的大小对客户进行分级管理。

3. 客户数据是引导客户互动的指南

随着市场竞争的日趋激烈，客户数据越显珍贵，拥有准确、完整的客户数据，既有利于了解客户、接近客户、说服客户，也有利于与客户沟通。如果企业掌握详尽的客户数据，就可以根据每个客户的不同需求，有针对性地开展营销活动，如发函、打电话或上门拜访，从而避免大规模的高额广告投入，使企业的营销成本降到最低，成功率达到最高。

4. 客户数据是实现客户满意的前提

企业要满足现有客户、潜在客户以及目标客户的需要，就必须掌握客户的需要特征、交易习惯、行为偏好和经营状况，从而制定和调整营销策略。例如，日本花王公司(Kao)就随时将收集的客户数据、意见或问题输入计算机，现在已经建立了8 000多页的客户资料，每年花王公司凭借这些资料开展回报忠诚客户的活动，以此巩固与老客户的关系，且吸引新客户。

二、客户数据、客户信息和客户知识的关系

图9-2把获取客户数据、生成客户信息和提升客户知识的过程连接到一起。从图9-2中可以看出，企业通过呼叫中心、网上交流、电子邮件、传真和直接接触等多种渠道与客户进行互动并收集各种客户数据，构建和更新客户数据仓库，然后再以数据仓库为基础，通过联机信息分析处理(OLAP)和数据挖掘两种方式生成客户信息和增加客户知识，并用于运营分析和市场分析等经营活动。

从理论上讲，可以在某种程度上把CRM理念看作关系营销的延续。但真正让这一理念能够在企业的实践中得到运用的，却是信息技术的快速发展和广泛应用。如果说CRM是一种构想，那么信息技术就是实现美好蓝图的有力工具。如果信息技术没有在CRM中得到应用，没有数据挖掘和数据仓库等信息技术的支撑，没有把这种美好理念加以表达的"语言"，CRM根本就不会有今天的发展。

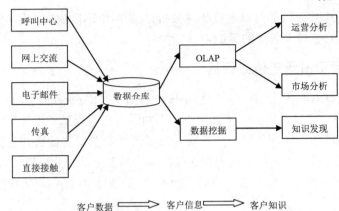

图 9-2　客户数据、客户信息和客户知识转换过程

三、客户数据保护

在法律越来越健全、人们的法律意识也越来越强的今天，企业对客户隐私数据的保护显得尤为重要。随着 CRM 系统功能的更加强大，客户数据保护也变得更加重要。因此，在建立客户数据库时，要保护消费者隐私。在当前的条件下，可采取以下几种措施。

(一)使用匿名身份信息

客户身份信息最明显的是完整的姓名或身份证号。为避免直接采用真实个人姓名引起消费者的反感，可采取创建匿名标识符的方式组建数据库。给每个客户分配一个唯一的、经过加密的标识符(比如一个十位数)，并且只有管理人员才能够将它们转化成客户的姓名和地址信息。

创建匿名标识符比较简单，它只要求是唯一的。图 9-3，它在客户身份信息和所有其他信息之间设立了一道防火墙。当然，这个结构也不能绝对保障客户的隐私安全。但是，它保留了在个体层次上进行评估和市场目标定位的能力，同时数据分析仅仅对匿名数据进行处理。

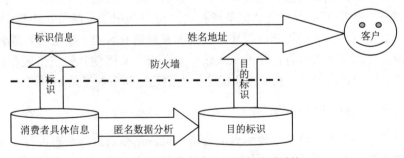

图 9-3　保护客户隐私的匿名体系结构

(二)尽量使用汇总数据

保护客户隐私的另一个办法是只对汇总数据进行挖掘。例如，根据客户的年龄和性别来划分目标客户群，并考察对这些客户群进行市场促销活动的效果。这时，需要分析的数据是在年龄和性别的不同组合下，客户群对促销活动的响应率和他们的购买量。这样分割

的结果是客户的汇总数据仍然可以进行数据分析，结果用于市场定位或其他战略方针，同时，个人信息也得到了最大限度的保护。

(三)信息只用于市场定位或评估

当客户接收到针对私人生活中的事件(如孩子的出生时间)或者信息(如治疗客户所患疾病的新药物)的促销信息时，他们会感到担心，不知道自己的隐私外泄程度。因此，当客户数据被用来进行市场定位或评估时，客户对企业了解他们在做些什么并且评估他们对促销活动的反应并不太在意。如果他们认为在这些信息的基础上，企业采取了进一步的行动(如修正营销策略)或进行市场目标定位，他们就会不放心了。这可能引起客户的反对和抵制。

(四)尽可能不合并数据源

在计算机广泛使用之前，从很多数据源收集客户数据比在小范围内的单一渠道收集数据要困难得多，而要合并多个数据源获得的数据几乎是不可能的。但计算机和数据库技术的发展，可以很容易地从多个数据源收集客户数据并参照客户进行合并，从而得到每个客户的完整信息。这通常意味着可以掌握客户在产品市场之外的行为，并有可能侵犯客户的隐私权。

第二节　客户数据库

对客户数据的应用，要经过数据采集、数据处理以及数据分析等环节，并通过建立客户档案数据库以便更好地使用客户数据。

一、客户数据库的作用

客户数据库就是和客户有关的各种信息的集合，通过数据库的建立，可以全面记录与反映客户的特征，从而为企业更好地了解客户、与客户沟通、分类管理等提供信息支持。客户数据库从本质上讲就是一张关系数据表，记载着有相互联系的一组信息，反映个体的不同属性与特征，数据库是由一条条记录所构成，每一条记录反映一个个体的特征。

利用客户数据库，企业能够全面收集、追踪和掌握现有客户、潜在客户或目标客户的基本情况、商品需求和个人偏好，还能深入统计和分析，从而使营销工作更有针对性。客户数据库是企业维护客户关系、获取竞争优势的重要途径和有效工具。

(一)有利于开展一对一的营销

客户数据库是企业内部最容易收集到的营销信息，稍微对这些数据进行加工，就可以使其成为营销决策最有价值的信息支撑。运用客户数据库，企业可以了解和掌握客户的需要及其变化，还可知道哪些客户何时应该更换产品。

(二)实现客户服务及管理的自动化

客户数据库还能强化企业跟踪服务和自动服务的能力，使客户得到更快捷和更周到的服务，从而有利于企业更好地保持客户关系。例如，通过对客户历史交易行为进行监控、分析，当某一客户购买价值累积到一定金额后，可以提示企业向该客户提供优惠或个性化的服务。同时，客户数据库还可与企业的其他资源进行整合，使各业务部门根据其职能、权限进行信息查询和更新。

(三)实现对客户的动态管理

客户的情况总是不断地发生变化，因此客户的资料也应随之不断地进行调整。企业如果有一套好的客户数据库，就可以对客户进行长期跟踪，通过调整，删除陈旧的或已经过时的资料，及时补充新的资料，使企业对客户的管理保持动态性。

二、客户数据的收集

建立客户档案数据库，首先要收集客户数据。收集客户数据有直接渠道和间接渠道两种方式。

(一)直接渠道

直接渠道就是通过客户与企业的各种直接接触机会收集客户的数据。以电信业为例，客户数据的直接收集渠道包括营业厅、呼叫中心、公司网站、客户经理等从客户购买前的咨询开始到售后服务的全过程。另外，也有很多企业通过展会、交易会、市场调查等来获取客户数据。

(二)间接渠道

间接收集客户数据的渠道是企业从公开的信息中或者通过购买获得客户数据，一般可通过各种媒介、工商行政管理部门及驻外机构、国内外金融机构及其分支机构、国内外咨询公司及市场研究公司、从已建立客户数据库的公司租用或购买以及其他渠道获得。

总之，客户数据的收集有许多方法，具体运用时要根据实际情况灵活选择，有时也可以把不同的方法结合在一起综合使用。相对来说，银行、保险、电信、医院、教育机构、旅游、航空运输等服务业最容易在企业内部收集客户数据，因为这些行业在与客户交易的过程中就已经产生了很多客户数据，只要进行稍微加工整理就可使用。

三、客户数据的整理

从目标客户群收集的数据一般是离散的、非结构化的、待验证的，其中充斥着许多无效甚至容易引起误会的信息。这就需要采用科学的方法来筛选、提炼这些数据，去伪存真，为企业各个层级的部门提供经营、决策上的支持。

有用客户数据的形成是一个不断剔除无用数据、不断聚合的过程，并在这一过程中逐渐凸显隐藏在数据后面的规律性的东西。一般而言，客户信息处理有三个步骤。

(1) 把从多渠道集成平台获得的数据进行一些基本的筛选，去除有明显错误的数据。如根据身份证号的编排规则、信用卡的取号规则把不符合规则的数据剔除。

(2) 进行结构化处理。获得的原始数据是非结构化的、多维的，因此需要把它们转化为易于处理的二维表，把性质类似的数据归为相同的客户属性。

(3) 进行数据的使用和分析。数据使用指的是企业的内部人员以一种可预测的、重复性的方式使用数据，例如，前台工作人员回答外部客户的咨询。数据分析则是一种不可预测的、非重复性的数据使用模式，并借助于一些分析模型对数据进行分析。

四、客户数据库的构建

(一)建立客户数据库的原则

1. 尽可能完整地保存客户资料

现在的数据库具有非常强大的处理能力，但是无论怎样处理，原始数据永远是最宝贵的。有了完整的原始数据，随时都可以通过再加工获得需要的数据。但如果原始数据缺失严重，加工处理后的数据也将失去准确性和指导意义。

2. 保障数据库管理的安全性

企业应确保记录在计算机系统中的数据库安全地运行，如果这些数据意外损失或者外流，将给企业造成难以估量的损失。因此，需要加强安全管理，建立数据库专人管理和维护的机制。

3. 随时更新与维护

数据库中的数据是死的，而客户是活的，因此，客户的信息资料也应该是活的。企业要想充分享受数据库带来的利益，千万别怕浪费精力和金钱，一定要尽可能地做好客户资料的随时更新，将最新的数据录入数据库中，这样才有意义。

(二)建立客户数据库的注意事项

客户数据库是一切数据分析工作的基础，建立客户数据库时应注意以下事项。

(1) 按照预测所需的信息量，尽可能多地考虑客户购买产品的情况和购买后的反应。

(2) 深入策划客户数据库的组成部分，应保留一定的弹性，以满足未来变化的需要。

(3) 不要因谋求建立一个详细完备的数据库而推迟建成时间，可先建成一个小而实用的数据库，并对其评价获得经验，然后再不断改进。

(4) 构建客户数据库时，让尽可能多的部门和人员参与。这样一方面保障息采集的科学和完备，另一方面让数据库的使用者充分了解设计者的思想。

(三)客户数据库的内容来源

在设计客户数据库的内容来源时，可参考图 9-4 的内容进行构造。尽管企业可能期望客户数据库中有尽可能多的客户群体类型，但一般情况下，客户数据库只包括以下四种客户类型。

(1) 现有客户。这类客户的识别主要通过最近的购买情况、购买的频率、每次购买的金额和交叉销售、终身价值等指标来识别。

(2) 潜在客户。这类客户的识别主要靠与现有客户的相似性分析或同类产品的购买客户特征。如果有的潜在客户已经购买竞争对手的产品或服务，对其购买行为信息的收集和分析将为企业的 SWOT 分析和竞争战略提供宝贵资料。

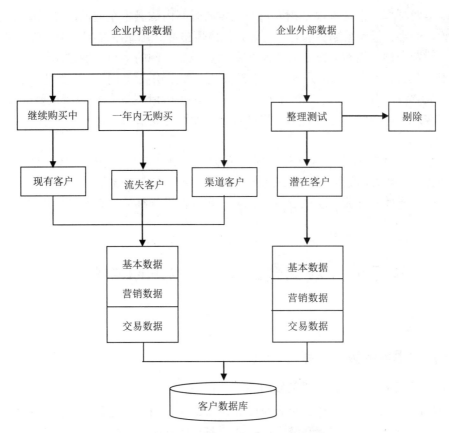

图 9-4　企业客户数据信息来源流程

(3) 渠道客户。批发商、零售商、分支机构、销售代理等市场营销渠道也可以看作广义的客户。他们的偏好和业绩信息也应该纳入客户数据库的范畴。

(4) 流失客户。根据有关客户满意度、忠诚度的分析，流失的客户不一定是不满意的客户，有时候只是客户的需要发生变化，如果将他们从客户数据库里删除则意味着完全放弃。为此，企业应该收集整理关于这些客户的信息并保留，以便在适当时机采取相应措施重新挽回这些客户。

五、客户数据库应用——RFM 模型

客户数据库能为企业深入分析客户提供帮助，其中一个重要的工具就是 RFM 模型。RFM 模型是衡量客户价值和客户创利能力的重要工具和手段。在众多的客户关系管理(CRM)的分析模式中，RFM 模型是被广泛提到的。该机械模型通过一个客户的最近一次消费(Recency)、消费频率(Frequency)、消费金额(Monetary)三个要素作为分析客户的指标，这可帮助企业识别最有价值的客户、忠诚的客户和即将流失的客户。

(1) 最近一次消费。最近一次消费是指客户上一次购买的时间，是维系客户的一个重要指标，可反映客户的忠诚度。如果最近一次消费时间离现在很远，说明客户长期没有光顾，就要调查客户是否已经流失。最近一次消费还可监督企业目前业务的进展情况，如果最近消费的客户人数增加，则表示企业发展稳健；反之，则表明企业的业绩出现下滑。

(2) 消费频率。消费频率是指客户在限定的时间内购买本企业的产品或服务的次数。一般来说，最常、最频繁购买的客户可能是满意度最高、忠诚度最高、最有价值的客户。

(3) 消费金额。消费金额是客户购买本企业产品金额的多少。通过比较客户在一定期限内的消费金额，可以知道客户购买态度的变化，如果购买量下降，就要引起足够的重视。

除了 RFM 模型所包含的三个指标，客户数据库的如下三个指标也有重要价值。

(1) 客户平均消费额。可说明客户结构，帮助企业认清目前客户的规模以及市场是否足够大。

(2) 客户的地域分布。企业应当重点吸引附近区域的客户，他们应是企业的主要客户，因为远的客户变数大，如果不能很好地吸引附近区域的客户，就存在一定的危机。

(3) 客户所处的行业、职业及住所。可对客户群进行细分，有针对性地开展广告、促销等活动。

第三节　数据仓库及其在 CRM 中的应用

一、数据仓库概述

(一)从数据库到数据仓库

1. 联机事务处理——数据库的应用

在数据库应用的早期，计算机系统所处理的是从无到有的问题，是传统手工业务自动化的问题。例如，银行的储蓄系统和电信的计费系统都属于典型的联机事务处理系统。在当时，一个企业可以通过拥有联机事务处理的计算机系统而获得强大的市场竞争力。

2. 联机分析处理——数据仓库的应用

随着应用的不断进步，在联机事务处理系统应用到一定阶段的时候，企业家便发现单靠拥有联机事务处理系统已经不足以获得市场竞争的优势，他们需要对业务的运作以及整个市场相关行业的态势进行分析，从而做出有利的决策。这些决策需要对大量的业务数据(包括历史业务数据)进行分析来得到，而这种基于业务数据的决策分析，我们把它称为联机分析处理。为了实现联机分析处理，人们专门为业务的统计分析建立一个数据中心，它的数据可以从联机的事务处理系统、异构的外部数据源、脱机的历史业务数据中得到。它是一个联机的系统，专门为分析统计和决策支持应用服务，通过它可满足决策支持和联机分析应用所要求的一切。这个数据中心就叫作数据仓库。

(二)数据仓库的含义

1. 数据仓库的概念

数据仓库(Data Warehouse)是一个作为决策支持系统和联机分析应用数据源的结构化数据环境，所要研究和解决的问题就是从数据库中获取信息。

著名的数据仓库专家荫蒙(W. U. Inmon)把数据仓库定义为，是一个面向主题的(Subject Oriented)、集成的(Integrated)、相对稳定的(Non-Volatile)、反映历史变化的(Time Variant)数据集合，用于支持管理决策。可以从两个层次理解数据仓库的概念：首先，数据仓库用于支持决策，面向分析型数据处理，它不同于企业现有的操作型数据库；其次，数据仓库是对多个异构数据源的有效集成，集成后按照主题进行重组，并包含历史数据，而且存放在数据仓库中的数据一般不再修改。

2. 数据仓库的特点

(1) 面向主题。操作型数据库的数据组织面向事务处理任务，各个业务系统之间各自分离，而数据仓库中的数据按照一定的主题进行组织。

(2) 集成。数据仓库中的数据是在对原有分散数据库的数据抽取、清理的基础上经过系统加工、汇总和整理得到的，必须保障数据源的一致性，以保证数据仓库的信息是关于整个企业的一致的全局信息。

(3) 相对稳定。数据仓库的数据主要供企业决策分析之用，所涉及的数据操作主要是数据查询，一旦某个数据进入数据仓库，一般情况下将被长期保留，也就是数据仓库中一般有大量的查询操作，但修改和删除操作很少，通常只需要定期地加载和刷新。

(4) 反映历史变化。操作型数据库主要关心当前某个时间段内的数据，而数据仓库中的数据通常包含历史信息，系统记录了企业从过去某一时点(如开始应用数据仓库的时点)到目前各个阶段的信息，通过这些信息，可以对企业的发展历程和未来趋势做出定量分析和预测。

3. 数据仓库的功能

数据仓库并没有严格的数学理论基础，也没有成熟的基本模式，且更偏向于工程，具有强烈的工程性。因此，在技术上，人们习惯于从工作过程等方面来分析，并按其关键技术分为数据的抽取、数据的存储和管理以及数据的表现三个方面。

(1) 数据的抽取。数据的抽取是数据进入仓库的入口。由于数据仓库是一个独立的数据环境，它需要通过抽取过程将数据从联机事务处理系统、外部数据源、脱机的数据存储介质中导入数据仓库。数据抽取在技术上主要涉及互联、复制、增量、转换、调度和监控等方面。

(2) 数据的存储和管理。数据仓库的真正关键是数据的存储和管理。数据仓库的组织管理方式决定了它有别于传统数据库，也决定了其对外部数据的表现形式。要决定采用什么产品和技术来建立数据仓库的核心，就需要从数据仓库的技术特点着手分析。

(3) 数据的表现。数据的表现实际上相当于数据仓库的门面，其性能主要集中在多维分析、数理统计和数据挖掘方面。多维分析又是数据仓库的重要表现形式，近年互联网的发展，使得多维分析领域的工具和产品更加注重提供基于 Web 前端联机分析界面，而不仅仅是在网上发布数据。

二、数据仓库系统的体系结构

企业数据仓库的建设以现有企业业务系统和大量业务数据的积累为基础。把信息加以整理归纳和重组并及时提供给相应的管理决策人员，是数据仓库的根本任务。

整个数据仓库系统是一个包含四个层次的体系结构，具体如图 9-5 所示。

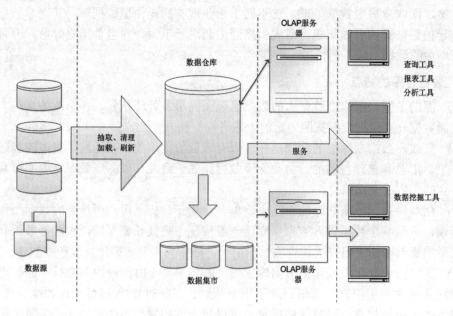

图 9-5　数据仓库系统体系结构

(一)数据源

数据源是数据仓库系统的基础，是整个系统的数据源泉，通常包括企业内部信息和外部信息。内部信息包括各种业务处理数据和各类文档数据、外部信息包括各类法律法规、市场信息和竞争对手的信息等。

(二)数据的存储与管理

数据的存储与管理是整个数据仓库系统的核心。针对现有业务系统的数据，进行抽取、清理并有效集成，按照主题进行组织。数据仓库按照数据的覆盖面可以分为企业级数据仓库和部门级数据仓库(通常称为数据集市)。

(三)联机分析处理服务器

联机分析处理(Online Analytical Processing，OLAP)服务器对分析需要的数据进行有效集成，按多维模型予以组织，以便进行多角度、多层次的分析，并发现趋势。

(四)前端工具

前端工具主要包括各种报表工具、查询工具、数据分析工具、数据挖掘工具以及各种基于数据仓库或数据集市的应用开发工具。其中，数据分析工具主要针对 OLAP 服务器，报表工具和数据挖掘工具主要针对数据仓库。

三、CRM 中数据仓库的作用

(一)客户行为分析

客户行为分析有整体行为分析和群体行为分析两个方面。整体行为分析用来发现企业所有客户的行为规律，但仅有整体行为分析是不够的，企业的客户千差万别，众多的客户在行为上可以划分为不同的群体，这些群体有着明显的行为特征。行为分组(Behavior Segmentation)是 CRM 的一个重要内容。同一产品，客户的交易行为也有很大差别。不同的产品组合和不同的交易行为对企业的价值贡献也有很大不同。行为分组是按照客户不同种类的行为将客户划分成不同的群体。通过行为分组，企业可以更好地理解客户，发现群体客户的行为规律，制定相应的市场策略。

行为分组只是分析的开始，行为分组完成后，还要进行群体特征分析、客户行为规律分析和客户组之间的交叉分析。

1. 群体特征分析

群体特征分析的目的是将客户在行为上的共同特征与已知的资料结合在一起，对客户进行具体分析。特征分析至少应该回答这些问题：哪些人具有这样的行为？哪里的人具有这样的行为？具有这些行为的人能给企业带来多少利润？具有这样行为的人是否对本企业忠诚？

2. 行为规律分析

行为规律分析的目的是发现群体客户的行为规律。一般来说，行为规律分析应该回答这些问题：这些客户拥有企业的哪些产品？这些客户的购买高峰期是什么时候？这些客户通常的购买行为在哪里发生？

通过对这些客户的行为分析，能够为企业确定市场活动的时间、地点、合作商等方面提供确凿的依据。

3. 组间交叉分析

组间交叉分析是通过对群体客户的特征分析和行为规律分析，企业在一定程度上了解了自己的客户。通过组间交叉分析，企业可以了解以下内容：哪些客户能够从一个行为分组跃到另一个行为分组中？行为分组之间的主要差别有哪些？客户从一个对企业价值较小的组上升到对企业有较大价值的组的条件是什么？

以上分析能够帮助企业准确地制定市场策略，获得更多的利润。

(二)重点客户发现

重点客户发现的目的是找出对企业具有重要意义的客户，这些重点客户的特点主要包括以下三种。

(1) 潜在客户，即有价值的新客户。

(2) 交叉销售，同一客户有更多的消费需求。

(3) 追加销售，更多地使用同一种产品或服务。

根据客户的这些特点可以挖掘出重点客户，然后做好保持和提高这些重点客户忠诚度的工作。

(三)个性化服务

利用数据仓库数据，可以实现客户服务的个性化。例如，在零售业中，客户阅读到由零售商编制的目录或宣传广告后促使他有了购买的念头，或者想查询一下目录，结果是给零售商打电话。零售商的代表需要做好主要的工作，如确定客户，记下所需的订货信息等。响应时间必须简短，否则客户将失去兴趣。当客户订货或咨询情况时，零售商代表查出与此有关的其他信息，如客户上次购物的时间、上次购物的类型、客户所属的市场地段。

总之，销售代表有必要使交谈进行得很有温度。这样，将会更加激起客户的购买欲望。

另外，在数据仓库环境下，销售服务人员拥有更为详细的信息，如客户的专业、年龄、兴趣爱好等。当客户打进电话时，联机准备好的文件就等待由零售销售代表使用。客户购物历史信息被电话推销员查出，如上次购物的日期、上次购物的类型等。对话可以进行得很个性化，而且有可用的客户所属的市场地段信息。因此，当客户打进电话时，销售代表能够进行有针对性的提问。

(四)市场性能评估

通过分析客户行为，企业可以准确地制定市场策略并策划市场活动。然而，这些市场活动能否达到预定的目标是改进市场策略和评价客户行为分组性能的重要衡量标准。因此，CRM系统必须对行为分析和市场策略进行评估。同样，重点客户发现过程也需要对其性能进行分析，然后在此基础上修改重点客户发现过程。这些性能评估都是以客户所提供的市场反馈为基础。

通过对数据仓库的数据进行清洁与集中，可以将客户对市场的反馈自动地输入数据仓库，这个获得客户反馈的过程被称为客户行为跟踪，市场性能评估是企业改进的重要依据。

四、CRM系统中数据仓库的逻辑结构

在CRM系统中，数据仓库的逻辑结构如图9-6所示。

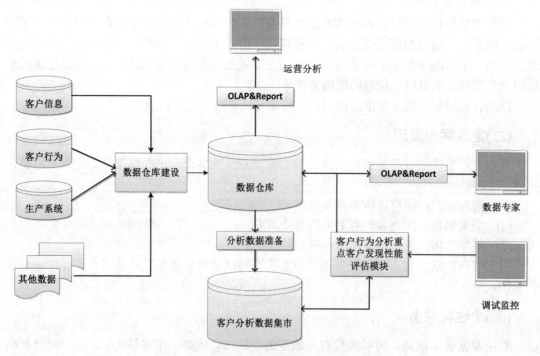

图9-6　CRM系统中的数据仓库的逻辑结构

整个系统可以划分为数据源、数据仓库系统和 CRM 分析系统三个部分。

(一)数据源

数据源数据主要来自客户信息、客户行为、生产系统和其他相关数据四个方面。

(二)数据仓库系统

数据仓库系统主要分为数据仓库建设和数据仓库两部分。数据仓库建设利用数据仓库的数据 ETL 和设计工具，将与客户相关的数据集中到数据仓库，然后在数据仓库的基础上，通过 OLAP、报表等将客户的整体行为分析和企业运营分析结果传递给数据仓库用户。

(三)CRM 分析系统

CRM 分析系统由分析数据准备、客户分析数据集、客户分析系统和调度监控模块构成。在数据仓库的基础上，由分析数据准备模块将客户分析所需要的数据形成客户分析数据集。然后在客户分析数据集的基础上，客户分析模块进行客户行为分析、重点客户发现和性能评估模块的设计与实现。最后，CRM 分析系统的分析结果由 OLAP 和报表传递给数据专家。

总之，数据仓库是 CRM 系统的灵魂，通过数据仓库对客户行为的分析与预测，企业可以制定正确的市场策略、发现企业的重点客户和评价市场性能。另外，虽然数据仓库与 CRM 密不可分，但 CRM 除了市场分析的功能，还有销售、服务等功能。因此，不同的企业应该根据自己的实际情况进行选择。但无论如何，对客户量大、市场策略对企业影响较大的企业来说，CRM 系统中必须包含数据仓库。

第四节　数据挖掘及其在 CRM 中的应用

数据仓库有大量的客户数据，想找出与客户相关的有价值的信息并找出这些信息的关联，就需要进行数据挖掘，对这些大量的数据进行深层分析，获得有助于业务发展的趋势，揭示已知的事实，预测未知的结果。

一、数据挖掘概述

(一)数据挖掘的定义

各种研究机构由于观点和背景不同，对数据挖掘(Data Mining)有不同的定义。有从技术角度进行定义的，也有从商业角度进行定义的。

1. 技术上的定义

数据挖掘就是从大量的、不完全的、有噪声的、模糊的、随机的实际应用数据中，提取隐含在其中的、人们事先不知道的、但又是潜在有用的信息和知识的过程。

这个定义包括三层含义。

(1) 数据源必须是真实的、大量的、有噪声的。因为数据只有真实，找到的规律才有意义；数据只有大量，才能找到规律；数据只有噪声，才需要去找规律。

(2) 发现对企业有价值的知识。数据之间存在各种关联，不是每一种关联或者规律都需要去寻找，从客户关系管理的角度来看，那些有利于潜在客户的开发、现有客户忠诚度提高的知识，即对企业有价值的知识，才是需要去挖掘和发现的。

(3) 发现的知识要可接受，可理解，可运用。即发现的知识能够用于客户关系管理的实际工作，不是虚幻的、不可捉摸的。

2. 商业角度的定义

数据挖掘是一种新的商业信息处理技术，其主要特点是对商业数据库的大量业务数据进行抽取、转换、分析以及模型化处理，从中提取出辅助商业决策的关键数据。

现在，各种行业业务自动化的实现，促使商业产生了大量的业务数据，这些数据不再是为了分析的目的而收集，而是由于商业运作而产生。分析这些数据也不再是单纯为了研究，更主要是为商业决策提供真正有价值的信息，进而获得利润。但所有企业面临一个共同问题：企业数据量非常大，而其中真正有价值的信息却很少。因此，从大量的数据中经过深层分析，获得有利于商业运作、提高竞争力的信息，就像从矿石中淘金一样，数据挖掘也因此而得名。

因此，数据挖掘可以描述为：按企业既定业务目标，对大量的企业数据进行探索和分析，揭示隐藏的、未知的或验证已知的规律，并进一步将其模型化的先进、有效的方法。

(二)数据挖掘的功能

数据挖掘是通过预测未来趋势及行为，做出前摄的、基于知识的决策。数据挖掘的目的是从数据库发现隐含的、有意义的知识，主要有五类功能。

1. 预测趋势

数据挖掘自动在大型数据库寻找预测性信息，以往需要进行大量人工分析的问题如今可以迅速直接由数据本身得出结论。一个典型的例子是市场预测问题，数据挖掘使用过去有关促销的数据来寻找未来投资中回报最大的用户，其他可预测的问题包括预报破产以及认定对指定事件最可能做出反应的群体。

2. 关联分析

数据关联是数据库中存在的一类重要的可被发现的知识。若两个或多个变量的取值之间存在某种规律，就称为关联。关联可分为简单关联、时序关联、因果关联。关联分析的目的是找出数据库隐藏的关联网。有时并不知道数据库中数据的关联函数，即使知道也是不确定的，而关联分析生成的规则却有可信度。

3. 聚类分析

数据库的记录可被划分为一系列有意义的子集，即聚类。聚类增强了人们对客观现实的认识，是概念描述和偏差分析的先决条件。聚类技术主要包括传统的模式识别方法和数学分类学。20 世纪 80 年代初，米歇尔斯基(Michalski)提出了概念聚类技术，其要点是在划分对象时不仅考虑对象的距离，还要求所划分出的类别具有某种内涵描述，从而避免传统技术的某些片面性。

4. 概念描述

概念描述就是对某类对象的内涵进行描述，并概括这类对象的有关特征。概念描述分为特征性描述和区别性描述，前者描述某类对象的共同特征，后者描述不同类对象的区别。生成一个类的特征性描述只涉及该类对象中所有对象的共性。生成区别性描述的方法有很多，如决策树方法、遗传算法等。

5. 偏差检测

数据库的数据常有一些异常记录，从数据库检测这些偏差很有意义。偏差包含很多潜在的知识，如分类中的反常实例、不满足规则的特例、观测结果与模型预测值的偏差、量值随时间的变化等。偏差检测的基本方法是寻找观测结果与参照值之间有意义的差别。

二、数据挖掘的流程

(一)数据挖掘的一般流程

数据挖掘的一般流程如图 9-7 所示，它不是一个线性的过程，包括很多反馈回路在内，其中的每一步都有可能回到前面的一个或几个步骤往复执行。

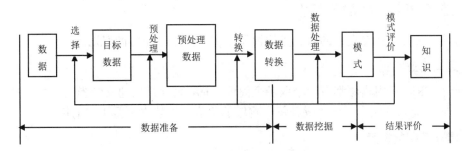

图 9-7　数据挖掘的一般流程

数据挖掘一般有以下四个阶段。

1. 确定目标

了解应用的范围，预先知道相关的知识，了解企业的目标。把企业的业务问题转化为数据挖掘目标。目标可以是关联规则发现、数据分类、回归、聚类、数据汇总、概念描述、相关分析或误差检测等。如果把企业或分析者的经验和知识结合进来，既可减少工作量，又能使挖掘工作更有目的性，更有效率。

2. 数据准备

数据准备又可分为三个子步骤。

(1) 数据选取。其目的是确定发现任务的操作对象，即目标数据是根据企业的需要从原始数据库抽取的一组数据。此时应考虑如何选取同类的数据、考虑过程中的动态情况和变化、采样策略、样本是否足够、自由度和其他一些问题。

(2) 数据预处理。一般包括消除噪声、推导计算缺失数据、消除重复记录、完成数据类型转换(如连续型数据与离散型数据之间的转换)等。

(3) 数据变换。主要目的是削减数据的维度，即从初始特征中找出真正有用的特征，以减少数据挖掘时要考虑的特征或变量个数。根据任务的目标，查找有用的特征来表示数据。利用空间压缩或变换的方法来减少要考虑的有效变量数或找到数据的不变表示。

3. 进行数据挖掘

首先，要确定挖掘的任务或目的，如数据分类、聚类、关联规则发现或序列模式发现；其次，决定使用什么样的挖掘算法；最后，进行数据挖掘操作，获取有用的模式。

4. 结果的解释与评估

进行数据挖掘发现出来的模式，经过评估，可能存在冗余或无关的模式，需要将其剔除；也有可能模式不满足用户的要求，需要退回到数据挖掘前面的阶段，如重新选择数据、采用新的数据变换方法、设定新的参数值甚至换一种挖掘算法等。另外，数据挖掘的结果最终是面向用户的，因此可能要对发现的模式进行可视化操作，或把结果转换为企业易懂的方式。

数据挖掘的质量有两个影响要素：一是所采用的数据挖掘技术的有效性；二是用于挖掘的数据的质量和数量。如果选择了错误的数据，使用了不当的属性，或对数据进行了不当的转换，则挖掘不会成功。

(二)在 CRM 中的实施流程

为了在 CRM 中建立良好的数据挖掘模型，实际操作中需要做好以下工作。

1. 定义商业问题

每一个 CRM 应用程序都有一个或多个商业目标，为此需要建立恰当的模型。根据特殊的目标，如"提高响应率"或"提升每个响应的价值"，建立完全不同的模型。

2. 建立营销数据库

由于操作型数据库和共同的数据仓库常常没有提供所需格式的数据，所以需要建立一个营销数据库。在建立营销数据库的时候，需要对它进行净化。需要的数据可能在不同的数据库，如客户数据库、产品数据库以及事务处理数据库，于是需要集成和合并数据到单一的营销数据库，并协调来自多个数据源的数据在数值上的差异。

3. 探索数据

在建立良好的预测模型前，必须理解所使用的数据。可以通过收集各种数据描述和观察数据分布来进行数据探索。可能需要为多元数据建立交叉表。

图形化和可视化工具可以为数据准备提供重要帮助，但不能过分强调它们对数据分析的重要性。数据可视化常产生新的洞察力和成功的内容。非常有用和普遍使用的图形是直方图和箱图，它们显示了数据的分布情况，也可以使用不同变量组的二维或三维散点图。这种增加第三覆盖变量的能力极大地提高了图形的可用性。

4. 准备数据

准备数据是建立模型前数据准备的最后一步，包括四个部分：首先，为建立模型选择变量，将拥有的所有变量加入数据挖掘工具中，找到那些最好的预示值。其次，从原始数据中构建新的预示值。例如，使用债务—收入比来预测信用风险能够比单独使用债务或收入产生更准确的结果，并且更容易理解。再次，从数据中选取一个子集或样本来建立模型。建立模型有两种选择，使用所有数据建立少数几个模型，或者建立多个以数据样本为基础的模型。最后，转换变量，使之和选定用来建立模型的算法一致。

5. 建立模型

建立模型是一个迭代的过程，需要研究可供选择的模型，从中找出能解决商业问题的模型。在寻找模型的过程中，所获取的知识或许要求修改正在使用的数据，甚至修改问题。

6. 评价模型

在模型评价中，最可能产生评价过高的指标就是精确性。假设有一个提议仅仅有1%的人响应，模型预测"没有人会响应"，这个预测99%是正确的，但这个模型有1%是无效的。另一个常使用的指标是"提升多少"，用来衡量使用模型后的改进有多大，但它并没有考虑成本和收入。所以，最可取的评价指标是收益率或投资回报率。

7. 将数据挖掘运用到 CRM 方案中

在建立 CRM 应用时，数据挖掘常常是整个产品中很小但意义重大的一部分。例如，通过数据挖掘而得出的预测模式可以和各个领域的专家知识结合在一起，构成一个可供不同类型的人使用的应用程序。

数据挖掘建立在应用程序中的方式由客户交互作用的本质所决定。例如，在与客户交互的两种方式中，呼入和呼出部署方面的需求就是完全不同的。

(1) 在"呼入"事务中，如电话订购、互联网订购、客户服务呼叫等，应用程序必须实时响应。因此，数据挖掘是包含在这种应用程序中并且积极地做出推荐动作的。

(2) 在"呼出"事务中，特征由公司所决定，因为联系活动是由公司发起，如直接邮寄活动、DM 广告投放等。结果可以通过运用模型到客户数据库来选择客户进行联系。

三、数据挖掘常用的算法

出于不同的应用目的，学者开发出许多数据挖掘的分析方法，而每一种数据挖掘分析方法都由多种算法来实现。如果没有挖掘算法对数据挖掘原理加以运用，数据挖掘分析方法就没有意义。

(一)统计分析方法

统计分析方法主要用于完成知识总结和关系型知识挖掘。对关系表中各属性进行统计分析，找到它们存在的关系。关系表的属性一般存在两种关系：第一种是函数关系，即确定性关系；第二种是相关关系。但确定性关系和相关关系并没有一道不可逾越的鸿沟。由于有测量误差等，确定性关系实际上往往通过相关关系呈现出来；当事物的内部规律被深刻了解时，相关关系又可能转化为确定性关系。对它们可采用回归分析、相关分析、主成分分析等统计分析方法。

(二)决策树

决策树可用于分类。利用信息论中的信息增益寻找数据库具有最大信息量的字节，建立决策树的一个节点，再根据字段的不同取值建立决策树的分支。在每个分支子集中重复建立下层节点和分支，这样便生成一棵决策树。接下来，还要对决策树进行"剪枝"处理，最后将决策树转化为规则，运用这些规则，可以对新事例进行分类。决策树可应用在监督式数据挖掘上，尤其是数据分类。它们能够将训练模块的记录区分为独立的子群，而其中子群都有自己的规律。

(三)人工神经网络

人工神经网络用于分类、群集(聚类)、特征挖掘、预测和模式识别。人工神经网络仿真生物神经网络，本质上是一个分散型或矩阵结构，它通过对训练数据进行挖掘，逐步计算网络连接的加权值。人工神经网络分为前馈式网络、反馈式网络和自组织型网络三种。

人工神经网络具有分散型或储存信息、平行处理信息和进行推理、自我组织和自我学习等特点，解决了众多以往方法很难解决的问题。它在多数应用中可以从训练数据组中学习，并产生归类和预测的模型。它也可以通过自我组织图(Self-Organizing Maps，SOMS)和相关结构，应用于非监督或数据挖掘和时间原则分析，其新的应用及结构正在快速增加。

(四)基因算法

基因算法用于分类和关系型规则挖掘等。基因算法模仿人工选择培育良种的思路，从一个初始规则集合(知识基因)开始，逐步通过交换对象成员(杂交、基因突变)产生群体(繁殖)，评估并择优复制(物竞天择、适者生存、不适应者淘汰)，优胜劣汰，逐代积累计算，最终得到最优化的知识集。

(五)粗糙集

粗糙集用于数据简化(如删除与任务无关的记录或字段)、数据意义评估、对象相似性或共性分析、因果关系及范式挖掘等。其主要思路是：把对象的属性分为条件属性和决策属性，按各个属性值相同划分成等价类。条件属性上的等价类 E 与决策属性上的等价类 Y 有三种情况：① 下近似——Y 包含 E；② 上近似——Y 和 E 的交集并非空集；③ 无关——Y 和 E 的交集为空集。对下近似建立确定性规则，对上近似建立不确定性规则(含可信度)，而无关情况下不存在规则。

(六)联机分析处理技术

用具体图形将信息模式、数据的关联或趋势呈现给决策者，使客户能交互式地分析数据的关系，而联机分析处理技术(OLAP)将人的观察力和智力融入挖掘系统中，极大地改善了系统挖掘的速度和深度。联机分析处理系统是以多维数据库(Multi-Dimensional Data Base，MDDB)为基础。多维数据库是数据的典型代表，使用户能深入了解数据内涵，了解重要的结论，它对数据转化成信息或知识非常有帮助。

四、数据挖掘分析方法应用举例

数据挖掘分析方法较多，常用的有关联分析、分类分析、序列模式分析、聚类分析和孤立点分析等。下面仅以关联分析和分类分析为例，介绍数据挖掘分析方法的应用。

(一)关联分析方法

1. 关联分析的原理

要了解关联分析方法挖掘首先要了解两个概念,支持度和置信度。对于关联规则 A⇒B(表示如果 A 那么 B),支持度揭示了 A 与 B 同时出现的概率,置信度揭示了 A 出现时,B 是否也会出现或有多大概率出现。

支持度和置信度的定义如下。

(1) 支持度:A 与 B 同时出现的概率。

$$\text{Support}(A{\Rightarrow}B)=P(A\cup B)$$

(2) 置信度:A 出现时,B 也会出现的概率。

$$\text{Confidence}(A{\Rightarrow}B)=P(B\mid A)$$

同时满足最小支持度和最小置信度的规则称为强规则。关联规则挖掘就是寻找强规则的过程。关联规则可以是单维的,也可以是多维的;可以是单层的,也可以是多层的;可以是布尔的,也可以是量化的。

2. 关联分析的应用

下面介绍一种典型的算法——Apriori 算法在关联分析中的应用。

一个超级市场的销售系统记录了客户购买货物的详细情况,每个记录包括交易序号、商品名称、购买数量、交易金额、结账时间等,如果办了会员卡的客户用会员卡结账,上面还记有会员卡的编号。

超市经理为了提升销售业绩,想在改进商品陈列上下功夫。要做到科学、合理地陈列,把有关联的商品摆放在一起,就必须知道商品之间的关联,因此借助数据挖掘中的关联分析法来完成。假设数据库有 5 个购物记录,如表 9-5 所示。现在要求列出那些同时购买的、且支持度≥0.4(即在 5 个记录中至少出现两次)的商品名称。知识发现数据库系统通过 Apriori 算法多次扫描数据库中购物清单可以完成关联分析。

表 9-5　客户购物清单

记录号	购物清单
1	啤酒、尿布、婴儿爽身粉、面包、雨伞
2	尿布、婴儿爽身粉
3	啤酒、尿布、牛奶
4	尿布、啤酒、洗衣粉
5	啤酒、牛奶、可乐

在表 9-5 中,单项支持度<0.4 的项目有{面包}{可乐}{雨伞}和{洗衣粉},故将其删除,剩下的即可得单项统计结果,如表 9-6 所示。

对表 9-6 中的 4 种商品进行自由组合,共产生 6 种组合,双项支持度<0.4 的项目有{啤酒、婴儿爽身粉}{尿布、牛奶}{婴儿爽身粉、牛奶}三项,并将其删除,剩下的即可得双项统计结果,如表 9-7 所示。

表9-6　单项统计结果

单项统计	支持度
{啤酒}	0.8
{尿布}	0.8
{婴儿爽身粉}	0.4
{牛奶}	0.4

表9-7　双项统计结果

双项统计	支持度
{啤酒，尿布}	0.6
{啤酒，牛奶}	0.4
{尿布、婴儿爽身粉}	0.4

在这三项中，{啤酒、尿布、牛奶}(记录3)和{啤酒、尿布、婴儿爽身粉}(记录1)各出现一次，支持度只有0.2，小于0.4的要求，故被删除。

Apriori算法和DHP算法得出的知识可解释如下(在DB Miner软件中，由系统自动解释)：从单项统计中，看出80%的客户买了啤酒，80%的客户买了尿布。从双项统计中看出，60%的客户同时买了啤酒和尿布，40%的客户买了啤酒和牛奶，40%的客户买了尿布和婴儿爽身粉。还可观察到买了啤酒的客户中，又买了尿布的占到75%(0.6{啤酒、尿布}/0.8{啤酒}=0.75，称为置信度)。

于是，可得出下列6条规则，其中S为支持度，C为置信度。

R1：啤酒～尿布，S=0.6，C=0.6/0.8=0.75

R2：尿布～啤酒，S=0.6，C=0.6/0.8=0.75

R3：牛奶～啤酒，S=0.4，C=0.4/0.4=1

R4：啤酒～牛奶，S=0.4，C=0.4/0.4=0.5

R5：尿布～婴儿爽身粉，S=0.4，C=0.4/0.8=0.5

R6：婴儿爽身粉～尿布，S=0.4，C=0.4/0.4=1

KDD规则反映了商品之间的表面关系，但不一定是事实上的因果关系。规则是死的，人是活的，运用的妙处在于自己去实践和体会。例如，R6："婴儿爽身粉～尿布"有很高的信赖度，是相当合理并且可以解释的；R3有很高的信赖度，将提示进一步的调查分析，而本例中，该情况是因为数据太少而引起失真现象。

(二)分类分析方法

1. 分类分析的原理

分类分析旨在生成一个分类函数或者分类模型，由该模型把数据库的数据项映射到某一给定类别中。数据分类一般分为两步，第一步是建立分类模型，描述预定的数据类集或者概念集，通过分析有属性描述的数据库元组来构建模型。第二步是使用分类模型对新的数据集进行划分，主要涉及分类规则的准确性、过分拟合、矛盾划分的取舍等。

2. 分类分析的应用

下面以奖学金评奖为例说明 KDD 挖掘分类知识的大致步骤。

(1) 构建训练数据库。例如，上次评估的结果或经评审委员公认的典型代表，应包括正、反两方面的例子，以作为训练数据集，如表 9-8 所示。

表 9-8　评奖项目训练数据

姓名	A	B	C	D	E
性别	男	女	男	女	男
年龄	21	23	21	23	23
品德	A	A	A	A	B
平均成绩	98	95	90	90	90
体育	特佳	佳	特佳	特佳	特佳
得奖量化值	90	95	80	60	60
发表论文	2	2	1	0	0
加权总分	91	92	85	70	70
评奖等级	1	1	2	3	无

(2) 特征选择。在分析训练数据之后，发现评估结果与性别、年龄无关，删去这些无关字段，剩下的就是要选择的特征。

(3) 选择一个总分评估函数。KDD 邀请评审委员参与，选择一个总分评估函数(又称特征函数)，Total=$f(F_1, F_2, F_3, \cdots, F_n)$；例如，常用且最简单的是线性加权函数 Total=$\sum P_i F_i$，其中，F_i 为各条件量化值，P_i 为加权值，而由加权总分决定获奖等级，例如，表 9-8 中的学生 A 和 B 应为一等奖获得者。

(4) 调整权重。根据训练数据，解方程式或迭代调整有效字段的加权值，使得在训练集中，各记录的 $\sum P_i F_i$ 刚好在应评等级的分数段中。

(5) 测试和修正。用另一组或多组独立的测试数据来测试和修改公式 Total=$f(F_1, F_2, F_3, \cdots, F_n)$。

(6) 得出规则。公式 Total=$\sum P_i F_i$ 就是从数据中挖掘出来的，其所分类的知识可以推广使用。

由此可见，KDD 取得的规则是先从应用中得出的总结开始。

本 章 小 结

(1) 数据通常按照数据的来源、数据的采集渠道、数据的性质分类。客户数据在 CRM 中具有重要的作用，主要体现在客户数据是企业客户关系管理的基础、进行客户关系分级的依据、客户数据是引导客户互动的指南、客户数据是实现客户满意的前提。收集客户数据主要有直接渠道和间接渠道两种方式。

(2) 客户数据库就是和客户有关的各种信息的集合，通过数据库的建立，可以全面记录与反映客户的特征，从而为企业更好地了解客户、与客户沟通、分类管理等提供信息支持。建立客户数据库要尽可能完整地保存客户资料、确保数据库管理的安全性和随时更新与维护。

(3) 数据仓库是一个面向主题的、集成的、相对稳定的、反映历史变化的数据集合，用于支持管理决策。数据仓库具有数据的抽取、存储和管理、数据的表现等功能。数据仓库在 CRM 中有客户行为分析、重点客户发现、个性化服务和市场性能评估四个方面的作用。

(4) 数据挖掘是从大量的、不完全的、有噪声的、模糊的、随机的实际应用数据中，提取隐含在其中的、人们事先不知道的，但又是潜在有用的信息和知识的过程。数据挖掘分析方法较多，每一种数据挖掘分析方法都是由多种算法来实现。常见的算法有统计分析方法、决策树、人工神经网络、基因算法、粗糙集、联机分析处理技术等，常见的挖掘分析方法有关联分析、分类分析、序列模式分析、聚类分析以及孤立点分析等。

课 后 练 习

一、判断题

1. 研究客户投诉相关的数据，能促使企业改进客户服务。　　　　　　　　( )

2. 为避免引起消费者的反感，可采取直接用客户真实姓名或身份证号的方式组建数据库。　　　　　　　　( )

3. 相对来说，银行、保险、电信、医院等服务业最容易在企业外部收集客户数据。
　　　　　　　　( )

4. 客户数据库中的数据是静态的，而客户是动态的，一般是每年年底更新一次。
　　　　　　　　( )

5. 基于业务数据的决策分析，我们把它称为联机事务处理。　　　　　　　　( )

6. 银行的储蓄系统、电信的计费系统，它们都属于典型的联机事务处理系统。　( )

7. 行为分组是按客户的购买力不同，将客户划分成不同的群体。　　　　　　( )

8. "人工神经网络"法用于数据挖掘，主要用于完成知识总结和关系型知识挖掘。
　　　　　　　　( )

9. 客户分类可以对客户的消费行为进行分析，不可以对客户的消费心理进行分析。
　　　　　　　　( )

10. 客户持久性反映的是客户在企业连续消费的时间。　　　　　　　　( )

二、单项选择题

1. 关于对客户数据的应用，下列描述错误的为(　　　)。
    A. 通过分析超市大部分消费者的购买时间，可以合理安排不同时间段的收银员数量
    B. 通过研究客户所购买的产品，可以区分畅销品和滞销品
    C. 研究客户投诉相关的数据，能做到合理陈列和摆放，提高货架的利用率
    D. 通过研究客户所购买的产品，能做到合理陈列和摆放，提高货架的利用率

2. 在建立客户数据库时要保护消费者隐私，在当前的条件下最广泛采取的措施为(　　　)。

A. 使用匿名身份信息   B. 尽量使用汇总数据

C. 尽可能不合并数据源   D. 信息只用于市场定位或评估

3. 建立客户档案数据库，首先要(　　)。

     A. 处理客户数据   B. 收集客户数据

     C. 分析客户数据   C. 报告客户数据

4. 客户数据库的 RFM 模型分析中，不包括(　　)要素。

     A. 最近一次消费   B. 消费频率

     C. 消费地点   D. 消费金额

5. 客户数据库的 RFM 模型分析中，最能反映客户忠诚度的要素是(　　)。

     A. 最近一次消费   B. 消费频率

     C. 消费地点   D. 消费金额

6. 数据仓库不具备的功能为(　　)。

     A. 数据的采集   B. 数据的抽取

     C. 存储和管理   D. 数据的表现

7. 客户行为分析可以划分为整体行为分析和(　　)。

     A. 群体特征分析   B. 行为规律分析

     C. 组间交叉分析   D. 群体行为分析

8. 按照客户不同种类的行为，将客户划分成不同的群体的方法称为(　　)。

     A. 市场细分   B. 市场定位

     C. 行为分组   D. 行为定位

9. 在数据挖掘中，用于完成知识总结和关系型知识挖掘的算法是(　　)。

     A. 人工神经网络   B. 统计分析方法

     C. 联机分析处理技术   D. 基因算法

10. 关联规则挖掘就是寻找强规则的过程，而强规则是指(　　)。

     A. 同时满足最小支持度和最小置信度的规则

     B. 同时满足最大支持度和最小置信度的规则

     C. 同时满足最小支持度和最大置信度的规则

     D. 同时满足最大支持度和最大置信度的规则

三、多项选择题

1. 企业可以通过多种渠道采集数据，这些采集渠道主要包括(　　)。

     A. 电子邮件   B. 电话语音   C. 文字交谈

     D. 多媒体数据   E. 图形

2. 个人客户描述性数据主要包括(　　)。

     A. 购买商品类数据   B. 商品售后类数据   C. 基本情况

     D. 信用情况   E. 行为爱好

3. 电信业收集客户数据的直接渠道包括(　　)。

     A. 交易会   B. 呼叫中心   C. 公司网站

     D. 营业厅   E. 市场调查

4. 建立客户数据库的原则为(　　)。

A. 尽可能完整地保存客户资料

B. 区分经营过程中与通过其他渠道获得的客户资料

C. 确保数据库管理的安全性

D. 帮助企业深入分析客户

E. 随时更新与维护

5. 影响数据挖掘质量的主要要素有(　　　)。

A. 用于挖掘的数据的质量　　　　　B. 企业数据挖掘工作的管理水平

C. 所采用的数据挖掘技术的有效性　　D. 电脑自动化处理的程度

E. 用于挖掘的数据的数量

四、问答题

1. 大型商业零售业可以采用哪些方法收集客户数据?

2. 同数据库比较,数据仓库有哪些特点?

3. 试分析数据仓库与数据挖掘的异同。

五、案例分析题

吉之岛应用客户数据技术增加销售利润

与家乐福、沃尔玛等外资超市相比,吉之岛很另类,很少宣称自己的商品是"最低价",也从来不打价格战,并坚称"面向中高端客户"。

优异的零售业绩

2009 年,广东消费市场持续低迷,在各大同行大打"价格战"的情况下,这个另类却获得了更大的市场回报:2008 年,广东吉之岛的销售额达到 25 亿元,2009 年业绩增长 20%。在 2009 年新开了 2 家门店,原有的 6 家店铺的销售额与 2008 年同期相比提升了 10%。会员的数量从 10 多万增加到了 20 多万,会员销售贡献度也从 2008 年的 20%上升到 30%。

这要得益于吉之岛对会员的深耕。2008 年下半年,广东吉之岛天贸百货有限公司的总经理兼董事长三浦隆司提出了面向客户的"one to one"(一对一)的目标,信息系统部兼商品管理部部门经理牛文甫开始实施 CRM 计划,旨在准确定位各类客户群体,提供各种定制化服务。相比于同行,三浦隆司的策略有着日本人的细腻。

吉之岛增长的另一个原因,是其着重提高同店增长,而非盲目追求大肆扩张。作为亚洲及日本第一大零售集团,永旺集团在中国市场始终坚持稳健的作风,最早进军中国市场的广东吉之岛,14 年来仅开辟了 8 家门店,这些年,广东吉之岛非常在意如何增加每家门店的销售额。

精准定位会员

对零售业来说,为了提高营业业绩,最常采用的营销手段是张贴海报以及在节假日推出打折活动。"这些活动其实没有任何的针对性,所有人都接收同样的信息。"三浦隆司说。

2008 年,广东吉之岛尝试推广会员卡。经过一年的积累,吉之岛的会员发展到了 10 多万,并按照消费级别分为金卡、银卡和普通卡三类会员,年消费达到 2.4 万元以上的会员到 2009 年自动成为金卡会员,而 1.2 万元到 2.4 万元之间的消费者为银卡会员,1.2 万元以下的客户则为普通卡会员。

会员卡最初的推行是希望增强客户对吉之岛的认可度，同时，会员可以通过积分换购商品，并可以参加一些优惠活动。但是，三浦隆司并不满足于此，他希望从会员数据中挖掘出更大的价值，"他提出尝试基于RFM模型的客户关系管理，这让我们有了新的思路"。牛文甫介绍，2008年年底的一天，三浦隆司向他提出了这个建议。

在传统客户关系管理的分析维度里，客户的年龄、收入、婚姻状态都会被纳入重点分析维度，目前仍有不少国内零售企业应用这样的维度来定位客户。"你把这些维度分析出来，就能提高客户的忠诚度了？乍一听，好像有道理。"牛文甫说，"这些维度都是静态的，根据一个客户10年都来购物，就认定他喜欢你的商品，这在市场变化和客户需求的挖掘上还是少了点力度。"他进一步分析，对于人口流动非常频繁的广东地区来说，通过对客户最近一次到店的购买情况进行分析，这类数据才不会"撒谎"。

但是，牛文甫调查发现，国内并没有成熟的企业范例。当他们开始这项工作时，他们遇到了"最近一次消费(R)"的定义难题，他们最后采取将"消费频率"和"最近一次消费"结合起来，观察客户的动态消费，如果客户的到店频率降低，那么系统就会产生会员流失的预警。消费频率(F)和消费金额(M)是最重要的两个指标，根据它们的定义，吉之岛将每个指标定义为五级，M五级是吉之岛消费金额最高的金卡会员群，R五级是最忠实会员群，通过这样的定义，吉之岛找到了最有价值的客户，根据传统的"二八"原则所估值的会员，重新得到更清晰的定义。对于贡献度较高的金卡、银卡会员，吉之岛则提供比普通会员更高的积分倍率。对于F值比较高的会员，吉之岛也能清晰了解到哪些是与吉之岛联系紧密的会员，并通过其所购买的商品，预测其是不是附近的居民，从而在促销期间加强与他们的联系。"当我们将这三个指标结合起来，就发现了一些更有趣的会员。"牛文甫说。他解释道，单从F值来观察时，他们发现有些会员的到店频率非常低，可能并不属于忠诚会员。但是经过与M值相加比较，他们发现部分会员每次到店都会采购很高的金额。一般来说，他们将这部分会员定位为团购会员。对于这部分会员，吉之岛采取在劳动节、端午节、中秋节等重大节日前夕与这部分会员加强联系。而对于三个值的指标都是最低比值的会员，将被定义为"边缘会员"，营销部门将会把注意力转移到更有价值的会员。通过RFM，吉之岛最终可将会员划分为125个群，准确定位到需要的客户群体，而不会在营销活动中迷失方向。

这样的定义在促销的时候派上了用场，例如，母亲节临近，吉之岛就可以定位目标会员，首次找出符合这一年龄层次的会员，其次根据M和F定义，将最有价值的会员挖掘出来。基于更精确的会员数量，吉之岛推出了各种主题促销，如文具的促销、泰国食品节的促销等。而在传统的促销活动中，也能更准确定位到目标客户。诸如此类的精确定义，吉之岛找到了更精确的目标会员进行沟通。

提升会员卡的使用频率

寻找到目标会员仅仅是吉之岛挖掘客户价值的第一步，如何与他们沟通才是个关键问题。吉之岛发现，在中国市场，短信是最有效的手段。"短信是最直接和快捷的方式，况且客户申请会员时留了手机，我们为什么不利用呢？"牛文甫说。相比于DM直投、分众传媒以及报纸广告，短信的成本最低，每条短信只有几分钱。除了盛大的节日时，吉之岛给所有会员发送信息，其他时候，吉之岛都会根据目标会员发送短信。

充分的会员消费数据是展开精确营销的前提。为此，每一个会员的刷卡频率是关键问题。吉之岛想了很多办法提高会员的刷卡频率：他们设定每个月的 20 号和 30 号为会员日，客户这两天的消费将会获得双倍积分；在店庆期间和主题促销期间也会设置临时的会员日提供会员价。这样的措施还有很多，例如，每一位会员生日临近，都会收到吉之岛的会员生日提醒短信，凭借会员卡，可以到服务台领取礼物。

有些举措同时在提高会员的购买力上发挥显著作用。临近年底，吉之岛发短信给会员，并且提前一个月在网站主页设立提示信息，同时在店铺通过精美的户外广告展示和广播提示会员，上一年度的有效积分即将清零，鼓励会员积极积分换购和消费。

而有些举措则颇具吉之岛特色：永旺集团一向热衷环保事业，只要客户没有购买购物袋，就会被奖励环保积分。在这一点上，吉之岛认为在环保和公益上的理念的趋同，将会增加客户对吉之岛的认可度。

在零售业的 CRM 应用中，有基于商品的分析和对客户的分析两个流派：沃尔玛是基于商品分析的代表，信奉"购物篮"理论，其"尿布和啤酒"的案例一直为人们所津津乐道，而乐购则是后者的代表。现在，吉之岛希望将两大营销流派融合起来。

在广东吉之岛的扩张计划里，2012 年将门店扩充到 24 家。牛文甫介绍，吉之岛试图根据商品的销售情况，再结合 RFM 模型指标里的客户购买行为，进一步观察商品的消费数据：这些会员到门店来购买的是什么商品，这个月和上个月有什么变化，从而发现客户的需求变化。吉之岛还希望通过数据挖掘得知哪些客户是目前的主力消费客户，其占到多大的比例，进而调整商品的采购。

(资料来源：http: //www.ccmw. net/article/63877.)

请回答：
吉之岛是怎样应用客户数据技术增加销售利润的？

第十章　客户服务管理

学习目标

- 了解客户服务的概念和客户服务的演进，掌握客户服务的方法。
- 了解客户服务的目标管理、等级管理、质量管理和服务承诺的管理。
- 了解服务补救的归因和结果，理解客户对服务失误的反应，掌握服务补救策略。
- 了解客户服务中心的内涵和结构，了解客户服务中心的主要流程。

引例：家电企业服务承诺不能私自撤销更改

　　如今，企业为了吸引消费者的眼球，纷纷在售后服务上大做文章，延长售后"三包"时间、终身免费维修等成了很多企业的竞争手段。为了减少成本，一些不负责任的企业在做出相关服务承诺后，又随意借"拥有解释权"的名义擅自更改承诺，损害消费者的利益。

　　前不久，南昌消费者杜先生向"中国消费者报"投诉称，他购买的伊莱克斯冰箱因为厂家擅自取消了服务承诺，导致他额外多掏了维修费用，权益受到了损害。

　　杜先生于 2002 年购买了一台伊莱克斯冰箱，当时恰逢厂家搞活动，因此获得了厂家赠送的一张 10 年保修金卡，厂家承诺只要客户持有该卡和保修单，10 年内可享受免费维修服务。杜先生说，2004 年，因冰箱不能制冷，伊莱克斯南昌售后服务部给他换了台新机。今年 9 月 22 日，换来的这台冰箱又不能制冷了，于是他要求伊莱克斯南昌售后服务部派人上门维修。上门的维修人员说是冰箱的压缩机损坏，必须更换，配件费用要自费，同时还要收取 30 元的上门费。当他拿出 10 年保修金卡时，该维修人员却表示，因为他已换机，所以 10 年包修金卡作废。无奈，杜先生只好致电伊莱克斯全国客服中心，不承想对方的回答和南昌售后服务部的一致，必须花钱才能更换压缩机。

　　但记者从杜先生提供的 10 年保修金卡上看到，金卡上既没有标注"一机一卡"的相关内容，也没有注明冰箱的型号和机身号，更没有关于换机后该金卡作废的提示。几经争取，厂家仍然坚持杜先生手中的金卡已经作废，必须承担上门费和配件费用。

　　有过类似遭遇的还有北京消费者王先生。2001 年，王先生购买了一台小鸭牌滚筒洗衣机，也是正逢厂家搞活动，承诺终身免费上门服务，而且这个承诺明明白白地写在保修卡上。王先生告诉记者，由于当时竞争很激烈，很多企业都在搞延长"三包"时间和免费服务的活动。本以为从此就可以放心使用了，可是前不久，洗衣机出了故障，找来厂家的人维修，维修完后却被要求支付零件费和上门费，王先生拿出保修卡据理力争，可是维修人员却说该承诺厂家在几年前就已经取消了。于是王先生打电话到小鸭总部咨询，结果被告知，厂家已经取消了该项承诺，所有超过"三包"期的产品都必须支付上门费及维修费。谈及此事，王先生认为"这简直就是公然的诈骗，太不负责任了"。

对于厂家擅自取消或更改服务承诺的做法，北京鑫诺律师事务所律师谈某某指出，企业单方面更改承诺，侵害了消费者的权益，是不合法的。他认为，消费者在购买家电产品时，就同厂家形成了消费合约关系，任何一方都不能擅自更改相关内容，如果更改，必须及时通知消费者。服务承诺是合约的重要组成部分，企业一经做出，就不能擅自更改，否则就是违法的，消费者有权依法主张自己的合法权益，要求企业兑现服务承诺。他也提醒消费者，要妥善保管好企业的相关服务承诺凭证，遇到类似情况时，如果企业不履行承诺，消费者可以通过法律途径维护自己的权益。

(资料来源: http: //www.ccmw.net/article/43256.)

引例启示: 承诺提高了客户的预期，有利于吸引客户，提高了企业的竞争力。但是承诺必须兑现，否则现实情况与客户的预期存在差别，会降低客户价值和客户的满意度，进而影响客户的忠诚度，这对企业的长远发展是非常不利的。

经济发展到今天，越来越多的企业已经认识到不能仅靠价格竞争，服务对于企业核心竞争力的形成至关重要。正是这些非价格领域，许多组织通过高度关注客户需求而使他们的产品和服务更多样化，形成自己的特色，赢得了客户忠诚和信赖，占领了市场。

第一节　客　户　服　务

一、客户服务的概念

(一)客户服务的含义

如今，服务的地位和作用日显突出。正是在这些非价格领域，许多组织通过高度关注客户需求而使他们的产品和服务更多样化，形成竞争优势。

那么，什么是服务呢？人们一般是从区别于有形的实物产品的角度来进行研究和界定的。菲利普·科特勒认为，服务是"一方提供给另一方的不可感知且不导致任何所有权转移的活动或利益"。美国市场营销学会认为服务是"不可感知，却可使欲望获得满足的活动，而这种活动并不需要与其他的产品或服务的出售联系在一起"。可见，服务是个人或社会组织为消费者直接或凭借某种工具、设备、设施和媒体等所做的工作或进行的一种经济活动，是向消费者个人或企业提供的，旨在满足对方某种特定需求的一种活动和好处，其生产可能与物质产品有关，也可能无关，是对其他经济单位的个人、商品或服务增加价值，并主要以活动形式表现的使用价值或效用。

在客户关系管理中，客户服务(Customer Service)是指一种以客户为导向的价值观，任何能提高客户满意度的内容都属于客户服务的范畴。客户服务是一种以无形的方式在客户与服务职员、有形商品和服务系统之间发生的，可以解决客户问题的一种或一系列行为，它不仅是一种活动，还是一个过程，也是某种结果。例如，个人电脑的维修服务，它既包括维修人员检查和修理计算机的活动和过程，又包括这一活动和过程的结果——客户得到完全或部分恢复正常的计算机。

(二)客户服务的特征

1. 不可感知性

不可感知性是服务最为显著的一个特征，也是客户服务最为显著的一个特征。我们可以从三方面来理解：第一，服务的很多元素看不见、摸不着；第二，客户在购买服务之前往往不能肯定他能得到什么样的服务，因为大多数服务都非常抽象，很难描述；第三，客户在接受服务后通常很难察觉或立即感受到服务的利益，也难以对服务的质量做出客观的评价。

2. 不可分离性

有形的工业品或消费品在从生产、流通到最终消费的过程中，往往要经过一系列的中间环节，生产和消费过程具有一定的时间间隔，是分离的。而客户服务则与之不同，它具有不可分离的特点，即服务的生产过程与消费过程同时进行，也就是说，服务人员向客户提供服务的时刻，也正是客户消费服务的时刻，两者在时间上不可分离。客户服务的这一特性表明，客户只有加入而且必须加入服务的生产过程中才能最终消费到服务。例如，只有客户在场时，理发师才能完成理发的服务过程。

3. 差异性

差异性是指客户服务无法像有形产品那样实现标准化，每次服务带给客户的效用、客户感知的服务质量都可能存在差异。这主要体现在以下三个方面。第一，服务人员的原因，如心理状态、服务技能、努力程度等，即使同一服务人员提供的服务在质量上也可能会有差异。第二，客户的原因，如客户的知识水平和爱好等，也直接影响服务的质量和效果。例如，同样是去旅游，有人乐而忘返，有人败兴而归；同听一堂课，有人津津有味，有人昏昏欲睡。消费者的知识、经验、诚信和动机等影响服务业的生产力。第三，由于服务人员与客户相互作用，在服务的不同次数的购买和消费过程中，即使是同一服务人员向同一客户提供的服务也可能存在不同。

4. 不可贮存性

产品是有形的，因而可以贮存，而且有较长的使用寿命；然而服务则无法贮存。理发、外科手术、酒店住宿、旅游、现场文艺晚会以及其他任何服务都无法在某年生产并贮存，然后在下一年进行销售或消费。

5. 缺乏所有权

缺乏所有权是指在服务的生产和消费过程中不涉及任何东西的所有权转移。既然服务是无形的又不可贮存，服务产品在交易完成后便消失了，消费者并没有实质性地拥有服务产品。

从上述五个特征的分析中不难看出，"不可感知性"可被认为是服务产品的最基本特征，其他特征都是从这一特征派生出来的。

二、客户服务的演进

随着从最初的农业社会向工业社会进而向今天的信息社会的演进，客户服务的重点也随之改变。但是，世界各国都处在变迁过程的不同阶段，而客户服务的角色与其所处阶段保持着相对的一致性。所以，客户服务是随着社会的发展而发展的。

(一)基础客户服务

在社会发展的早期，因为是农业社会，社会成员之间交换极少，个体基本上自给自足，极少有或根本没有什么可随意支配的收入。因此，极少或根本没有客户服务的需求。这个时期主要集中在以运输、政府机构和卫生保健为形式的基础客户服务上，客户服务在整个社会经济中的地位非常小。

(二)支持性客户服务

随着贸易和商业的产生与发展，对支持性客户服务的需求增加了。这包括银行业务、零售业务、针对商务游客的酒店、保险公司等。

(三)休闲娱乐客户服务

随着工业的发展，人们的收入开始增加，生活水平随之提高，收入中可用于自由支配的也多了。人们很可能花费其可自由支配收入去饭店就餐，去享受更多更好的度假，甚至频繁周末旅行，这一切促使旅游酒店产业中诸多客户服务的催生与发展，如饭店、酒店、景区、健康俱乐部及游乐园等。

(四)省时性客户服务

为了维持较高的生活水平，人们工作的时间变长了。在很多家庭，所有成年人都从事着全职工作。在这样的环境下，时间变得更宝贵起来，人们指望靠省时的客户服务来解决时间稀缺和改善生活方式。如为客户节省去商场购物时间的邮购业务、让父母都能腾出手来工作的家政服务以及包括货物配送和干洗等诸多家庭服务。

(五)客户感受服务

今天，许多客户寻求的远不只是好的客户服务，他们在寻求一种难忘的感受，并将其视为客户服务的一部分。客户看到了这些体验服务中的额外价值，且愿意为此而付钱。如鲜花礼品店的包装服务和肯德基、麦当劳的儿童生日派对等。

(六)客户信息服务

随着信息技术和互联网的爆炸式增长，一种新的客户服务形式出现了，它通常由信息媒介(向客户提供信息的服务)提供。信息媒介作为买卖双方的平台与"经纪人"，向买卖双方提供信息。它们提供的服务出现在电子市场上，将公司聚在一起的市场是企业对企业(B2B)运作方式，如阿里巴巴网站所提供的服务；将公司与客户聚在一起的市场是企业对客户(B2C)运作方式，如携程旅行网站所提供的服务；将客户聚在一起的市场是客户对客户(C2C)运作方式，如易贝网站所提供的服务。

三、客户服务的方法

(一)接触服务

在客户服务的方法中，最常用的就是通过一线客户服务人员的客户接触服务。客户接触服务是否成功，在很大程度上取决于一线客户服务人员是否优秀。优质服务的实质是客户服务人员的一种习惯，一名优秀的客户服务人员必须做到以下几点。

1. 了解企业目标和自己的职责

客户服务人员必须知道企业的目标、价值观、信条和自己的工作。每一位服务人员都有义务理解企业的目标，并进一步明确围绕这个根本目标制定的作业规程和职责。

2. 尽量满足客户的需求

使用客户的姓氏称呼客户，表达了对客户的尊重和关注。满足客户的需要是客户服务的基本要求，但要做到宾至如归，就必须在实践中不断总结，做到预见客户的需要，在客户还没有提出或客户认为是额外的服务不好意思提出时，就主动帮助客户解决困难。

3. 任何行动都以客户为先

服务人员在工作时间不应使用客用设施设备，在任何时间、地点，行动都应该以客户为先。具体应做到以下四点。

(1) 礼貌：见到客人和同事应打招呼问好，并主动询问客户是否需要帮助。

(2) "三轻"：走路轻，讲话轻，操作轻。

(3) 礼让：客户使用企业的公共设施时应自觉礼让，让客户优先使用。如让客户优先进入电梯等。

(4) 方便：服务是为了方便客户。服务人员不应该因为正在为客户服务而使客户不便。如清洁公共卫生间时，如果有客户使用，应该先让客户使用，然后再继续清洁。

4. 让客户看到你的微笑

保证对你面前 3 米内的客户和员工微笑致意，并让电话中的客户感受到你的微笑。微笑是服务人员的重要习惯，微笑不仅会给客户带来喜悦，而且可以化解客户的不满。

5. 充分运用企业赋予自己的权力

满足客户的需要是服务获得利润的源泉。只要是为了满足客户的需求，服务人员应该对自身的判断力充满信心，运用企业的授权解决客户的困难。如果需要的话，不要吝啬向其他部门的同事和上级管理者寻求支持和帮助。

6. 积极沟通

应积极沟通，消除部门的偏见。在工作场所，不要对企业作消极的评论。当客户提意见时，不要把责任推给其他部门或同事，甚至推到上司的身上。这种推卸自身责任的态度会令客户更加不满，进一步损害企业的形象。

7. 把每一次客户投诉视为改善服务的机会

作为服务人员，你必须认识到，没有一个客户愿意投诉。服务人员应该把客户每一次投诉看成一次留住客户的机会，倾听并用最快的行动解决客户投诉，保证投诉的客户得到安抚，尽一切努力重新赢得客户的信任。

8. 上岗时精神饱满

服务人员的制服要干净、合身，皮鞋要擦亮，仪容仪表端庄大方，上岗时要充满自信。这不仅表达了对客户的重视和尊敬，而且能够充分展示企业形象和管理水平。自信源于很强的工作能力、满意度和相关知识，只有自信的员工才会有工作的自豪感，才会得到客户的尊重。

9. 爱护公共财产

爱护公共财产，发现企业设备、设施破损时必须立即报修，以免给服务带来不便，给客户留下坏印象。

(二)展示服务

服务的展示主要通过服务设施来体现。展示服务要注意服务场地的选址和服务设施的内部布局规划两方面。

1. 服务场地的选址

按照国际通行的关于服务产业划分标准，可将服务场地选址问题划分为生产类服务选址、消费类服务选址和公共类服务选址三类。因为三类服务在服务对象、服务内容和服务方式等方面有很大的不同，这决定了它们在服务场地选址方面也具有不同的特点。这里主要讨论消费类服务选址问题。

消费类服务是以最终消费者为服务对象，大多数情况下消费者要前往服务场地接受服务，因而选址中除了要考虑消费者前往服务场地接受服务所需支付的成本以外，还需要充分考虑消费者的偏好和消费者行为、消费者心理因素。此外，消费类服务大多属于竞争激烈的领域，从大型购物中心、宾馆、饭店到小型的便利店、社区服务中心等，选址中必须考虑其他同类的影响。服务选址合理与否不仅影响消费者接受服务的便利性和成本支出，也影响服务提供者的运营效率，因此，消费类服务的选址问题需要从定量与定性两方面考虑。

2. 服务设施的内部布局规划

从运营角度看，规划服务设施内部布局的总体目标是员工与客户行走时间最小化；而从营销角度看，其目标通常是收益最大化。这两个目标经常是矛盾的。管理的任务是权衡两方面的得失，合理规划布局。服务设施布局可分为程序式布局、产品式布局、定位式布局三类。

(1) 程序式布局。程序式布局也称为车间式布局，是指将设备或程序中功能相同或相似的部分集中在同一区域。医院急救室的支持服务就是程序式布局，放射检查、验血和取药分别位于医院的特定区域。

(2) 产品式布局。产品式布局也称为流程式布局，是指按照服务提供的先后次序安排设备和程序。典型例子就是自助餐厅，所有食物按一定次序排放(如沙拉、热菜、冷菜、甜点和饮料)，客户按一定路线依次取菜。

(3) 定位式布局。定位式布局是指提供给客户的服务是在某一特定场所进行，所有程序、设备和产品都在该场所完成。典型例子是汽车维修店，所有程序如刹车维修、加油等，通常都在同一地点进行。

(三)服务承诺

服务承诺是对客户的保证，是对员工的激励，是企业扩大市场占有率，使利润持续增加的重要途径。

1. 服务承诺的形式

企业的服务承诺表现形式较多，常见的有企业的经营目标和宗旨；通过传播媒介，树立良好的企业形象；以海报、公告等形式向顾客提供服务承诺；以规定的形式向顾客保证；通过服务人员与顾客的直接接触，向顾客表达企业和服务人员的具体承诺

"麦当劳向您承诺：将向您提供热的、清洁的、快速的食品，否则为您买单。"这是麦当劳的服务承诺。

一个好的服务承诺必须达到两个基本要求。第一，承诺的语言要简单、易懂，并且容易给客户留下深刻的印象，便于在客户中传播。如果承诺的语言过于复杂、冗长，过于烦琐、拖沓，客户既不容易理解，又不容易记住，便不能在客户中得到广泛的传播。第二，承诺的内容都必须包含三个要素，即承诺的事项、承诺的赔偿方式和谁做出的承诺。麦当劳向客户做出的承诺就比较好地满足了上面的两个基本要求，简单、易懂，而且承诺的事项是"向客户提供热的、洁净的食品"，如果没有达到承诺要求，赔偿的方式是"为您买单"，承诺方当然是麦当劳。

2. 服务承诺的履行

客户已经经历了服务失败这一过程，客户不会愿意也没有耐心再花费过多额外的时间和精力放在履行承诺上。所以，对服务承诺的履行必须做到：明确承诺履行，程序尽可能地简单、清晰；要有明确的履行承诺的服务标准；要有专人来负责监督整个承诺的履行，要有准确核实承诺是否已经履行的措施；明确承诺履行所牵扯到的各个服务部门的职责，确定各部门的服务标准、顺序及衔接方式；明确承诺赔偿的方式，即承诺执行人员要知道给客户提供什么样的承诺赔偿，是商品还是钱；明确可享受承诺的客户的条件，即要求客户出具什么样的证明或是怎样检验客户符合承诺的条件。一般来说，履行承诺是要符合一定条件的，条件太低，会加重企业履行承诺的负担，影响企业的利益；条件太高，又提高了向客户赔偿的门槛，客户又会不满意。实际工作中，一般不能对客户有太多的、苛刻的附加条件或是要求其出具过多的手续材料，这样会使客户产生反感而放弃承诺中应享的权益。

3. 服务承诺的推广方式

好的承诺推广方式可以迅速、有效地把承诺深入目标客户，让客户及时、清晰地了解承诺的具体内容。一般来说，推广承诺的方式有三种。一是外部广告媒体传播。包括广播、电视、报纸杂志、网络和街头广告的形式。二是内部张贴文字资料。内部的宣传板或宣传性条幅。三是口头传播。主要是指由营销人员或服务人员直接对客户承诺告知，或通过客户之间相互介绍。这三种承诺的传播方式是目前最为主要的也是比较流行的承诺推广方式。具体采取哪种推广方式要视承诺的属性以及相对于该属性承诺的目标市场中客户群体的大

小和特点而定。

总而言之，承诺的推广方式是十分重要的一项因素。承诺的推广方式要求综合考虑多方面的因素，好的推广方式可以及时、有效地将承诺推广到客户的心中；不合适的推广方式不但起不到应有的推广作用，还大量浪费企业不必要的成本，这是任何企业运营中都不愿意看到的。

第二节　客户服务管理

客户服务管理是在环境分析的基础上，确定企业客户服务战略，制定客户服务原则与客户服务标准，拟定标准的服务工作流程，协调企业各部门的工作，为企业所拥有的客户提供优质服务，维护企业良好的形象和信誉。

一、客户服务的目标管理

客户服务的目标可细化为以下六个方面。

1. 改善客户关系

维护并巩固企业与客户的关系，尤其是与大客户的关系，不断提高企业的服务水平。

2. 了解客户需求

为企业收集最新、最全的客户信息并进行详细的加工和分析，增强企业对信息的管理能力。

3. 处理客户投诉

运用投诉处理技巧，消除企业与客户的误会，相互谅解，为企业营造最佳的经营环境。

4. 提高服务质量

做好服务质量管理工作，提升客户忠诚度，赢得客户的信赖和支持，为销售活动打下良好的基础。

5. 建立客服中心

通过建立呼叫中心系统，为客户提供高质量、高效率、全方位的服务，同时进一步协调企业的内部管理，提高服务工作效率。

6. 服务销售工作

积极配合企业的销售和售后服务管理，为提高客户的满意度和企业的利润水平起到良好的支持和辅助作用。

二、客户服务的等级管理

客户服务等级管理是通过对客户进行优先排序管理，以解决客户服务过程中的项目管理和资源调配问题，有助于深入分析如何有效进行服务项目的评估，确定服务策略及资源投入，定量、定性地掌握项目进展及对客户服务人员的绩效进行具体评估，分析并制定最有效的竞争策略。

(一)开展服务等级管理的意义

开展服务等级管理能保证服务的设计满足服务等级的要求，提高客户满意度，改善与客户的关系；服务等级管理能让企业集中精力解决关键问题，使客户少受或不受服务故障的负面影响；服务提供者和客户对服务等级管理的职能有共同认识，对所需的服务等级有一致的预期，避免可能产生的误解和遗漏；确定服务提供的目标，便于评价、监控服务质量；确保资源用于客户认为最关键的领域；发现薄弱环节，揭示故障的原因，从而表明哪些地方需要提升工作效率或加强培训；服务等级协议可以作为服务收费的基础。

(二)服务等级管理的内容

服务等级管理往往是指标性的，它主要是用一些程度、指标和总量说明对某类客户群想要达到的目标、要做的工作和所需的资源。

服务等级管理的内容一般包括服务时间、可用性、可靠性、服务支持、处理量、事务处理响应时间、应急处理时间、变更、服务持续性和安全性、计费、服务报告和评估、可维护和可服务性。针对每一项内容，都有一些具体的指标来衡量。

服务等级管理还涉及服务成本和费用问题，具体内容包括人力成本(包括初始成本和后续成本)、办公场地费、软件支持工具(如监控和报告以及服务管理集成方面的软件等)、运行这些软件的硬件设施、营销成本(如制作服务目录的费用)等。这些内容在服务等级协议里都要详细列出。

(三)服务等级管理的流程

服务等级管理是一个不断循环的过程，包括怎样建立服务等级、怎样实施管理、怎样运作、改善和评估等。

(1) 识别服务需求，能够把客户的需要表达出来。

(2) 按照服务管理的要求，定义客户的服务需求、服务说明书和服务质量计划。

(3) 商谈服务等级协议的签署。谈判之前的关键是建立一个服务目录，就是需要做一些服务规划方面的文件，包括服务等级的划分、优先级的安排等。

(4) 评估与改善。不断地审计需要达到的服务等级要求，定期报告，并给报告下结论，随后对结论进行评估，以改善服务。

(四)服务等级管理面对的风险

开展客户服务等级管理存在一定的风险，主要体现在：没有验证服务目标是否可实现，在签约前没有对这些服务目标进行核实；对服务等级管理不够重视，投入的资源和时间太少；服务协议没有得到足够的和合理的支持；各方的责任定义不明确，从而导致各方都相互推卸责任；服务等级协议往往不是结合业务需求来签署，尤其在业务方不清楚其业务需求时更是如此；服务等级协议太长，不够简洁，对关键业务或流程关注不够；拟提供的服务等级未能很好地传递给客户或客户有抵触情绪；服务等级管理未能与完整的服务周期结合。

三、客户服务的质量管理

企业应树立客户服务的质量观念，制定科学的服务质量体系，建立服务绩效的监督考评机制，创造良好的服务环境。

(一)服务质量的内涵

不同于有形产品，服务产品的质量水平并不完全由企业决定，而是与客户的主观感受有很大关系，它取决于客户对服务的预期质量和其实际感受到的服务水平(即体验质量)的对比。可以认为服务质量是一个主观范畴。客户通常从技术和功能两个层面来感受服务质量，因此，服务质量也就包含技术性质量和功能性质量两项内容。

1. 技术性质量

技术性质量是关于服务条件的质量，是客户从服务过程中能看到的东西。它是指服务本身的质量标准、环境条件、网点设置、服务设备以及服务项目、服务时间等是否适应和方便客户的需要。技术性质量通常能得到许多客户比较客观的评价，企业比较容易掌握这一质量标准。

2. 功能性质量

功能性质量是关于服务过程的质量，是客户在接受服务的过程中体验到的质量。功能性质量是服务推广的过程，即客户与服务人员打交道的过程，服务人员的行为、态度、穿着等都直接影响客户的感知。显然，功能性质量难以被客户客观地评价，它更多地取决于客户的主观感受，与客户的个性、态度、知识、行为方式等因素有关。客户对功能性质量的看法，还会受到其他客户的消费行为的影响。所以，客户对功能性质量的评价是一种比较主观的判断，企业较难掌握。

(二)服务质量的评价标准

由于服务产品具有无形性和差异性等特征，服务产品的质量很难像有形产品的质量那样进行科学的测定和评价。根据美国学者帕拉苏拉曼、约曼和贝瑞等所提出的服务质量模型，归纳出评价服务质量的五个指标。

1. 可靠性

可靠性是指服务供应者准确无误地完成所承诺的服务。客户认可的可靠性是最重要的质量指标，它与核心服务密切相关。许多以优质服务著称的服务企业，正是通过强化可靠性来建立自己声誉的。可靠性要求避免服务过程中的失误，如果企业在向客户提供服务的过程中，因某种原因而出现差错，不仅会给企业造成直接的经济损失，还会损害企业的形象，使企业失去潜在的客户，而这种损失是无法估量的。

2. 可感知性

可感知性是指服务被感知的部分，即有形部分，如提供服务用的各种设施等。由于服务的本质是一种行为过程，而不是某种实物形态，因而具有不可感知性。因此，客户正是借助这些有形的、可见的部分来把握服务的实质。有形部分提供了有关服务质量本身的线索，同时也直接影响到客户对服务质量的感知。

3. 反应性

反应性主要指反应能力，即随时准备为客户提供快捷、有效的服务。对客户的各项要求能否予以及时满足，既表明企业的服务能力的高低，也体现企业的服务导向，即是否把客户利益放在第一位。服务传递的效率是企业服务质量的一个重要反映，客户往往非常重视等候服务时间的长短，并将其作为衡量服务质量好坏的一个重要标准。因此，企业应尽可能缩短客户的等待时间，提高服务传递的效率。

4. 保证性

保证性是指服务人员良好的服务态度和胜任服务工作的能力，其会增强客户对企业服务质量的信心和安全感。服务人员良好的服务态度会使客户感到心情愉快，进一步影响客户的主观感受，从而影响客户对服务质量的评价。服务人员具有渊博的专业知识，能够胜任服务工作，会使客户对企业及其提供的产品产生信心，并对获得满意的服务感到愉快。

5. 移情性

移情性是指企业和客户服务人员能设身处地为客户着想，努力满足客户的要求。这便要求客服人员有一种投入的精神，想客户之所想，急客户之所急，了解客户的实际需要甚至特殊需要，千方百计予以满足，给予客户充分的关心和照顾，使服务过程充满温暖，这便是移情性的体现。

在这五个指标中，可靠性往往被客户认为是最重要的，是核心内容。按上述评价指标，可通过问卷调查或其他方式对服务质量进行测量。调查应包括客户的预期质量和体验质量两方面，以便进行分析研究。

(三)服务质量测定

美国学者帕拉苏拉曼等建立了服务质量模型来测量企业的服务质量，具体的测量主要通过问卷调查、客户打分的方式进行。该问卷包括两个相互对应的部分，一部分用来测量客户对企业服务的期望，另一部分用来测量客户对服务质量的感受。而每一部分都包含上述五个服务质量的评价标准。在问卷中，每一个标准都具体化为4~5个问题。显然，对某个问题，客户从期望的角度和从实际感受的角度所给的分数往往不同，两者之间的差就是在此方面企业服务质量的分数，即：

服务质量(Servqual)分数=实际感受分数-期望分数

评估整个企业的服务质量水平，实际上就是计算平均服务质量分数。假定有 N 个客户参与问卷调查，根据上面的公式，单个客户的服务质量分数就是其对所有问题的服务质量分数加总，再除以问题数目，然后把 N 个客户的服务质量分数加在一起除以 N，就是企业的平均服务质量分数。

四、客户服务的承诺管理

企业应向社会做出产品和服务的承诺，从而方便客户监督和投诉。企业应检查内部员工履行承诺的情况，使员工树立客户导向的服务理念，从而达到鼓舞和提升员工士气、赢得客户信赖和忠诚的目标。

(一)服务承诺的内涵

服务承诺是企业通过公开媒体向客户说明服务质量或效果，并予以保证或赔付的营销行为。作为一种重要的营销手段，服务承诺在各类企业中得到越来越广泛的应用。

当购买的产品价值难以判定时，消费者就会有购买风险。有效的服务承诺作为一种重要的手段，给企业带来的作用主要包括以下三个方面：帮助客户判断和降低感知购买风险，提高感知价值，进而增加购买意愿；为企业树立客户导向的服务理念和为提高服务质量提供了有效途径；为企业塑造良好形象，获得竞争优势。

(二)服务承诺的类型

(1) 按照承诺对象的不同分为内部承诺与外部承诺两种。内部承诺是指企业为内部客户提供优质服务的相关承诺，目的是充分满足内部客户的需要。内部承诺作为一项重要的质量管理措施，对企业的作用是明显的，具有推广简单、有效、风险小、费用较少的优点。外部承诺是组织对外部客户提供保障，目的是吸引外部客户、塑造企业形象等，但其设计和实施承担的风险和成本较大。

(2) 按照承诺范围的大小分为单一特性承诺、多重特性承诺、完全承诺和组合式承诺四种。单一特性承诺是仅对服务过程中的某一特定事项做出承诺；多重特性承诺是对服务项目中的多个特定事项做出承诺；完全承诺是对服务的所有事项做出承诺，客户获得完全满意；组合式承诺是以上三种方式的组合承诺。完全承诺可以在很大程度上降低客户的购买感知风险，但采用这种承诺方式也必然给企业带来较大风险。因此，在确定承诺的范围时，应充分考虑客户的需求，对客户重视的服务属性做出具体承诺。

(3) 按照承诺制度的不同分为显性承诺与隐性承诺两种。显性承诺是客户可以切实听到或是看到的承诺。一般来说，这类承诺比较容易做出，其执行过程显而易见，并且也有利于客户和服务提供机构对其进行监督。其缺点是容易被竞争对手效仿，对维持消费者长期的忠诚作用不大。隐性承诺是一种潜移默化的力量，它是一项名副其实地建立在客户和服务提供机构之间的心理契约。一般来说，隐性承诺不容易形成，它需要客户和服务提供机构长期的接触和磨合才能建立，而且隐性承诺也是最不容易设计和执行的。实际上，许多服务组织在不断做出各种显性承诺来赢得客户青睐时，其目的也就是最终与客户建立起隐性的承诺。

(4) 按照补救方式的不同分为固定的、变动的、金钱的和非金钱的四种。一般而言，承诺的补偿和赔付标准应高于客户因服务失误所遭受的损失。但补救成本也不宜设置太高，原因在于：一是避免增加不必要的额外成本；二是防止客户滥用服务承诺；三是适度的承诺可以取得客户信任。

(三)有效服务承诺的特征

英国学者克里斯托弗(Christopher Nolan)提出的有效服务承诺的四大共同特征得到理论界的广泛认同，共同特征具体为：一是无条件，即承诺应该是无条件的，即没有任何的附加条件；二是有意义，即要承诺的是那些对客户来说十分重要的元素，赔偿应该消除客户全部的不满；三是易于理解和沟通，即客户需要知道能期待什么，员工需要知道应该做什么；四是易于援用和赔付，即在承诺的援用和赔付过程中不应该有较多的约束和阻力。

(四)服务承诺的具体设计

在确定服务承诺的类型后，具体承诺内容的设计必须综合考虑客户需求、行业特点、企业状况和竞争对手等一系列因素，如图10-1所示。

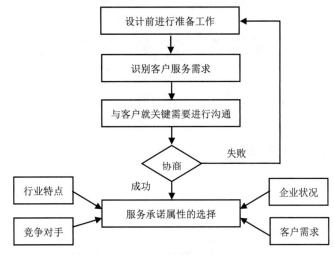

图 10-1　服务承诺的设计流程

1. 客户需求

对企业而言，如果承诺的内容不是客户购买服务决策的主要考虑因素，承诺的效力将会减弱，因为客户可能对其他尚未包括在内的项目心存怀疑。所以，确认客户需求是服务承诺设计的关键。企业需要对客户需求进行仔细的分析和调查，并就关键需求与客户进行沟通，倾听他们对企业服务的要求和期望，在具体细节与标准的制定上需要与客户充分交换意见，以免企业与客户认知上存在太大差距。

2. 行业特点

正确地进行服务承诺的设计还需要根据行业的特点而定。关于行业的特点，一般需要考虑以下两方面：一是行业服务的风险程度，当消费者感知的服务有风险时，承诺则对消费者有价值，而且可以帮助正向评估；二是客户的参与程度。对企业来说，客户的参与程度越高，服务的不确定性就越大，从而带来的服务承诺的风险就越高。对客户参与程度高的服务，若未解决问题将会产生严重的负面影响，且付出高昂代价，而完全满意承诺可以带来正面影响和利益。

3. 企业状况

企业状况通常包括企业声誉与品牌建设、企业服务水平等因素。当消费者拥有很多关于该服务或产品的信息时，对该产品或服务的品牌非常了解，则承诺对消费者的影响将会减弱。所以，对企业声誉很好或很差的企业，需要慎重使用和实施服务承诺。同时，企业自身的服务水平也是影响承诺效果的重要因素。研究表明，只有承诺的水平高于行业平均水平，才会对客户有较大吸引力。所以，企业在给出承诺时，需充分利用自身存在的优势，在此基础上不断提升服务质量，综合各方面因素给出承诺。

4. 竞争对手

研究发现，第一个在该领域内推行承诺的企业，可以吸引客户并增加收益，感知风险与承诺的独特性被验证，服务承诺对消费者行为有积极的影响；如果该行业竞争激烈，通过实施服务承诺来吸引客户并形成差异，则是获得竞争优势非常有效的手段。

第三节 服 务 补 救

对所有的企业而言，服务失误都是不可避免的。企业所要做的是找出服务失误的原因并对服务失误进行补救。

一、服务补救的归因和结果

(一)服务补救的归因

众所周知，失误是难免的。但是，客户服务失败后企业并不希望客户带着不满且自动流失，而是希望把客户继续留住，或者客户对企业的信心需要公司采取措施来挽回，这就出现了企业的服务补救。公司可以采取行动使客户在一定程度上感觉好一些。为了更好地挽留住客户，服务人员必须认识到客户接受服务补救的条件和方式。

服务补救绝对是划算的。因为，减少 5%的客户流失率就能增加 25%～95%的利润，长期客户会随着时间的推进产生越来越多的利润。

(二)服务补救的结果

服务补救会产生四种结果，包括可估量结果或行为结果两类。服务补救的可估量结果是客户感知质量和客户满意；服务补救的行为结果是口碑效应和重购意图。

1. 客户感知质量

客户感知质量涉及在服务过程中客户需要被满足时的经历。此过程关注的是服务补救的客户感知质量。

2. 客户满意

客户满意是一场与消费有关的快乐经历，客户将心中的期望与服务实际完成情况相比较从而得出对服务的评价，在服务补救过程中也是如此。

3. 口碑效应

口碑交流被认为是服务提供者与客户交流的重要一环，大多数不满的客户不会把不满说出来，但优质的服务会带来好的口碑。

4. 重购意图

研究表明，以员工为基础的服务补救对感知质量、客户满意、口碑效应是很重要的，但对重购意图并非如此，因为重购意图受其他许多因素的影响。

服务补救时间和复杂性对四个补救结果有重大影响。航空公司的补救时间最长、复杂性最高，所以补救效果不好；有线电视公司的补救时间和复杂性中等，产生了中等满意的补救效果；而信用卡公司的补救最简单，因此产生了非常好的补救效果。这也验证了前面所说的，简单有效的补救才会给公司带来积极的顾客评价。因此，服务经理需要考虑他所在具体行业的服务补救过程的复杂性和时间。如果服务补救过程简单且花费时间很短，顾客对补救的积极评价将会超过对失败服务的消极评价。

二、客户对服务失误的反应

(一)服务失误之后的客户反应

当服务失误时，客户会产生各种反应，如图 10-2 所示。这些反应会对客户如何评价服务补救的作用产生重要影响。许多客户对其不满采取消极态度，只是说说而已，他们是否采取行动，某种程度上取决于客户是想保持其原有供应商还是转向新的供应商。

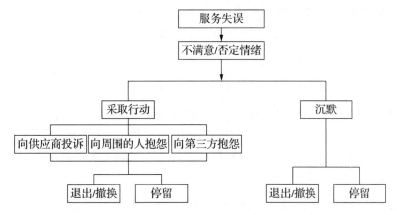

图 10-2　服务失误之后的客户反应

如前文所述，那些没有投诉的客户最不可能再次光顾。对于公司来说，消极面对不满意的客户对公司今后的成功是一种错误。

(二)服务失误之后的客户类型

企业可以根据客户对服务失误做出的反应进行分类，并且根据不同的类型采取有针对性的对策。有学者对零售业、汽车修理业、医护、银行及金融服务业的研究发现，客户反应行为的种类可划分为四种类型：消极者、发言者、发怒者及积极分子。尽管这四种类型在不同的行业中可能有不同的比例，但其划分是相对一致的，并且每种都能在所有企业或行业中找到。

1. 消极者

消极者极少会采取行动。与那些进行负面宣传的人相比，他们不大可能对服务人员说任何话，也不大可能向第三方抱怨。他们经常怀疑抱怨的有效性，认为抱怨得来的结果与花费的时间和努力相比不值得，有时其个人价值观或标准会使其抵触抱怨。

2. 发言者

发言者乐意向服务人员抱怨，但他们不大可能传播负面消息，改变供应商或向第三方讲述不满。这些客户应该算作服务提供者最好的朋友，他们主动抱怨，这样一来，就给公司以改正的机会。与消极者相似，这类客户与另外两类客户相比不会感到与市场的疏远。他们倾向于认为抱怨对社会有益，所以从不犹豫说出自己的感觉。他们认为向服务人员抱怨的结果非常积极，并且不太相信另外两种抱怨形式，如传播负面消息或向第三方诉说。他们的个人标准支持抱怨。

3. 发怒者

发怒者的普遍是向供应商抱怨，不太可能向第三方诉说，他们也确实相信向供应商抱怨会带来社会利益，这些人会逐渐感到同市场疏远。他们不可能给服务提供者第二次机会，而是转向原供应商的竞争对手，并且会一直向朋友、亲戚传播负面消息。

4. 积极分子

积极分子的特点是在各方面更加具有抱怨的习惯：他们向供应商抱怨，还会告诉其他人，并且比其他类型更可能向第三方抱怨。抱怨符合他们的个人标准。就像发怒者那样，这类客户会比其他群体更疏远市场，他们对所有类型抱怨的潜在正面结果都感到非常乐观。

(三)客户对服务补救的期望

当客户花费时间和精力抱怨时，他们一般抱有很高期望。他们期望能迅速得到回复，期望对其不幸遭遇及引起的不便进行补偿，期望在服务过程中得到很好的对待，尤其想要正义和公平。服务补救专家史蒂夫·布朗(Steve Brown)和史蒂夫·塔克斯(Steve Tax)总结出客户对服务补救所寄予期望的三种类型：结果公平、过程公平和相互对待公平。

1. 结果公平

客户希望结果或赔偿能与其不满意水平相匹配。这种赔偿可采用实际货币赔偿、一次正式道歉、未来免费服务、折价、修理或更换等形式。客户希望公平的交换，也就是说，他们有以下期待。

(1) 他们期待公司为其错误而采取某种行动的付出，至少等于他们已经遭受的损失，对公司来讲必须是"罪有应得"。

(2) 他们希望得到的赔偿与其他客户经历同样类型服务失误时得到的一样，他们同时希望公司给其一些赔偿选择。例如，当酒店客人到达酒店时发现预订的房间已经没有了，作为补偿，这时他可以选择是退款还是更换到更好的房间。

(3) 如果客户得到过度赔偿，他们也会不舒服。在达美乐比萨公司早先服务承诺的经验中，如果送货司机比承诺的晚到30分钟，公司将不收取比萨的价款。许多客户对要求这种水平的补偿感到不舒服，尤其是在送货司机仅仅晚到几分钟的情况下。这个案例中，"惩罚大于罪行"。一段时间后，达美乐公司曾将其补偿变得更加合理，即送货迟到降价3美元。再后来，时间保障也降低了，因为员工为及时送货而开快车，结果引发了许多问题。

2. 过程公平

过程公平是指使客户希望抱怨过程的政策、规定和时限公平。他们希望很容易进入投诉过程，并且希望事情被快速处理，最好是通过他们第一个接触的人。他们欣赏那些适应能力强、能努力满足其个人需求的公司。

过程公平的特点是清晰、快速和无争吵。不公平过程使客户感到缓慢、拖延和不方便。让客户感到不公平的情况是要求客户必须提供证明，否则就是错的或是在撒谎。

3. 相互对待公平

除对公平赔偿、无须争吵及快速程序的期望之外，客户希望得到有礼貌的、细心的和诚实的对待。为什么员工会漠不关心或者粗暴地对待客户？多数情况是由于缺乏培训和授权。一名沮丧的、无权补偿客户的一线员工很容易做出漠不关心的反应，尤其是如果客户本身就很愤怒或粗暴。

三、服务补救策略

现在很多企业已经认识到了服务补救的重要性，可是怎样做好服务补救呢？一般来说，失败的服务补救和不采取任何补救措施是同样糟糕的，有时会产生更坏的影响。因此企业要尽一切努力避免对服务质量和客户期望的双倍背离。企业若想挽回在服务提供方面已经失望的客户，可以采用以下的几种方式：道歉、紧急复原、移情、象征性赎罪和动态追踪访问。另外，还应该注意服务补救的方法。

(一)服务补救的方式

1. 道歉

向客户道歉是服务补救的开始，当企业意识到客户不满时，就应该有人向客户道歉，道歉在一定程度上就意味着承认错误。例如，对于在快餐店长时间排队等候的客户，在客户刚要发火时，服务人员可以先道歉，并表示理解他此时的心情。另外，将客户点的小包薯条换成大包以表示对客户的补偿。

服务失败的危险在企业经营中是存在的，因为服务是易变的，只有企业接受"失败有时是会发生的"这一客观存在的事实，它才能向员工阐明向失望的客户道歉的必要性。道歉的举动虽然很小，但是客户会深切地感受到他们对公司的重要性，这也为接下来的重新赢得客户的好感做好铺垫。

2. 紧急复原

紧急复原是道歉的自然延伸，也是那些不满意的客户所期望的。客户在对服务不满后，就会希望企业做一些事情以消除引起不满的根源。紧急，不仅说明企业采取行动迅速，也表明了企业对客户的重视和对自身错误的深刻认识及企业自身的纠错能力很强。复原就意味着企业为纠正错误而做的努力。当一个企业采取紧急复原措施的时候，它就向客户表明了企业是很重视客户抱怨的。与得体的道歉一样，紧急复原行动令客户知道客户满意对企业很重要。如果一个企业对客户的不满或抱怨视而不见或反应迟钝，或无法向客户表明它正在对此采取一些行动，那么客户就会感到企业并不重视他们的感受，客户也就会和其他不满客户一起成为企业的流失客户。

3. 移情

完成紧急复原的工作以后，这时就需要对客户表示一点移情，这也是成功的服务补救所不可缺少的。企业要对愤怒的顾客表示理解，理解客户因企业的服务未能满足客户的要求而给他们带来损失的心情。但要注意的是，移情不仅仅是简单地承认失误(这项工作可以由道歉来完成)，移情要做的更重要的事是努力地去理解为什么顾客会对企业失望，找出其失望的具体原因，如果服务人员能够站在客户的立场考虑，他们就能很好地理解客户的失望，并对客户表示理解。移情的回报是令客户意识到企业实际上是很关心他的困境的，而且也在积极地采取措施来尽可能地减小损失。一般客户只要能意识到这一点，许多愤怒就会烟消云散，这也可以为企业和客户的相互理解和尊重打下良好的基础。

4. 象征性赎罪

对客户表示理解和同情是很重要的，但是这时客户仍未得到补偿。所以，移情之后还要以一种有形的方式来对顾客进行一定的补偿。比如可以把送个礼物当作象征性赎罪的形式。礼物可以以赠券或其他的形式来赠予，如一张免费的电影票或音乐会的入场券、一次免费旅行等。之所以叫象征性赎罪，是因为企业提供给客户的不是服务的替代品，而是告诉客户企业愿意为他的失望负责，愿意为因企业服务的不周对客户造成的损失做出一定的补偿。但是如果企业赎罪的成本相对过高，就会对企业有负面影响；而如果赎罪的成本过小，则又无法发挥它的象征性价值。所以对企业来说，确定客户的接受临界点也是一项重要的工作。

5. 动态追踪访问

在做了一定的补救后，企业还要看其挽回客户好感的努力是否有效。通过对象征性赎罪进行动态追踪访问，企业可以知道其采取的措施是否得到了客户的认可，是否在一定程度上缓解了客户的不满，如果表明企业的努力并没有达到预期的目标，那么在服务补救中就要用新的手段。动态追踪访问有多种形式，视服务的类型和服务补救的情景而定。可以是象征性赎罪以后的电话回访或者是一封信或电子邮件，还可以是服务结束后对客户的口头询问等。这样做的目的就是确定企业的赎罪努力是否得到了认可，客户的不满或抱怨是不是得到了消除。而且，动态追踪访问使企业获得了一次对补救计划的自我评估的机会，并可以找出哪些环节需要进一步改进。

一般而言，采取上述方式的企业是期望在消除客户不满的道路上阔步前进的。当然以上这五种方式不是在每一次客户不满时全部用到。有时，客户的不满只是对一点点问题感到失望，比如餐厅的洗手间过于拥挤等，这就只要成功地运用前两种方式，就能做好服务补救了。如果服务失败的结果对客户造成了伤害，那么就可能要全部用到这五种方式，这就要视具体情况而定了。但不管是哪种情况，企业都要让客户意识到企业对他们所关心的问题是很重视的。

(二)服务补救的方法

服务补救有四种基本的方法：逐件处理法、系统响应法、早期干预法和替代品服务补救法。

1. 逐件处理法

逐件处理法强调客户投诉各不相同。这种方法容易执行且成本较低，但它具有随意性。例如，最固执或者最好斗的投诉者经常会得到比通情达理的投诉者更令人满意的答复。由此，这种方法的随意性就会产生不公平。

2. 系统响应法

系统响应法是用规定来处理客户投诉。由于采用了识别关键失败点和优先补救标准这一计划性方法，它比逐件处理法更加可靠。只要响应规定不断更新，这种方法就会有效，因为它提供了一致和及时的响应。

3. 早期干预法

早期干预法是系统响应法的另一项内容，它试图在影响客户之前就干预和解决服务流程问题。例如，一名发货人发现由于卡车故障影响了出货，他就可以马上通知客户，必要时客户可以采取其他方案。

4. 替代品服务补救法

通过提供替代品服务补救，利用竞争者的错误去赢得客户。有时，处于竞争中的企业愿意采取这种做法。例如，一家超额预订旅馆的工作人员将客户送到与其竞争的旅馆。如果对手可以提供及时和优质的服务，它就可以利用这个机会。由于竞争者的服务失败通常是保密的，因此这种方法实行起来比较困难。

第四节　客户服务中心

一、客户服务中心概述

(一)客户服务中心的定义

20世纪80年代，欧美等国家的电信企业、航空公司和商业银行等为了密切与用户的联系，将电话和计算机技术作为与用户交互联系的媒体，设立了呼叫中心，实际上就是建立了针对用户的服务中心。这些呼叫中心利用计算机技术、计算机网络技术和电话通信技术，为客户提供自动语音应答服务和人工接听服务，包括信息查询、业务咨询、业务受理、质量投诉和处理、信息发布等全方位客户服务功能，还实现了内部使用的服务分类统计和分析、服务质量监控和考核等功能。

目前，"客户服务中心"这一概念的内涵十分丰富，但因为不同的客户服务中心应用的领域不同，功能不完全一致，采用的技术又各异，于是客户服务中心有很多别称，如"呼叫中心""互动中心""电话营销中心""客户联系中心""热线电话"等。客户服务中心的定义可从多种角度给出，这里我们从以下两方面给出。

(1) 管理的方面。客户服务中心是一个促进企业营销、市场开拓并为客户提供友好的交互式服务的管理与服务系统。它作为企业面向客户的前台，面对的是客户，强调的是服务，注重的是管理，是企业理顺与客户之间的关系并加强客户资源管理和企业经营管理的渠道。它可以提高客户满意度，完善客户服务，为企业创造更多的利润。

(2) 技术的方面。围绕客户采用计算机电信集成技术(CTI)建立起来的客户服务中心，对外提供语音、数据、传真、视频、因特网、移动等多种接入手段，对内通过计算机和电话网络联系客户数据库和各部门的资源。

(二)客户服务中心的类型

现代化的客户服务中心主要包括以下四种。

1. 互联网客户服务中心

互联网客户服务中心(Internet Call Center，ICC)为客户提供了一个从 Web 站点直接进入客户服务中心的途径。使客户服务中心从传统的"拨号交谈"扩展到现代的"点击交谈"。ICC 集合了 IP 电话、文本式对话(在窗口内用户可以输入文字与呼叫中心进行实时交流)、网页浏览自助服务、呼叫回复、E-mail 和传真等技术和服务。ICC 使客户服务水平的标准化和全球化成为可能。

2. 多媒体客户服务中心

多媒体客户服务中心(Multimedia Call Center，MCC)实际上是基于 CTI 技术的传统客户服务中心与 ICC 的相互组合。现在许多客户服务中心把各种媒体通信技术集成，允许坐席员同时处理语音呼叫、Web 请求、E-mail 和传真。通过语音、图像和数据的集成，信息可以通过多种媒体来传输。

3. 可视化多媒体客户服务中心

可视化多媒体客户服务中心(Video Multimedia Call Center，VMCC)是客户和客户代表可以通过视频信号的传递面对面地进行交流的技术。这种投资相对较高的客户服务中心的服务对象是那些需要在得到服务的同时感受舒适和安全的重要客户。随着技术的进步和设备投资的降低，VMCC 将在今后占据客户服务中心市场的主导地位。

4. 虚拟客户服务中心

虚拟客户服务中心即坐席员可以在任意地点有效地工作。例如，一个在特殊复杂产品方面的专家可以在远离客户服务中心的其他工作地点而仍然能服务于呼入客户服务中心的客户。虚拟客户服务中心的应用可以最大限度地节省投资以及促进人力资源的充分利用。

(三)客户服务中心在 CRM 中的作用

在客户关系管理的整体解决方案中，客户服务中心是一个很重要的组成部分，担负着客户信息采集、客户需求分析、客户分级、客户需求满足以及企业的客户服务、信息发布、市场调研、直接营销和形象展示等重要责任。

1. 提升客户感知价值

客户服务中心能够有效地提升客户体验。通过服务中心，企业能够除产品之外再向客户提供更多的附加价值，如个性化咨询服务、24 小时不间断电话、主动联系客户等服务。这些附加价值有助于在客户最需要的时候解决客户问题，提高客户满意度。

客户在进行服务中心访问时，服务中心的 CTI 技术可以识别客户的电话按键信息和主叫号码，确认客户的身份，由 CRM 软件调用相关的客户资料，在接通客户电话之前，即可完成对客户的认识，实现针对性的个性化服务。配合 CRM 软件对客户的销售和服务策略，在接听客户电话的同时，实时实现 CRM 的具体策略。

2. 帮助 CRM 改善流程

在 CRM 的具体实施中，客户服务中心有助于改善企业流程，实现各种业务流程的自动化，这是改善企业客户关系管理流程的关键。

在市场营销环节，CRM 软件可以充分利用客户服务中心的呼出功能执行多项任务，如基于互联网和传统市场营销活动的策划及执行；获取和管理客户需求；获得产品及竞争对手的信息；对有购买意向的客户进行跟踪、分配和管理等。在销售环节，销售人员可以通过呼叫中心许可的任何接入手段(电话、电脑、PDA 等)，随时得到生产、库存、订单处理的相关信息，同时，也可以对其客户资料与合同进行全面的管理，随时随地与客户进行业务活动，在一定程度上实现销售自动化。在售后服务与支持环节，客户可以通过客户服务中心所支持的多种方式联系企业，并在最短的时间内得到一致、完整和准确的信息。客户服务中心可以为企业提供有竞争力的售后技术支持和产品维修服务。

3. 强化 CRM 的情报管理

利用客户服务中心可以更全面地接近市场，更敏锐地感受市场的实时变化，更容易收集客户的抱怨和建议。企业可以通过客户服务中心了解市场动向，提早协调后台其他部门的相关市场活动及调整活动规模；客户服务中心能够收集到更多的客户基本信息、客户偏好以及客户所关心的问题，这些信息可以作为分析市场消费倾向的依据；客户服务中心能够定期整理收集客户需求、抱怨和建议等，并提供给后台部门，作为改善产品和服务品质的重要依据。

(四)CTI 技术

现代客户服务中心是基于计算机电信集成(Computer Telecommunication Integration，CTI)技术的应用系统。CTI 是呼叫中心系统的核心技术，是由传统的计算机电信集成技术演变而来，包含数据通信及传统语音通信网络内容的一种电信集成技术。传统 CTI 技术关注的是如何将基于计算机的智能技术运用到电话的发送、接收及管理，而如今的 CTI 技术则要考虑对其他媒体类型信息的传送，如传真、电子邮件和视频信号等问题。CTI 技术跨计算机技术和电信技术两大领域，涉及的内容很多，主要包括用户设备的信息系统、交互语音应答、呼叫中心系统、增值业务功能、IP 电话和硬件核心技术等。

1997 年以后 CTI 技术和应用在中国得到了飞速的发展。原邮电部提出的"97 工程"极大地促进了 CTI 技术的应用。中国的板卡等设备供应市场和 CTI 集成商的成长也促进了呼叫中心在国内企业的应用，国内一些通信业的领先公司(如华为、中兴、巨龙、大唐)和国外的一些公司(如 3Com、惠普、朗讯等)也纷纷推出自己针对中国市场的呼叫中心方案。

二、CRM 系统中客户服务中心的结构

随着互联网技术的应用，传统的、被动的、单独的、功能简单的客户呼叫中心已经逐渐过渡到互联网客户服务中心。客户服务中心的体系结构从基于交换机的模式发展为计算机的模式。客户服务中心成为一项结合语音通信、数据通信的数据处理技术，使企业能够处理灵活性和实时性很强的业务，并减少业务开支，如图 10-3 所示。

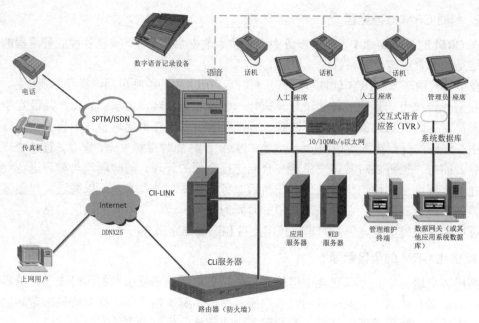

图 10-3　客户服务中心的网络结构

随着 CTI 技术、高速互联网、IP 电话、传真以及综合性呼叫中心服务器的发展，客户服务中心将在电信网络和计算机网络中融合，实现统一的 IP 网络服务，用户可以通过多种网络渠道进行呼叫，并得到统一服务。整个 CRM 系统中的客户服务中心首先必须是基于 CTI 的应用系统，适合较大规模的客户呼叫以及复杂的呼叫流程。一个完整的客户服务中心，一般由程控交换机、自动呼叫分配、交互式语音应答系统、计算机电信集成系统、数据库系统、呼叫管理系统、业务处理系统以及坐席(业务代表)等组成。用户的呼叫在 ACD 交换机排队之后，引导到不同的人工坐席，然后以语音或传真等不同方式给予用户相关的业务答复。系统可以分为前端和后端两大部分。在系统前端，CTI 是其核心，在计算机与电信集成的基础上对客户的呼叫进行应答、识别、接续、转移等受理活动；系统后端主要由各种数据库(如财务系统、业务管理系统)以及网络软硬件提供业务支持，保障数据的正确性和实时性，各种数据库系统、特殊服务系统、决策支持系统及其网络系统的软件整合是呼叫中心得以运行的关键。

三、客户服务中心的主要流程

(一)管理工作流程

客户服务中心的管理工作主要有三大基本任务：一是确立服务中心的战略；二是实施服务中心的运营方案；三是服务中心的服务质量评估。

1. 确立服务中心的战略

客户服务经理确定服务中心在企业整体战略中的地位和作用；客户服务主管根据所确定的服务中心战略定位，确定服务中心的运营目标，例如，50%以上的客户问题能够得到及时、专业的解答，能够及时向企业反映客户需求，以及如何有针对性地满足客户需要；客户服务主管在确定运营目标的基础上确定管理办法，管理办法应该能够管理多种技术的整合，能够最大限度地分析客户行为并挖掘潜在客户，有助于提升客户满意度。

2. 实施服务中心的运营方案

服务中心主管将所确定的运营方案上报客户服务经理审核，经审核通过，下发服务中心，由服务中心主管组织实施；服务中心需要对客户服务人员进行培训，培训的内容包括服务要求与规范、产品知识、企业文化等；客户服务人员能够及时响应客户呼入，对客户所提出的问题给予满意的回答，帮助客户解决问题；服务人员还应主动发起呼叫，进行客户满意度调查、产品信息介绍、客户关系维护等。

3. 服务中心的服务质量评估

服务质量管理部对客户服务质量进行监督和管理；客户服务主管定期组织对服务质量进行评估，提出改进意见，上报客户服务经理审核，以进行相关项目的改进和完善；客户服务主管对客户服务人员进行绩效管理与评估，调动客户服务人员的积极性和主动性。

(二)呼入业务工作流程

呼入业务工作流程主要包括三个环节：一是受理客户呼入；二是解决客户问题；三是客户问题的跟踪与控制。

1. 受理客户呼入

当客户呼入时，客户可以首先选择是否通过自助服务，如果需要人工服务，技术系统自动呼通特定客户的服务热线；坐席员及时受理客户呼入，并询问客户的具体要求，录入客户关键信息。

2. 解决客户问题

坐席员首先要判断能否处理客户需求，如果不能，应及时将客户呼入转到其他相关部门，并向客户说明原因；其他相关部门应及时受理客户呼入，参考客户意见，提出满意的解决方案，并及时将处理结果反馈给客户；对于坐席员能够处理的客户问题，坐席员应及时给予客户满意的回答，并做好相应记录，以备查询。

3. 客户问题的跟踪与控制

客户接受服务中心的处理结果之后，服务中心的坐席员应对相关信息进行详细记录，并定期对客户处理结果进行跟踪访问，以提高客户的满意度和忠诚度。

(三)呼出业务工作流程

呼出业务工作流程主要有三项基本任务：一是客户服务；二是客户销售；三是记录客户信息。

1. 客户服务

坐席员从客户数据库查找相关客户信息，并在常见问题与解答(Frequently Asked Questions，FAQ)系统中输入客户信息；坐席员主动联系目标客户，确认或更新资料，并向公司提交客户综合信息资料；坐席员利用 FAQ 系统，向目标客户进行市场调查或产品/服务满意度回访以及服务升级、优惠推荐等营销活动；营销活动中，坐席员解答客户的疑问或反对意见，维护企业的客户服务形象，强化企业与客户的关系。

2. 客户销售

坐席员向目标客户进行产品/服务的推荐及促销，采用有效的营销及沟通技巧向客户推广；准确判断客户对产品的需求，有针对性地销售。

3. 记录客户信息

客户服务人员针对成功销售的客户，输入客户资料，以便完成销售工作以及进行后期的客户关系维护；针对未销售成功的客户，进行客户跟踪，时刻关注客户动态和需求；针对没有需求的客户，客户服务人员也要进行相应的信息记录，以便做出相应调整。

四、客户服务中心系统的建设

(一)客户服务中心系统的建设模式

建立客户服务中心系统有两种模式，即"外包"模式与"自建"模式。

在"外包"模式中，需要利用市场寻找一个独立的客户服务中心运营商，它具有自己的、较大的客户服务中心运营规模，并可以将自己的一部分坐席或业务功能租给其他企业。这样，企业就可以将有关业务需求直接建立在这种客户服务中心运营商的基础上，不用自己单独添置硬件设备，仅需提供有关的专用服务信息，而由客户服务中心运营商为自己的用户提供服务。

这种方式的优点是节约成本，而且能够提供一个较专业的服务，但需要对相关坐席人员进行培训。

在"自建"模式中，由企业自己购买硬件设备，并编写有关的业务流程软件，直接为自己的客户服务。该方式能够提供较大的灵活性，而且能够及时地了解用户的各种反馈信息。

在建立具体的客户服务中心系统时，主要有两种实现技术可供参考，即交换机方式与计算机方式。这两种方式的区别主要是在语音接续的前端处理上。交换机方式是由交换机设备来完成前端的语音接续，即用户的电话接入；计算机方式是由计算机通过语音处理板卡，完成对用户拨入呼叫的控制。前者的处理能力较大，性能稳定，适于构建规模超过100个坐席以上的较大的服务中心系统，但成本也较高。后者的处理规模较小，稳定性较差，适于构建规模较小的系统，其优点是成本低廉、设计灵活。

(二)构建客户服务中心系统的具体步骤

构建一个客户服务中心系统要考虑的因素很多，如经费问题、业务处理能力、人员培训等。人工坐席的工资成本是考虑的成本之一。与销售人员一样，一个好的坐席员能够为企业带来更多的效益和利润。构建一个客户服务中心系统的具体步骤有以下七个。

1. 明确建设目标

明确准备利用服务中心完成哪些功能以及有哪些性能方面的要求等，将这些要求以书面的形式留档，以备日后查阅。

2. 制订技术方案

提出如何满足各种要求的技术方案，确定选用交换机方式或计算机方式，并确立各个部分的功能。

3. 完成详细设计

在进行多次的反复沟通后，确立具体的实现细节，完成详细的设计工作。

4. 系统编码与实现

完成具体的客户服务中心系统的设计与实现以及有关的编码工作。

5. 系统测试

由于客户服务中心系统是在电话网、互联网上运营，因此对可靠性的要求较高，应该进行充分的测试。

6. 系统运行

将系统投放到实际的运营中，及时解决出现的问题。

7. 系统维护

系统进行日常运营维护或根据需求变化进行升级。

总之，建立一个具体的系统需要紧密结合业务需求，需要经过充分的业务分析，如此才能知道如何满足需求，并在此基础上选择具体的集成技术。

本 章 小 结

(1) 客户服务是一种以无形的方式在客户与服务职员、有形商品和服务系统发生的，可以解决客户问题的一种或一系列行为，它不仅是一种活动，也是一个过程，还是某种结果。与有形产品相比，客户服务具有不可感知性、不可分离性、差异性、不可贮存性和缺乏所有权的特征。客户服务经历了从基础客户服务到支持性客户服务、休闲娱乐客户服务、省时性客户服务、客户感受服务和客户信息服务的一个过程。客户服务的方法大致可以分为三类，即接触服务、展示服务和服务承诺。

(2) 客户服务管理是在环境分析的基础上，确定企业客户服务战略，制定客户服务原则与客户服务标准，拟定标准的服务工作流程，协调企业各部门的工作，为企业所拥有的客户提供优质服务，维护企业良好的形象和信誉。具体内容包括客户服务的目标管理、客户服务的等级管理、客户服务的质量管理和客户服务的承诺管理。

(3) 客户服务失败后企业并不希望客户带着不满且自动流失，而是希望把客户继续留住，或者客户对企业的信心需要公司采取措施来恢复，这就出现了企业的服务补救。企业所要做的主要是找出服务失误的原因、分析服务失误之后的客户反应，以及客户对服务补救的期望，并对服务失误进行补救。具体的服务补救方式有道歉、紧急复原、移情、象征性赎罪和动态追踪访问。

(4) 客户服务中心是一个促进企业营销、市场开拓并为客户提供友好的交互式服务的管理与服务系统。它作为企业面向客户的前台，面对的是客户，强调的是服务，注重的是管理，是企业理顺与客户关系并加强客户资源管理和企业经营管理的渠道。它可以提高客户满意度，完善客户服务，从而为企业创造更多的利润。

课 后 练 习

一、判断题

1. 客户既是企业经营的基础，也是维持企业存在的基础。　　　　　　　　　（　　）

2. 当企业已经认识到不能只在服务上进行竞争时，价格的地位和作用凸显出来。（　　）

3. 在客户关系管理中，任何能提高客户满意度的内容都属于客户服务的范畴。（　　）

4. 产品是有形的，因而可以贮存，而且有较长的使用寿命，但服务则无法贮存。（　　）

5. 服务承诺作为一种重要的营销手段，在各类企业中得到越来越广泛的应用。（　　）

6. 同有形产品一样，服务产品的质量水平也完全由企业决定。　　　　　　　（　　）

7. 如果竞争激烈，那么通过实施服务承诺则是获得竞争优势的重要手段。　　（　　）

8. 消费者对那些昂贵、高风险和涉及自我服务的投诉少于那些廉价的频繁购买的服务的投诉。　　　　　　　　　　　　　　　　　　　　　　　　　　　　　　　　（　　）

9. 一项成功的服务补救可能产生比第一次就正确服务还要好的效果。　　　　（　　）

10. 不管用什么补救方法，最固执或者最好斗的投诉者总能得到比其他投诉者更多的利益。　　　　　　　　　　　　　　　　　　　　　　　　　　　　　　　　　　（　　）

二、单项选择题

1. 客户服务最为显著的一个特征是(　　)。

　　A. 不可感知性　　　B. 不可分离性　　　　C. 差异性　　　　　D. 不可贮存性

2. 对客户服务不可感知性的理解不包含(　　)。

　　A. 服务的很多元素看不见、摸不着

　　B. 客户在购买服务之前往往不能肯定他能得到什么样的服务

　　C. 客户在接受服务后通常很难察觉或立即感受到服务的利益

　　D. 在服务的生产和消费过程中不涉及任何东西的所有权转移

3. 在客户服务的方法中，最常用的就是(　　)。

　　A. 展示服务　　　B. 服务承诺　　　　C. 接触服务　　　D. 体验服务

4. 客户接触服务是否成功，在很大程度上取决于(　　)。

　　A. 企业的经济实力　　　　　　　　　　B. 一线服务人员是否优秀

　　C. 服务设施的质量水平　　　　　　　　D. 企业服务流程的规范程度

5. 服务质量的评价标准中，被客户认为最重要的内容是(　　)。

　　A. 可感知性　　　B. 可靠性　　　　C. 保证性　　　D. 移情性

6. 企业对服务的所有事项做出承诺，称为(　　)。

　　A. 单一特性承诺　B. 多重特性承诺　C. 完全承诺　　D. 组合式承诺

7. 确认(　　)是服务承诺设计的关键。

　　A. 客户需要　　　B. 竞争对手　　　C. 企业状况　　D. 行业特点

8. 服务补救中具有容易执行、成本较低、随意性强等特点的方法为(　　)。

A. 逐件处理法　　B. 系统响应法　　C. 早期干预法　　D. 替代品服务补救法

9. 鲜花礼品店的包装服务和肯德基、麦当劳的儿童生日派对等属于(　　)。

    A. 基础客户服务　　　　　　　　B. 休闲娱乐客户服务

    C. 省时性客户服务　　　　　　　D. 客户感受服务

10. (　　)为客户提供一个从 Web 站点直接进入客户服务中心的途径。

    A. 多媒体客户服务中心　　　　　B. 互联网客户服务中心

    C. 可视化多媒体客户服务中心　　D. 虚拟客户服务中心

三、多项选择题

1. 客户服务具有(　　)的特征。

    A. 不可感知性　　　　　　B. 不可分离性　　　　　　C. 不可贮存性

    D. 缺乏差异性　　　　　　E. 缺乏所有权

2. 按照承诺制度的分类，服务承诺分为(　　)。

    A. 隐式承诺　　　　　　　B. 显式承诺

    C. 单一特性承诺　　　　　D. 多重特性承诺

    E. 完全承诺

3. 企业在确定服务承诺的类型后，具体承诺内容的设计必须综合考虑(　　)。

    A. 客户需要　　　　　　　B. 经济形势　　　　　　　C. 企业状况

    D. 行业特点　　　　　　　E. 竞争对手

4. 有一些顾客比其他人更可能抱怨，原因是这些消费者(　　)。

    A. 通常将抱怨看作对其时间和精力的浪费

    B. 相信自己将会并且应该由于服务失误而获得某种形式的赔偿

    C. 相信得到公正的对待和良好的服务是应该的

    D. 认为有一种社会责任在促使其抱怨，帮助其他人避免遇到相似的情况

    E. 相信投诉总会有积极的结果且对社会有益

5. 服务补救的方式包括(　　)。

    A. 道歉　　　　　　　　　B. 紧急复原　　　　　　　C. 移情

    D. 象征性赎罪　　　　　　E. 动态追踪访问

四、问答题

1. 举例说明客户服务，并分析客户服务对企业的作用。

2. 为什么要服务补救？企业应该怎样进行服务补救？

3. 站在一个客户的角度，你认为商家应该怎样承诺才会有比较好的效果？

五、案例分析题

饭统网的呼叫中心

    北京锋讯在线信息技术有限公司(饭统网)是利用互联网加呼叫中心模式的又一个成功案例。有人说饭统网是"餐饮行业的携程"，这种说法非常准确，这不仅是对其行业地位的认可，也代表了评价者对其商业模式的准确认识。正如携程网、艺龙网从事酒店、机票的预订业务，饭统网从事的就是就餐预订业务。呼叫中心在其收入中具有核心作用。

饭统网自成立客服以来方便了很多人的生活，他们的愿景是"让预订改变每个人的生活"。目前，客户通过"400"号码和网上预订来接受统一服务。同时根据客户的需求，客服中心又增加了在线、短信、MSN等多种渠道，方便客户随时预订。根据餐饮行业的特殊性，饭统网安排了7×24小时服务，且保障客户投诉及时处理，不耽误客户正常就餐。随着饭统网影响力的不断扩大，通过饭统网订餐的用户越来越多，为此2007年10月，饭统网开始考虑应用呼叫中心解决方案。经过多方对比，饭统网最终选择了采用天润托管型呼叫中心的解决方案，在1周时间内就完成了饭统网的呼叫中心建设工作。

自2007年下半年饭统网正式引进托管型呼叫中心后，原有的CRM系统与托管型呼叫中心系统进行了对接，将呼叫中心业务分为呼入和呼出，执行流程化管理，而且由于托管型呼叫中心的坐席数量可以"随需而变"，使饭统网可以方便地根据业务实际情况来随时调整坐席，大大地提高了接听效率和服务质量，同时提高了数据质量、建立了内部沟通渠道，为开展市场调查活动等提供了准确数据。另外，通过一线信息汇总，可以准确分析出客户的喜好、习惯及特点，可以为餐厅提供客户的反馈信息及行业的趋势，帮助餐厅更好地经营。他们还基于CRM系统建立一系列管理制度和奖惩制度，对员工进行科学化、人性化的管理，鼓励员工提高数据的录入质量。在管理上，通过制定相应的规章制度来规范坐席代表的行为，明确了奖惩机制，同时也对坐席进行现场抽查监控，并明确了风险紧急应对措施。

作为饭统网与顾客无障碍沟通的最佳渠道之一，呼叫中心的作用远不止于被动应对客户的提问。饭统网呼叫中心的最大特色就是建立在CRM理念之上，使呼叫中心成为CRM基础数据库与客户最便捷的门户和最有效的互动渠道，而选择托管型呼叫中心则最合理地降低了企业在呼叫中心上的建设和后期的运营成本。基于此，呼叫中心的特色主要包括以下四个方面。

第一，时效性强，翔实、准确、生动的餐厅信息。饭统网向消费者推荐的5 000家主流餐厅都由公司安排客服人员以大量的时间一家家地实地走访，以便客服人员能够具备充分的亲身体会和直观印象。另外，随着客服人员不断地实地走访，他们收集到大量第一手资料，并能随时更新补充。

第二，方便为先，提供多种预订方式。饭统网目前有电话、在线预订、即时通信、短信、WAP 5种预订方式，且保证7×24小时全时段迅速响应的餐饮预订及咨询服务，使客户不受时间和联系方式的约束，轻松自如地享受订餐咨询。

第三，与时俱进，深度进行数据挖掘，以求不断提高服务。通过订餐记录对预订过的消费者进行分析，以便更准确地了解客户的口味偏好、地理位置、消费档次，为今后的推荐累积数据资料，做好相关准备。另外，他们会定期更新美食信息库，共享所有重要的信息数据，使每个客服人员在工作中循序渐进地增长知识，并以餐饮专家级的服务质量让顾客得到最大限度的满意。

第四，充分发挥托管型呼叫中心随需而变的特点，根据订餐业务具有周期性的特点，灵活调整呼叫中心坐席规模，应用功能模块，从而使饭统网在呼叫中心的资本投入与自身业务的发展保持高度一致性，进而通过应用呼叫中心获得最大收益。饭统网在餐饮行业以互联网加呼叫中心的模式获得了成功，

呼叫中心在预订业务中的价值得以充分体现。

饭统网的愿景是"让预订改变每个人的生活"，呼叫中心的到来让这个愿景越来越变得清晰，为呼叫中心与社会生活紧密结合树立标杆。一方面，饭统网呼叫中心能够根据餐饮行业的特点，摸索出一套适合自身业务的管理方式，这为呼叫中心未来在更多行业进行更为深入的应用提供借鉴;另一方面，托管型呼叫中心在饭统网的成功应用，对大量在高速成长中的电子商务企业如何选择适合自身企业特点的呼叫中心解决方案，也同样具有指导意义。

2014 年 4 月 23 日，饭统网宣布倒闭，但是其呼叫中心在当时的市场环境中确实起到了很大的作用，这是毋庸置疑的。

(资料来源：http://www.ccmw.net/article/26380.)

请回答：
一个好的客户呼叫中心应该具备哪些功能？

第十一章　CRM 系统

学习目标

- 了解客户关系管理软件的内涵、作用、一般模型和构成。
- 了解 CRM 系统的四大基本功能模块。
- 了解运营型、分析型和协作型 CRM 软件的内涵和功能，以及三类 CRM 软件的关系。
- 了解 CRM 软件的开发流程。

引例：广东步步高的 CRM

目前，家电产品的技术、功能、质量的差异越来越小，产品的同质化倾向越来越强，激烈的价格战导致了家电行业的企业几乎无利可图，寻求战略转型和长远升级已成为企业唯一的选择。中国家电企业已经普遍意识到新形势下市场竞争的持续制胜之道，就是在满足顾客需要的服务方面，比竞争对手做得更强、更好。在产品同质化、竞争白热化的环境下，品质已经不再是顾客消费选择的主要标准，越来越多的客户更看重的是商家能为其提供何种服务以及服务的质量和及时程度。家电企业只有通过体贴入微的客户服务来重新塑造自己的核心竞争力，在这样的环境下，服务的作用再次凸显出来。

以提高客户的忠诚度来提升客户的终生价值为核心的客户关系管理的经营理念正是在这激烈的市场竞争环境下产生的，家电行业从产品向服务转型的过程中，CRM 的管理理念很快找到了用武之地。实际上，虽然国内多个家电企业(如 TCL、海尔、帅康、春兰等)是有不少呼叫/服务中心的解决方案，没有挂上 CRM 的头衔，但也是 CRM 实践范畴的重要技术资源优化之一。广东步步高的 CRM 软件项目的实施就是在这样的背景下开展的。

1. 项目确立

家电行业的产品属于中等价值耐用消费品，虽然同其他价值小的消费品同样是非直接面向客户的销售方式，但产品售后服务的需求比较大，有很多的维修、配件管理、替换等典型的售后服务业务需求。因此，家电行业的 CRM 需求将主要集中于 CRM 三大业务领域中客户服务和客户营销这一块。

显然，建立统一的客户服务中心作为企业同客户的交互平台，在此基础上配备 CRM 分析型应用和灵活的促销自动化将是一个主要的 CRM 软件选择。

广东步步高对 CRM 业务需求主要有以下两个方面。

(1) 快速的顾客响应。客户可以用最便利的方式联系步步高，完成投诉、维修服务要求等，可为客户提供更富有个性化的服务项目，加强客户资源管理。

(2) 畅通的企业顾客交流，成为步步高获取市场需求信息的重要门户，并成为市场信息的统计分析中心。一方面，步步高新的全方位服务体系集成了电话、传真、互联网等通信方式，增加了顾客与步步高的交流渠道；另一方面，该体系收录了客户服务的所有信息，并可进行各类统计分析。

统一集中管理顾客资源，让服务延伸到企业的生产、销售，以建立高效的服务流程，从而降低单位服务成本。

经过考察国内多家 CRM 软件厂商，在平衡功能和业务需求等因素下，广东步步高选用了在设备服务领域比较成熟的杭州星际的 CRM 产品。该产品以客户服务中心为基础平台，提供多联系渠道整合能力，并带有客户分析功能。

2. 项目实施

在软件提供商和实施商确立后，步步高调配高级管理人员和技术力量，与星际网络公司共同组成实施队伍，制订严密的实施计划。星际网络在系统详细分析之后，进行深入的客户化工作。在该系统中，不但完整地提供了呼叫中心，更提供了完善的客户服务流程管理，尤其是系统中的配件管理部分，充分地实现项目设计目标。配件管理主要包括维修接待模块、维修模块、配件管理模块、报表/统计模块、系统维护模块。

在客户服务体系的运营管理方面，步步高投入充分的资源和努力，在实施商的帮助下，对人员培训选择上不遗余力，建立一支专业化、标准化、规范化的售后服务队伍。步步高不仅通过多种途径和多种形式对售后服务人员进行维修技能培训，而且通过专职讲师对全国服务人员进行服务意识和服务理念的教育及培训。此外，步步高建立了监督机制，包括开通客户投诉热线、接受用户对各地服务网点的监督以及通过服务信息系统对服务过程进行监控等。整个项目前后经历了约 1 个半月，于 2002 年 5 月完成。

3. 实施效果

步步高客户服务中心的建立为企业提供了客户统一的服务请求入口，实施多渠道呼叫的自动路由，大大提升了客户同企业的交互能力。在呼叫中心的基础上，标准的客户服务应用集中管理客户服务请求，可以有效地组织和管理技术服务队伍，从而使技术人员的工作效率大为提高。

(资料来源: http: //zhidao.baidu.com/question/85683709.html.)

引例启示：在市场经济条件下，企业之间的竞争一般都要遵从由价格到质量，再到品牌的一个过程。21 世纪初期，步步高采用 CRM 系统为客户提供服务，满足了客户，赢得了市场，企业获得了发展。

CRM 系统是一整套客户关系管理的解决方案，集客户信息管理、市场营销、销售管理、客户关怀、服务和支持等功能于一体的大型的综合软件系统。CRM 系统在企业中的运用日益得到推广和普及。

第一节　CRM 系统概述

一、CRM 系统的产生

　　客户关系管理产生的一个重要原因就是现代管理信息技术的发展和应用。所谓现代管理信息技术，主要是将现代信息技术综合应用到管理领域的各种技术。在计算机技术和控制技术所引发的"网络革命"以及在此基础上产生的"电子商务革命"的推动下，各种智能化的管理信息技术在企业与客户交互的各个领域得到了广泛而充分的应用。例如，随着数据库技术的发展以及数据仓库、商业智能和知识发现等技术的应用，使企业收集、整理、加工和利用客户信息的能力大大提高；而系统集成技术的发展又使企业可以将各个应用子系统在客户中心战略的总体规划下优化、整合，实现面向客户的资源配置体系；另外，基于互联网的信息技术逐渐成为成熟的商业手段和工具，并且越来越多地应用于企业信息化的建设，这使企业的信息系统更加适应客户需求的变化。

　　这些先进技术的发展使客户关系管理不是停留在理论研究上，而是在 IT 技术的支持下开发了大量的软件系统，即 CRM 系统。正是 CRM 系统的有效应用，极大地增强了企业的营销能力、销售能力、客户服务与支持能力以及对客户需求的反应能力，进而改善了企业与客户的关系，并进一步帮助企业在激烈的市场竞争中提升核心竞争力。

二、CRM 系统的内涵

　　CRM 系统是企业面向客户建立的内部一体化客户管理体系，从而使客户和企业双方利益最大化。CRM 系统通过收集、整理客户信息，形成庞大的客户资源数据仓库，再通过分类、关系连接、建立数据分析模型得出客户关系管理的动态信息，从而让企业员工能充分了解客户现状，做出相应的跟踪和服务提供。对 CRM 系统的理解可以从以下三个层面来分析。

1. CRM 系统体现一种现代营销理念

　　现代信息技术的长足发展为市场营销管理理念的普及和应用开辟了广阔的空间。CRM 系统就是体现以客户为中心、视客户为资源的现代管理理念，应用 CRM 系统可以实施客户关怀，满足客户要求，赢得客户忠诚。

2. CRM 系统是一整套解决方案

　　作为解决方案，CRM 系统集合了当今最新的信息技术，包括互联网和电子商务、多媒体技术、数据仓库和数据挖掘、专家系统和人工智能、呼叫中心以及相应的硬件环境，同时还包括与 CRM 相关的专业咨询等。

3. CRM 系统是一个应用软件系统

　　作为应用软件系统，CRM 系统集客户信息管理、市场营销、销售管理、客户关怀、服务和支持等功能于一体，是一个大型的综合软件系统。

三、CRM 系统的作用

集成了 CRM 管理思想和最新信息技术的 CRM 系统，是帮助企业最终实现以客户为中心的管理模式的重要手段。一个能够有效实现 CRM 经营理念的 CRM 系统应该具备以下六个方面的作用。

1. 实现对客户数据的统一管理

客户信息作为公司的重要资产，必须由企业统一管理。企业的客户数据来源众多，渠道各异，如果这些数据是零散的，没有一个统一的系统来整合，数据很难完整，更不能及时更新。只有实现对客户数据的统一管理，才能使数据满足企业管理的需要，这些数据才能运用到企业的客户管理中。

2. 具有整合各种客户联系渠道的能力

各种渠道整合就是不论客户的请求来自电话、传真、电子邮件还是通过网页访问甚至亲自到访，所形成的信息都必须准确地、无遗漏地、无重复地反映到数据库，做到客户信息的"零流失"；同时，客户可以选择他们喜欢的任何一种方式与企业打交道，在用其他方式时，不必重复提供信息。

3. 快速方便地向系统用户传递信息

CRM 应用系统的各种用户(包括客户服务支持人员、市场营销人员、现场服务人员、销售人员以及合作伙伴等)能以各种方便的方式从系统中获取各种相关的客户信息。

4. 提供营销、销售和服务自动化工具

向面向客户的员工提供营销、销售和服务的自动化工具，实现三者的无缝整合，打破营销、销售和服务的业务限制，实现客户服务流程在部门的平滑接续。例如，营销部门提取的潜在客户，在经过客户价值认定之后，自动转给销售人员，成为销售人员的销售机会；呼叫中心接到的维修请求可以自动出现在技术人员的服务应用系统中。

5. 具有一定的商业智能

客户行为预测能力是对 CRM 应用系统的一个重要需求，否则客户关系的差别化管理就难以实现，因此，具有一定商业智能是 CRM 应用系统的重要指标之一。

6. 具备与其他企业应用系统的整合能力

CRM 应用系统必须解决与其他应用系统的整合问题，否则前、后台出现的断点必然影响客户服务的质量。最明显的整合是 CRM 与后台 ERP 的整合，实现前台接受订单，后台处理订单，这是基本的整合。

四、CRM 系统的一般模型

CRM 系统的一般模型反映了 CRM 最重要的一些特性，如图 11-1 所示。

CRM 系统的一般模型阐明了目标客户、主要过程以及功能的相互关系。CRM 的主要过程由市场、销售和服务构成。在市场营销过程中，通过对客户和市场进行细分，确定目标客户群，制订营销战略和营销计划。销售的任务是执行营销计划，包括发现潜在客户、

信息沟通、推销产品和服务、收集信息等，目标是生成销售订单，实现销售。在客户购买了企业提供的产品和服务后，还需对客户提供进一步的服务与支持，这主要是客户服务部门的工作。产品开发和质量管理分别处于 CRM 过程的两端，提供必要的支持。

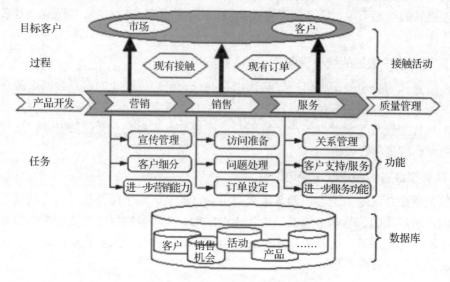

图 11-1　CRM 系统的一般模型

在 CRM 软件系统中，各种渠道的集成是非常重要的。CRM 的管理思想要求企业真正以客户为导向，满足客户多样化和个性化的需求。要充分了解客户不断变化的需求，必然要求企业与客户有双向的沟通，因此，拥有丰富的营销渠道是实现良好沟通的前提条件。

CRM 改变了企业前台业务的运作方式，各部门信息共享，密切合作。位于模型中央的共享数据库作为所有 CRM 过程的转换接口，可以全方位地提供客户和市场信息。过去，前台各部门从自身角度去掌握企业数据，业务割裂。而对 CRM 模型来说，建立一个相互联系紧密的数据仓库是 CRM 功能全面实现的基本保障。

五、CRM 系统的构成

根据 CRM 系统的一般模型，可以将 CRM 软件系统划分为接触活动、业务功能及数据库三个部分，但这三部分功能需要以技术功能的实现为基础。

1. 接触活动

CRM 软件应当能使客户以各种方式与企业接触，如图 11-2 所示，典型的方式有呼叫中心、面对面沟通、传真、移动销售、电子邮件、互联网以及其他营销渠道，如金融中介或经纪人等，CRM 软件应当能够或多或少地支持各种接触活动。企业必须协调这些沟通渠道，保证客户能够采取其方便的方式随时与企业交流，并且保证来自不同渠道的信息完整、准确和一致。今天，互联网已经成为企业与外界沟通的重要工具，特别是电子商务的迅速发展，促使 CRM 软件与互联网进一步紧密结合，为基于互联网的应用模式。

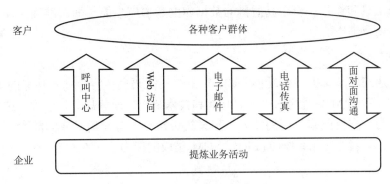

图 11-2　各种渠道的接触活动

2. 业务功能

企业的每个部门必须能够通过上述接触方式与客户沟通，而市场营销、销售和服务部门与客户的接触和交流最为频繁，因此，CRM 软件主要对这些部门予以支持。尽管不同的 CRM 软件产品所具有的业务功能不同，但市场管理、销售管理和客户服务三项功能是不可缺少的。

在具体的应用中，这三种业务功能是相互配合、相互促进的关系，如图 11-3 所示。

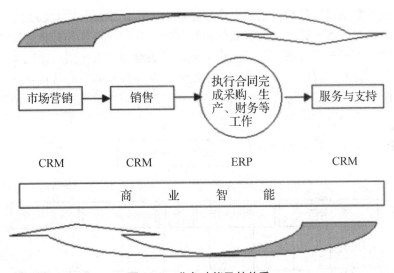

图 11-3　业务功能及其关系

3. 数据库

实现决策支持的关键是要建立一个统一、共享的客户数据库，进而建立一个完善的数据仓库系统。数据仓库系统在 CRM 中起重要作用。它帮助企业根据客户终身价值来区分客户；帮助企业准确地找到目标客户群；帮助企业在最合适的时机以最合适的产品满足客户需求，降低成本，提高效率；帮助企业结合最新信息和结果制定出新策略，赢得客户忠诚。运用数据库这一强大的工具，可以与客户进行高效的、可衡量的、双向的沟通，真正体现以客户为导向的管理思想；可以与客户维持长久的甚至是终身的关系来保持和增加企业短期和长期的利润。可以这样说，数据库是 CRM 管理思想和信息技术的有机结合。目前，飞速发展的数据仓库技术能按照企业管理的需要对数据源进行再加工，为企业提供了强大的分析数据的工具和途径。一个高质量的数据库的数据应当能全面、准确、详尽和及时地反映客户、市场及销售信息。

4. 技术功能

除了上述三种基本的业务功能，CRM 系统还需要众多特定技术功能的支持，Hurwitz Group 曾给出了 CRM 系统的六个主要功能和技术要求，即信息分析能力、进行集成客户互动渠道的能力、支持网络应用的能力、建设集中统一的客户信息库的能力、对工作流进行集成的能力、与其他应用系统(如 ERP、SCM)集成的能力。

第二节　CRM 系统的基本功能模块分析

CRM 系统的技术类型有多种，企业在应用这些系统时，要求的系统功能可能不同，但都包含基本的功能模块。一般的 CRM 系统功能模块有营销管理、销售管理、服务管理和呼叫中心等模块。呼叫中心为营销管理、销售管理和服务管理提供支持与服务。

一、营销管理子系统

营销管理子系统对客户和市场信息进行全面的分析。通过营销管理子系统，可以使市场营销人员直接对市场营销活动的有效性进行计划、执行、监视和分析，能够帮助企业选择和细分客户、追踪客户联系、衡量联系结果、提供对客户直接的自动回应功能，进而实现营销自动化。另外，营销管理子系统还为销售、服务和呼叫中心等提供关键的信息。营销管理子系统主要涵盖信息管理、营销活动管理、统计与决策支持以及营销自动化，如图 11-4 所示。

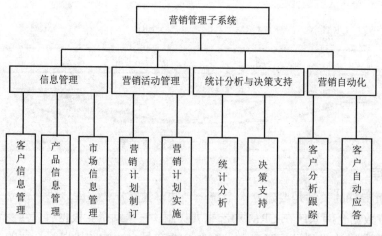

图 11-4　营销管理子系统功能结构

1. 信息管理

信息管理包括客户信息管理、产品信息管理和市场信息管理。即从各种渠道收集与营销活动相关的客户信息，为企业相关人员提供客户信息的查询，支持对特定客户群体的信息跟踪，支持客户发现的功能，为市场营销活动提供帮助，也对 CRM 系统中其他功能模块

(如销售、服务)提供信息支持。

2. 营销活动管理

营销活动管理主要包括市场营销活动计划的制订与实施，并对营销活动的执行过程进行监控。通常的做法是将市场营销活动分为几个阶段进行，每个阶段设定相应的阶段性目标，分阶段考核评价市场营销活动的效果，然后再逐步推进。

3. 统计分析与决策支持

统计分析与决策支持提供对客户和市场方面的深度分析，以支持正确的营销市场细分；对市场营销活动的效果进行分析评价，支持对营销活动及营销流程进行优化。

4. 营销自动化

营销自动化也称作技术辅助式营销，是营销管理子系统的重要组成部分。营销自动化是一系列技术和一个统一的数据库的集合体，能使市场营销过程自动化，能够提升市场营销的效果和效率。为实现自动化处理的目标，系统应该具备能够定义触发条件和规则、设计独立的处理步骤、使用所有的交互渠道向客户提供一致的反馈信息。营销自动化还可以应用客户的回复(如对满意度调查的回复)来进行下一步的营销活动。

二、销售管理子系统

根据营销管理子系统提供的市场信息，销售管理子系统对商业机遇、销售渠道等进行管理。该模块将企业所有的销售环节结合起来，形成统一的整体。销售管理子系统为销售人员提供企业动态、客户、产品、价格和竞争对手等大量的最新信息，有利于缩短企业销售周期，提高销售的成功率；能够快速获取和管理日常销售和渠道信息，具备联系人跟踪、销售机会管理、销售预测分析的功能，进而实现销售自动化。另外，销售管理子系统还可以为销售人员提供一个高效率的工作平台以及和客户充分沟通，为销售经理有效地协调和监督整个销售过程提供帮助，确保销售成功。销售管理子系统主要包括业务订单管理、渠道及库存管理、统计与决策支持、销售自动化，如图 11-5 所示。

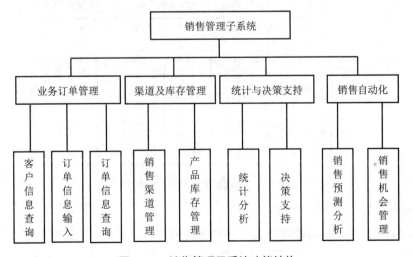

图 11-5　销售管理子系统功能结构

1. 业务订单管理

业务订单管理与营销管理子系统衔接，获取市场机会信息，处理客户订单，发挥报价、订单创建、订单执行、账户管理等业务功能，并提供订单的全方位查询功能。

2. 渠道及库存管理

渠道及库存管理负责管理各种渠道的合作伙伴，如代理商、经销商、零售商等；提供对渠道和企业库存情况的查询功能，支持对各库存的调配工作，有效地支持销售活动。

3. 统计与决策支持

统计与决策支持通过对销售数据的多方面统计和查询，为决策提供所需的有用信息和帮助。

4. 销售自动化

销售自动化也称作技术辅助式销售，是销售管理子系统的重要组成部分。销售自动化可以规范销售和服务的过程，销售人员按照统一的业务规范，有序地管理客户，将销售行为制订在有序而精准的基础上。在销售过程中，通过调用预先设置好的销售跟单方案，制订详细的跟踪计划并自动生成日程安排，实现规范的标准化跟单过程，从而提高客户满意度和跟单的有效性。

三、服务管理子系统

服务管理子系统为客户服务人员提供易于使用的工具和有用的信息，可以提高客户服务人员的服务效率和服务能力。服务管理子系统包括客户(服务)信息管理、服务合同管理、统计分析与决策支持、服务档案管理，如图11-6所示。

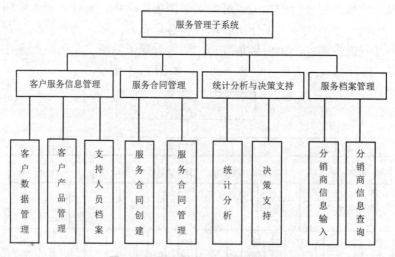

图11-6 服务管理子系统功能结构

1. 客户(服务)信息管理

客户(服务)信息管理主要收集与客户服务相关的资料，可完成现场服务派遣、客户数据管理、客户产品生命周期管理、支持人员档案和地域管理等业务功能。此外，通过与 ERP 系统的集成，可为后勤、部门管理、采购、服务质量、成本跟踪、财务管理等提供必需的数据。

2. 服务合同管理

服务合同管理通过帮助用户创建与管理客户服务合同，从而保障客户能获得应有的服务水平和质量；跟踪保修单和合同的续订日期；通过事件功能表安排预防性的维护行动。

3. 统计分析与决策支持

统计分析与决策支持通过对客户服务资料进行分析和处理，使企业既能根据客户的特点提供服务，又能对客户的现值进行评估，从而使客户的满意度和企业盈利都有所提高。

4. 服务档案管理

服务档案管理使用户对客户的问题和解决方案能够进行日志式的记录，包括联系人管理、动态客户档案、任务管理以及解决关键问题的方案等，从而提高检索问题答案或解决方案的响应速度和质量。

四、呼叫中心管理

呼叫中心是基于 CTI 技术的一种新综合信息服务系统，由早期的仅以电话和接话人员组成的电话服务热线发展而来。在 CRM 系统实践中，无论是产品还是解决方案，都将呼叫中心纳入 CRM 系统的整体战略框架，成为 CRM 系统不可或缺的组成部分。呼叫中心子系统通过将销售子系统与服务子系统的功能集成一个单独的应用，使一般的业务代表能够向客户提供实时的销售和服务支持。通常，业务代表借助呼叫中心处理客户、账户、产品、历史订单、销售机会、服务记录、服务级别许可等业务。业务代表能够动态地推荐产品和服务，或者他们可以遵循基于智能脚本的工作来解决服务咨询，进而向客户提供其他产品和服务。

呼叫中心的业务代表通常会频繁地接到打进内部的销售及服务电话，或者与市场活动和市场扩展相关的电话。业务代表在与客户的联系中提供简单的观点，以保障准确、有效地回应每一位客户的需要。业务代表迅速解决了客户的服务咨询后，他们还可以扩展销售或提升销售其他附加的产品和服务。

业务代表在与客户的交谈过程中，智能化问卷可以起到引导作用，根据客户的概况、个性化特点和当前需求，动态地推荐合适的产品及服务。智能化问卷可以帮助客户克服自身的缺陷，站在销售的角度，发表有竞争力的观点。使用智能化问卷，即使是新手也可以像有经验的业务代表一样工作。

第三节　CRM 应用软件系统分析

目前，很多软件系统公司开发了 CRM 应用软件系统，这些 CRM 应用软件系统的功能特点和适用对象不同，模块和系统规模多少各异。美国著名的 IT 咨询公司 Meta Group 通过分析和归类，把 CRM 系统分为运营型、分析型和协作型三类。

一、运营型 CRM

1. 运营型 CRM 的含义

运营型 CRM 也称"前台"CRM 或操作型 CRM，如营销自动化、销售自动化和客户服务管理等与客户直接接触的部分，其目的是保障企业与客户的交流，保障企业能够通过各种客户互动渠道收集所需要的客户信息，以便建立客户档案，并将各种相关的客户数据存储在中央客户数据库。运营型 CRM 使企业直接面对客户的相关部门，日常工作中能够拥有统一的信息，实现了客户资源的共享，降低了各个部门在客户工作中的不一致性，从而以一种统一的态度面对客户。

2. 运营型 CRM 的产生原因

设计运营型 CRM 的主要原因有两点。一是在互联网时代，由于人们的联系越来越多且方便，客户的耐心指数大大下降。在与客户打交道时，无论电话、E-mail 还是其他方式，迟缓、拖拉的办事方式都会使企业产生客户流失。二是由于信息的高度畅通，客户很容易从多种渠道获得产品的信息，对供应商的选择余地很大。对企业来说，保持老客户越来越难，为此必须加强与客户的多渠道信息沟通。

为了解决这些问题，运营型 CRM 选择以"接触点"为突破口，对与客户直接接触的各个"触点"进行整合，实现前台和后台运营的平滑连接。这里的"触点"可以是"输入"接触(如客户打入公司的电话)，也可以是"输出"接触(如业务员的销售电话或者促销电子邮件)。运营型 CRM 主要用于针对市场营销、销售、客户服务和支持等与客户有关的部门，使企业业务处理流程的自动化程度和效率更高，从而提高企业同客户的交流能力。

3. 运营型 CRM 的应用目的

应用运营型 CRM 的主要目的是加强和客户的联系与交流。通过有效的运作，运营型 CRM 将来自市场营销部门、销售部门和客户服务部门以及技术支持部门等多个部门的信息进行汇总加工，形成企业的客户信息中心。运营型 CRM 为客户提供一个统一的客户接触平台，只要客户与企业发生联系，企业就可以借助这个平台实现信息的内部共享，包括客户的个人信息、客户的通话状况、客户的缴费情况、与客户发生过的接触以及处理结果等。

4. 运营型 CRM 的主要功能

运营型 CRM 使企业在网络环境中能够以电子化方式完成从市场、销售到服务的全部商务过程，主要包括以下五个方面的应用功能。

1) 营销活动

运营型 CRM 可以为企业自始至终地掌握市场营销活动的运作提供便利，提供市场营销活动所需的信息管理、计划预算、项目追踪、成本明细、回应管理、效果评估，帮助企业管理者清楚了解所有市场营销活动的成效与投资回报。

2) 销售活动

运营型 CRM 可以为企业管理销售业务的全过程提供丰富和强大的支持，包括销售信息管理、销售过程定制、销售过程监控、销售预测、销售信息分析等。销售套件将成为销售人员关注客户、把握机会、完成销售的有力工具，并可以帮助销售人员提高销售能力。销售套件对企业的典型作用在于帮助企业管理跟踪从销售机会产生到结束各销售阶段的全程信息和动作。

3) 服务支持

运营型 CRM 可以帮助企业以最低的成本为客户提供周到、及时、准确的服务，提供服务请求及投诉的创建、分配、解决、跟踪、反馈、回访等相关服务环节的闭环处理模式，从而帮助企业留住老客户，发展新客户。

4) 电子商务

运营型 CRM 可以让企业商务过程前台电子化，帮助企业将门户站点、各种商务渠道集成，开拓新的销售渠道及商务处理方式。

5) 商务平台

运营型 CRM 可以实现产品基础数据维护、安全控制、动态配置与工作流定制等。

根据上述分析可看出运营型 CRM 最适合于制造业、零售业、保险业，这是因为这些行业的企业的客户数据很多，而且分散在大量的业务人员手中，没有办法进行系统管理，但解决好数据的共享是其应用的关键。随着移动通信技术的完善，以上应用的前景是被看好的。

二、分析型 CRM

1. 分析型 CRM 的含义

分析型 CRM 也称为"后台" CRM 或战略 CRM，主要是通过分析运营型 CRM 中获得的各种数据，为企业的经营、决策提供可靠的依据。分析型 CRM 需要用到许多先进的数据管理和数据分析工具，如数据仓库、OLAP 分析和数据挖掘等。

如果说运营型与协作型 CRM 是企业的"臂膀"，那么分析型 CRM 就是企业的"大脑"。企业通过前台销售自动化、营销自动化及客户服务与支持协同运作积累了大量的客户信息资源，分析型 CRM 的作用就是让这些资源发挥作用，从前台所产生的大量交易数据中提取有价值的信息，进行包括 20/80 分析、销售情况分析等分析，并对将来的趋势做出必要的预测，是一种企业决策支持工具。具备分析能力的数据仓库能够通过建立客户的全景图并与这些客户保持持续的沟通，帮助企业获得额外的市场竞争力，分析的目的在于得出结论，因此，分析型 CRM 的核心在于让企业真正地了解客户，挖掘重要的决策信息。

2. 分析型 CRM 的应用目的

分析型 CRM 侧重在分析客户数据上，使企业更为清晰地了解自己客户的类型，把握不同类型客户的准确需求，从而发挥最大潜力挖掘客户和更好地服务于客户。建立良好的客户关系的最理想状况是集成覆盖整个企业的 CRM 软件系统，即用运营型 CRM 提供多种接触手段，用分析型 CRM 提供的数据深入了解客户，达到对不同客户区别对待的目的。而区别对待后的反馈数据又可以被运营型 CRM 再收集，从而循环往复，不断优化客户关系。

分析型 CRM 能够通过客户的各种数据和过去交易行为数据，建立合适的客户终身价值模型，并按照客户的终身价值对客户进行分类，预测其未来的趋势，了解每类客户能为企业带来多少效益，从而向不同类型的客户提供他们最需要的服务和产品，使企业能够优化并利用其有限的资源，集中服务于所挑选的客户群体。

3. 分析型 CRM 的技术功能

分析型 CRM 主要是分析运营型 CRM 获得的各种数据,进而为企业的经营、决策提供可靠的量化的依据。具体来说,分析型 CRM 软件具备以下六大技术功能。

(1) 客户分析。即让营销人员完整、方便地了解客户的概况信息,通过分析与查询,掌握特定细分市场的客户行为、购买模式、属性以及人口统计资料等信息,为营销活动的开展提供方向性的指导。此外,营销人员可以通过客户行为分析功能追踪营销活动的执行过程,从而了解这类活动的内容和随之传达的信息对客户所造成的实际影响。

(2) 客户建模。即依据客户的历史资料和交易模式等影响未来购买倾向的信息来构造预测模型。根据客户的促销活动回应率、利润贡献度、流失可能性和风险值等信息,为每一位客户赋予适当的评分,进而根据评分结果构建一个完备的模型和规则库。客户建模可以帮助企业建立成熟、有效的统计模型,准确识别和预测有价值的客户。

(3) 客户沟通。客户分析的结果可以与客户建模形成的一系列适用规则联系客户沟通功能可以集成来自企业各个层次的各种信息,包括客户分析和客户建模的结果,针对不同部门的不同产品,帮助企业规划和实施高度整合的营销活动。客户沟通的另一大特征是帮助企业进行事件的营销。根据客户与企业发生的貌似偶然的交互活动,企业可以迅速发现客户的潜在需求并做出适当的反应。客户沟通功能支持营销人员设计和进行潜在客户营销、单一步骤营销、多步骤营销和周期性营销四种不同类型的营销活动。

(4) 个性化。即帮助企业根据不同客户的不同消费模型建立相应的沟通方式和促销内容,以非常低的成本实现一对一营销。例如,营销人员可以用鼠标点击方式建立和编辑个性化的 E-mail 模板,以纯文本、HTML 或其他适当的格式向客户发送促销信息。更重要的是,利用分析型 CRM,营销人员还可以利用复杂的获利能力评估规则、条件与公式为不同的客户创建更具亲和力的沟通方式。

(5) 数据优化。每个营销人员每天应当处理多少个目标客户的问题?应该每隔多长时间对客户进行一次例行联络?各类营销方式对各类客户的有效程度如何?对于这些问题,分析型 CRM 的优化功能都可以提供答案,帮助企业建立最优的处理模式。优化功能还可以根据消息的优先级别和采取行动所需资源的就绪状况来指导与帮助营销人员提高工作效率。

(6) 接触管理。即帮助企业有效地实现客户联络并记录客户对促销活动的反应态度,将客户所发生的交易与互动事件转化为有意义、高获利的营销商机。例如,当接触管理模块检测到重大事件时,即刻启动特别设计的营销活动计划,针对该事件所涉及的客户提供适用的产品或者服务,这种功能又被称作实时事件注入。

4. 分析型 CRM 的运作

一个典型的分析型 CRM 的运作有四个阶段,即客户分析、市场区段分析、一对一市场推广和事件模型创建。

(1) 客户分析。客户分析需要很多可以定量化的信息,这些信息通常来自不同的数据源。对这些信息必须加以整合,并以合理的方式放到客户数据仓库,以便于对其做分段或挖掘处理。客户分析所需要的信息一般来自企业与其客户的主要"触点"、关键收益点和外部数据三个方面。客户分析阶段所需的关键信息包括客户服务历史信息、客户市场历史信息、销售信息、收益信息、客户的地域分布数据及生活方式数据等。

为了在客户数据仓库中形成一个完整的视图，必须对这些不同的信息源进行整合与清理。一旦完成了这个过程，则说明产品采购、收益、服务、客户地域分布及生活方式的信息已具备。这时就可以对客户的行为及收益率进行统计，并借此建立能够预测客户未来行为的种种模型。

(2) 市场区段分析。在客户数据仓库准备就绪后，就可以对当前客户以及预期的客户群作区段分析，判断不同区段的优势与弱势。对客户群实施区段分析时，可以利用客户数据仓库所积累的大量有用信息。对这些信息进行分析与数据挖掘，有助于发现和评价各种可变因素的不同排列组合导致的后果。

(3) 一对一市场推广。在找到最具价值的市场区段后，可以为不同区段设计并提交适应其特定需要的成套服务。有针对性的市场开拓工作可以使企业瞄准更有前景和更有商机的领域。如果企业的产品或服务被本来可能并不需要它们的客户接受，就可能为本企业赢得最具价值的客户。当企业将产品或服务也延伸到那些本来并不需要它们的客户群时，可以针对这个群中那些最可能和最有价值客户的特定需要，制定特定的市场策略。

(4) 事件模型创建。事件模型是一种技术手段，旨在使企业市场活动与处理策略准确，并最终取得成功。事件模型可以刻画客户的行为和客户的反应，还可以预见未来市场活动的后果。事件模型提供了一种可能，让企业从客户生活中的某些事件(如生日、买房、买车等)中找到新的商机。这些事件不仅形成不同的市场区段，而且也是对客户进行评估并预期未来收益的有力工具。事件模型有助于发现使企业利润最大化的方法，如减少促销活动的次数、提高客户对促销活动的回应率和控制业务策划的费用等。

三、协作型 CRM

1. 协作型 CRM 的含义

协作型 CRM 是指企业直接与客户互动(通常通过网络)的一种状态，能实现全方位地为客户交互服务和收集客户信息，形成与多种客户交流的渠道。协作型 CRM 强调的是交互性，借助多元化、多渠道的沟通工具，让企业内部的各个部门同客户一起完成某项活动。"协作"的意思就是可以让两个以上的人员一起工作。协作型 CRM 的应用能够让企业客户服务人员同客户一起完成某项活动。例如，技术人员通过电话指导客户修理设备，因为在修理活动中同时有员工和客户共同参与，因此他们是协作的。而前面的运营型 CRM 和分析型 CRM 都是企业员工自己单方面的业务工具，在进行活动时，客户并没有参与。

协作型 CRM 将更大程度地实现全方位地为客户交互服务和收集客户信息，实现多种客户交流渠道，如将呼叫中心、面对面交流、Internet/Web、E-mail/传真等集成起来，使各种渠道融会贯通，以保障企业和客户都能得到完整、准确和一致的信息。协作型 CRM 将呼叫中心、互联网、E-mail、传真等多种渠道融为一体，同时采用先进的电子技术，并借助多渠道协作以及交互式语音响应和计算机集成电信技术，使客户能够在任何时间从任何地点通过自己方便的渠道了解相应的产品和服务信息。

2. 协作型 CRM 的作用与功能

协作型 CRM 主要做协同工作，适用于那些频繁服务和客户沟通的企业，且不拘于行业，

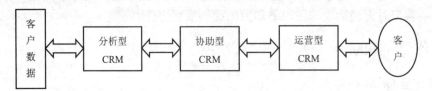

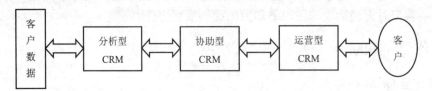

适合于任何需要通过多种渠道和客户接触、沟通的企业。协作型CRM强调的是交互性，借助多元化和多渠道的沟通工具，让企业内部各部门同客户一起完成某项活动。

协作型CRM能全方位地为客户交互服务和收集客户信息，并实现多种客户交流渠道的集成，以保障企业和客户都能得到完整、准确和一致的信息。其主要功能包括以下四点。

(1) 电话接口。提供与世界先进水平的电话系统集成的接口，支持多种CTI中间件。

(2) E-mail和传真接口。能与E-mail和传真集成，接收和发送E-mail和传真，能自动产生E-mail以确认信息接收等。

(3) 网上互动交流。进一步加强与网络服务器的集成以支持互动浏览、个性化网页、站点调查等功能。

(4) 呼出功能。支持电话销售和电话市场推广，如预知拨号、持续拨号、预先拨号。

四、三类CRM软件系统的关系与定位

按CRM软件系统的功能和应用范围把CRM分为运营型、分析型和协作型三类，它们具有一定的关联性。在实际运用中，要把它们集成起来协同使用，并做好各自的职责。

1. 三类软件系统的关系

在CRM实际项目的运作中，运营型、分析型、协作型是相互补充的关系，如图11-7所示。如果把CRM比作一个完整的人，运营型CRM是CRM的"四肢"，分析型CRM则是CRM的"大脑"和"心脏"，而协作型CRM就是各个"感觉器官"。

图11-7　三类CRM软件系统的关系

2. 三类软件系统的功能定位

三类CRM软件系统主要侧重于功能的分类。实际上，各种CRM产品并没有严格区分为运营型、分析型、协作型，而是多种应用综合运用，三类软件系统的职责定位如图11-8所示。

客户与企业的互动需要把分析型CRM与运营型CRM结合在一起。如网站的客户先通过运营型系统，客户要了解什么信息，运营型系统就把客户的要求传递给数据仓库，通过数据仓库来获取这些信息，然后返回客户界面，再传递给客户。运营型CRM的管理接触点适用于通过Web与客户联系；而数据仓库不管理接触点，适用于分析和决策。一个强大的CRM解决方案应该是把接触点的运营型CRM和分析型CRM后台的数据仓库相结合，产生了协作型CRM。而后端和前端走向融合的关键点在于系统是开放的，只有开放的系统才能把各自的优点结合起来。

协作型CRM与客户交互共同完成任务，通过互联网、电话等交互式渠道集成运作，为业务管理用户提供多渠道的交互方式，包括网站、E-mail、电话、多媒体呼叫中心和无线接入，而且这些交互式渠道是相互集成的，保障所有客户在不同的渠道都得到统一的服务，有统一的体验，也使企业的各种业务运作都可随时随地处理。

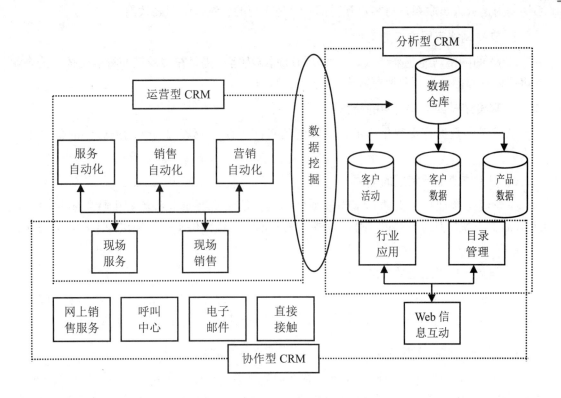

图 11-8　三类 CRM 软件系统的职责定位

　　目前，运营型 CRM 产品占据了 CRM 软件系统市场大部分的份额，它虽然能够基本保障企业业务流程的自动化、企业与客户的沟通与协作等，但随着客户信息的日趋复杂，它已难以满足企业进一步的需要，在现有 CRM 解决方案基础上扩展强大的业务智能和分析能力就显得尤为重要。因此，分析型 CRM 和协作型 CRM 毫无疑问将成为今后市场需求的热门工具。

第四节　CRM 软件开发

一、CRM 系统的需求分析

(一)市场需求分析

市场需求分析重点包括以下六个方面。

1. 客户信息的分析能力

　　CRM 有大量现有客户和潜在客户的信息，企业应该充分利用这些信息进行分析，使决策者掌握的信息更完全，从而及时地做出决策。

2. 对客户互动渠道的集成能力

　　对多渠道进行集成与 CRM 解决方案的功能部件的集成同等重要。不管客户是与企业联系还是与销售人员联系,与客户互动都应该是无缝的、统一的、高效的。

3. 支持网络应用的能力

CRM 的网络功能越来越重要,可以通过网络为客户提供在线反馈并将信息传达给企业的售后服务部门,为企业挽留客户。

4. 建设统一的数据仓库的能力

从统一的数据库提取集中的、实时的信息,可使各业务部门和功能模块的信息统一起来。

5. 对工作流进行集成的能力

工作流是指把相关文档和工作规则自动安排给负责特定业务流程中特定步骤的人。CRM 解决方案应具有较强的工作流功能,为跨部门工作提供支持,使这些工作能动态地、无缝地集成。

6. 与其他信息系统的功能集成

将 CRM 与 ERP 以及财务、库存、制造、分销、物流和人力资源等连接起来,成为一个客户互动循环,这种集成能使企业在系统搜集商业情报,而不是低水平地数据同步。

(二)企业内部需求分析

在一个企业有三个主要部门与客户有密切的联系,这就是市场部、销售部和服务部。首先,CRM 系统需要满足这三个部门的部门级需求,提高市场决策能力,加强统一的销售管理,提高客户服务质量。其次,客户关系管理将企业的市场、销售和服务协同起来,建立市场、销售和服务的沟通渠道,从而使企业能够在电子商务时代充分把握市场机会,也就是满足企业部门协同级需求。最后,客户关系管理和企业的业务系统紧密结合,通过收集企业的经营信息,并以客户为中心优化生产过程,满足企业级的管理需求。

1. 部门级需求

在企业中,对 CRM 有着强烈需求的部门是市场、销售和服务三个部门。不同的部门对 CRM 的需求也不同。要满足部门级的需求,CRM 系统应该包含数据仓库、OLAP、销售管理、活动管理、反馈管理和数据挖掘系统。

(1) 市场部门对 CRM 的需求。市场部门主要关心有以下方面:活动管理,即对企业的所有市场活动进行管理;活动跟踪,即跟踪市场活动的情况;反馈管理,即及时得到市场活动的反馈信息;活动评价,即对市场活动的效果进行度量;客户分析,即对客户的构成、客户的地理信息和客户行为进行分析;客户状态,即将客户分类,从而管理客户风险、客户利润等,同时确定针对不同类别客户的市场活动等。

(2) 销售部门对 CRM 的需求。销售部门主要关心以下方面:销售信息,即及时地掌握销售人员的销售情况;销售任务,即将不同的销售任务按销售经理制定的流程分配下去;销售评价,即对各个地区、各个时期以及各个销售人员的业绩进行度量。

(3) 服务部门对 CRM 的需求。服务部门关心以下方面:准确信息,即根据系统提供的准确信息为客户服务;一致性,即企业的服务中心以整体形象对待客户,使客户感觉是同一个人在为其服务;问题跟踪,即能够跟踪客户所有的问题并给出答案;活动评价,即对市场活动的效果进行度量。

2. 协同级需求

市场、销售和服务是三个独立的部门，对 CRM 有着不同的需求，但有一点是共同的，即以客户为中心的运作机制。协同级将市场、销售和服务三个部门紧密地结合在一起，从而使 CRM 为企业发挥更大的作用。协同级主要解决企业在运作过程中遇到的及时传递信息和渠道优化两类问题。总之，通过市场、销售和服务部门的协同工作，可以实现在适当的时机拥有适当的客户目标。

3. 企业级需求

CRM 作为企业重要的 IT 系统，也需要与企业的其他 IT 系统紧密结合，主要表现在信息来源的需求、利用原有系统以及生产系统对 CRM 的需求。

(1) 信息来源。市场分析需要有关客户的各种数据，销售和服务部门也需要在适当的时机掌握准确的数据。这些有关客户行为、客户基本资料的数据通常源于其他 IT 系统，因此，CRM 系统经常需要从企业已有的 IT 系统中获得这些数据。

(2) 利用原有系统。企业已有的 IT 系统中有很多模块可以直接集成到 CRM 系统，通过对已有系统的利用，可以增强 IT 系统数据的一致性，同时也降低了 CRM 系统的成本。

(3) 生产系统对 CRM 的需求。CRM 的分析结果可以被企业其他系统利用，例如，在移动通信企业中，对客户群体的分析是信用管理的基础。

(三)系统需求分析

CRM 系统不仅要处理企业与客户的业务，还要处理企业内部相关部门的业务，CRM 系统涉及的数据来源和数据类型复杂多变，因此，CRM 系统在与数据相关的设计上应做好以下四点工作。

1. 建立统一的信息编码系统

信息编码的建设需要一个好的编码系统来支撑，在统一规划的基础上，需要建立统一编码管理体系。选择编码系统需要考虑企业应用的需要，编码系统只是 CRM 系统或别的系统中一个功能模块，需要考虑其是否可以支持企业整个信息化系统编码使用的需要。

2. 设计能够很好反映事务特性的数据模型

数据模型按不同的应用层次分成三种类型，分别是概念数据模型、逻辑数据模型和物理数据模型。在 CRM 系统开发中，层次模型、网状模型和关系模型是三种重要的数据模型。模型的选择对后续工作的影响极大。

3. 划分数据库类型

在分布式数据库管理系统和网络平台的基础上，设计全局共享及局部共享数据库，以支持分布式数据处理，实现各分系统及其内部各功能模块的信息集成。

4. 提供强大的数据库管理系统

提供强大的数据库管理系统，并在此基础上完善客户销售数据库、客户市场数据库、客户支持与服务数据库、企业综合信息数据库等。

另外，在系统功能模块方面，应满足客户信息管理、营销、销售和客户服务方面的基本要求，同时重点关注对系统安全方面的要求，特别是系统权限管理模块方面的设计。

二、CRM 系统的选型

在经过 CRM 系统的需求分析以后，应该明确拟建立的 CRM 系统应具有的功能、对其软件架构和硬件系统的需求、未来可扩展性的需求以及本企业的其他特殊需求等。这时可以自行开发、委托开发或购买 CRM 系统。一般而言，在满足大部分需求的情况下应首选购买，因为有较多用户的通用产品通常更为成熟，可靠性更高，性价比更高。当然，通用产品的缺点大家都一样，对那些想通过 CRM 系统来追求差异化和竞争优势的企业来说可能不能满足需求。因此，企业在决定是开发还是购买时需要慎重考虑自己的需求是通用的还是特殊的，当然，也可以在购买产品的基础上再自行开发部分功能。

(一)CRM 系统供应商和产品

在决定购买 CRM 系统以后，需要对市场上的 CRM 系统进行选型。CRM 系统基本有运营型、分析型和协作型三类 CRM 系统中的一类或几类的组合。对于每个 CRM 产品，企业可以先考察软件厂商的宏观因素，如经济实力、专业背景、可持续发展实力、服务和咨询能力、技术实力等，然后重点了解 CRM 产品的特点。

(二)CRM 系统的技术评价指标

对 CRM 系统的选型，在满足基本功能的基础上，还需要考虑以下几个技术问题。

1. 操作系统

当前，CRM 系统运行的操作系统主要是 Windows 系列，但 UNIX 和 Linux 的运用也逐渐增加。UNIX 是一个强大的多用户、多任务操作系统，支持多种处理器架构，按照操作系统的分类，属于分时操作系统，最早由 Kenneth Thompson、Dennis Ritchie 和 Douglas McIlroy 于 1969 年在 AT&T 的贝尔实验室开发。Linux 是一种自由和开放源码的类 UNIX 操作系统，存在许多 Linux 版本，但它们都使用了 Linux 内核。Linux 可安装在各种计算机硬件设备中，比如手机、平板电脑、路由器、视频游戏控制台、台式计算机、大型计算机和超级计算机。

2. 开发语言

开发语言也是 CRM 系统评价的指标之一，就目前来讲，Java 语言是 CRM 软件系统厂商使用较多的语言，其次是 VB、JSP 等。

3. C/S 结构和 B/S 结构的选择

C/S 结构即客户机(Client)和服务器(Server)结构。它是软件系统体系结构，通过它可以充分利用两端硬件环境的优势，将任务合理分配到 Client 端和 Server 端来实现，降低了系统的通信开销。目前，大多数应用软件系统都是 Client/Server 形式的两层结构。由于现在的软件应用系统正在向分布式的 Web 应用发展，Web 和 Client/Server 应用都可以进行同样的业务处理，应用不同的模块共享逻辑组件。因此，内部的和外部的用户都可以访问现有的应用系统，通过现有应用系统中的逻辑可以扩展出新的应用系统，这也是目前应用系统的发展方向。

B/S 结构即浏览器(Browser)和服务器(Server)结构。它是随着互联网技术的兴起，对 C/S 结构的一种变化或者改进的结构。在这种结构下，用户工作界面是通过 www 浏览器来实现，极少部分事务逻辑在前端(Browser)实现，主要事务逻辑在服务器端(Server)实现，形成所谓的三层结构。

两种结构各有特点。考虑到 CRM 系统通常既与企业内部关系密切，又与外部客户联系；要保障不同地域的用户处理的是相同的信息，即要保障数据的一致性和同步性；所涉及的很多数据都具有保密性，安全性要求很高；要方便易用，便于维护等，不少 CRM 系统都采用 C/S 与 B/S 混合的结构。

4. 数据库选择

CRM 软件厂商支持的数据库以 Oracle、Microsoft SQL Server 为主，其次是 DB2，原因是前两种数据库更有利于 CRM 系统与其他应用系统的集成。

5. 支持的语言

调查结果表明，能够支持多国语言的软件厂商主要是一些外资企业，国内厂商的市场主要在中国。因此，大部分国内厂商目前仅支持简体中文。

6. 技术标准化和专有化

目前，采用标准化技术的厂商有 18 家，占了 86%，而采用专有技术的厂商只有 5 家。管理软件的集成性已经成为各大软件厂商密切关注的焦点，采用标准化技术的优点是可以方便地与其他管理系统集成。

7. 安全性

大多数 CRM 软件厂商支持数字签名和数字证书，也有一些企业支持 SSL 加密，保障数据传输的安全性。安全问题主要包括保障数据完整性和保密性，防止外来者入侵数据以及实现系统的授权访问。

8. 系统集成

集成问题主要有两个方面：一方面为内部集成水平，另一方面为外部集成能力。从内部集成水平来看，大多数软件产品的各个模块既可以独立运作，又可以实现无缝集成。从外部集成能力来看，多数软件产品可以与财务软件、ERP、SCM 等应用软件集成。

9. 个性化

大多数 CRM 软件厂商都可以提供一些个性化工具。作为管理软件的 CRM 系统具有两大重要特点，即集成性与定制性。CRM 系统的用户来自不同的行业和企业，他们对能够改善管理的 CRM 系统必然会有不同的需求，因此，CRM 软件厂商在保障基本功能的基础上能多大程度地实现个性化定制，是决定 CRM 系统供应商核心竞争力强弱的重要因素。

10. 维护与服务

CRM 系统供应商提供的售后服务内容、反应速度、收费标准、新功能新版本等都是购买者应该考虑的因素，它们直接关系 CRM 系统的运营成本。

三、CRM系统的建设

CRM系统的建设包括数据采集和维护、人员培训以及CRM系统的评估。

(一)数据采集和维护

如果企业以前有较好的客户关系管理基础，或者以前有一个简单的CRM系统，新CRM系统的运营就会有较好的基础，其基础数据可以从旧系统中移植过来；如果需要采集新的数据，则需要制定严格的业务流程，以保障数据的准确性和完整性。

在目前的商业氛围下，要有效地提供服务和收集信息，仅仅依赖于单一渠道是远远不够的，因此，应该是多渠道的。客户数据的来源包括企业与用户的交易记录、现场问卷、电话或传真、Web网页或E-mail邮件、企业内部的其他应用系统以及客户和企业之外的社会大环境(如有关对客户的报道、客户的亲戚朋友、客户的合作伙伴等)等。同时，也应该是多媒体的，即客户数据并不仅仅局限于文本的格式，音频、图像等超文本数据对企业来说同样重要，企业是否有能力处理多媒体格式对采集丰富的数据至关重要。

(二)人员培训

用户正确、恰当地使用CRM系统并充分发挥CRM系统的功能是CRM系统建设成功的关键因素之一。对企业来说，在项目实施的过程中，针对不同用户和项目的不同阶段设立多种不同层次目标的培训是十分重要的，这可以帮助各部门在战略上实现统一，制定清晰的战略目标。

1. 培训分类

(1) CRM管理理念培训。CRM管理理念培训主要是在CRM项目正式启动前针对企业的中高层管理人员举办的培训。中高层管理人员在CRM系统实施中的作用十分重要。首先，他们处于项目购买的决策者位置，对CRM理念的理解和认同直接决定了项目能否启动以及成功的概率。其次，在之后的CRM实施过程中，每一个环节的成功都需要得到中高层管理人员的大力支持。针对企业高层领导的培训，包括最先进管理思想培训、CRM管理理念培训、CRM风险和机会培训，培训目的是让企业中高层管理者形成共识，让他们理解什么是CRM，并对CRM有一个正确的预期。

(2) CRM项目实施培训。CRM项目实施培训是在CRM项目实施过程中，对涉及的不同人员而组织的不同内容的CRM培训课程。它贯穿整个CRM项目实施的全过程，包括所有相关人员参与的项目小组培训、最终用户软件操作培训、技术人员培训、新流程和数据分析培训等，这些培训的内容由CRM软件厂商根据具体的用户基础、项目特点和产品的功能模块来决定，目的是保障CRM项目实施成功。

2. 要建立严格的培训制度体系、课程体系和流程体系

CRM的人员培训是一个长期的工作。公司必须建立制度体系，解决需培训的人员、培训的目的、培训的内容和时间安排、培训的预算以及培训成果衡量等问题。通过培训课程体系的设计，研究培训需要什么样的课程，有多少课程需要在企业外部进行，有多少课程

可以在企业内部进行。培训运作流程解决需求调研如何开展，如何有针对性地开设培训课程，如何验证课程的效能，如何对培训质量进行评估等问题。培训的制度体系、课程体系和流程体系随着 CRM 的实施和进展不断更新和完善，CRM 的人员培训也不断深入和发展。

(三)CRM 系统的评估

虽然 CRM 可以有效地提高企业以客户为中心的经营能力，但它的应用情况却并不乐观。据 Gartner Group 统计，CRM 项目实施的成功率低于 50%。学术界和实业界对这种情况进行了大量的研究，寻找这种结果的原因，认为缺少高质量的数据信息、没有 CRM 项目的总体路线图以及 CRM 意识较低是最主要的原因。因此，在 CRM 系统实施完成后应及时进行评估，这有助于企业发现 CRM 系统存在的缺陷，提高 CRM 系统的成功率。

本 章 小 结

(1) CRM 系统通过收集、整理客户信息，形成庞大的客户资源数据仓库，再通过分类、关系连接、建立数据分析模型得出客户关系管理的动态信息，从而让企业员工充分了解客户现状，做出相应的跟踪和服务提供。可以从三个层面来理解 CRM 系统，即 CRM 系统体现一种现代营销理念，CRM 系统是一整套解决方案和 CRM 系统是一个应用软件系统。根据 CRM 系统的一般模型，可以将 CRM 软件系统划分为接触活动、业务功能及数据库三个组成部分，但这三部分功能需要以技术功能的实现为基础。

(2) 一般的 CRM 系统功能模块可划分为营销管理、销售管理、服务管理和呼叫中心等模块。呼叫中心为营销管理、销售管理和服务管理提供支持与服务。

(3) 有很多软件系统公司开发了 CRM 软件系统，这些 CRM 软件系统的功能特点和适用对象不同，模块和系统规模多少各异。美国著名的 IT 咨询公司 Meta Group 通过分析和归类，把 CRM 系统分为运营型、分析型和协作型三类。运营型 CRM 也称"前台"CRM 或操作型 CRM，如营销自动化、销售自动化和客户服务管理等与客户直接接触的部分；分析型 CRM 也称为"后台"CRM 或战略 CRM，主要是通过分析运营型 CRM 中获得的各种数据，为企业的经营、决策提供可靠的量化依据；协作型 CRM 强调的是交互性，借助多元化、多渠道的沟通工具，让企业内部的各个部门同客户一起完成某项活动。

(4) CRM 系统的开发流程为：CRM 系统的需求分析、CRM 系统的选型和 CRM 系统的建设。

课 后 练 习

一、判断题

1. 所谓现代管理信息技术，主要是将现代信息技术综合应用到管理领域的各种技术。

（　　）

2. CRM 系统是企业面向客户建立的外部一体化客户管理体系，从而使客户和企业双方得到利益最大化。（　　）

3. CRM 系统就是体现以客户为中心、视客户为资源的现代管理理念，应用 CRM 系统可以实施客户关怀，满足客户需求，赢得客户忠诚。（　　）

4. CRM 的管理思想要求企业真正以客户为导向，满足客户多样化和个性化的需求。（　　）

5. CRM 系统的实施包括数据系统的设计、人员培训以及系统的使用。（　　）

6. CRM 改变了企业前台业务运作方式，但对企业各部门间信息沟通、业务合作没有影响。（　　）

7. CRM 模型来说，建立一个联系紧密的数据仓库是 CRM 功能全面实现的基本保障。（　　）

8. CRM 的主要过程由市场、销售和服务构成。（　　）

9. 运营型、分析型、协作型 CRM 是完全独立的关系。（　　）

10. 如果把 CRM 比作一个完整的人，协助型 CRM 是 CRM 的"四肢"，运营型 CRM 则是 CRM 的"大脑"和"心脏"，而分析型 CRM 就是各个"感觉器官"。（　　）

二、单项选择题

1. （　　）强调的是交互性，借助多元化、多渠道的沟通工具，让企业内部的各个部门同客户一起完成某项活动。

    A. 协作型 CRM　　B. 运营型 CRM　　C. 操作型 CRM　　D. "前台" CRM

2. 对 CRM 系统的理解可以从多个层面来分析，下列错误的是（　　）。

    A. CRM 系统体现一种现代营销理念　　B. CRM 系统体现质量第一的思想

    C. CRM 系统是一整套解决方案　　D. CRM 系统是一个应用软件系统

3. （　　）主要是营销自动化、销售自动化和客户服务管理等与客户直接接触的部分。

    A. 协作型 CRM　　B. 运营型 CRM　　C. 分析型 CRM　　D. 战略型 CRM

4. （　　）可以使市场营销专业人员能够直接对市场营销活动的有效性进行计划、执行、监视和分析，能够帮助企业选择和细分客户，追踪客户联系，衡量联系结果，提供对客户直接的自动回应功能，进而实现营销自动化。

    A. 营销管理子系统　　　　　　　　B. 销售管理子系统

    C. 服务管理子系统　　　　　　　　D. 呼叫中心管理

5. 企业的客户数据来源很多，渠道各异，如果这些数据是零散的，没有一个统一的系统来整合，那么数据很难完整，更不能及时更新。因此，CRM 系统必须具备（　　）的作用。

    A. 实现对客户数据的统一管理　　B. 具有整合各种客户联系渠道的能力

    C. 快速方便地向系统用户传递信息　　D. 具有一定商业智能的决策能力

6. 根据 CRM 系统的一般模型，可以将 CRM 软件系统划分为三个组成部分，不包括（　　）。

    A. 接触活动　　B. 业务功能　　C. 及数据库　　D. 技术功能

7. 在 CRM 软件开发过程中，需要对企业内部需求进行分析，不包括（　　）。

    A. 部门级需求　　B. 协同级需求　　C. 战略级需求　　D. 企业级需求

8. 分析型 CRM 软件具备客户分析、客户建模、客户沟通、个性化和(　　)等功能。

    A. 系统转换　　　　B. 系统测试　　　　　C. 市场需求分析 D. 数据优化

9. 运营型 CRM 的主要有营销活动、销售活动、服务支持、电子商务和(　　)等功能。

    A. 商务平台　　　　B. 数据集成　　　　　C. 数据分析　　　D. 客户服务

10. 一个典型的分析型 CRM 系统的运作包括四个阶段，即客户分析、市场分段、一对一的市场和(　　)阶段。

    A. 商务平台　　　　B. 数据集成　　　　　C. 数据分析　　　D. 事件模型

三、多项选择题

1. CRM 系统的有效应用，极大地增强了企业(　　)，进而改善企业自身与客户的关系，并进一步帮助企业在激烈的市场竞争中提升核心竞争力。

    A. 营销能力　　　　B. 销售能力　　　　　C. 客户服务能力 D. 客户消费能力

    E. 对客户需求的反应能力

2. CRM 系统的作用为(　　)。

    A. 满足客户个性化的需求　　　　　　　B. 增加企业长期经济效益

    C. 提高企业的市场竞争力　　　　　　　D. 开发利用客户资源

    E. 有利于口碑营销

3. 根据 CRM 系统的一般模型，可以将 CRM 软件系统划分为(　　)，但这三部分功能需要以技术功能的实现为基础。

    A. 宣传管理　　　　B. 接触活动　　　　　C. 数据库

    D. 接触活动　　　　E. 业务功能

4. 一个能够有效实现 CRM 经营理念的 CRM 系统能(　　)。

    A. 实现对客户数据的统一管理　　　　B. 具有整合各种客户联系渠道的能力

    C. 快速、方便地向系统用户传递信息　　D. 提供营销、销售和服务自动化

    E. 具有一定商业智能的决策能力和具备与其他企业应用系统的整合能力

5. CRM 系统功能模块可划分为(　　)。

    A. 数据库管理　　　　B. 营销管理　　　　　C. 销售管理

    D. 服务管理　　　　　E. 呼叫中心

四、问答题

1. CRM 系统就是一套计算机程序，这种说法对吗？我们应该怎样正确认识它？

2. 你接触过 CRM 系统吗？你认为 CRM 系统应该具有哪些功能？

五、案例分析题

上海金丰易居 CRM 的实施

上海金丰易居是集租赁、销售、装潢、物业管理于一体的房地产集团。房地产领域竞争日趋激烈，在展会上花一大笔钱建一个样板间来招揽客户的做法已经很难收到好的效果，在电子商务浪潮席卷而来时，很多房地产企业都在考虑用新的方式来吸引客户。

金丰易居在上海有很多营业点，以前如果客户有购房、租房的需求，都是通过电话、传真等传统手段与之联系。金韦易居没有统一的客服中心，且服务员的水平参差不齐，导

致用户常常要多次交涉才能找到能够解答他们关心的问题的部门。另外，各个部门信息共享程度很低，因此用户从不同部门得到的回复又会有很大的出入，由此给用户留下了很不好的印象，很多客户因此干脆弃之而去。更让金丰易居一筹莫展的是，尽管以前积累了大量客户资料和信息，但由于缺乏对客户潜在需求的分析和分类，致使这些很有价值的资料利用率却很低。

金丰易居的总经理彭加亮意识到，在互联网时代，如果再不了解客户的真正需求，主动出击，就肯定会在竞争中被淘汰。1999年5月，金丰易居与美国艾克公司接触后，决定采用该公司的eCRM产品。

找到突破口

经过双方人员充分沟通之后，艾克认为金丰易居的条件很适合实施客户关系管理系统，艾克公司的中国区产品行销总监张颖说："首先，金丰易居有很丰富的客户资料，只要把各个分支的资料放在一个统一的数据库中，就可以作为eCRM的资料源；另外，金丰易居有自己的电子商务平台，可以作为eCRM与客户交流的接口。"

但金丰易居还是有不少顾虑，因为客户关系管理在国内还没有多少成功的案例。另外，传统的CRM系统需要具备庞大的客户数据样本库，并且建设的周期长，投资大，不是一般的企业可以承受的。最后，eCRM系统的特色打消了金丰易居的顾虑，eCRM系统与传统的CRM有很大的不同——它是模块化的结构，用户可以各取所需；用户选定模块后，厂商只需做一些定制化的工作就可以运行起来，实施的周期也很短，很适合中小企业使用。经过充分沟通以后，为了尽量减少风险，双方都认为先从需求最迫切的地方入手，根据实施的效果，然后再决定下一步的实施。

通过对金丰易居情况的分析，双方人员最后决定先从以下五个部分实施。

(1) 金丰易居有营销中心、网上查询等服务，因此需要设立多媒体、多渠道的即时客服中心，提高整体服务质量，节省管理成本；

(2) 实现一对一的客户需求回应，通过对客户的爱好和需求进行分析，实现个性化服务；

(3) 有效利用已收集的客户资料，挖掘客户的潜在价值；

(4) 充分利用数据库信息，挖掘潜在客户，并通过电话主动拜访客户和向客户推荐满足客户要求的房型，以达到充分了解客户和提高销售机会的目的；

(5) 实时数据库资源共享，使金丰易居的网站技术中心、服务中心与实体业务有效结合，降低销售和管理成本。

根据这些需求，艾克公司提供了有针对性的解决方案，主要用到艾克eCRM产品enterprise，该产品采用网页、电话、电子邮件、传真等与客户进行交流，并提供客户消费行为追踪、客户行销数据分析功能，实现一对一行销。另外，结合艾克公司的电子商务平台eACP，与金丰易居现有的系统有效整合。

艾克公司的方案

艾克公司为金丰易居提供的客户关系管理平台包括前端的"综合客户服务中心UCC"以及后端的数据分析模块。前端采用艾克UCC3.20，该产品是整合了电话、Web、传真等多渠道、多媒介传播及多方式分析系统的综合应用平台。在前端与后端之间是数据库，它如同信息"蓄水池"，可以把从各个渠道接收的信息分类，如客户基本信息、交易信息和行为记录等。后台采用艾克OTO2.0，它用于数据分析，找出产品与产品的关系，根据不同的目的，从中间的数据库抽取相应的数据，并得出结果，然后返回数据库。于是，从前端就可以看到行销建议或者市场指导计划，由此构成了从前到后的实时的一对一行销平台。通过这个平台，解决了金丰易居的大部分问题。

在前端，UCC 系统整合电话、Web、传真等多种服务，客服人员在为客户提供多媒体交流的同时，还可以服务于来自电话、Web、传真等媒介的客户，管理人员可以实时监控、管理客服人员的服务状况，实现统一管理。这个统一的服务中心设立统一标准问题集及统一客服号，利用问题分组及话务分配随时让客户找到适合回答问题的服务人员，得到满意的答复。该系统中的 UCC-Approach 模块可以有效地挖掘客户潜在的价值。

按计划实施

金丰易居与艾克认为，实施的原则必须以金丰易居的现有系统和业务不做大的改动为前提，充分利用现有的硬件、软件和网络环境，并且与以前的系统有效地整合。

(1) 建立多渠道客户沟通方式

建立多渠道客户沟通方式包括 UCC-Web、UCC-Ware 和 UCC-Approach 三个部分。

UCC-Web: 客户通过 Web 进来时，客户的基本信息与以往交易记录一并显示于服务界面，客服人员可给予客户个性化服务，并根据后端分析结果做出连带的销售建议。

UCC-Ware: 客户租房、买房等咨询电话经话务分配后到达专门的服务人员，同时自动调用后台客户数据显示于客服界面供客服人员参考，而一些标准问题可以利用 IVR 系统做自动语音、传真回复，节省人力。

UCC-Approach: 根据 CRM 系统分析出数据所制订的服务和行销计划，对目标客户发送电话呼叫，将接通的电话自动转到适当的坐席，为客户提供产品售后回访或者新产品行销服务。

(2) 实现 OTO 分析与前端互动功能的整合

利用 OTO 分析结果，直接进入 UCC 的 Planer 数据库，作为建议事项及外拨行销依据。目前金丰易居有四项主营业务，已积累了大量的客户资料。该部分针对资料做检测，剔除无效信息，对有效信息按照业务需求类型分组，然后对分组数据做 PTP 分析，找出相关性最强的两种产品，据此可以做连带销售建议。同时，对目标客户贡献率做分析，找到在一定时效内对产品有购买能力与贡献率最大的客户，其余客户可按照时效及重要程度做力度和方式不同的跟踪处理。

另外，金丰易居以前的销售系统、楼盘管理系统、购房中心系统和业务办公系统都通过艾克产品提供的接口整合到客户关系系统内。该项目的实施总共只花了 3 个星期，因为前期的工作做得很充分，所以项目实施很顺利，并且很快就运行起来。

应用艾克的客户关系管理系统之后，金丰易居很快取得了很好的效果，统一的服务平台不仅提高了企业的服务形象，还节省了人力和物力。通过挖掘客户的潜在价值，金丰易居制定了更具特色的服务方法，提高了业务量。另外，客户关系管理整合了内部的管理资源，降低了管理成本。

(资料来源: http://zhidao.baidu.com/question/85683709.html.)

请回答:
上海金丰易居成功实施CRM，给我们什么启示？

参 考 文 献

[1] 李仉辉，康海燕. 客户关系管理(修订版)[M]. 北京：清华大学出版社，2019.

[2] 李仉辉. 客户关系管理[M]. 上海：复旦大学出版社，2013.

[3] 李仉辉，项巨力. 市场营销学[M]. 上海：立信会计出版社，2007.

[4] 苏朝晖. 客户关系管理——客户关系的建立与维护[M]. 4 版. 北京：清华大学出版社，2018.

[5] 伍京华. 客户关系管理[M]. 北京：人民邮电出版社，2016

[6] 李光明，李伟其. 客户管理实务[M]. 北京：清华大学出版社，2018.

[7] 齐佳音，万岩，严涛. 客户关系管理[M]. 北京：北京邮电大学出版社，2009.

[8] 李志宏，王学东. 客户关系管理[M]. 广州：华南理工大学出版社，2004.

[9] 王永贵. 客户关系管理[M]. 北京：清华大学出版社，2007.

[10] 邵兵家. 客户关系管理[M]. 2 版. 北京：清华大学出版社，2010.

[11] 余雪莉，汪京强. 基于客户导向的企业服务承诺的设计与实施[J]. 企业活力，2011(7).

[12] 丁宁. 服务管理[M]. 3 版. 北京：北京交通大学出版社，2018.

[13] 陈诗秋. 客户管理操作实务[M]. 广州：广东经济出版社，2003.

[14] 韩小芸，申文果. 客户关系管理[M]. 天津：南开大学出版社，2009.

[15] 周贺来. 客户关系管理实务[M]. 北京：北京大学出版社，2011.

[16] 林建宗. 客户关系管理[M]. 北京：清华大学出版社，2011.

[17] 杨路明，等. 客户关系管理[M]. 重庆：重庆大学出版社，2007.

[18] 汤兵勇，王素芬. 客户关系管理[M]. 北京：高等教育出版社，2003.

[19] [美]菲利普·科特勒. 营销管理——分析、计划、执行和控制[M]. 9 版. 梅汶和，梅清豪，张桁，译. 上海：上海人民出版社，1999.

[20] 周洁如. 客户关系管理与价值创造[M]. 上海：上海交通大学出版社，2006.

[21] 李萍. 移动用户客户价值层次研究[D]. 北京：北京邮电大学硕士学位论文，2005.

[22] 成海清，李敏强. 顾客价值概念内涵、特点及评价[J]. 西北农林科技大学学报(社会科学版)，2007(7).

[23] [美]罗伯特·韦兰，保罗·科尔. 走进客户的心——企业成长的新策略[M]. 贺新立，译. 北京：经济日报出版社，1998.

[24] 马钢，李洪心，杨兴凯. 客户关系管理[M]. 大连：东北财经大学出版社，2005.

[25] 周洁如，庄晖. 现代客户关系管理[M]. 上海：上海交通大学出版社，2008.

[26] 张明立. 顾客价值——21 世纪企业竞争优势的来源[M]. 北京：电子工业出版社，2007.